◆AO应用实例丛书编写组/编

AO社会保障审计应用实例

本书编写组成员：刘大江 陈立民 王洪江 王智玉 杨蕴毅

中国时代经济出版社
China Modern Economic Publishing House

图书在版编目（CIP）数据

AO 社会保障审计应用实例／《AO 应用实例丛书》编写组编．
—北京：中国时代经济出版社，2013.7（2015.9 重印）
（AO 应用实例丛书）
ISBN 978－7－5119－1578－8
Ⅰ．①A…　Ⅱ．①A…　Ⅲ．①社会保障—计算机审
计—中国　Ⅳ．①F239.66－39
中国版本图书馆 CIP 数据核字（2013）第 153568 号

书　　名：AO 社会保障审计应用实例
作　　者：《AO 应用实例丛书》编写组

出版发行：中国时代经济出版社
社　　址：北京市丰台区玉林里 25 号楼
邮政编码：100069
发行热线：（010）63508271　63508273
传　　真：（010）63508274　63508284
网　　址：www.cmepub.com.cn
电子邮箱：zgsdjj@hotmail.com
经　　销：各地新华书店
印　　刷：北京市荣海印刷厂
开　　本：787×1092　1/16
字　　数：563 千字
印　　张：28
版　　次：2013 年 7 月第 1 版
印　　次：2015 年 9 月第 3 次印刷
书　　号：ISBN 978－7－5119－1578－8
定　　价：84.00 元

内容简介

本书内容精选于2007—2012年审计署征集、评选的优秀AO应用实例，共有24篇；涉及中央、省、市、县四级23个审计机关。编著时对原实例涉及的被审计单位及金额进行了加工处理，但保留了原作者的审计思路和对AO功能点的应用技巧。在征集、评选社会保障审计AO应用实例过程中，得到了审计署社会保障审计司的专业指导和协助。本书对于开展信息化条件下的社会保障审计具有较强的借鉴作用。

目 录

实例一

运用 AO 2011 巧查社保舞弊

一、项目背景

为进一步完善社会保险基金监督管理的规章制度，规范管理运作行为，加大监督检查力度，切实防范和化解基金管理风险，保障基金的安全与完整，某市审计局在上级审计机关的统一组织下开展了本市社会保障资金审计。该市“金保工程”后台数据库为 Oracle 9i，审计组按要求从人社、卫生、民政等部门采集转换成标准表数据量共 200GB，记录约 2 亿条，同时采集了车管所车辆登记台账、房管局房屋登记明细数据、工商局企业注册登记花名册，殡仪馆死亡人员名单等外围数据约 1GB。

二、审计过程

（一）体制漏洞致 38 人重复领取养老金 242.58 万元

审计事项：社会保障审计/基金管理/违规支付保险金。

1. 审计思路

根据以往审计经验和报刊媒体的报道，经常有人员重复领取养老金，特别是改革后的事业单位，由于单位体制转轨，本应在财政统发的退休金，转移到养老局发放。部分单位的个别人员正是利用这个空挡和工作人员的工作疏忽，在领取养老金的同时仍在财政部门领取退休金，实际上是领取双份，造成了国有财产的损失。

由于采集的数据过大，AO 2011 自带的 SQL Server 2008 版本不能支持 10GB 以上数据库，给审计组带来了 AO 数据分析困难，因此第一步使用 AO 2011 的连接大型数据库功能，连接服务器。

2. 审计步骤

步骤一：AO 连接大型数据库设置。

（1）启动 SQL Server 2008 的对象资源管理器，点击服务器对象 - 链接服务器 - 新建链接服务器，输入服务器实例名。如图 1 - 1 所示。

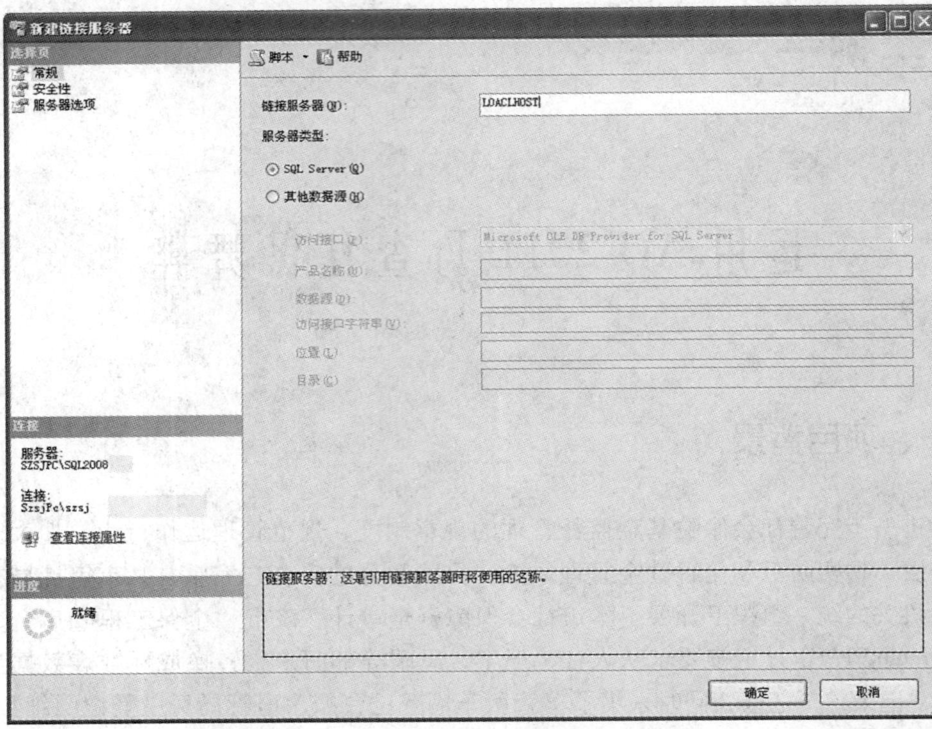

图 1 - 1

（2）设置本地登录用户名、远程用户名和密码，在“安全性”选项卡中添加本地登录和远程用户，选择“使用登录名的当前安全上下文建立连接”，点击确定，链接服务器设置完成。如图 1 - 2 所示。

（3）创建完成后，在创建的链接服务器上测试能否连接。如图 1 -3、图 1 -4 所示。

（4）进入 AO，点击采集数据 - 连接大型数据库，然后选择数据源 - Local host，AO 会自动从服务器上下载表名，根据需要下载到本地机上。如图 1 - 5 所示。

步骤二：合并财政部门采集到的退休人员工资表和退休人员名册表来生成退休金花名册。

```
Select Distinct a. 人员编号,a. 姓名,a. 部门,a. 应发合计,b. 性别,b. 身份证号Into 财政统发人员名单
From 本级离退休工资明细 a Join  财政行政事业退休名册 b
On a. 人员编号 =b. 人员编号 And a. 姓名 =b. 人员姓名
Where b. 部门名称 Not Like '回收站' And b. 工资停发 Like '否'
Order By a. 姓名
```

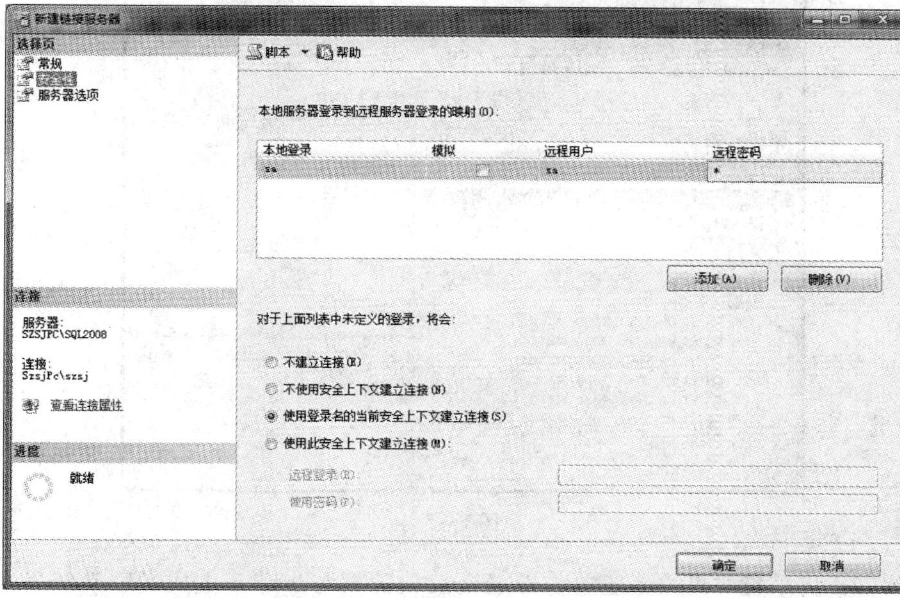
新建链接服务器
选择页
常规
安全性
服务器选项
脚本
帮助
本地服务器登录到远程服务器登录的映射(O):
本地登录
模拟
远程用户
远程密码
sa
sa
*
添加(A)
删除(V)
连接
服务器:
SZSJPC\SQL2008
连接:
SzsjPc\szsj
查看连接属性
进度
就绪
对于上面列表中未定义的登录，将会:
不建立连接(B)
不使用安全上下文建立连接(N)
使用登录名的当前安全上下文建立连接(S)
使用此安全上下文建立连接(M):
远程登录(R):
使用密码(P):
确定
取消

图 1－2

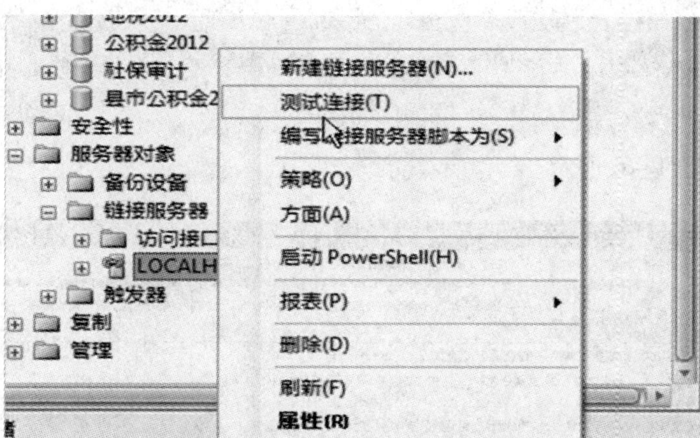
公积金2012
社保审计
安全性
服务器对象
备份设备
链接服务器
触发器
复制
管理
新建链接服务器(N)...
测试连接(T)
策略(O)
方面(A)
启动 PowerShell(H)
报表(P)
删除(D)
刷新(F)
属性(R)

图 1－3

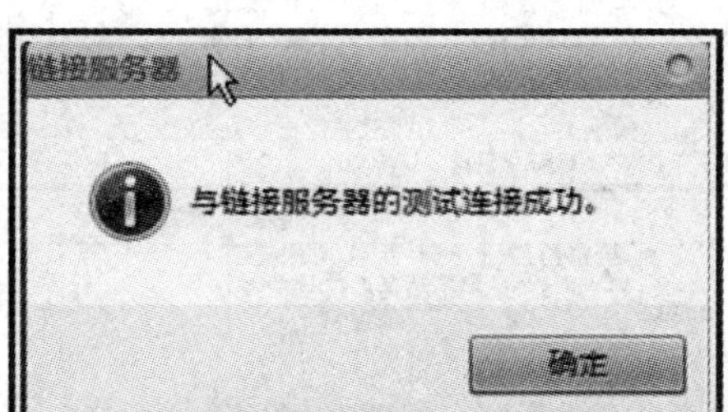
链接服务器
与链接服务器的测试连接成功。
确定

图 1－4

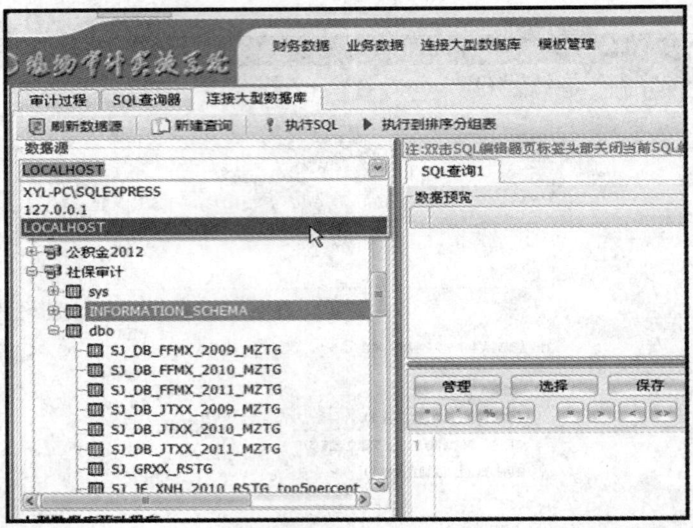

图 1-5

步骤三：将采集的机关事业单位养老金发放数据与步骤一生成的财政统发工作花名册进行对比，找出两表中共同的人。

```
Select Distinct  姓名,部门,应发合计,性别,身份证号
From Sj_Zf_Jgsy_2011 a Join 财政统发人员名单 b
On a.Rysf_Xt=b.姓名
```

执行结果如图 1-6 所示。

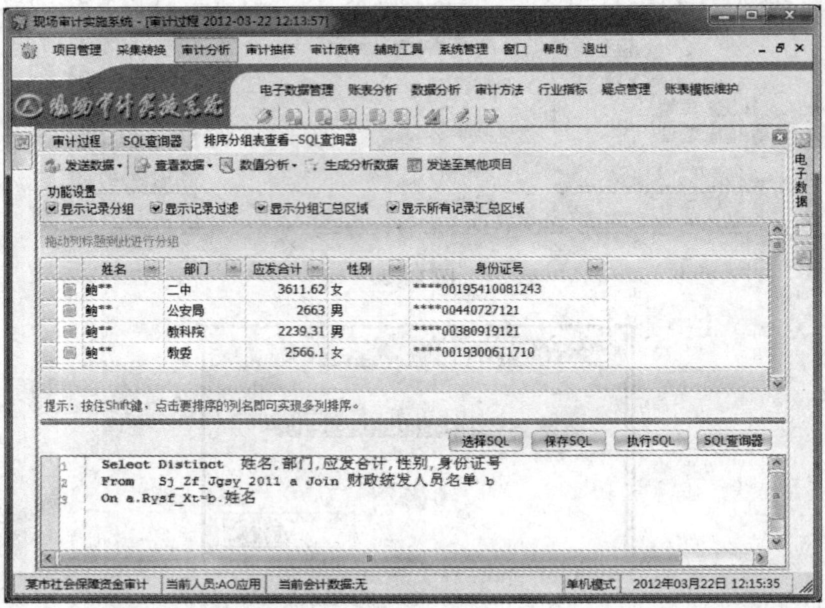

图 1-6

3. 审计结果

经调查核实发现：排除少数同名同姓人员，自 2005 年开始，上述人员就在财政部门和养老部门领取双份退休金，累计重复发放给 5 家单位 38 名人员退休金 242.58 万元。

4. 应用 AO 功能点

本事项应用了 AO 采集转换/连接大型数据库；采集转换/业务数据采集转换；审计分析/数据分析/图形化 SQL 查询分析器等功能。

（二）工资收入超最低工资标准仍享受低保，2 人累计领取待遇 4760 元

审计事项：社会保障审计/最低生活保障/违规审批、发放低保金。

1. 审计思路

低保人员是没有正式工作的，通过公积金中心的公积金缴费工资基数来反向查找低保人员中月工资收入大于市最低工资标准的人，最终判断低保人员领取低保金的合理性。

2. 审计步骤

步骤一：将公积金管理中心取得的全市公积金工资缴费基数数据导入 AO。

步骤二：使用图形化 SQL 查询分析器功能，将低保发放明细表和公积金工资缴费基数表拖至关系图窗格，利用低保发放数据与公积金工资缴费基数数据进行对比，连接条件为身份证号码和姓名，且月工资额大于 320 元的（2011 年该市最低工资标准为 320 元/月）。如图 1－7 所示。

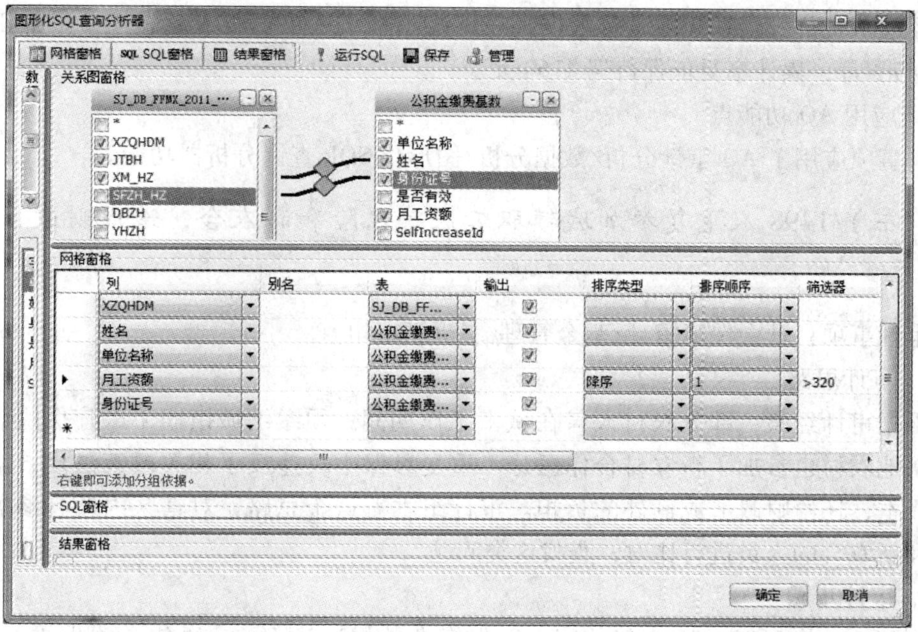

图 1－7

点击“运行SQL”，执行结果如图1－8所示。

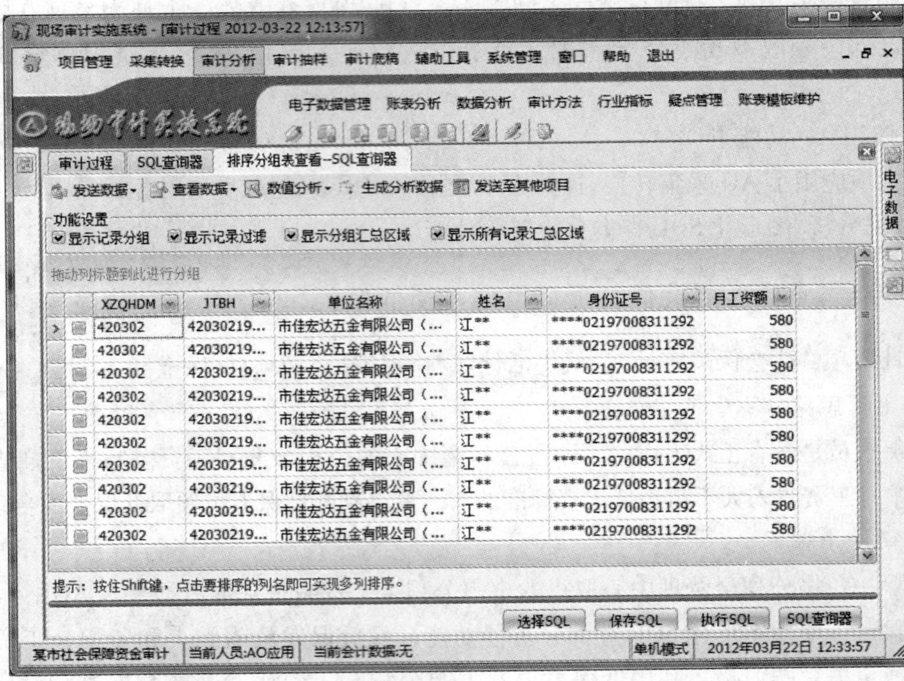

图1－8

3. 审计结果

经过核实公积金系统内缴费数据，最终确定有2人工资收入超过该市最低工资标准320元/月，累计享受低保待遇4760元。

4. 应用AO功能点

本事项应用了AO审计分析/数据分析/图形化SQL查询分析器功能。

（三）1498人重复参加城镇职工医疗保险和新农合，造成财政多投入30万元

审计事项：社会保障审计/基金管理/参保情况审查。

1. 审计思路

根据审计经验，部分农村人口在城市工作期间，须缴纳城镇职工医疗保险，同时在户籍地农村也参加了新农村合作医疗。重复参保不仅违反了相关政策法规，增加了生活成本，还给财政造成额外的负担。审计组本着这个思路，对辖区内所有参加职工医保和新农合的人员进行比对，查找这类问题。

2. 审计步骤

步骤一：将2009—2011年的职工医保缴费数据通过Union语句合并生成一张表，并插入新列Cjxz（参加险种），默认值为“城镇职工医疗保险”，以便与新农合缴费数

据进行对比。连接条件为 Rybh（人员编号）、Sjly（审计年月），Ssqhdm（区划代码）。Dzbz_ Gr（个人到账标志）=1 为已到账，Zjhm 不为空且大于等于 15 位的有效数据。

```
Select * Into 各年度参加城镇职工医疗保险人员信息表
From (
  Select  Distinct  '城镇职工医疗保险' As Cjxz,a. Xzqhdm,a. Rybh,b. Xm,b. Zjzl,
  b. Zjhm,
  Left(a. Fkssq_Dy,4) As Nd
  From  Sj_Jf_Zgyb_2009_Rstg_Top5percent a Left Join Sj_Grxx_Rstg b
  On a. Rybh = b. Rybh And a. Add_Sjly = b. Add_Sjly And a. Add_Ssqhdm = b. Add_
Ssqhdm
  Where a. Dzbz_Gr = '1' And b. Zjhm Is Not Null And Len(b. Zjhm) > =15
  Union
  Select  Distinct  '城镇职工医疗保险' As Cjxz,a. Xzqhdm,a. Rybh,b. Xm,b. Zjzl,
  b. Zjhm,
  Left(a. Fkssq_Dy,4) As Nd
  From  Sj_Jf_Zgyb_2010_Rstg_Top5percent a Left Join Sj_Grxx_Rstg b
  On a. Rybh = b. Rybh And a. Add_Sjly = b. Add_Sjly And a. Add_Ssqhdm = b. Add_
Ssqhdm
  Where a. Dzbz_Gr = '1' And b. Zjhm Is Not Null And Len(b. Zjhm) > =15
  Union
  Select  Distinct  '城镇职工医疗保险' As Cjxz,a. Xzqhdm,a. Rybh,b. Xm,b. Zjzl,
  b. Zjhm,
  Left(a. Fkssq_Dy,4) As Nd
  From  Sj_Jf_Zgyb_2011_Rstg_Top5percent a Left Join Sj_Grxx_Rstg b
  On a. Rybh = b. Rybh And a. Add_Sjly = b. Add_Sjly And a. Add_Ssqhdm = b. Add_
Ssqhdm
  Where a. Dzbz_Gr = '1' And b. Zjhm Is Not Null And Len(b. Zjhm) > =15 )  a
```

步骤二：与上步相似，将 2009—2011 年的新农合缴费数据通过 Union 语句合并生成一张表，并插入新列 Cjxz（参加险种），默认值为“新农合”。Sfzh（身份证号）取值不为空且大于等于 15 位的有效数据。

```
Select * Into 各年度参加新农合人员信息表
From (
  Select Distinct '新农合' As Cjxz,a. Xzqhdm,a. Xm,a. Sfzh,a. Jfnd As Nd
  From Sj_Jf_Xnh_2009_Rstg_Top5percent a
```

```
Where a. Sfzh Is Not Null And Len(a. Sfzh) >=15
Union
Select Distinct '新农合' As Cjxz,a. Xzqhdm,a. Xm,a. Sfzh,a. Jfnd As Nd
From Sj_Jf_Xnh_2010_Rstg_Top5percent a
Where a. Sfzh Is Not Null And Len(a. Sfzh) >=15
Union
Select Distinct '新农合' As Cjxz,a. Xzqhdm,a. Xm,a. Sfzh,a. Jfnd As Nd
From Sj_Jf_Xnh_2011_Rstg_Top5percent a
Where a. Sfzh Is Not Null And Len(a. Sfzh) >=15) a
```

步骤三：利用前两步生成的表，查找两表中共同的人员，对辖区内既参加城镇职工医疗保险又参加新农合的人员进行筛选。连接条件为Sfzh（身份证号）相等和Nd（年度）相等。执行后添加到分析数据中。

```
Select Distinct a. Nd 年度,a. Xm 姓名,a. Zjhm 身份证号,a. Xzqhdm As 参加险种1地区代码,
   a. Cjxz As 参加险种1,b. Xzqhdm As 参加险种2地区代码,b. Cjxz As 参加险种2
   Into 城镇职工和新农合重复参保统计
From 各年度参加城镇职工医疗保险人员信息表 a
Join 各年度参加新农合人员信息表 b On a. Nd = b. Nd And a. Zjhm = b. Sfzh
Order By a. Xm,a. Nd,a. Xzqhdm
```

执行上述语句后，将结果发送到疑点，如图1-9所示。

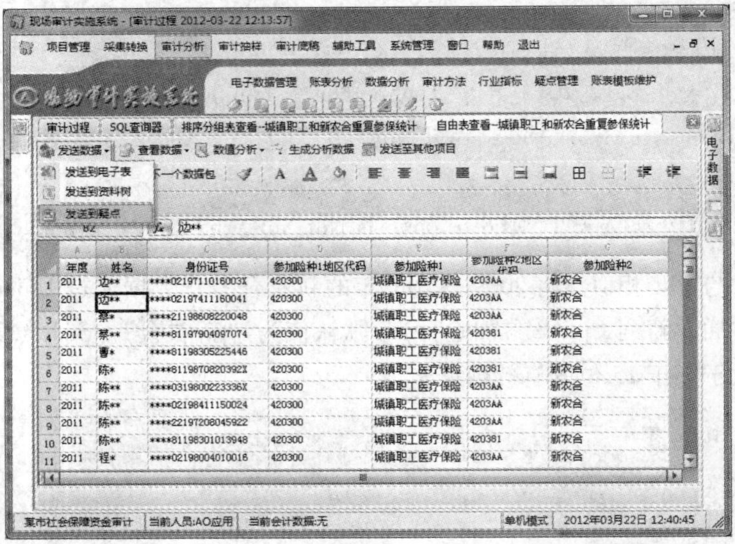

图1-9

3. 审计结果

经核实，共有 1498 人重复参加城镇职工医疗保险和新农合，造成财政多投入 29.96 万元。

4. 应用 AO 功能点

本事项应用了 AO 的审计分析/数据分析/SQL 查询器；审计分析/疑点管理等功能。

（四）7 人拥有小轿车仍然领取低保待遇 25080 元

审计事项：社会保障审计/最低生活保障/违规审批、发放低保金。

1. 审计思路

在市车管所采集车辆户籍信息，然后与低保发放信息进行对比，查找拥有车辆的低保人员，再对车辆的性质（是轿车还是货车，是自用还是营运）和档次进行划分，通过实地查看，确定是否存在问题。

2. 审计步骤

步骤一：将车管所采集的数据导入到 AO 中。

步骤二：打开 SQL 查询器，将低保发放明细（Sj_Db_Ffmx_2011_Mztg）与车管所数据进行对比，连接条件为 Sfzh（身份证号），Xm（姓名），查找两表中共同的人员。将下列语句执行到排序分组表。

```
Select  * From Sj_Db_Ffmx_2011_Mztg a Join 车管所数据 b
On a. Sfzh_Hz = b. 身份证号 And    a. Xm_Hz = b. 姓名
Order By a. Sfzh_Hz
```

步骤三：以 Xm_Hz 分组，统计人数。结果如图 1 – 10 所示。

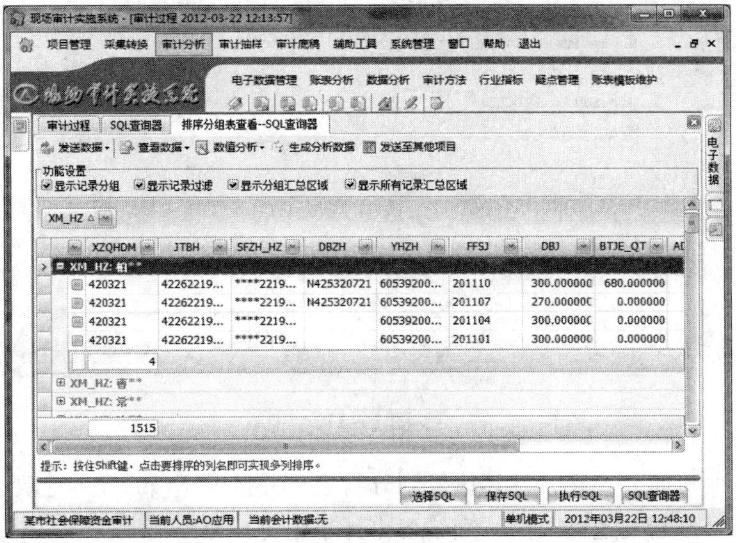

图 1 – 10

3. 审计结果

经过核实，部分低保人员拥有的是微型货车或是挂在其名下的车辆，用于其日常工作谋生，予以排除。最终审定有7人拥有小轿车仍在享受低保，这7名人员累计领取低保待遇共计25080元。

4. 应用AO功能点

本事项应用了AO审计分析/数据分析/SQL查询器；审计分析/数据分析/排序分组表分析工具等功能。

（五）6人拥有公司或商铺仍然领取低保待遇18950元

审计事项：社会保障审计/最低生活保障/违规审批、发放低保金。

1. 审计思路

在工商部门取得了全市所有企业注册信息，通过法人代表与低保人员名单进行对比，以发现存在的问题。

2. 审计步骤

步骤一：导入工商部门取得了全市所有企业注册信息，如图1-11所示。

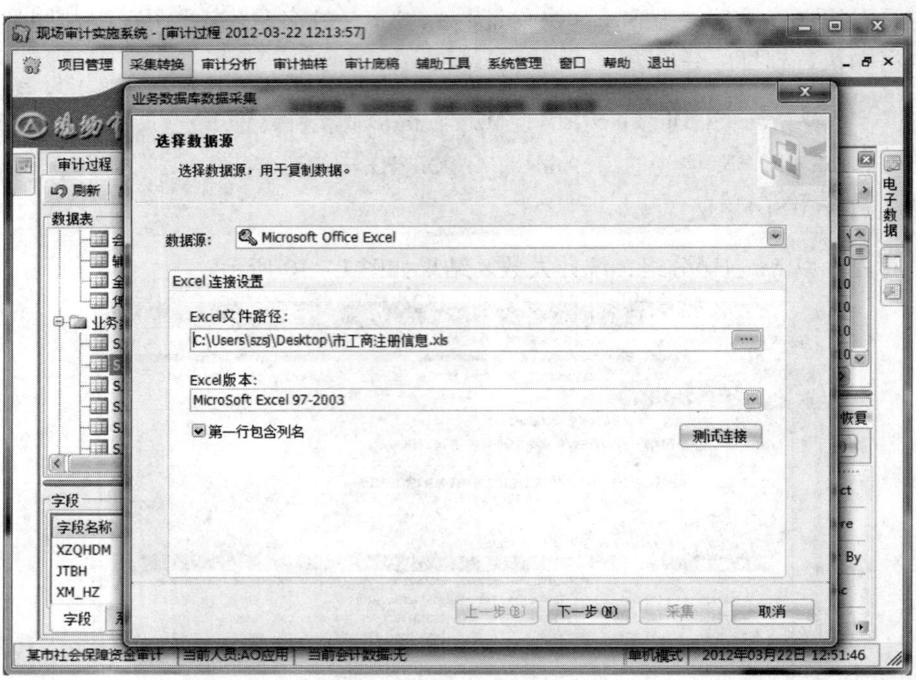

图1-11

步骤二：编写如下SQL，将其执行到分组表，并按照Xzqhdm（行政区划代码）分组，将分组结果分别发送到疑点，交给各审计小组进行延伸。

```
Select  Distinct 注册号，企业名称,法定代表人,Xzqhdm,Sfzh_Hz
From 工商注册信息 a Join Sj_Db_Ffmx_2011_Mztg b
On a. 法定代表人 = b. Xm_Hz
Where 注册资金 >5 And (Xzqhdm ='4203aa' Or Xzqhdm ='420302' Or Xzqhdm =
'420303')
Group By 注册号，企业名称,法定代表人,Xzqhdm,Sfzh_Hz
Order By Xzqhdm
```

步骤三：执行步骤二 SQL 语句到分组表，以 Xzqhdm 分组，用图表查看各区县审计结果数量。执行后结果如图 1 – 12 所示。

图 1 – 12

以行政区划代码（Xzqhdm）为 x 轴，注册号为 y 轴计数进行图表查看，结果如图 1 – 13 所示。

3. 审计结果

可以看出，行政代码为 * *0302 和 * *0303 的区县低保人员开办实体的疑点最多，可能存在较多问题。由于工商部门提供的数据中，没有法人代表的身份证号，只能通过姓名来跟低保人员进行关联。故会存在重名重姓的情况，需要人工核实。经过核实，发现有 6 人在工商部门注册了公司或商铺仍在享受低保待遇 18950 元。例如，低保户穆某于 2005 年 8 月注册了木子健康美容机构，截至 2011 年底仍在享受低保待遇。

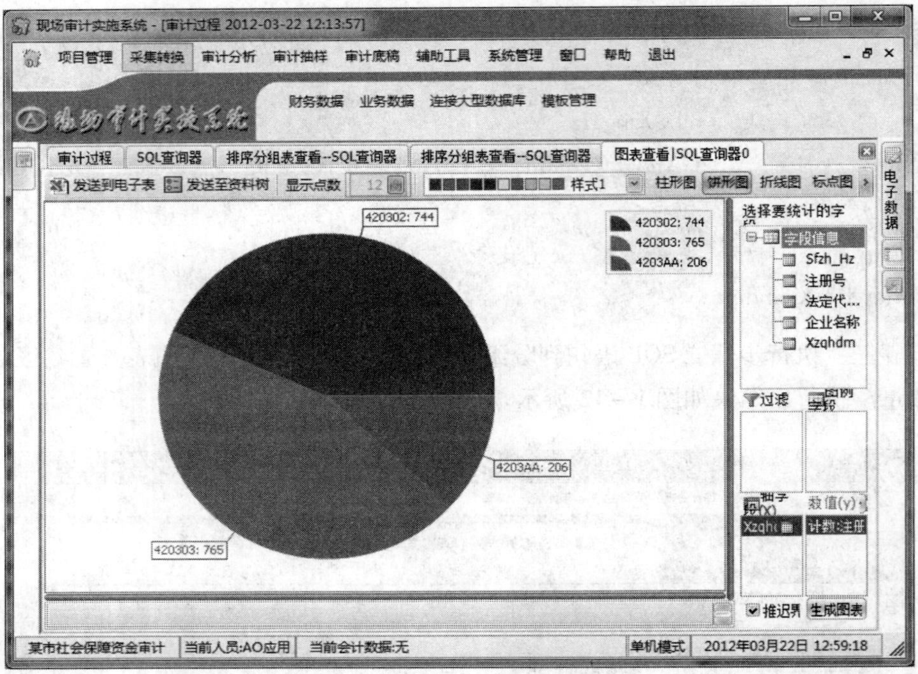

图 1-13

4. 应用 AO 功能点

本事项应用了 AO 审计分析/数据分析/SQL 查询器；审计分析/数据分析/排序分组表分析工具；审计分析/数据分析/图表查看工具等功能。

（六）10 人拥有两套或两套以上住房仍领取低保 32588 元

审计事项：社会保障审计/最低生活保障/违规审批、发放低保金。

1. 审计思路

在房管局取得了全市房屋登记信息，通过房屋所有人与低保人员名单进行对比，来发现存在的问题。

2. 审计步骤

步骤一：导入房管局取得的全市房屋登记信息，将其导入 AO。

步骤二：将市直房产信息与低保发放信息表（Sj_Db_Ffmx_2011_Mztg）进行关联，将关联结果生成到“低保人员住房信息”表中。

```
Select    Distinct a. *
Into 低保人员住房信息
From 市直房产信息 a Join Sj_Db_Ffmx_2011_Mztg   b   On a. 证件号 = b. Sfzh_Hz
```

步骤三：将下列语句执行到排序分组表，对结果进行重号分析，如果重号数量≥2，那么该低保户就拥有 2 套及以上住房，列为重点延伸对象。

```
Select * From 低保人员住房信息
```

对证件号进行重号分析，大于 2 套的作为疑点。如图 1-14、图 1-15 所示。

图 1-14

图 1-15

3. 审计结果

对筛选出的结果，审计组做了调查核实，发现了其中的原委：低保户杨某于2008年6月通过拆迁安置获得了市内某商品房小区内5套住房，2011年1月又将其中4套房分别赠予其子女，其子女具有赡养老人的义务和能力，杨某仍领取低保，是不符合低保政策的。又如低保户朱某先后于2010年8月和2011年4月在某小区购置商品房两套，一套面积为139.81平方米，一套面积为36.95平方米，截至2011年底仍在享受低保待遇。此问题引起民政部门高度重视，进行了清查，对不具备领取低保条件的人进行了清理。

4. 应用AO功能点

本事项应用了AO审计分析/数据分析/SQL查询器；审计分析/数据分析/排序分组表分析工具；审计分析/数据分析/数值分析等功能。

（七）职工养老保险缴费金额低于最低缴费标准，欠缴养老金4109.19万元

审计事项：社会保障审计/基金征缴/多征、少征、欠缴保险费。

1. 审计思路

以上年度社会平均工资为最低缴费基数，检查是否存在缴费金额低于最低缴费标准的情况。

2. 审计步骤

步骤一：要计算2011年度的欠缴额，就要取得2010年度社会平均工资的值24723元/年，最低缴存基数为社平工资乘以28%除以12个月，计算职工养老金月最低缴存额为576.8元（24723×0.28÷12）。

步骤二：打开审计分析-数据分析。执行下列SQL语句到排序分组表（Fkssq是指费款所属期，Jfje_Gr_Sj是指个人实际缴费金额，Jfbl_Gr是指缴费比例）。

```
Select * From Sj_Jf_Zgyl_2011_Rstg
Where Left(Fkssq,4) ='2011' And Jfje_Gr_Sj < 576.8 And Jfje_Gr_Sj >0 And Jfbl_Gr =0.28
```

步骤三：利用的AO数值分层功能，查看缴费比例集中的区域。如图1-16、图1-17、图1-18所示。

图 1－16

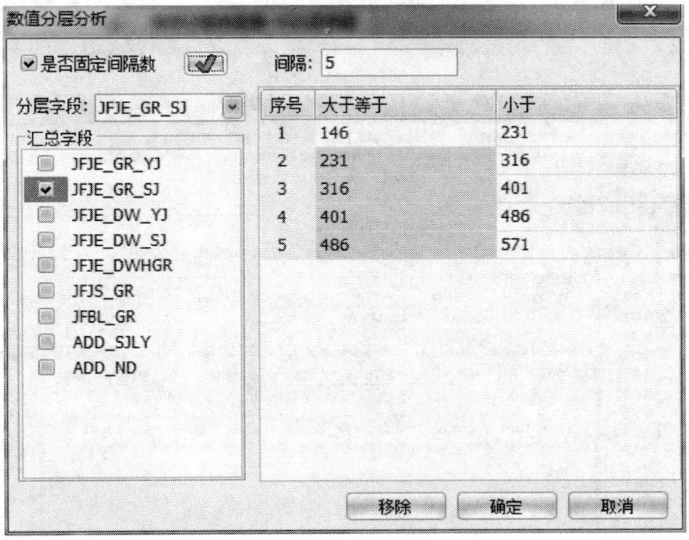

图 1－17

可以看出，大部分缴费金额集中在 146～231 元，说明部分职工的缴费情况不容乐观，缴存金额偏低。下一步，计算具体少缴金额。

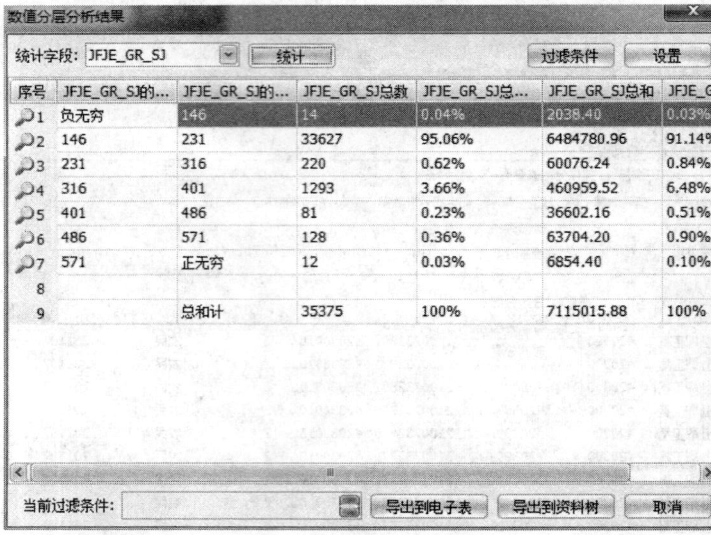

图 1－18

步骤四：计算机少缴职工养老金金额，执行下列语句，得到少缴金额。如图 1－19 所示。

```
Select Sum(576 - Isnull(Jfje_Gr_Sj,0)) As 少缴数 From Sj_Jf_Zgyl_2011_Rstg
Where Left(Fkssq,4) ='2011' And Jfje_Gr_Sj <576 And Jfje_Gr_Sj >0 And Jfbl_Gr =0.28
```

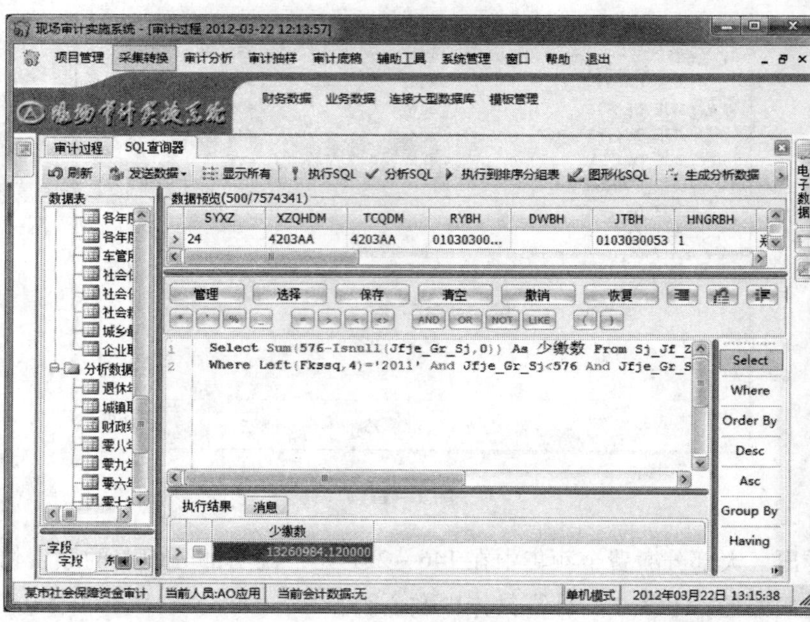

图 1－19

3. 审计结果

重复前四步，计算其他年度的欠缴金额，汇总合计某市共欠缴养老保险费 4109.19 万元。

4. 应用 AO 功能点

本事项应用了 AO 审计分析/数据分析/SQL 查询；审计分析/数据分析/数值分析等功能

（八）违反国家政策，提前退休

审计事项：社会保障审计/基金管理/基础管理规范性审查。

1. 审计思路

对领取退休金的人员的退休年龄进行审查，排出特殊工种、病退等特殊情况可以办理提前退休的因素，查询不到法定年龄提前退休的人员。

2. 审计步骤

步骤一：打开审计分析－数据分析。将退休待遇发放表 Txdy 和个人信息 Grxx 表进行连接，取得退休人员的身份信息，插入到退休年龄审查表中。连接的字段是人员编号 Rybh（人员编号）。

```
Select  a. Tcqdm,a. Rybh,a. Dwbh,a. Xm,a. Xb,a. Hkszdz,a. Zjhm,
Csrq,a. Gzrq,a. Cbny,b. Ltxlb,b. Txrq,b. Ksny,b. Zzny,b. Grzhzje,
b. Jfys,b. Stjfys,b. Sjjfys,b. Jcylj
Into 退休年龄审查
From Sj_Grxx_Rstg   a Join Sj_Txdy_2011_Rstg b
On a. Rybh = b. Rybh
```

步骤二：运用步骤一生成的退休年龄审查表，与 Sj_Zf_Zgyl_2011_Rstg（职工养老支付表）进行连接，连接字段为 Rybh，条件 Rysf_Xt 值为正常退休。计算职工退休时的年龄，本步骤对男性 50 岁之前退休的人员进行了筛查。执行下列 SQL 到排序分组表，以 Xm 字段分组，可以看出男性提前退休有 4 人（Txrq 退休日期－Csrq 出生日期<50）。

```
Select * From 退休年龄审查 a  Join  Sj_Zf_Zgyl_2011_Rstg   b
    On a. Rybh = b. Rybh
    Where ( Year( a. Txrq) - Year( a. Csrq) <50 And a. Xb ='男') And b. Rysf_Xt ='正
常退休'
    Order By b. Tcqdm
```

步骤三：同上步骤的方法，对女性 45 岁之前退休的人员进行了筛查。

```
Select * From 退休年龄审查 a Join  Sj_Zf_Zgyl_2011_Rstg  b
    On a.Rybh = b.Rybh
    Where (Year(a.Txrq) - Year(a.Csrq) <45 And a.Xb ='女') And b.Rysf_Xt ='正常退休'
    Order By b.Tcqdm
```

3. 审计结果

经核实，发现有 8 名人员违反国家政策，提前退休。

4. 应用 AO 功能点

本事项应用了 AO 审计分析/数据分析/SQL 查询器功能。

(九) 历年各险种参保人数趋势变化分析

审计事项：社会保障审计/基金管理/参保情况审查。

1. 审计思路

参保率是对社保工作最重要的评价标准。参保人数的变化，对社保政策的制定和完善有着重要的意义。利用 AO 的数据分析功能，分险种、分年度统计参保人数，分析历年各险种参保人数变化情况，为社保工作科学评价提供数字依据。

2. 审计步骤

步骤一：分析社会保险参保和发放基本情况表，按险种分类统计各年度实际参保人数。

```
Select Left(险种,2) As 险种,Sum(年末参保人数合计) As 零五年  Into 零五年参保人数
    From 社会保险参保和发放基本情况表  Where 年度 ='2005 年' Group By Left(险种,2)

Select Left(险种,2) As 险种,Sum(年末参保人数合计) As 零六年  Into 零六年参保人数
    From 社会保险参保和发放基本情况表  Where 年度 ='2006 年' Group By Left(险种,2)

Select Left(险种,2) As 险种,Sum(年末参保人数合计) As 零七年  Into 零七年参保人数
    From 社会保险参保和发放基本情况表  Where 年度 ='2007 年' Group By Left(险种,2)

Select Left(险种,2) As 险种,Sum(年末参保人数合计) As 零八年  Into 零八年参保人数
```

```
From 社会保险参保和发放基本情况表  Where 年度='2008 年' Group By Left(险种,2)

Select Left(险种,2) As 险种,Sum(年末参保人数合计) As 零九年  Into 零九年参保人数
From 社会保险参保和发放基本情况表  Where 年度='2009 年' Group By Left(险种,2)

Select Left(险种,2) As 险种,Sum(年末参保人数合计) As 一零年  Into 一零年参保人数
From 社会保险参保和发放基本情况表  Where 年度='2010 年' Group By Left(险种,2)

Select Left(险种,2) As 险种,Sum(年末参保人数合计) As 一一年  Into 一一年参保人数
From 社会保险参保和发放基本情况表  Where 年度='2011 年' Group By Left(险种,2)
```

步骤二：将这些得到的表以险种关联起来，产生新表“社会保险参保人数”便于对比分析。如图 1－20 所示。

```
Select 零五年参保人数.险种,零五年参保人数.零五年,零六年参保人数.零六年,零七年参保人数.零七年,零八年参保人数.零八年,零九年参保人数.零九年,一零年参保人数.一零年 Into  社会保险参保人数
From 零五年参保人数,零六年参保人数,零七年参保人数,零八年参保人数,零九年参保人数,一零年参保人数
Where 零五年参保人数.险种=零六年参保人数.险种 And 零六年参保人数.险种=零七年参保人数.险种 And 零七年参保人数.险种=零八年参保人数.险种 And 零八年参保人数.险种=零九年参保人数.险种 And 零九年参保人数.险种=一零年参保人数.险种
```

步骤三：将表“社会保险参保人数”执行到分组排序表，使用图表查看功能，立体显示近年来参保人数变化情况。如图 1－21 所示。

3. 审计结果

分析结果显示，五大社会保险（工伤、生育、失业、养老、医疗）参保人数逐年增加，增长幅度最大的是医疗保险。根据该市“十一五”规划纲要，养老保险的覆盖率明显不足，增长速度较慢。审计报告有针对性地提出“扩大参保范围、加大征收力度，鼓励、督促民营企业参加社会保险”的建议。

4. 应用 AO 功能点

本事项应用了 AO 审计分析/数据分析/SQL 查询器；审计分析/数据分析/图表分析工具等功能。

现场审计实施系统 - [审计过程 2012-03-22 12:13:57]
项目管理 采集转换 审计分析 审计抽样 审计底稿 辅助工具 系统管理 窗口 帮助 退出
财务数据 业务数据 连接大型数据库 模板管理
审计过程 SQL查询器 排序分组表查看-社会保险参保人数
发送数据 查看数据 数值分析 生成分析数据 发送至其他项目
功能设置
显示记录分组 显示记录过滤 显示分组汇总区域 显示所有记录汇总区域
拖动列标题到此进行分组
险种 零五年 零六年 零七年 零八年 零九年 一零年
工伤 69098 70674 76403 84517 90097 101837
生育 65868 67580 70793 78907 83110 84072
失业 68859 71310 75262 76751 78920 83894
养老 83481 86418 90206 96859 112856 106601
医疗 283974 296214 312853 488457 580438 589697
提示：按住Shift键，点击要排序的列名即可实现多列排序。
选择SQL 保存SQL 执行SQL SQL查询器
某市社会保障资金审计 当前人员:AO应用 当前会计数据:无 单机模式 2012年03月22日 13:18:00
电子数据

图 1 – 20

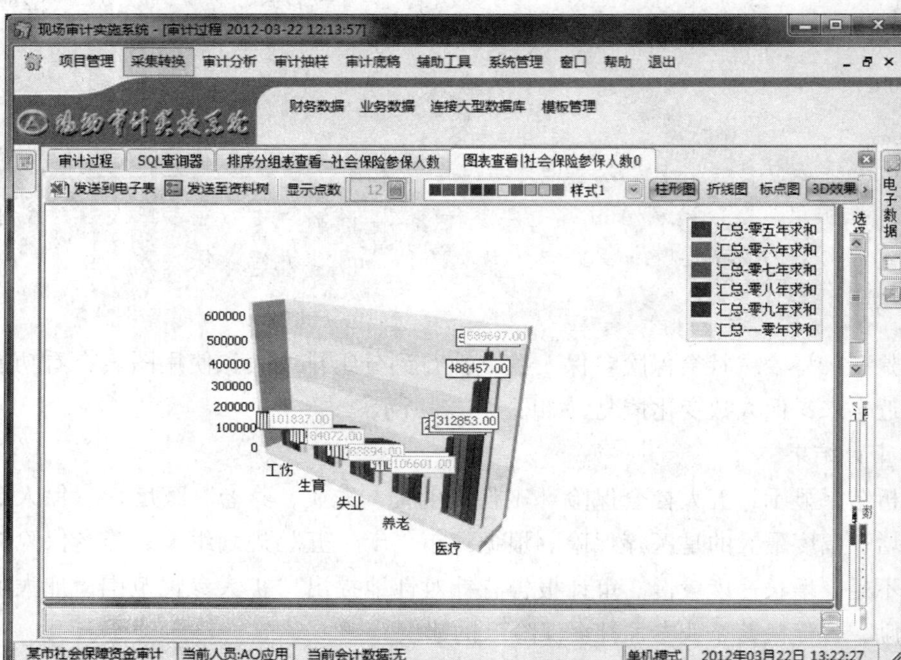
现场审计实施系统 - [审计过程 2012-03-22 12:13:57]
项目管理 采集转换 审计分析 审计抽样 审计底稿 辅助工具 系统管理 窗口 帮助 退出
财务数据 业务数据 连接大型数据库 模板管理
审计过程 SQL查询器 排序分组表查看-社会保险参保人数 图表查看|社会保险参保人数0
发送到电子表 发送至资料树 显示点数 12 样式1 柱形图 折线图 标点图 3D效果
汇总-零五年求和
汇总-零六年求和
汇总-零七年求和
汇总-零八年求和
汇总-零九年求和
汇总-一零年求和
600000
500000
400000
300000
200000
100000
0
589697.00
488457.00
312853.00
101837.00
84072.00
83894.00
106601.00
工伤
生育
失业
养老
医疗
某市社会保障资金审计 当前人员:AO应用 当前会计数据:无 单机模式 2012年03月22日 13:22:27
电子数据

图 1 – 21

（十）城乡最低生活保障受助人数分析

审计事项：社会保障审计/最低生活保障/基础管理规范性审查。

1. 审计思路

将“社会救助社会福利资金收支和政策执行情况表”导入 AO，对历年来城市最低生活保障对象人数变化进行图形化分析。

2. 审计步骤

步骤一：分析社会救助社会福利资金收支和政策执行情况表，年度分类统计各救助类型实际救助人数。

```
/*城市救助受益人数*/
Select 年度,Sum(城乡最低生活保障受益人数) As 城市 Into 城市受益人数 From 社会救助社会福利资金收支和政策执行情况表  Where Left(制度类型,7) Like '%城市%' Group By 年度,Left(制度类型,7)
/*农村救助受益人数*/
Select 年度,Sum(城乡最低生活保障受益人数) As 农村 Into 农村受益人数 From 社会救助社会福利资金收支和政策执行情况表  Where Left(制度类型,7) Like '%农村%' Group By 年度,Left(制度类型,7)
```

步骤二：将这些得到的表以险种关联起来，生产新表“城乡最低生活保障对象变化情况”便于对比分析。

```
Select 城市受益人数.年度,城市,农村 Into 城乡最低生活保障对象变化情况
From 城市受益人数,农村受益人数  Where 城市受益人数.年度 =农村受益人数.年度
```

步骤三：输出到图表，以线性图表显示。审计分析 - 审计方法 - 审计方法管理 - 创建审计师方法：社保资金情况分析，添加设置实例数据库表“城乡最低生活保障对象变化情况”并创建审计步骤：城乡最低生活保障对象变化情况分析。如图 1 - 22 所示。

```
Asl 语句如下：
Var a;
Begin
a:=Createq('Select 年度,Sum(城市) As 城市低保,Sum(农村) As 农村低保 From 城乡最低生活保障对象变化情况 Group By 年度',-1);
Oputchart(a,'年度','城市低保,Clblue;农村低保,Clred');
End.
```

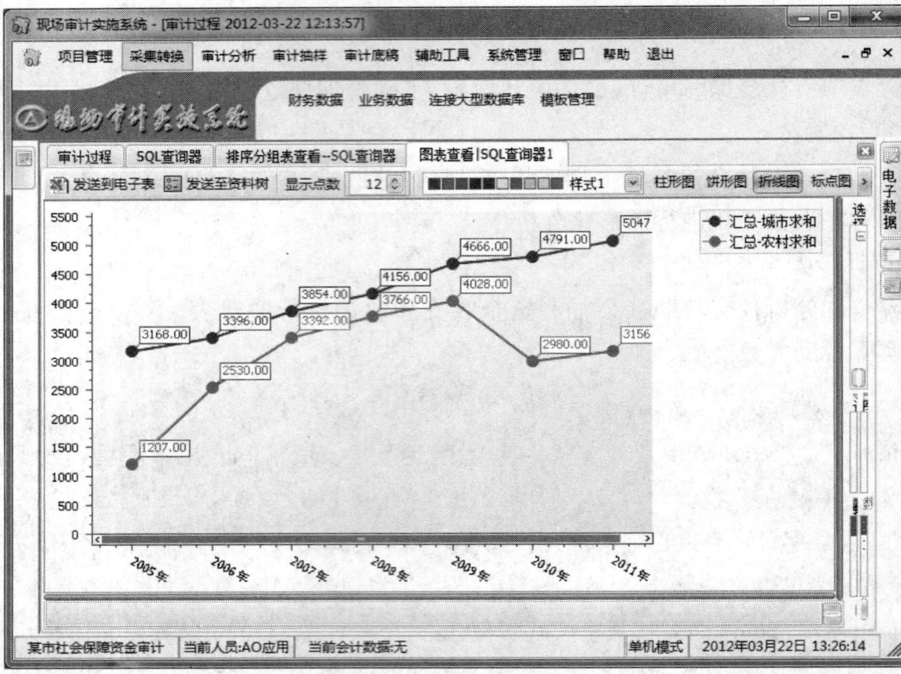

图 1－22

3. 审计结果

图表分析表明：农村低保受益人数明显增加，相比之下，城市低保对象人数增长趋缓。实际上，伴随着城市化的步伐加快，不少失地农民被纳入了低保范围，由此也对低保制度产生一定影响。总体来说，将贫困失地农民纳入低保制度体系是社会发展的趋势，需要从调整土地安置政策、加强全面的社会救助制度、加强社会管理等方面来解决贫困失地农民的生存和发展问题。

4. 应用 AO 功能点

本事项应用了 AO 审计分析/审计方法/审计方法管理；审计分析/审计方法/自动审计等功能。

（十一）企业职工养老保险待遇平均支付水平分析

审计事项：社会保障审计/基金管理/支付基本情况分析。

1. 审计思路

将“社会保险参保和发放基本情况表”导入 AO，对历年来企业职工养老保险待遇平均支付水平变化进行图形化分析。

2. 审计步骤

步骤一：分析社会保险参保和发放基本情况表，统计企业职工养老保险待遇情况。

```
Select 年度, Sum([保障水平(养老、失业、工伤保险)平均待遇水平(自动计算)]) As 企业职工养老保险待遇 Into 企业职工养老保险待遇变化情况表 From 社会保险参保和发放基本情况表  Where 险种 Like '%企业职工基本养老%'  Group By 年度
```

步骤二：输出到图表，更直观地显示企业职工养老保险待遇变化情况。并创建企业职工养老保险待遇平均支付水平分析的审计方法。

Asl 语句如下：

```
Var a;
Begin
a: = Createq('Select 年度,企业职工养老保险待遇 From 企业职工养老保险待遇变化情况表', -1);
Oputchart(a,'年度','企业职工养老保险待遇,Clblue');
End.
```

执行后得到分析图表，如图 1－23 所示。

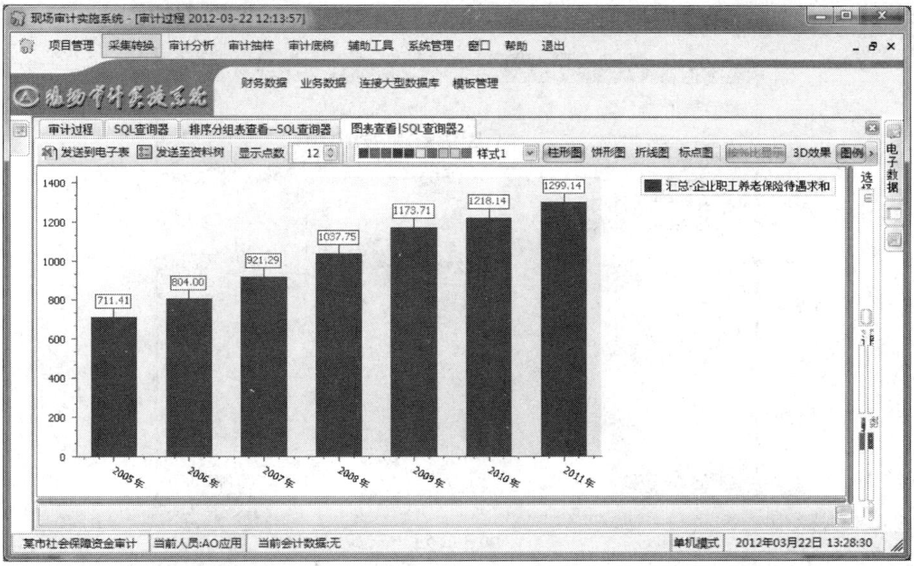

图 1－23

3. 审计结果

分析表明：企业职工养老待遇逐年增加。近年来，企业职工养老待遇与公务员养老待遇存在明显差距的情况受到社会的广泛关注。这次审计发现，本地企业职工养老待遇增长明显，从 2005 年的人均 711 元增加到 2011 年的人均 1299 元。企业职工与公务员养老待遇的差距明显缩小，对消除社会的不安定因素，维护和谐社会健康发展做出了积极贡献。

4. 应用 AO 功能点

本事项应用了 AO 审计分析/审计方法/审计方法管理；审计分析/审计方法/自动审计等功能。

（十二）社会保险基金收支和结余情况分析

审计事项：社会保障审计/基金管理/支付能力预测。

1. 审计思路

将“社会保险基金收支情况表”导入 AO，对该市社保资金的收支余情况进行图表分析，预测基金的支付能力。

2. 审计步骤

步骤一：执行 SQL 语句到分组表，计算社保基金各年度收支余情况。

```
Select 年度,Sum(当年收入) As 基金收入, Sum([当年支出合计(自动计算)(万元)]) As 基金支出,Sum(当年收支结余) As 基金结余
From 社会保险基金收支情况表 Where 年度 Not Like '' Group By 年度
```

步骤二：使用图表查看功能，分析基金收支余变化情况。设置如图 1－24 所示。

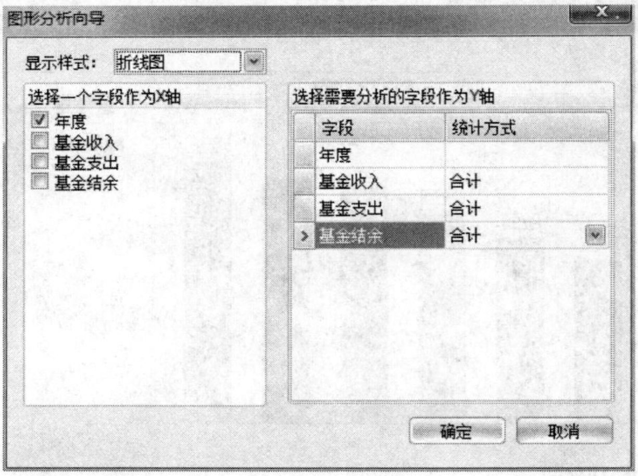

图 1－24

点击确定，得到图 1－25 所示的结果。

3. 审计结果

通过分析，基金收入增长速度较快，而支付增长速度较慢，基金当年结余逐年递增。说明基金的偿付力度不够，因逐步放宽基金的偿付条件和偿付上限，真正使各项社会保险资金取之于民用之于民。

4. 应用 AO 功能点

本事项应用了 AO 审计分析/数据分析/SQL 查询器；审计分析/数据分析/图表分析

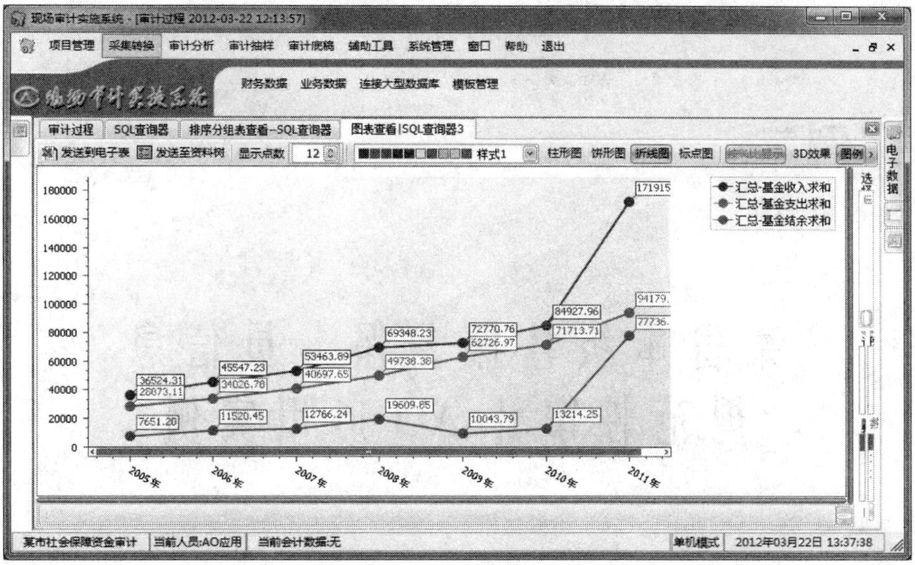

图 1－25

工具等功能。

三、点评

本实例运用 AO 2011“连接大型数据库”功能，解决大数据快速访问和分析难题；运用 AO 2011“生成业务数据临时表”功能，提高业务数据采集整理效率；综合运用 AO 各类分析工具，实现违规问题的快速查找；运用 AO 2011 建立宏观分析模型，提高审计报告质量。

（湖北省审计厅　湖北省十堰市审计局　姜　艳　杨晓峰　邹　玮）

实例二

某省本级社保参保人员信息规范性审计AO应用实例

一、项目背景

审计机关在对某省本级社保基金审计中，按照“摸清情况、揭露问题、规范管理、推进改革”的总体思路，以业务流为导向，运用计算机审计技术，了解养老和医保的业务信息系统，客观分析社保基金运行情况，重点分析各项社保政策的执行情况，审查社保基金支付的真实性、管理的安全性，查找被审计单位信息系统的安全漏洞，并提出了可操作性的建设性的意见和建议，取得了较好效果。

本文将重点介绍审计组如何运用AO 2008联机版系统对养老保险和医疗保险的业务数据进行审计。在专网内，构建AO 2008联机版审计现场局域网，10.30.1.100上面安装有AO 2008联机版服务器软件和SQL Server 2005，10.30.11.3安装有AO 2008版管理控制台。如图2－1所示，审计人员在局域网内通过联机版客户端连接到服务器端进行审计查询。

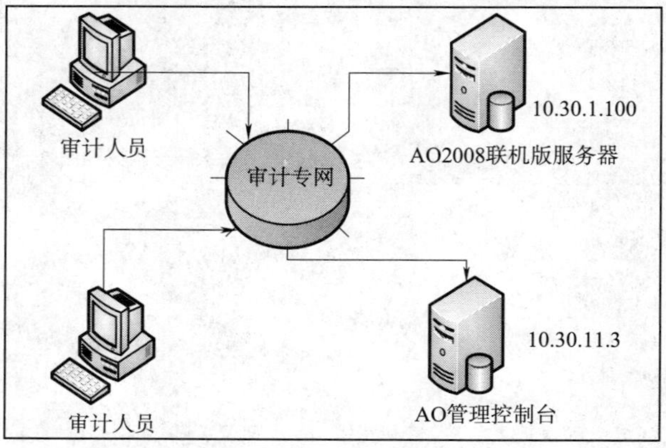

图2－1

二、审计过程

（一）参保人员生存状态情况

审计事项：社会保障审计/基金管理/个人账户管理规范性审查。

1. 审计思路

根据社会调查和往年审计经验，对退休人员死亡后仍然继续享受养老保险待遇情况进行了重点审计。审计方法流程如图 2－2 所示。

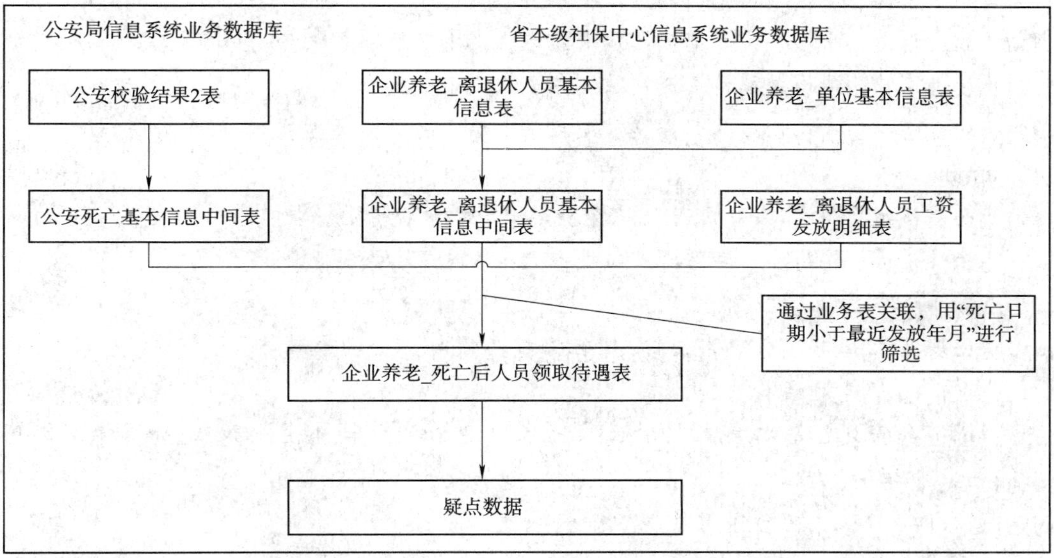

图 2－2

2. 审计步骤

步骤一：生成各种中间表。

（1）生成公安死亡基本信息中间表。

（2）生成企业养老离退休人员基本信息中间表。

步骤二：查找死亡日期小于养老保险最近发放年月的记录

对【公安死亡基本信息中间表】、【企业养老_离退休人员基本信息中间表】、【企业养老_离退休人员工资发放明细表】这三张表，进行关联，生成【企业养老_死亡后人员领取待遇表】。

```
Select [公安死亡基本信息中间表].[社保姓名],
[公安死亡基本信息中间表].[社保身份证],
[公安死亡基本信息中间表].[公安身份证],
[公安死亡基本信息中间表].[死亡日期],
[公安死亡基本信息中间表].[公安姓名],
[企业养老_离退休人员基本信息中间表].[人员内码],
[企业养老_离退休人员基本信息中间表].[参保状态],
[企业养老_离退休人员基本信息中间表].[单位名称],
[企业养老_离退休人员工资发放明细表].[发放年月],
[企业养老_离退休人员工资发放明细表].[发放项目],
[企业养老_离退休人员工资发放明细表].[发放金额],
[企业养老_离退休人员工资发放明细表].[离退休类型]
From
[公安死亡基本信息中间表],[企业养老_离退休人员基本信息中间表],
[企业养老_离退休人员工资发放明细表]
Where
[公安死亡基本信息中间表].[社保姓名] = [企业养老_离退休人员基本信息
中间表].[姓名]
And [公安死亡基本信息中间表].[社保身份证] = [企业养老_离退休人员基
本信
息中间表].[社会保障号]
And [企业养老_离退休人员基本信息中间表].[人员内码] = [企业养老_离
退休
人员工资发放明细表].[人员内码]
And Convert (Datetime, [企业养老_离退休人员工资发放明细表].[发放年月]
+'01') > Dateadd (m, 2, Convert (Datetime, [公安死亡基本信息
中间表].[死亡日期]))
```

选择“执行SQL到自由表”，如图2-3所示。

选择“保存自定义表”，将以上运行结果保存到【企业养老_死亡后人员领取待遇表】这张表中，供下一步查询。

步骤三：分析【企业养老_死亡后人员领取待遇表】。多层分组表设置。分组字段选择“社保姓名”“公安姓名”“社保身份证”“发放金额”4个字段，统计字段选择“发放金额_汇总”“发放年月_个数”2个字段。图中显示最多的祝某违规领取待遇的“发放年月”达到了288个月，发放金额达到了56335元。如图2-4所示。

图 2－3

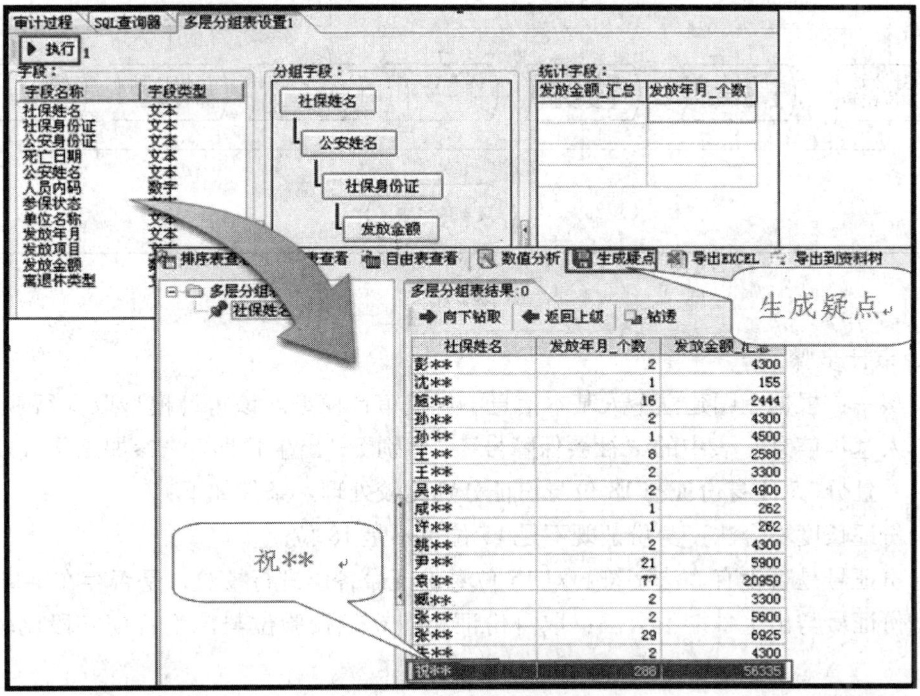

图 2－4

3. 审计结果

统计发现：违规发放有 33 人，累计金额达到 25 万余元。同上步骤，继续对行业养老系统进行审计调查，发现死亡人员继续领取待遇人数有 37 人，累计金额 31 万余元。

4. 应用 AO 功能点

本事项应用了 AO 的审计分析/数据分析/SQL 查询器；审计分析/数据分析/排序分组表分析工具等功能。

（二）参保人员个人基本信息不规范

审计事项：社会保障审计/基金管理/基础管理规范性审查。

1. 审计思路

根据提供数据中的社会保障号即身份证号码，作出如图 2－5 所示的判断，筛选出有问题的记录。

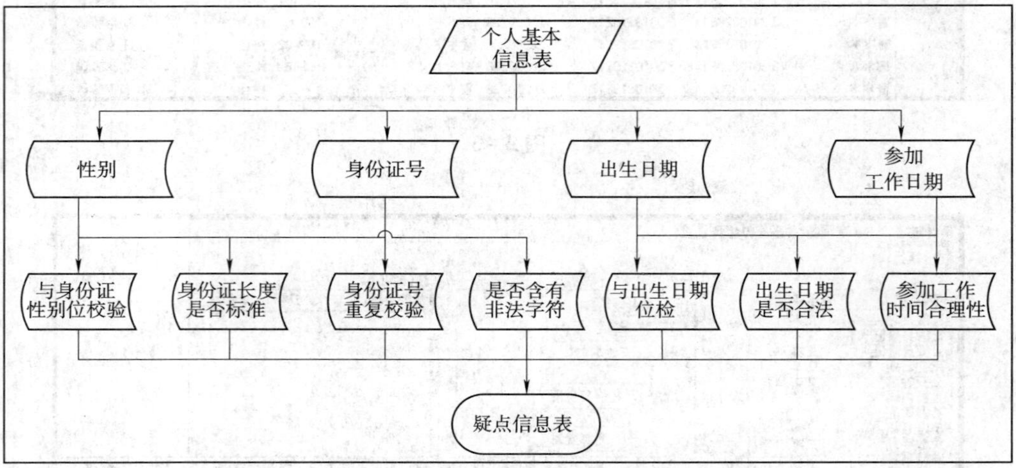

图 2－5

2. 审计步骤

步骤一：根据上图建立个人基本信息不规范审计模型。该审计模型取［行业养老_在职个人基本信息］表中的“社会保障号”“性别”“出生日期”“参加工作日期”等字段，并且分 15 位身份证与 18 位身份证分别比较处理。条件如下：

身份证长度不合法：身份证既不是 15 位也不是 18 位。

身份证号是否含有非法字符：对 15 位身份证号各位进行校验，是否存在字母。

身份证号与出生日期不合法：取身份证相应 6 位校验位与出生日期字段比较是否一致。

性别不合法：取身份证的性别校验位与性别字段比较。

出生日期不合法：出生日期为 19 世纪的。

参加工作时间不合法：年龄小于 12 岁参加工作的人员。

步骤二：根据上述条件，编写以下 SQL 语句：

```
Select [社会保障号]
       ,[姓名]
       ,[性别]
       ,[出生日期]
```

```
        ,[参加工作时间]
        ,a.[当前参保状态]
    ,Case When Len([社会保障号]) < > 15 And Len([社会保障号]) < > 18 Then
'身份证长度不对'
    When Len([社会保障号]) = 15 And Substring([社会保障号],7,6) < > Substring
(Convert(Char,[出生日期]),3,6) Then '出生日期与身份证不符合'
    When Len([社会保障号]) = 18 And Substring([社会保障号],7,8) < > Substring
(Convert(Char,[出生日期]),1,8) Then '出生日期与身份证不符合'
    When Len([社会保障号]) = 15 And Substring([社会保障号],15,1) < >'y' And
Convert(Int,Substring([社会保障号],15,1))%2 < >
        Case When [性别] ='男' Then 1 Else 0 End
    Then '性别与身份证不符合'
    When Len([社会保障号]) = 18 And Substring([社会保障号],17,1) < >'y' And
Convert(Int,Substring([社会保障号],17,1))%2 < >
        Case When [性别] ='男' Then 1 Else 0 End
    Then '性别与身份证不符合'
    When Len([社会保障号]) = 15 And Substring([社会保障号],15,1) ='y'
    Then '15 位身份证含有字符'
    When Substring(参加工作时间,1,2) > ='19'
    And Substring(出生日期,1,2) > ='19' And Datediff(m,Convert(Datetime,Substring
(出生日期,1,8),101)  ,Convert(Datetime,Substring(参加工作时间,1,8),101))
<144
    Then '参加工作时间不合法'
    When  Substring(出生日期,1,2) <'19'
    Then '出生日期不合法'
        End  As 校验结果
    ,Case When Len([社会保障号]) < > 15 And Len([社会保障号]) < > 18 Then 1
    When Len([社会保障号]) = 15 And Substring([社会保障号],7,6) < > Substring
(Convert(Char,[出生日期]),3,6) Then 2
    When Len([社会保障号]) = 18 And Substring([社会保障号],7,8) < > Substring
(Convert(Char,[出生日期]),1,8) Then 2
    When Len([社会保障号]) = 15 And Substring([社会保障号],15,1) < >'y' And
Convert(Int,Substring([社会保障号],15,1))%2 < >
        Case When [性别] ='男' Then 1 Else 0 End
    Then 3
```

```
    When Len([社会保障号]) = 18 And Substring([社会保障号],17,1) < >'y' And
Convert(Int,Substring([社会保障号],17,1))%2 < >
        Case When [性别] ='男' Then 1 Else 0 End
    Then 3
    When Len([社会保障号]) = 15 And Substring([社会保障号],15,1) ='y'
    Then 4
    When Substring(参加工作时间,1,2) > ='19'
    And Substring(出生日期,1,2) > ='19' And Datediff(m,Convert(Datetime,Substring
(出生日期,1,8),101)    ,Convert(Datetime,Substring(参加工作时间,1,8),101))
<144
    Then 5
    When   Substring(出生日期,1,2) <'19'
    Then 6
          End   As 错误编号
    ,[个人编号]
    ,b. 单位名称
    ,[手册编号]
      ,[个人身份]
      From [行业养老_在职个人基本信息] a,[行业养老_单位基本信息] b
      Where a. 单位编号 =b. 单位编码
    And
    (Case When Len([社会保障号]) < > 15 And Len([社会保障号]) < > 18
    Then '身份证长度不对'
          When Len([社会保障号]) = 15 And Substring([社会保障号],7,6) < >
Substring(Convert(Char,[出生日期]),3,6)
    Then '出生日期与身份证不符合'
          When Len([社会保障号]) = 18 And Substring([社会保障号],7,8) < >
Substring(Convert(Char,[出生日期]),1,8)
    Then '出生日期与身份证不符合'
          When Len([社会保障号]) = 15 And Substring([社会保障号],15,1) < >
'Y'AND Convert(Int,Substring([社会保障号],15,1))%2 < >
        Case When [性别] ='男' Then 1 Else 0 End
    Then '性别与身份证不符合'
    When Len([社会保障号]) = 18 And Substring([社会保障号],17,1) < >'Y' AND
Convert(Int,Substring([社会保障号],17,1))%2 < >
```

```
        Case When [性别] ='男' Then 1 Else 0 End
        Then '性别与身份证不符合'
    When Len([社会保障号]) = 15 And Substring([社会保障号],15,1) ='Y'
    Then '15 位身份证含有字符'
    When SUBSTRING(参加工作时间,1,2) > ='19'
    And SUBSTRING(出生日期,1,2) > ='19' And Datediff(m,Convert(Datetime,
SUBSTRING(出生日期,1,8),101)   ,Convert(Datetime,SUBSTRING(参加工作时间,1,
8),101)) <144
    Then '参加工作时间不合法'
    When  SUBSTRING(出生日期,1,2) <'19'
    Then '出生日期不合法' End) Is Not Null
```

将该审计分析结果保存到【行业养老_个人基本信息不规范表】这张中间表中，以供后续查询。

步骤三：分组表分析审计结果。以"校验结果"为分组字段，"个人编号_个数"为统计字段，如图 2－6 所示。

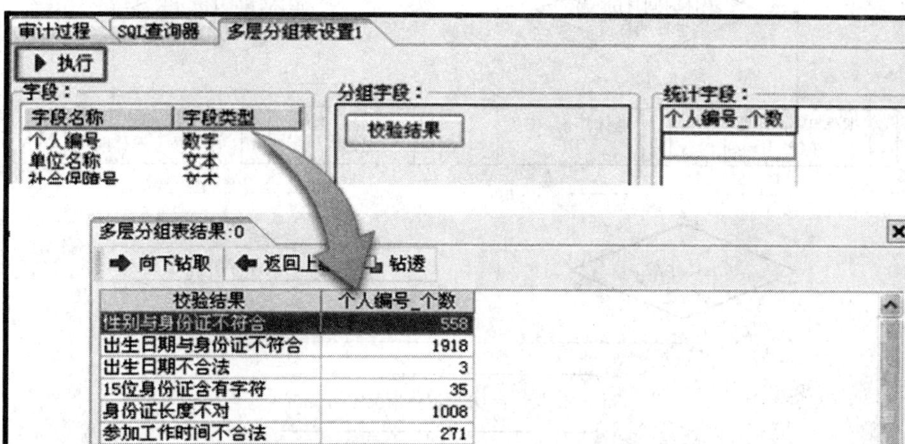

图 2－6

步骤四：ASL 语言编写自动审计分析模块。

在 AO 上操作"审计方法"→"审计方法管理"，添加"社保审计"到审计师方法，根据上述思路和 SQL 语句添加"行业养老参保人员个人信息不规范"审计方法。

3. 审计结果

最终审计人员核实，行业养老保险中有 25 名人员身份证不规范（其中在职人员 19 人，退休人员 6 名），医疗保险信息系统中 7 人身份证号码不规范。行业养老保险 100 名在职参保人员身份证号码相同；194 名退休人员身份证号码相同，但姓名不同。

4. 应用 AO 功能点

本事项应用了 AO 的数据分析/SQL 分析；审计分析/审计方法/审计方法管理；审计分析/审计方法/自动审计等功能。

（三）不规范办理提前退休，违规领取养老金

审计事项：社会保障审计/基金支付/待遇审批规范性审查。

1. 审计思路

根据《劳动保险条例实施细则》规定的职工退休年龄为：男职工年满 60 周岁，女干部年满 55 周岁，女工人年满 50 周岁，按图 2－7 所示的流程进行分析。

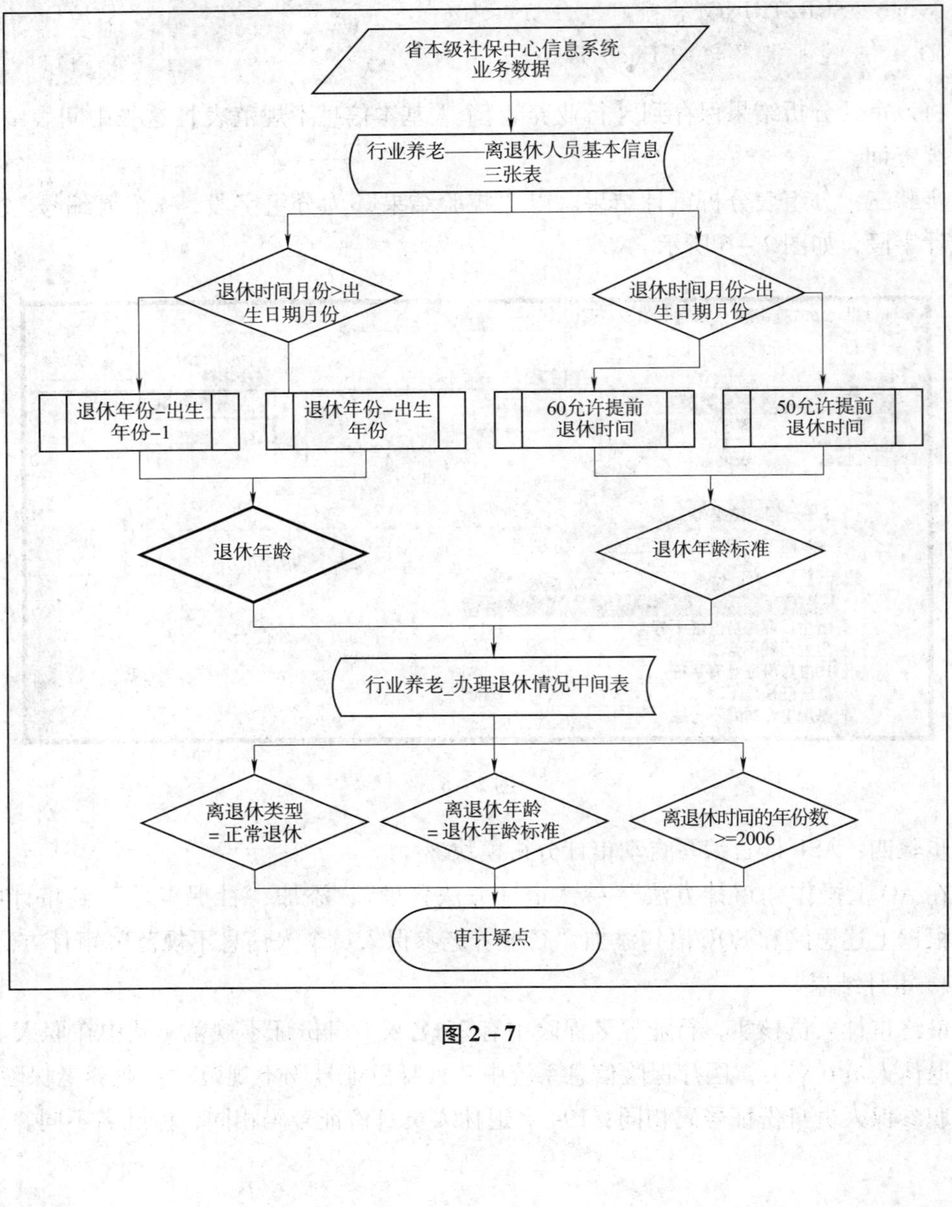

图 2－7

2. 审计步骤

步骤一：生成行业养老_办理退休情况中间表。

将【行业养老_离退休人员基本信息】、【行业养老_离退休类别编码】、【行业养老_单位基本信息】这三张表进行关联，计算离退休人员退休时年龄和法定退休年龄。

```
Select [人员内码],[姓名],[性别],z.单位名称,[出生日期]
    ,Case When (Cast (Right(Left(离退休时间,6),2) As Numeric(2))
        -Cast(Substring(出生日期,5,2) As Numeric(2))) >=0
  Then Cast(Left(离退休时间,4) As Numeric(4))
                -Cast(Left(出生日期,4) As Numeric(4))
    When (Cast (Right(Left(离退休时间,6),2) As Numeric(2))
                  -Cast(Substring(出生日期,5,2) As Numeric(2))) <0
  Then Cast(Left(离退休时间,4) As Numeric(4))
                     -Cast(Left(出生日期,4) As Numeric(4)) -1
  End As 退休时年龄
    ,y.[允许提前退休月数]/12 As 允许提前退休年数
    ,Case 性别 When  '男' Then 60 -y.[允许提前退休月数]/12
        When '女' Then 50 -y.[允许提前退休月数]/12
        Else '未知'
  End As 法定退休年龄
    ,[离退休时间],[累积缴费年限],x.[离退休类型],x.[险种编码]
    ,x.[当前保险状态]  ,[社会保障号],[参加工作时间]
From [行业养老_离退休人员基本信息] x
Left Join [行业养老_离退休类别编码] y On (x.[离退休类型]=y.[离退休类别])
Left Join [行业养老_单位基本信息] z On x.单位内码=z.单位编码
```

将以上 SQL 语句输出到自由表，保存为“行业养老_办理退休情况中间表”。

步骤二：生成退休人员退休年龄不合法记录。在中间表中查找，正常退休、退休时年龄小于法定退休年龄并且离退休时间是 2006 年以后的记录都是退休年龄不合法记录。

```
Select *
From [行业养老_办理退休情况中间表]
Where [退休时年龄] <[法定退休年龄]
And Substring([离退休时间],1,4) >'2006'
And [离退休类型]='正常退休'
```

执行上述语句后，输出到分组表，再以“退休时年龄”为 X 轴，“姓名_个数”为

Y 轴，显示疑点结果柱状图，如图 2 -8 所示。

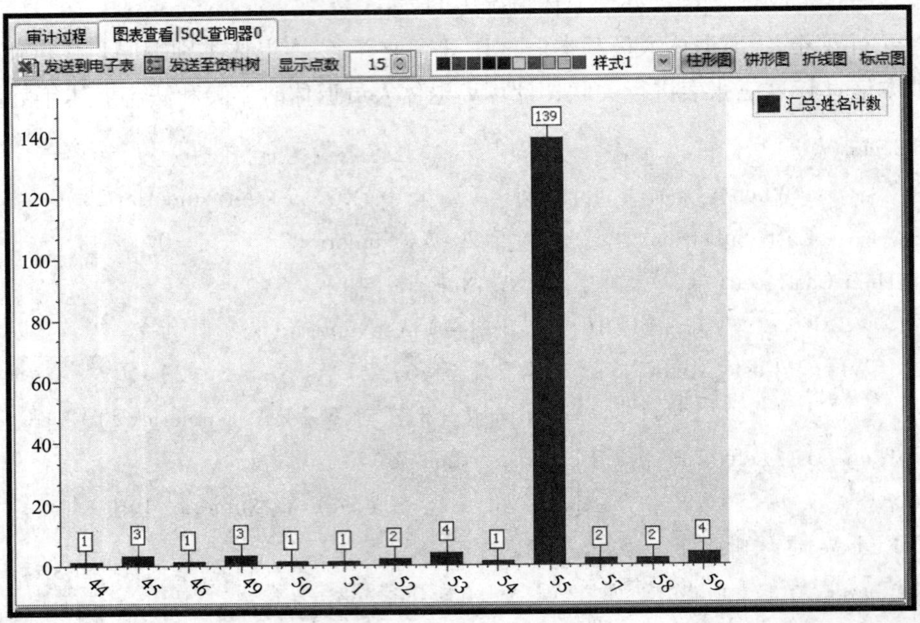

图 2 -8

3. 审计结果

经核实，163 名退休人员因为出生时间、退休时间、退休类型等重要字段不真实，如退休类型为正常退休，实际为改制单位提前退休；性别为男，实际为女。所以上图中 55 岁退休的人数达到 139 人，大部分为数据库中性别错误；另外，2009 年办理退休的 21 个人，为养老金预发状态，没有对出生时间和退休类型等重要信息进行审核。这些数据也说明了被审计单位内控缺陷和信息系统基本数据不真实、不完善。

4. 应用 AO 功能点

本事项应用了 AO 的审计分析/数据分析/SQL 查询器；审计分析/数据分析/图表分析工具等功能。

三、点评

本实例运用 AO 联机版对养老保险和医疗保险的业务数据进行审计，通过数据分析、图表查看、编写审计方法自动审计等功能对社保参保人员信息规范性进行审查，审计思路和方法具有较强的借鉴推广意义。

（浙江省审计厅　董益佑　方建忠）

实例三

巧用 AO 显神威　社保审计结硕果

——某县社会保障资金审计 AO 应用实例

一、项目背景

在审计机关统一组织的全国社保资金审计中，某县审计组在该县信息化建设滞后、相关单位无法提供审计所要求标准表的情况下，主动出击，尽可能收集文档、表格等一切数据资料，通过对比软件前台内容，结合审计经验，确定了表、字段，整理生成可分析数据。利用 AO 重点审计了该县人民政府及其所属人力资源社会保障、民政、卫生、财政等部门，社会保险经办机构、残联等单位，并延伸调查了 8 家企业、2 个村（居）委会和 1 家医院。针对资金管理方面存在的技术性缺陷和管理性漏洞，审计组提出审计建议，促进了社保经办机构不断规范资金管理，提高管理水平，取得了良好效果。

二、审计过程

（一）不符条件人员领取新农保养老金

审计事项：社会保障审计/基金支付/待遇审批规范性审查。

1. 审计思路

新农保是该县 2011 年才开始实行的险种，通过比对企业养老 2011 年度的支付表，筛选出已领取企业职工养老保险的同时重复参加新农保并重复领取待遇情况；通过比对财政供养名单，生成财政供养人员参加新农保情况，年龄在 60 岁以上即为领取待遇。

2. 审计步骤

步骤一：在 SQL SERVER 数据库中按下列语句新建一个转换函数 SFZ15TO18（），函数作用是将 15 位身份证转换为 18 位。如图 3－1 所示。

```
Create Function [Dbo].[Sfz15to18](@Sfz15 Char(15))
Returns Char(18) As
Begin
Declare @Sfz18 Char(18)
Declare @n1 As Integer
Declare @n2 As Integer
Declare @n3 As Integer
Declare @n4 As Integer
Declare @n5 As Integer
Declare @n6 As Integer
Declare @n7 As Integer
Declare @n8 As Integer
Declare @n9 As Integer
Declare @n10 As Integer
Declare @n11 As Integer
Declare @n12 As Integer
Declare @n13 As Integer
Declare @n14 As Integer
Declare @n15 As Integer
Declare @n16 As Integer
Declare @n17 As Integer
Declare @n18 As Integer

Set @n1 = Substring(@Sfz15,1,1)
Set @n2 = Substring(@Sfz15,2,1)
Set @n3 = Substring(@Sfz15,3,1)
Set @n4 = Substring(@Sfz15,4,1)
Set @n5 = Substring(@Sfz15,5,1)
Set @n6 = Substring(@Sfz15,6,1)
Set @n7 = 1
Set @n8 = 9
```

```
Set @ n9 = Substring( @ Sfz15,7,1)
Set @ n10 = Substring( @ Sfz15,8,1)
Set @ n11 = Substring( @ Sfz15,9,1)
Set @ n12 = Substring( @ Sfz15,10,1)
Set @ n13 = Substring( @ Sfz15,11,1)
Set @ n14 = Substring( @ Sfz15,12,1)
Set @ n15 = Substring( @ Sfz15,13,1)
Set @ n16 = Substring( @ Sfz15,14,1)
Set @ n17 = Substring( @ Sfz15,15,1)
Set @ n18 = ( (@ n1 * 7) + (@ n2 * 9) + (@ n3 * 10) + (@ n4 * 5) + (@ n5
* 8) +
(@ n6 * 4) + (@ n7 * 2) + (@ n8 * 1) + (@ n9 * 6) + (@ n10 * 3) +
(@ n11 * 7) + (@ n12 * 9) + (@ n13 * 10) + (@ n14 * 5) + (@ n15 * 8) +
(@ n16 * 4) + (@ n17 * 2) ) % 11
Set @ Sfz18 = Substring( @ Sfz15,1,6) + '19' + Substring( @ Sfz15,7,9) +
Case
When @ n18 = 0 Then '1'
When @ n18 = 1 Then '0'
When @ n18 = 2 Then 'x'
When @ n18 = 3 Then '9'
When @ n18 = 4 Then '8'
When @ n18 = 5 Then '7'
When @ n18 = 6 Then '6'
When @ n18 = 7 Then '5'
When @ n18 = 8 Then '4'
When @ n18 = 9 Then '3'
When @ n18 = 10 Then '2'
End
Return @ Sfz18
End
```

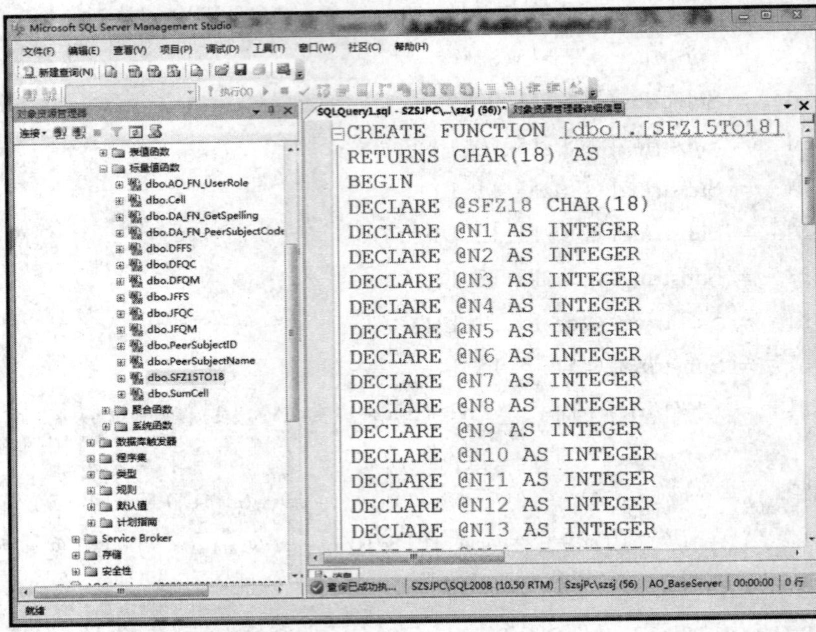

图 3－1

步骤二：在 SQL SERVER 中设置链接服务器，利用 AO“连接大型服务器”功能（设置方法参考本书实例 1），在 AO 中调用函数 SFZ15TO18（）生成新的身份证号，处理生成新农保情况表，保存至原始数据分析整理目录下。

```
Select 姓名,出生日期,现居住地址,银行账号,本年缴费档次,参保时间,距 60 岁不足 15 年缴费标志
,(Case When Len(身份证号) =15 Then Sfz15to18(身份证号) Else 身份证号 End) As '新身份证号'
From 业务表格.Dbo.Xnb
```

步骤三：以身份证号、姓氏连接新农保情况表、2011 年度企业养老支付表，筛选年龄在 60 岁以上的记录，生成领取企业职工养老保险同时领取新农保情况表。执行到排序分组表，并发送到疑点，如图 3－2 所示。

```
Select  Distinct a. *
From  新农保情况表 a,企业养老支付表 b
Where a. 新身份证号 =b. 新身份证号 And Left(a. 姓名,1) =Left(b. 姓名,1) And Left(对应费款所属期,4) =2011
And Substring(a. 新身份证号,7,4) <1952
Order By 姓名
```

图 3－2

步骤四：以身份证号、姓氏连接新农保情况表、财政供养名单表，筛选年龄在 60 岁以上的记录，生成财政供养人员参加新农保情况表。年龄在 60 岁以下为缴费，60 岁以上为享受待遇。执行后发送到疑点，如图 3－3 所示。

```
Select   Distinct b. *
From   财政供养名单 a,新农保情况表 b
Where a. 新身份证号 =b. 新身份证号   And Left(a. 姓名,1) =Left(b. 姓名,1)
```

图 3－3

3. 审计结果

经核实，56 人已参保并领取企业职工养老保险的同时重复参加新农保并重复领取待遇1.84万元；财政供养人员5人参加新农保（1人缴费，4人享受待遇），造成财政多投入0.13万元。

4. 应用AO功能点

本事项应用了AO采集转换/连接大型数据库；审计分析/数据分析/SQL查询器；审计分析/疑点管理等功能。

（二）不符条件人员重复参保新农合

审计事项：社会保障审计/基金征缴/重复参保审查。

1. 审计思路

新农合财政补助标准为2009年120元/人，2010年200元/人，2011年240元/人，用新农合参保情况表分别与城镇居民医疗保险缴费表、城镇职工医疗保险缴费表、财政供养名单连接，审查这些人员是否存在同时参保新农合情况。按照年度分组，计算每年财政补助金额，再汇总计算财政补助金额。

2. 审计步骤

步骤一：以身份证号、姓氏、参保年度连接新农合参保情况表、城镇居民医疗保险缴费表，生成同时参加城镇居民医疗保险和新农合情况表。执行到排序分组表，按参保年度进行分组，计数新身份证号。如图3-4所示。

```
Select  Distinct b. *
From  城镇居民医疗保险缴费表 a,新农合参保情况表 b
Where a. 新身份证号 =b. 新身份证号  And Left(a. 姓名,1) = Left(b. 姓名,1)
And a. 年度 =b. 参保年度
```

步骤二：以身份证号、姓氏、参保年度连接新农合参保情况表、2009年与2010年城镇职工医疗保险缴费表；以身份证号、参保年度连接新农合参保情况表、2011年城镇职工医疗保险缴费表，生成同时参加城镇职工医疗保险和新农合情况表。执行到排序分组表，按参保年度进行分组，计数新身份证号。如图3-5所示。

```
Select  Distinct b. *
From  城镇职工医疗保险缴费表 a,新农合参保情况表 b
Where a. 新身份证号 =b. 新身份证号  And a. 年度 =b. 参保年度 And Left(a. 姓
名,1) = Left(b. 姓名,1)
Union
Select  Distinct b. *
From  城镇职工医疗保险缴费表 a,新农合参保情况表 b
Where a. 新身份证号 =b. 新身份证号  And a. 年度 =2011 And b. 参保年度 =2011
Order By 姓名,参保年度
```

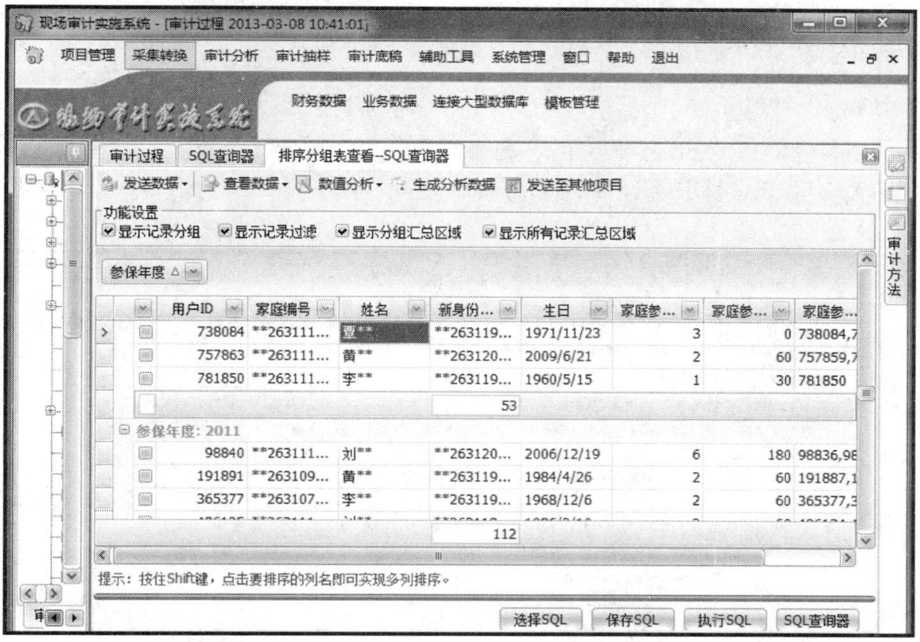

图 3－4

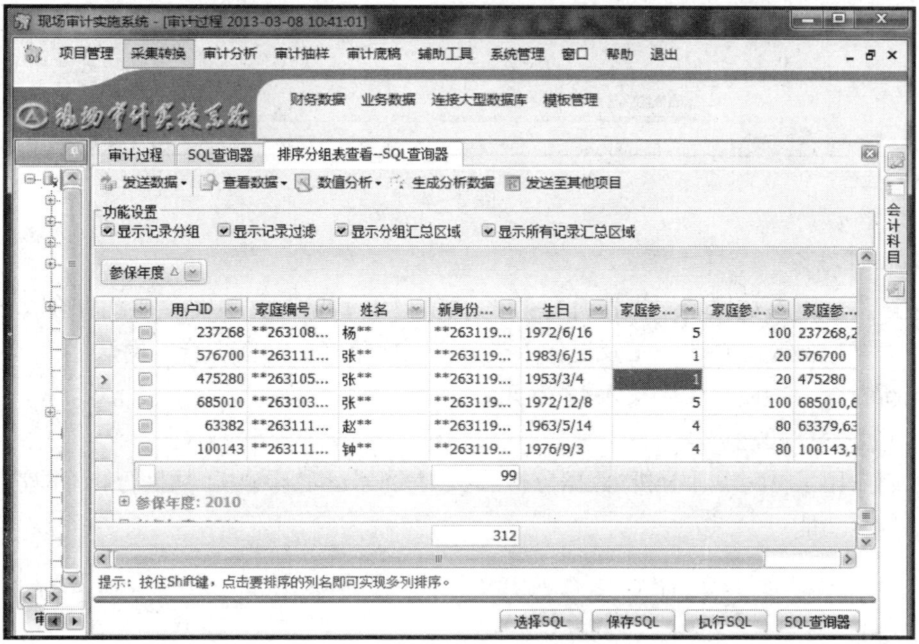

图 3－5

步骤三：以身份证号、姓氏、连接新农合参保情况表、财政供养名单，生成财政供养人员参加新农保情况表。执行到排序分组表，按参保年度进行分组，计数新身份证号。如图 3－6 所示。

```
Select   Distinct b. *
From   财政供养名单 a,新农合参保情况表 b
Where a. 新身份证号 = b. 新身份证号   And Left(a. 姓名,1) = Left(b. 姓名,1)
```

图 3－6

3. 审计结果

经核实，已参加城镇居民医疗保险的城镇户口 108 人次重复参加新农合，已参加城镇职工医疗保险的在职职工及退休人员 267 人次重复参加新农合，财政供养人员 236 人参保新农合，造成财政多投入 12 万元。

4. 应用 AO 功能点

本例应用了 AO 审计分析/数据分析/SQL 查询器；审计分析/数据分析/排序分组表分析工具等功能。

（三）不符条件人员重复参加城镇居民医疗保险

审计事项：社会保障审计/基金征缴/重复参保审查。

1. 审计思路

城镇居民医疗保险财政补助标准为 2010 年 120 元/人，2011 年 200 元/人，用城镇职工医疗保险缴费表与城镇居民医疗保险缴费表连接，审查是否存在两边参保缴费情况。按照年度分组，计算每年财政补助金额，再汇总计算财政补助金额。

2. 审计步骤

以身份证号、姓氏、年度连接 2010 年城镇居民医疗保险缴费表、2010 年城镇居民医疗保险缴费表；以身份证号、年度连接 2011 年城镇居民医疗保险缴费表、2011 年城镇居民医疗保险缴费表，生成同时参加城镇职工和城镇居民医疗保险情况表。执行到排序分组表，按年度进行分组，计数新身份证号。如图 3－7 所示。

```
    Select  Distinct a. *
    From  城镇居民医疗保险缴费表 a,城镇职工医疗保险缴费表 b
    Where a. 新身份证号 =b. 新身份证号  And Left(a. 姓名,1) =Left(b. 姓名,1)
And a. 年度 =b. 年度
    Union
    Select  Distinct a. *
    From  城镇居民医疗保险缴费表 a,城镇职工医疗保险缴费表 b
    Where a. 新身份证号 =b. 新身份证号  And a. 年度 =2011  And b. 年度 =2011
```

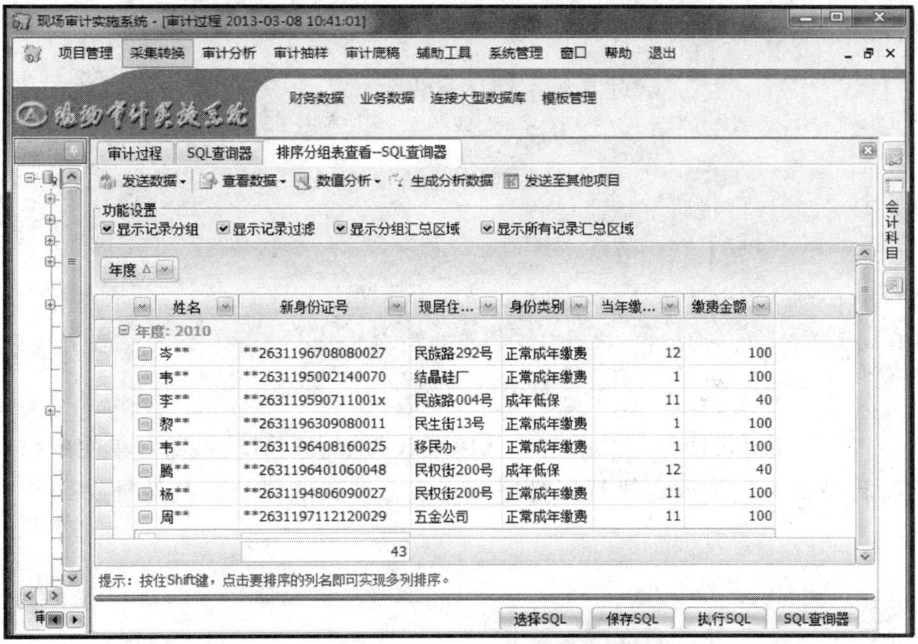

图 3－7

3. 审计结果

经核实，已参加城镇职工医疗保险的在职工及退休人员 30 人次重复参加城镇居民医疗保险，造成财政多投入 0. 66 万元。

4. 应用 AO 功能点

本例应用了 AO 审计分析/数据分析/SQL 查询器；审计分析/数据分析/排序分组表分析工具等功能。

（四）不符条件人员领取低保金

审计事项：社会保障审计/最低生活保障/违规审批、发放低保金。

1. 审计思路

最低生活保障发放明细中，民政部门信息录入不完整，有些记录没有录用身份证，银行账号基本完整，所以在审计的过程中多用银行账号来连接。将低保发放明细分别与财政供养人员名单、已死亡人员名单、已领取企业职工养老保险人员名单、拥有商品房人员名单连接筛选，审查这些人员是否存在仍在领取低保金情况。

2. 审计步骤

步骤一：以发放时间、银行账号连接城镇低保发放明细表、农村低保发放明细表；生成同年同时领取农村城镇低保的低保明细情况。执行到排序分组表，求和低保金和其他补贴金额。如图 3－8 所示。

```
Select *, '农村低保' As 标识
From 农村低保发放明细表 a
Where Exists (Select * From 城镇低保发放明细表 b
Where Left(发放时间,4) = Left(a. 发放时间,4) And 银行账号 = a. 银行账号)
Union All
Select *, '城镇低保' As 标识
From 城镇低保发放明细表 a
Where Exists (Select * From 农村低保发放明细表 b
Where Left(发放时间,4) = Left(a. 发放时间,4) And 银行账号 = a. 银行账号)
Order By 户主姓名
```

步骤二：以新身份证号、姓氏连接低保发放明细表、财政供养名单生成财政供养人员领取低保金明细情况。执行到排序分组表，求和低保金和其他补贴金额。如图 3－9所示。

```
Select  *, '农村低保' As 标识 From 农村低保发放明细表
Where 银行账号 In(Select 银行账号
From 农村低保发放明细表 a,财政供养名单 b
Where a. 新身份证号 =b. 新身份证号  And Left(a. 户主姓名,1) =Left(b. 姓名,1))
Union All
Select * , '城镇低保' As 标识 From 城镇低保发放明细表
```

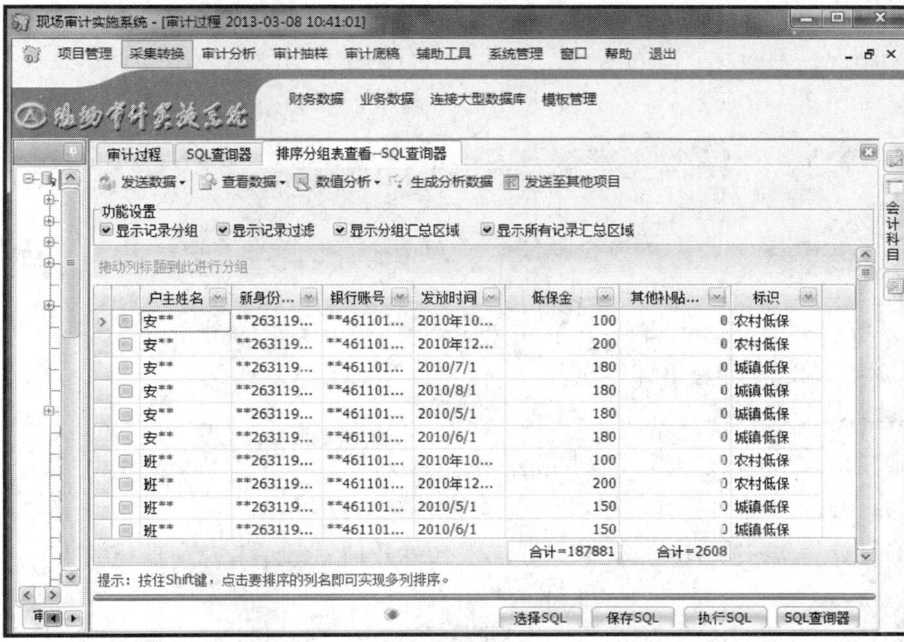

图 3-8

```
Where 银行账号 In(Select 银行账号)
From 城镇低保发放明细表 a,财政供养名单 b
Where a. 新身份证号 =b. 新身份证号   And Left(a. 户主姓名,1) =Left(b. 姓名,1))
```

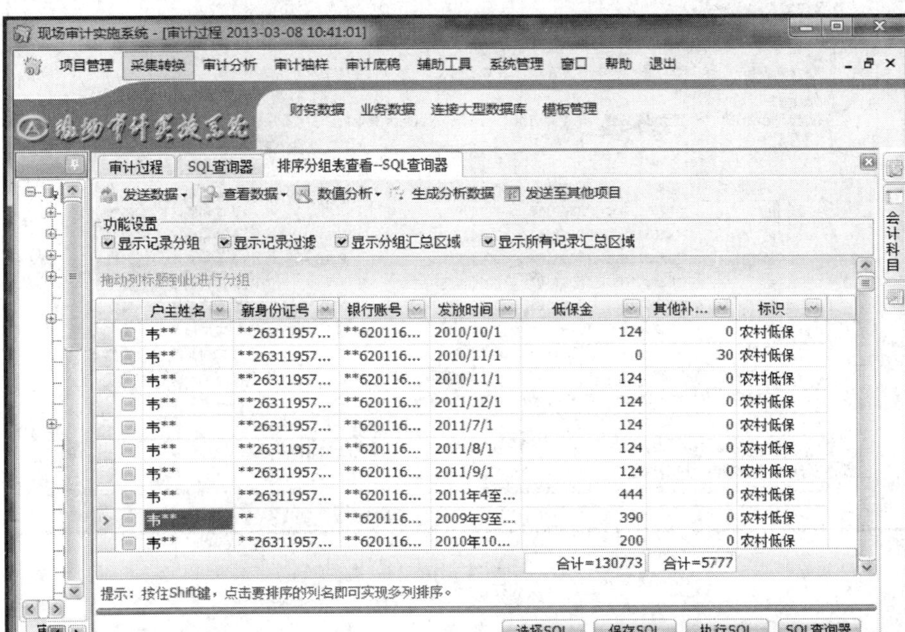

图 3-9

步骤三：以新身份证号、姓氏连接低保发放明细表、死亡名单，生成死亡人员领取低保金情况，判断发放时间与死亡日期。执行到排序分组表，求和低保金和其他补贴金额。如图 3 – 10 所示。

```
Select b. *,'农村低保' As 标识,a. 姓名,a. 死亡日期
From [2010 至 2011 年死亡名单] a,农村低保发放明细表 b
Where a. 新身份证号 = b. 新身份证号 And Left(a. 姓名,1) = Left(b. 户主姓名,1) And (Year(a. 受理时间) < Left(b. 发放时间,4)
Or (Left(a. 死亡日期,4) = Left(b. 发放时间,4) And ((Substring(a. 死亡日期,6,2) +3) < Substring(b. 发放时间,6,1))))
Union
Select b. *,'城镇低保' As 标识,a. 姓名,a. 死亡日期
From [2010 至 2011 年死亡名单] a,城镇低保发放明细表 b
Where a. 新身份证号 = b. 新身份证号 And Left(a. 姓名,1) = Left(b. 户主姓名,1) And (Year(a. 受理时间) < Left(b. 发放时间,4)
Or (Left(a. 死亡日期,4) = Left(b. 发放时间,4) And ((Substring(a. 死亡日期,6,2) +3) < Substring(b. 发放时间,6,1))))
```

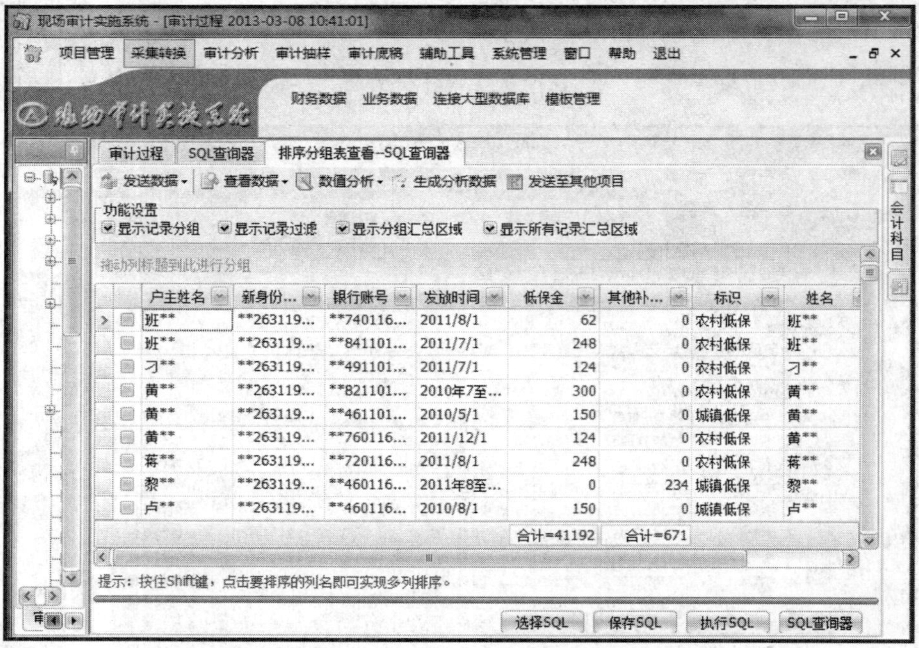

图 3 – 10

步骤四：以新身份证号、姓氏连接低保发放明细表、企业养老支付表生成同年领取企业职工养老保险同时领取低保金情况明细表。执行到排序分组表，求和低保金和

其他补贴金额。如图 3－11 所示。

```
Select Distinct a. * ,'农村低保' As 标识
From 农村低保发放明细表　a,企业养老支付表 b
Where a. 新身份证号 =b. 新身份证号 And Left(a. 户主姓名,1) = Left(姓名,1)
And Left(a. 发放时间,4) = Left(b. 对应费款所属期,4)
Union
Select Distinct a. * ,'城镇低保' As 标识
From 城镇低保发放明细表　a,企业养老支付表 b
Where a. 新身份证号 =b. 新身份证号 And Left(a. 户主姓名,1) = Left(姓名,1)
And Left(a. 发放时间,4) = Left(b. 对应费款所属期,4)
```

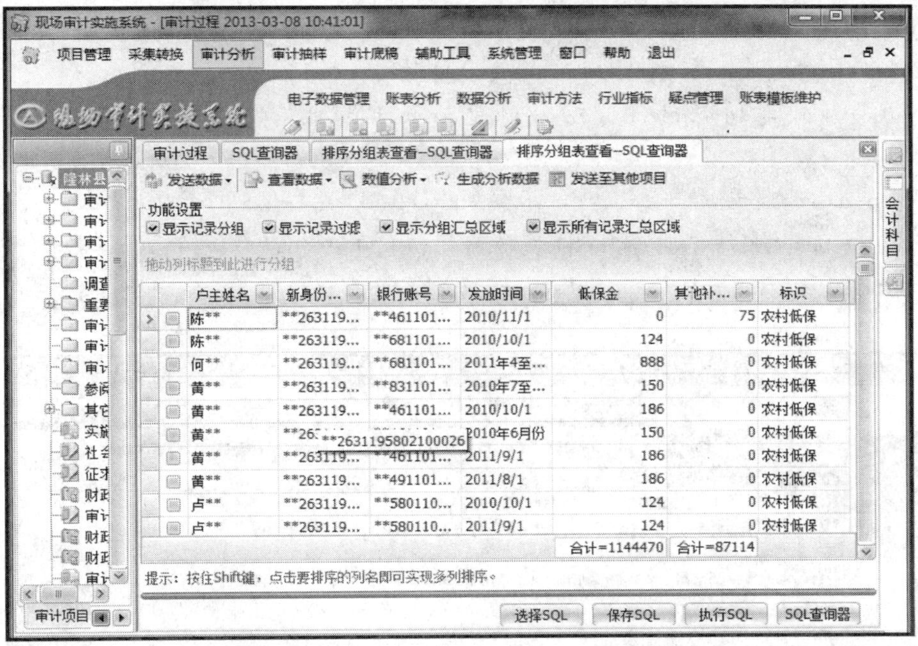

图 3－11

步骤五：以新身份证号、姓氏连接低保发放明细表、商品房信息表生成购买商品房领取低保情况表。执行到排序分组表，求和低保金和其他补贴金额。如图 3－12 所示。

```
Select Distinct * From 农村低保发放明细表
Where 银行账号 In(Select 银行账号 From 农村低保发放明细表 a,商品房信息表 b
Where a. 新身份证号 =b. 新身份证号 And Left(b. 买方人,1) = Left(a. 户主姓名,
1)
And　(Year(归档日期) < Left(发放时间,4) Or (Year(归档日期) = Left(发放时
```

```
间,4) And Month(归档日期) < Substring(发放时间,6,1))))
    And 发放时间 In (Select a. 发放时间 From 农村低保发放明细表 a,商品房信息表 b
    Where a. 新身份证号 = b. 新身份证号 And Left(b. 买方人,1) = Left(a. 户主姓名,1)
    And (Year(归档日期) < Left(发放时间,4) Or (Year(归档日期) = Left(发放时间,4) And Month(归档日期) < Substring(发放时间,6,1))))
    Union
    Select Distinct * From 城镇低保发放明细表
    Where 银行账号 In(Select 银行账号 From 城镇低保发放明细表 a,商品房信息表 b
    Where a. 新身份证号 = b. 新身份证号 And Left(b. 买方人,1) = Left(a. 户主姓名,1)
    And (Year(归档日期) < Left(发放时间,4) Or (Year(归档日期) = Left(发放时间,4) And Month(归档日期) < Substring(发放时间,6,1))))
    And 发放时间 In (Select a. 发放时间 From 城镇低保发放明细表 a,商品房信息表 b
    Where a. 新身份证号 = b. 新身份证号 And Left(b. 买方人,1) = Left(a. 户主姓名,1)
    And (Year(归档日期) < Left(发放时间,4) Or (Year(归档日期) = Left(发放时间,4) And Month(归档日期) < Substring(发放时间,6,1))))
```

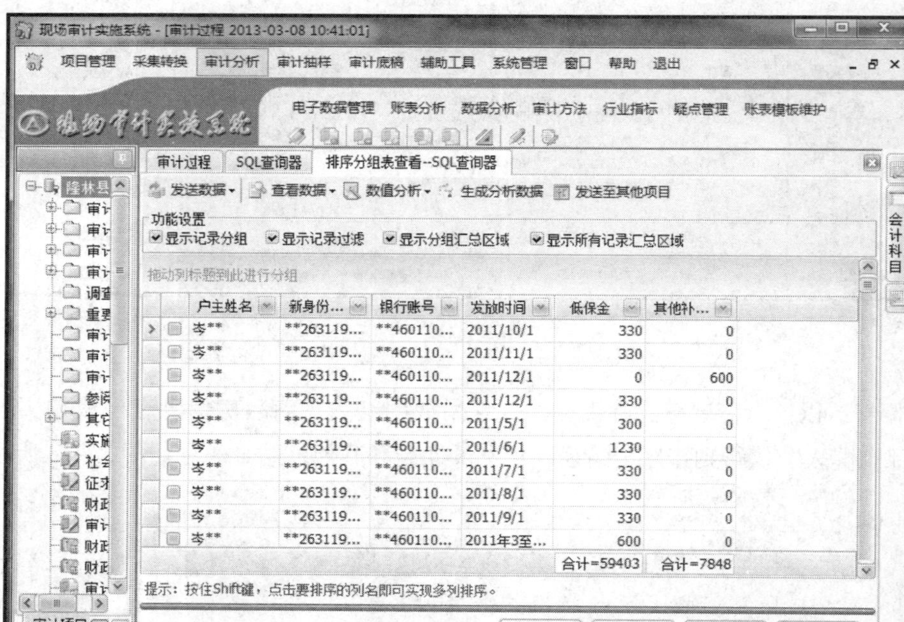

图 3－12

步骤六：以姓名连接低保发放明细表、商品房预告登记表（无身份证信息）生成购买商品房领取低保情况核实表。结果发送到资料树审计疑点目录下。如图 3－13 所示。

```
Select  * From 商品房预告登记表
Where Exists( Select * From 农村低保发放明细表
Where 姓名 = 户主姓名 And (Year(审批时间) < Left(发放时间,4)
Or (Year(审批时间) = Left(发放时间,4) And Month(审批时间) < Substring(发放时间,6,1))))
Union
Select * From 商品房预告登记表
Where Exists( Select * From 城镇低保发放明细表
Where 姓名 = 户主姓名 And (Year(审批时间) < Left(发放时间,4)
Or (Year(审批时间) = Left(发放时间,4) And Month(审批时间) < Substring(发放时间,6,1))))
```

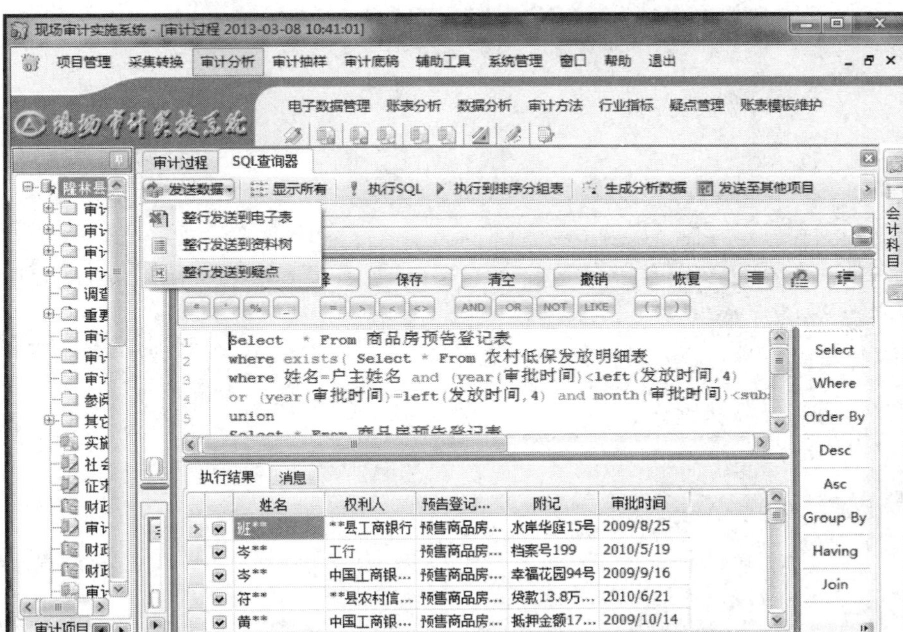

图 3－13

3. 审计结果

延伸核实上述分析形成的疑点数据，审计查出 101 人同时领取城市低保资金和农村低保资金，涉及低保资金共 19.20 万元；42 名财政供养人员领取低保资金 12.71 万元；4 名已死亡人员领取农村低保资金（按死亡 3 个月后计）0.23 万元；406 人次已领取企业职工养老保险人员同时领取低保资金 89.98 万元；57 名已购买商品房人员领取低保资金 24.67 万元。

4. 应用 AO 功能点

本事项应用了 AO 审计分析/数据分析/SQL 查询器；审计分析/数据分析/排序分组表分析工具；审计分析/疑点管理等功能。

三、点评

本实例先将不完整的数据整理成规范、统一的数据，再通过 AO 连接大型数据库功能进行采集转换，对数据的处理比较新颖，有借鉴意义。对问题的查处思路描述清晰严谨，AO 功能运用娴熟。

（广西壮族自治区隆林各族自治县审计局　杨　森）

实例四

某省社会保障资金审计 AO 应用实例

一、项目背景

2012 年，审计机关对某省本级社会保险基金、社会救助资金和社会福利资金进行审计，重点是基本养老保险基金、基本医疗保险基金和最低生活保障资金。本次审计数据主要涉及人社、卫生和民政三大部门，共 107GB。

二、审计过程

（一）重复参保情况分析

审计事项：社会保障审计/基金征缴/重复参保审查。

1. 审计思路

通过分析比对本级各类养老保险以及各类医疗保险之间的缴纳情况，检查有无违反国家规定，是否存在重复参保情况。另外，将本级各类养老保险以及各类医疗保险的数据与省会城市各类养老保险以及各类医疗保险数据进行比对，找出审计疑点。

2. 审计步骤

步骤一：检查本级企业职工基本养老保险和本级机关事业单位养老保险之间是否存在重复参保的情况。

（1）将本级企业职工基本养老保险按对应费款所属期汇总。

```
Select Xzdm As 险种名称,Xzqhdm As 行政区划代码,Tcqdm As 统筹区代码,Rybh As 人员编号,Dwbh As 单位编号,Rysf As 人员身份,Rysf_Xt As 系统中的人员身份,Fkssq_Dy As 对应费款所属期,Sum(Jfje_Gr_Yj) As 个人应缴金额,Sum(Jfje_Gr_Sj) As 个人实缴金额,Sum(Jfje_Dw_Yj) As 单位应缴金额,Sum(Jfje_Dw_Sj) As 单位实缴金
```

```
额,Sum(Jfje_Dwhgr) As 单位实缴划个人账户金额
    Into 中间表_Sj_Jf_Zgyl_2011
    From Sj_Jf_Zgyl_2011
    Group By Xzdm ,Xzqhdm ,Tcqdm ,Rybh ,Dwbh ,Rysf ,Rysf_Xt,Fkssq_Dy
```

（2）将本级机关事业单位养老保险按对应费款所属期汇总。

```
    Select Xzdm As 险种名称,Xzqhdm As 行政区划代码,Tcqdm As 统筹区代码,Rybh As 人员编号,Dwbh As 单位编号,Rysf As 人员身份,Rysf_Xt As 系统中的人员身份,Fkssq_Dy As 对应费款所属期,Sum(Jfje_Gr_Yj) As 个人应缴金额,Sum(Jfje_Gr_Sj) As 个人实缴金额,Sum(Jfje_Dw_Yj) As 单位应缴金额,Sum(Jfje_Dw_Sj) As 单位实缴金额,Sum(Jfje_Dwhgr) As 单位实缴划个人账户金额
    Into 中间表_Sj_Jf_Jgyl_2011
    From Sj_Jf_Jgyl_2011
    Group By Xzdm ,Xzqhdm ,Tcqdm ,Rybh ,Dwbh ,Rysf ,Rysf_Xt,Fkssq_Dy
```

（3）将两表连接，求重复参保记录。

```
    Select * From (
    Select Distinct b. Xm,b. Zjhm,c. Dwmc,a. *
    From [中间表_Sj_Jf_Zgyl_2011] a Join Sj_Grxx b
    On a. 人员编号 =b. Rybh Join Sj_Dwxx c On b. Dwbh = c. Dwbh  ) m
    Join
    (Select Distinct b. Xm,b. Zjhm,c. Dwmc,a. *
    From [中间表_Sj_Jf_Jgyl_2011]  a Join Sj_Grxx_1 b
    On a. 人员编号 =b. Rybh Join Sj_Dwxx c On b. Dwbh = c. Dwbh
    ) n
    On m. Zjhm = n. Zjhm And m. Xm = n. Xm And m. 对应费款所属期 = n. 对应费款所属期
```

查询结果如图 4 -1 所示。

步骤二：检查本级企业职工基本养老保险和新型农村养老保险之间是否存在重复参保的情况。

（1）因为新型农村养老保险是按年度缴费，所以企业职工养老保险应在中间表_SJ_JF_ZGYL_2011 的基础上再按年度汇总，与新型农村养老保险保持一致。

```
    Select 险种名称,行政区划代码,统筹区代码,人员编号,单位编号,人员身份,系统中的人员身份,Left(对应费款所属期,4) As 缴费年度,Sum(个人应缴金额) As 个人应缴金额,Sum(个人实缴金额) As 个人实缴金额,Sum( 单位应缴金额) As 单位应缴金
```

图 4－1

```
额,Sum(单位实缴金额) As 单位实缴金额,Sum(单位实缴划个人账户金额) As 单位实缴划个人账户金额
    Into 中间表_Sj_Jf_Zgyl_2011_按年
    From 中间表_Sj_Jf_Zgyl_2011
    Group By 险种名称,行政区划代码,统筹区代码,人员编号,单位编号,人员身份,系统中的人员身份,Left(对应费款所属期,4)
```

（2）将两表连接，求重复。

```
Select * From (
Select b. Xm,b. Zjhm,c. Dwmc,a. *
From  中间表_Sj_Jf_Zgyl_2011_按年  a Join Sj_Grxx_1 b
On a. 人员编号 = b. Rybh Join Sj_Dwxx c On b. Dwbh = c. Dwbh ) m
Join
(
Select b. Xm,b. Zjhm,a. *
From Sj_Jf_Xnb_2011_Rstg a Join Sj_Grxx_Rstg b
On a. Rybh = b. Rybh ) n
```

```
On m. Zjhm = n. Zjhm And m. Xm = n. Xm And m. 缴费年度 = n. Jfnd
```

查询结果图 4 – 2 所示。

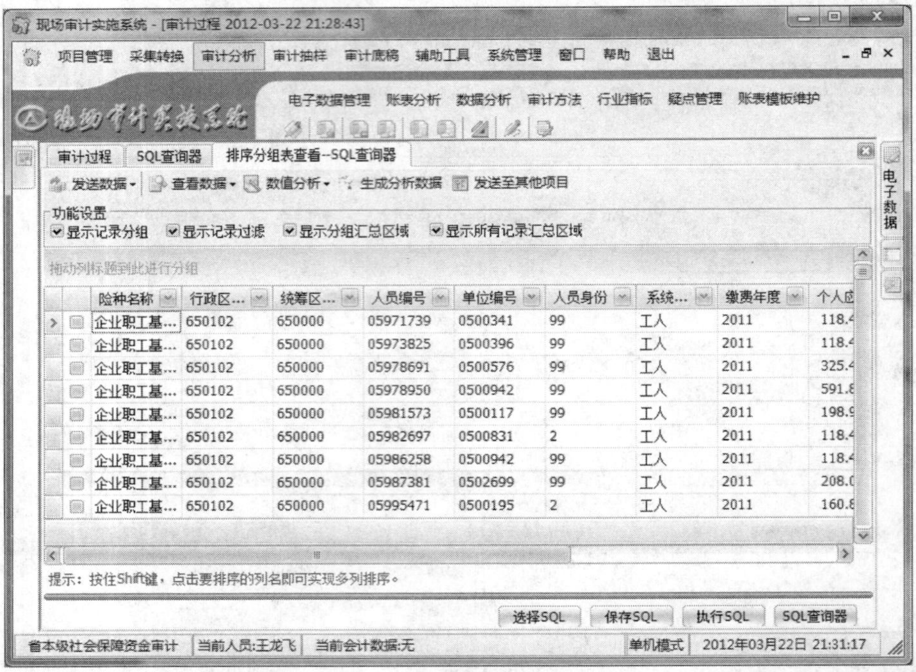

图 4 – 2

步骤三：检查本级机关事业单位养老保险和新型农村社会养老保险之间是否存在重复参保的情况。

（1）将中间表_SJ_JF_JGYL_2011 按缴费年度汇总。

```
Select 险种名称,行政区划代码,统筹区代码, 人员编号, 单位编号,人员身份, 系统中的人员身份,Left(对应费款所属期,4) As 缴费年度
,Sum(个人应缴金额) As 个人应缴金额
,Sum(个人实缴金额) As 个人实缴金额
,Sum( 单位应缴金额) As 单位应缴金额
,Sum(单位实缴金额) As 单位实缴金额
,Sum( 单位实缴划个人账户金额) As 单位实缴划个人账户金额
Into  中间表_Sj_Jf_Jgyl_2011_按年
From 中间表_Sj_Jf_Jgyl_2011
Group By 险种名称,行政区划代码,统筹区代码, 人员编号, 单位编号,人员身份, 系统中的人员身份,Left(对应费款所属期,4)
```

（2）将两表链接，求重复参保记录。

```
Select * From
(Select b. Xm,b. Zjhm,c. Dwmc,a. *
From  中间表_Sj_Jf_Jgyl_2011_按年    a Join Sj_Grxx_1 b
On a. 人员编号 = b. Rybh Join Sj_Dwxx c On b. Dwbh = c. Dwbh )   m
Join
( Select b. Xm,b. Zjhm,a. *
From Sj_Jf_Xnb_2011_Rstg a Join Sj_Grxx_Rstg b
On a. Rybh = b. Rybh )   n
On m. Zjhm = n. Zjhm And m. Xm = n. Xm And m. 缴费年度 = n. Jfnd
```

查询结果如图 4－3 所示。

图 4－3

步骤四：检查本级企业职工基本养老保险和省会城市职工基本养老保险之间是否存在重复参保的情况。

（1）将省会城市企业职工养老保险按对应费款所属期汇总。

```
Select Xzdm As 险种名称,Xzqhdm As 行政区划代码,Tcqcm As 统筹区代码
,Rybh As 人员编号,Dwbh As 单位编号,Rysf As 人员身份,Rysf_Xt As 系统中的人
```

```
员身份,Fkssq_Dy As 对应费款所属期,Sum(Jfje_Gr_Yj) As 个人应缴金额,Sum(Jfje_Gr_Sj) As 个人实缴金额,Sum(Jfje_Dw_Yj) As 单位应缴金额,Sum(Jfje_Dw_Sj) As 单位实缴金额,Sum(Jfje_Dwhgr) As 单位实缴划个人账户金额
    Into 中间表_Sj_Jf_Zgyl_2011_Rstg
    From Sj_Jf_Zgyl_2011_Rstg
    Group By Xzdm ,Xzqhdm ,Tcqdm ,Rybh ,Dwbh ,Rysf ,Rysf_Xt,Fkssq_Dy
```

（2）将两表链接，求重复。

```
    Select * From
    (Select Distinct b. Xm,b. Zjhm,c. Dwmc,a. *
    From 中间表_Sj_Jf_Zgyl_2011 a Join Sj_Grxx b
    On a. 人员编号 = b. Rybh Join Sj_Dwxx c On b. Dwbh = c. Dwbh ) m
    Join
    (Select Distinct b. Xm,b. Zjhm,c. Dwmc,a. *
    From 中间表_Sj_Jf_Zgyl_2011_Rstg a Join Sj_Grxx_Rstg b
    On a. 人员编号 = b. Rybh Join Sj_Dwxx_Rstg c On b. Dwbh = c. Dwbh   ) n
    On m. Zjhm = n. Zjhm And m. Xm = n. Xm And m. 对应费款所属期 = n. 对应费款所属期
```

查询结果如图 4 -4 所示。

XM	ZJHM	险种名称	行政区划...	统筹区代码	人员编号
张	65272219...	企业职工基...	659900	650000	00221565
阿卜 ...	65312819...	企业职工基...	659900	650000	00161357
阿卜 ...	65322219...	企业职工基...	659900	650000	00219373
阿卜 ...	65310119...	企业职工基...	659900	650000	00201069
阿卜 ...	65313019...	企业职工基...	659900	650000	00160994
阿不 ...	65292319...	企业职工基...	659900	650000	00006233

图 4 -4

步骤五：检查本级机关事业单位养老保险和省会城市企业职工基本养老保险之间是否存在重复参保的情况。

```
    Select * From (
    Select Distinct b. Xm,b. Zjhm,c. Dwmc,a. *
    From [中间表_Sj_Jf_Zgyl_2011_Rstg] a Join Sj_Grxx_Rstg b
    On a. 人员编号 = b. Rybh Join Sj_Dwxx_Rstg c On b. Dwbh = c. Dwbh   ) m
```

```
Join
(Select Distinct b.Xm,b.Zjhm,c.Dwmc,a.*
From [中间表_Sj_Jf_Jgyl_2011]  a Join Sj_Grxx_1 b
On a.人员编号 = b.Rybh Join Sj_Dwxx c On b.Dwbh = c.Dwbh
)n
On m.Zjhm = n.Zjhm And m.Xm = n.Xm And m.对应费款所属期 = n.对应费款所属期
```

查询结果如图 4－5 所示。

图 4－5

步骤六：检查本级城镇职工基本医疗保险和省会城市城镇职工基本医疗保险是否存在重复参保的情况。因为两者分别来自两个不同的系统，统筹级次不一样，所以必须根据身份证号码做唯一连接条件进行查询。

（1）将身份证号在本级职工医保和在省会城市职工医保同时缴费的信息提取出。

```
Select Distinct Zjhm,a.*
Into 中间表_本级职工医保缴纳表_身份证号在省会城市缴费信息
From Sj_Jf_Zgyb_2011_Rstg a
Join Sj_Grxx_Rstg b On a.Rybh = b.Rybh Where Zjhm In(
Select Distinct Zjhm From Sj_Jf_Zgyb_2011 a Join Sj_Grxx_2 b On a.Rybh = b.Ryb)
```

（2）本级职工医保缴纳情况。

```
Select Zjhm,Xzdm,Rybh,a. Rysf_Xt,a. Dwbh,b. Dwmc,Fkssq_Dy,
Sum(Jfje_Gr_Sj) As Jfje_Gr_Sj_Sum,
Sum(Jfje_Dw_Sj) As Jfje_Dw_Sj_Sum ,Sum(Jfje_Dwhgr) As Jfje_Dwhgr_Sum
Into 中间表_本级职工医保缴纳表_身份证号在省会城市缴费信息_按月归集
From 中间表_本级职工医保缴纳表_身份证号在省会城市缴费信息 a Join Sj_Dwxx_Rstg b On a. Dwbh = b. Dwbh
Group By Zjhm,Xzdm,Rybh,a. Rysf_Xt,a. Dwbh,b. Dwmc,Fkssq_Dy
```

（3）省会城市职工医保缴纳情况。

```
Select Xzdm,Rybh,a. Rysf_Xt,b. Dwbh,b. Dwmc,Fkssq_Dy,
Sum(Jfje_Gr_Sj) As Jfje_Gr_Sj_Sum,
Sum(Jfje_Dw_Sj) As Jfje_Dw_Sj_Sum ,Sum(Jfje_Dwhgr) As Jfje_Dwhgr_Sum
Into  中间表_Sj_Jf_Zgyb_2011_按月归集
From Sj_Jf_Zgyb_2011 a Join Sj_Dwxx_1 b On a. Dwbh = b. Dwbh
Group By Xzdm,Rybh,a. Rysf_Xt,b. Dwbh,b. Dwmc,Fkssq_Dy
```

（4）表连接求重复记录。

```
Select a. Xzdm As 险种,b. Xm As 姓名, a. Zjhm As 证件号码,a. Rysf_Xt As 市系统中人员身份,a. Rybh As 市人员编号,a. Dwbh As 市单位编号,a. Dwmc As 市单位名称,a. Fkssq_Dy As 对应费款所属期,a. Jfje_Gr_Sj_Sum As 市个人实缴金额合计,a. Jfje_Dw_Sj_Sum  As 市单位实缴金额合计,a. Jfje_Dwhgr_Sum As 市单位金额划个人账户金额合计,
c. Rybh As 省人员编号,c. Rysf_Xt As 省系统中人员身份,c. Dwbh As 省单位编号,c. Dwmc As 省单位名称,c. Jfje_Gr_Sj_Sum As 省个人实缴金额合计,c. Jfje_Dw_Sj_Sum As 省单位实缴金额合计,c. Jfje_Dwhgr_Sum As 省单位金额划个人账户金额合计
From 中间表_本级职工医保缴纳表_身份证号在省会城市缴费信息_按月归集 a Join Sj_Grxx_2 b On a. Zjhm = b. Zjhm
Join 中间表_Sj_Jf_Zgyb_2011_按月归集 c On b. Rybh = c. Rybh Where a. Fkssq_Dy = c. Fkssq_Dy
Order By a. Zjhm,a. Fkssq_Dy
```

查询结果如图 4 - 6 所示。

3. 审计结果

根据审计分析的结果进行延伸，最终核实 163 人重复参加养老保险，1390 人重复参加医疗保险。

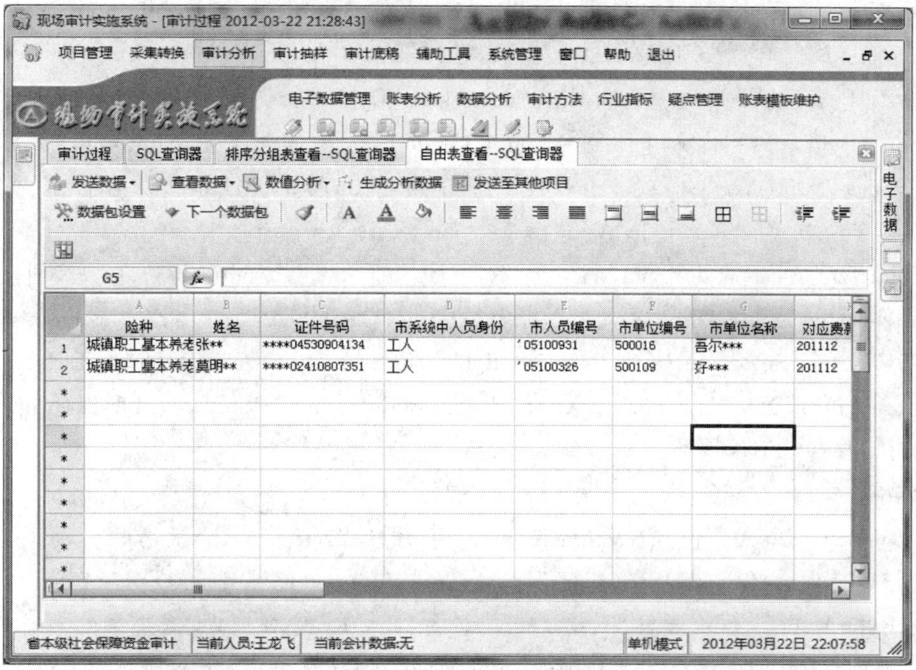

图 4－6

4. 应用 AO 功能点

本事项应用了 AO 审计分析/数据分析/SQL 查询器；审计分析/数据分析/自由表分析工具等功能。

（二）各类保险待遇发放合规性分析

审计事项：社会保障审计/基金支付/待遇审批规范性审查。

1. 审计思路

通过分析比对本级各类养老保险以及各类医疗保险之间的待遇领取情况，检查有无违反国家规定，是否存在重复领取待遇的情况。另外，将本级各类养老保险以及各类医疗保险的数据与省会城市各类养老保险以及各类医疗保险数据进行比对，找出审计疑点。

2. 审计步骤

步骤一：将本级企业基本养老保险待遇发放明细与本级机关事业单位养老保险待遇发放明细进行比对，找出重复领取两种保险人员的基础信息。

```
Select *
From
(Select b. Xm As 姓名,b. Zjhm As 证件号码,a. Xzmc  As 险种名称,
```

```
a. Xzqhdm As 行政区划代码 ,a. Tcqdm As 统筹区代码,a. Dwbh  As 单位编号,c. Dwmc As 单位名称,a. Rybh  As 人员编号,a. Rysf  As 人员身份,
a. Rysf_Xt  As 系统中的人员身份,a. Fkssq_Dy As  对应费款所属期,
Sum(Dyhj) As  待遇合计金额,Sum(Ylj_Jc) As 基础养老金,Sum(Ylj_Gd) As 过渡性养老金,Sum(Ylj_Gr) As 个人账户养老金,Sum(Zhxpt) As  综合性补贴 ,Sum(Tjj) As  调节金 ,Sum(Lxj) As 离休费 ,Sum(Txj) As 退休金 ,
Sum(Tzf) As 退职费 ,Sum(Ylszfxf) As 养老丧葬补助金,Sum(Ylfxj) As 养老抚恤金 ,Sum(Grzhycxfh) As 个人账户一次性返还金额 ,Sum(Qtdyhj) As 其他待遇合计 From  Sj_Zf_Zgyl_2011 a Join Sj_Grxx b On a. Rybh = b. Rybh Join Sj_Dwxx c On a. Dwbh = c. Dwbh
Group By b. Xm ,b. Zjhm ,a. Xzmc,  a. Xzqhdm  ,a. Tcqdm,a. Dwbh,c. Dwmc,
a. Rybh  ,a. Rysf  ,a. Rysf_Xt  ,a. Fkssq_Dy )  m
Join
(Select b. Xm As 姓名,b. Zjhm As 证件号码,a. Xzmc  As 险种名称,a. Xzqhdm As 行政区划代码 ,a. Tcqdm As 统筹区代码,a. Dwbh  As 单位编号,c. Dwmc As 单位名称,
a. Rybh  As 人员编号,a. Rysf  As 人员身份,a. Rysf_Xt  As 系统中的人员身份,
a. Fkssq_Dy As  对应费款所属期,Sum(Dyhj) As  待遇合计金额,Sum(Ylj_Jc) As 基础养老金,Sum(Ylj_Gr) As 个人账户养老金,Sum(Qtdy) As 其他待遇金额
From Sj_Zf_Jgsy_2011 a Join Sj_Grxx_1 b On a. Rybh = b. Rybh Join Sj_Dwxx c On a. Dwbh = c. Dwbh
Group By b. Xm ,b. Zjhm ,a. Xzmc,a. Xzqhdm,a. Tcqdm  ,a. Dwbh,c. Dwmc,
a. Rybh,a. Rysf,a. Rysf_Xt,a. Fkssq_Dy )  n
On m. 姓名 = n. 姓名 And m. 证件号码 = n. 证件号码 And m. 对应费款所属期 = n. 对应费款所属期
```

查询结果如图 4 - 7 所示。

应用 AO 图表查看功能，查询结果如图 4 - 8 所示。

步骤二：将本级职工基本养老保险待遇发放明细、机关事业单位养老保险待遇发放明细分别与省会城市各养老保险发放明细进行比对，先分析记录重复行数，确定分析重点。

（1）本级职工养老与省会城市职工养老比对。

```
Select Zjhm
From Sj_Zf_Zgyl_2011 a Join Sj_Grxx b On a. Rybh = b. Rybh
Intersect
Select Zjhm
From Sj_Zf_Zgyl_2011_Rstg a  Join Sj_Grxx_Rstg  b On a. Rybh = b. Rybh
```

图 4－7

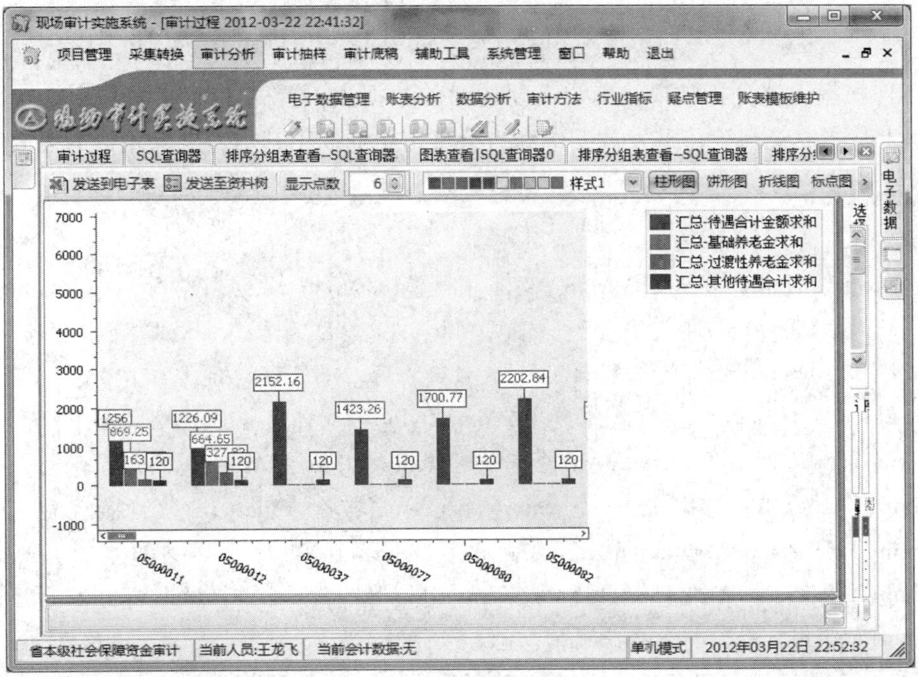

图 4－8

（2）本级职工养老与省会城市机关事业养老比对。

```
Select Zjhm
From Sj_Zf_Zgyl_2011 a Join Sj_Grxx b On a. Rybh = b. Rybh
Intersect
Select Zjhm
From Sj_Zf_Jgsy_2011_Rstg a  Join Sj_Grxx_Rstg  b On a. Rybh = b. Rybh
```

（3）本级职工养老与省会城市居民养老比对。

```
Select Zjhm
From Sj_Zf_Zgyl_2011 a Join Sj_Grxx b On a. Rybh = b. Rybh
Intersect
Select Zjhm
From Sj_Zf_Jmyl_2011_Rstg a  Join Sj_Grxx_Rstg b On a. Rybh = b. Rybh
```

（4）本级职工养老与省会城市新农保比对。

```
Select Zjhm
From Sj_Zf_Zgyl_2011 a Join Sj_Grxx b On a. Rybh = b. Rybh
Intersect
Select Zjhm
From Sj_Zf_Xnb_2011_Rstg a  Join Sj_Grxx_Rstg  b On a. Rybh = b. Rybh
```

（5）根据上述分析结果，确定需要比对的数据表，首先比对重复记录最多的本级企业职工基本养老保险待遇发放明细和省会城市企业职工基本养老保险待遇发放明细。

```
Select *
From
(Select b. Xm As 姓名,b. Zjhm As 证件号码,a. Xzmc As 险种名称,a. Xzqhdm As 行政区划代码,a. Tcqdm As 统筹区代码,a. Dwbh  As 单位编号,c. Dwmc As 单位名称,
a. Rybh  As 人员编号,a. Rysf  As 人员身份,a. Rysf_Xt  As 系统中的人员身份,
a. Fkssq_Dy As  对应费款所属期,Sum(Dyhj) As 待遇合计金额,Sum(Ylj_Jc) As 基础养老金,Sum(Ylj_Gd) As 过渡性养老金,Sum(Ylj_Gr) As 个人账户养老金,
Sum(Zhxpt) As  综合性补贴 ,Sum(Tjj) As 调节金 ,Sum(Lxj) As 离休费 ,
Sum(Txj) As 退休金 ,Sum(Tzf) As 退职费 ,Sum(Ylszfxf) As 养老丧葬补助金,
Sum(Ylfxj) As 养老抚恤金 ,Sum(Grzhycxfh) As 个人账户一次性返还金额 ,
Sum(Qtdyhj) As  其他待遇合计
From Sj_Zf_Zgyl_2011 a Join Sj_Grxx b On a. Rybh = b. Rybh Join Sj_Dwxx c On a. Dwbh = c. Dwbh
```

```
Group By b. Xm,b. Zjhm,a. Xzmc,a. Xzqhdm,a. Tcqdm,a. Dwbh,c. Dwmc,a. Rybh,
a. Rysf,a. Rysf_Xt,a. Fkssq_Dy ) m
Join
(Select b. Xm As 姓名,b. Zjhm As 证件号码,a. Xzmc As 险种名称,
a. Xzqhdm As 行政区划代码 ,a. Tcqdm As 统筹区代码,a. Dwbh  As 单位编号,
c. Dwmc As 单位名称,a. Rybh  As 人员编号,a. Rysf  As 人员身份,a. Rysf_Xt  As
系统中的人员身份,a. Fkssq_Dy As  对应费款所属期,Sum(Dyhj) As  待遇合计金额,
Sum(Ylj_Jc) As  基础养老金,Sum(Ylj_Gd) As  过渡性养老金,
Sum(Ylj_Gr) As 个人账户养老金,Sum(Zhxpt) As  综合性补贴,
Sum(Tjj) As 调节金,Sum(Lxj) As 离休费,Sum(Txj) As 退休金,
Sum(Tzf) As 退职费,Sum(Ylszfxf) As 养老丧葬补助金,
Sum(Ylfxj) As  养老抚恤金,Sum(Grzhycxfh) As  个人账户一次性返还金额,
Sum(Qtdyhj) As  其他待遇合计
From Sj_Zf_Zgyl_2011_Rstg a Join Sj_Grxx_Rstg b On a. Rybh = b. Rybh Join Sj_Dwxx
_Rstg c On a. Dwbh = c. Dwbh
Group By b. Xm,b. Zjhm,a. Xzmc,a. Xzqhdm,a. Tcqdm,a. Dwbh,c. Dwmc,a. Rybh,
a. Rysf,a. Rysf_Xt,a. Fkssq_Dy ) n
On m. 姓名 = n. 姓名 And m. 证件号码 = n. 证件号码 And m. 对应费款所属期 =
n. 对应费款所属期
```

步骤三：比对本级企业职工基本养老保险待遇发放明细和省会城市城镇居民社会养老保险待遇发放明细。

```
Select *
From
(Select  b. Xm As 姓名,b. Zjhm As 证件号码,a. Xzmc  As 险种名称,a. Xzqhdm As
行政区划代码,a. Tcqdm As 统筹区代码,a. Dwbh  As 单位编号,c. Dwmc As 单位名称,
a. Rybh  As 人员编号,a. Rysf  As 人员身份,a. Rysf_Xt  As 系统中的人员身份,
a. Fkssq_Dy As  对应费款所属期,Sum(Dyhj) As 待遇合计金额,Sum(Ylj_Jc) As 基础
养老金,Sum(Ylj_Gd) As 过渡性养老金,Sum(Ylj_Gr) As 个人账户养老金,Sum(Zhxpt)
As  综合性补贴 ,Sum(Tjj) As 调节金,Sum(Lxj) As 离休费,
Sum(Txj) As 退休金,Sum(Tzf) As 退职费 ,Sum(Ylszfxf) As 养老丧葬补助金,Sum
(Ylfxj) As  养老抚恤金,Sum(Grzhycxfh) As 个人账户一次性返还金额,Sum(Qtdyhj)
As 其他待遇合计
From Sj_Zf_Zgyl_2011 a Join Sj_Grxx b On a. Rybh = b. Rybh Join Sj_Dwxx c On
a. Dwbh = c. Dwbh
```

```
Group BY b. Xm, b. Zjhm, a. Xzmc, a. Xzqhdm, a. Tcqdm, a. Dwbh, c. Dwmc, a. Rybh,
a. Rysf, a. Rysf_Xt, a. Fkssq_Dy ) m
Join
(Select b. Xm As 姓名, b. Zjhm As 证件号码, a. Xzmc  As 险种名称, a. Xzqhdm As 行政区划代码 , a. Tcqdm As 统筹区代码, a. Rybh  As 人员编号, a. Rysf  As 人员身份, a. Rysf_Xt  As 系统中的人员身份, a. Fkssq_Dy  As 对应费款所属期, Sum(Dyhj)  As 待遇合计金额, Sum(Ylj_Jc) As 基础养老金, Sum(Ylj_Gr) As  个人账户养老金, Sum(Qtdy)  As 其他待遇金额
From Sj_Zf_Jmyl_2011_Rstg a Join Sj_Grxx_Rstg b On a. Rybh = b. Rybh
Group By b. Xm , b. Zjhm , a. Xzmc  , a. Xzqhdm, a. Tcqdm, a. Rybh,
a. Rysf, a. Rysf_Xt, a. Fkssq_Dy  ) n
On m. 姓名 = n. 姓名 And m. 证件号码 = n. 证件号码 And m. 对应费款所属期 = n. 对应费款所属期
```

步骤四：比对本级企业职工基本养老保险待遇发放明细和省会城市新型农村社会养老保险待遇发放明细。

```
Select *
From
(Select b. Xm As 姓名, b. Zjhm As 证件号码, a. Xzmc As 险种名称, a. Xzqhdm As 行政区划代码, a. Tcqdm  As 统筹区代码, a. Dwbh  As 单位编号, c. Dwmc As 单位名称, a. Rybh As 人员编号, a. Rysf  As 人员身份, a. Rysf_Xt As 系统中的人员身份, a. Fkssq_Dy As 对应费款所属期, Sum(Dyhj) As 待遇合计金额, Sum(Ylj_Jc) As 基础养老金, Sum(Ylj_Gd) As 过渡性养老金, Sum(Ylj_Gr) As 个人账户养老金, Sum(Zhxpt) As 综合性补贴, Sum(Tjj) As  调节金, Sum(Lxj) As 离休费, Sum(Txj) As 退休金, Sum(Tzf) As 退职费, Sum(Ylszfxf) As 养老丧葬补助金, Sum(Ylfxj) As 养老抚恤金, Sum(Grzhycxfh) As 个人账户一次性返还金额, Sum(Qtdyhj) As  其他待遇合计
From Sj_Zf_Zgyl_2011 a Join Sj_Grxx b On a. Rybh = b. Rybh Join Sj_Dwxx c On a. Dwbh = c. Dwbh
Group By b. Xm, b. Zjhm, a. Xzmc, a. Xzqhdm, a. Tcqdm, a. Dwbh, c. Dwmc, a. Rybh,
a. Rysf, a. Rysf_Xt, a. Fkssq_Dy) m
Join
(Select b. Xm As 姓名, b. Zjhm As 证件号码, a. Xzmc As 险种名称, a. Xzqhdm As 行政区划代码, a. Tcqdm As 统筹区代码, a. Rybh  As 人员编号, Rysf As 人员身份, Rysf_Xt  As 系统中的人员身份, Fkssq_Dy As 对应费款所属期, Sum(Dyhj) As 待遇合计金额, Sum(Ylj_Jc) As 基础养老金, Sum(Ylj_Gr) As 个人账户养老金, Sum(Qtdy) As 其他待遇金额
```

```
From Sj_Zf_Xnb_2011_Rstg a Join Sj_Grxx_Rstg b On a. Rybh = b. Rybh
Group By b. Xm, b. Zjhm, a. Xzmc, a. Xzqhdm, a. Tcqdm, a. Rybh, Rysf, Rysf_Xt,
Fkssq_Dy) n
On m. 姓名 = n. 姓名 And m. 证件号码 = n. 证件号码 And m. 对应费款所属期 =
n. 对应费款所属期
```

步骤五：比对本级职工医疗保险应付实付明细与省会城市城镇居民医疗保险应付实付明细。

```
Select Left(Jsny,4) As 结算年, Rybh As 人员编号,Rysf As 人员身份,
Rysf_Xt  As 系统中的人员身份,Sum(Ylfze) As 医疗费总额,Sum(Tczf_Jb) As 统
筹基金支付金额,Sum(Grzf) As 个人自付金额,Sum(Grzf2)  As 个人自费金额
Into 中间表_Sj_Zf_Jmyb_2011_Rstg_按年
From Sj_Zf_Jmyb_2011_Rstg
Group By Left(Jsny,4),Rybh,Rysf,Rysf_Xt

Select a. * ,b. Xm,b. Zjhm
Into 中间表_Sj_Zf_Jmyb_2011_Rstg_加证件号
From 中间表_Sj_Zf_Jmyb_2011_Rstg_按年 a
Join Sj_Grxx_Rstg b On a. 人员编号 = b. Rybh

Select * From 中间表_Sj_Zf_Zgyb_2011_加证件号 a
Join 中间表_Sj_Zf_Jmyb_2011_Rstg_加证件号 b On a. Zjhm = b. Zjhm And a. Xm
= b. Xm
```

3. 审计结果

经核查，重复参保的人员中，有 30 人在本级和省会城市社保经办机构报销医疗费用共计 36.09 万元。

4. 应用 AO 功能点

本事项应用了 AO 审计分析/数据分析/SQL 查询器；审计分析/数据分析/图形化 SQL 查询分析器；审计分析/数据分析/图表分析工具等功能。

（三）低保发放合规性分析

审计事项：社会保障审计/最低生活保障/违规审批、发放低保金。

1. 审计思路

通过分析比对低保发放数据与公安、民政等第三方数据，找出违规发放低保的记录，记入审计疑点，延伸调查。

2. 审计步骤

步骤一：比对低保数据与财政供养人员数据，检查是否存在财政供养人员违规领取低保的情况。

```
Select * From 财政供养人员信息 a Join 区县低保发放总表 b On a. 身份证号码 = b. 户主身份证号
Select 户主姓名,Sum(低保金 + 其他补贴金额) 违规领取金额 From 财政供养人员信息 a Join 区县低保发放总表 b On a. 身份证号码 =b. 户主身份证号
Group By 户主姓名,户主身份证号 Order By Sum(低保金 + 其他补贴金额) Desc
```

通过 AO 排序表查看功能，查询结果如图 4－9 所示。

户主姓名	违规领…
李	164160
王	80064
许	47928
西尔木 …	47928
郑	47640
依敏江 …	45984
依敏江 …	26448
阿布拉 …	15708
张	12564
谢热力 …	6860

图 4－9

步骤二：比对低保数据与死亡人员数据，检查是否存在死亡人员违规领取低保的情况。

（1）将民政殡仪馆名单和公安死亡名单合并成死亡人员名单。

```
Select 死者姓名 As 姓名,身份证号码 As 身份证号,死亡日期
Into 死亡人员名单
From 民政殡仪馆数据
Union All
Select 姓名,身份证号,死亡日期 From 死亡名单公安数据
```

（2）将死亡人员名单和低保发放明细比对。

```
Select 户主姓名,Sum(低保金 + 其他补贴金额) 违规领取金额 From 死亡人员名单 a Join 区县低保发放总表 b On a. 身份证号 =b. 户主身份证号
Group By 户主姓名,户主身份证号 Order By Sum(低保金 + 其他补贴金额) Desc
```

查询结果如图 4－10 所示。

执行结果	消息

	户主姓名	违规领取...
	吴	192528
	冷	189120
	黄	172608
	徐	171840
	周	171180
>	吐　…	140256
	阿瓦古丽 …	117876
	刘	114372
	巴合提亚....	114216
	赵	111936

图 4－10

步骤三：比对低保数据与车辆管理数据，检查是否存在有车辆的人员违规领取低保的情况。

```
Select 户主姓名,Sum(低保金 + 其他补贴金额) 违规领取金额 From 车管所数据 a
Join 区县低保发放总表 b On a. 身份证明号码 = b. 户主身份证号
Where 车辆类型号 Not Like '%摩托车%'
Group By 户主姓名,户主身份证号 Order By Sum(低保金 + 其他补贴金额) Desc
```

查询结果如图 4－11 所示。

执行结果	消息

	户主姓名	违规领取...	领取次数
>	谢	128256	192
	赵	8778	36
	王	12690	36
	车	24243	36
	李	20748	30
	拜	4140	28
	马	12832	24
	陈	15160	24
	王　…	21132	24

图 4－11

3. 审计结果

将上述三步分析的结果进行延伸审计，发现 2011 年相关人员违规领取低保 6. 69 万元。

4. 应用 AO 功能点

本事项应用了 AO 审计分析/数据分析/SQL 查询器功能。

三、点评

本实例充分发挥了AO在社会保障资金审计中的作用，运用SQL分析及图表查看等工具分析数据，查找疑点，延伸调查后查出少缴社保费用、重复参保、重复报销费用、向不合规人员发放低保等问题，并编写了相关计算机审计方法，大大提高了工作效率。

（审计署驻兰州特派员办事处　王龙飞　成维一　李兰雄
蒋应涛　牛继明　胡晓伟）

实例五

应用 AO 揭示新成立企业及人事代理机构等单位社会保险费征缴的盲点

一、项目背景

近年来，我国社会保险虽然取得了巨大成就，但也存在社会保险基金特别是养老保险基金筹集困难、基金收支严重不平衡、缺口大、支付压力逐年增大等突出问题和矛盾，为此审计机关在对某市 2007 年社会保险基金征缴情况审计中充分应用 AO，从社保经办机构采集了单位档案表（Dwda）、单位缴费明细表（Dwjfmxb）、失业缴费记录表（Shyjfjlb）、单位基数申报年表（Dwjfsbnb），从税务局、工商局采集的新注册成立企业表、劳务公司表、人力资源公司表。根据以往经验，重点对当年新增企业、人才（人事）代理机构、事业单位以及省部属企事业单位是否按规定及时足额缴纳各项社会保险费作为本次五项社会保险基金征缴管理情况审计的切入点和审计重点事项，取得了较好效果。

二、审计过程

（一）新注册成立的企业或用人单位当年社会保险费征缴率低，社会保险费征缴部门对新成立企业的社会保险费征缴存在严重疏漏

审计事项：社会保障审计/基金征缴/多征、少征、欠缴保险费。

1. 审计思路

根据《社会保险费征缴暂行条例》（中华人民共和国国务院令 259 号）的规定，“本条例施行后成立的缴费单位应当自成立之日起 30 日内，持营业执照或者登记证书等有关证件，到当地社会保险经办机构申请办理社会保险登记”，“缴费单位必须按月

向社会保险经办机构申报应缴纳的社会保险费数额，经社会保险经办机构核定后，在规定的期限内缴纳社会保险费"，审计组据此规定核查2007年度新注册成立的企业或用人单位是否按时足额缴纳各项社会保险费。

2. 审计步骤

步骤一：利用获取的外部数据，统计某市2007年当年新成立企业的总数。进入SQL查询分析器，选取“新增企业表”，利用Count函数，编写如下SQL语句：

```
Select Count( * ) From [业务_新增企业表]
```

执行并保存上述SQL语句，得出统计结果，某市2007年度新注册成立并进行纳税登记的企业524家，如图5-1所示。

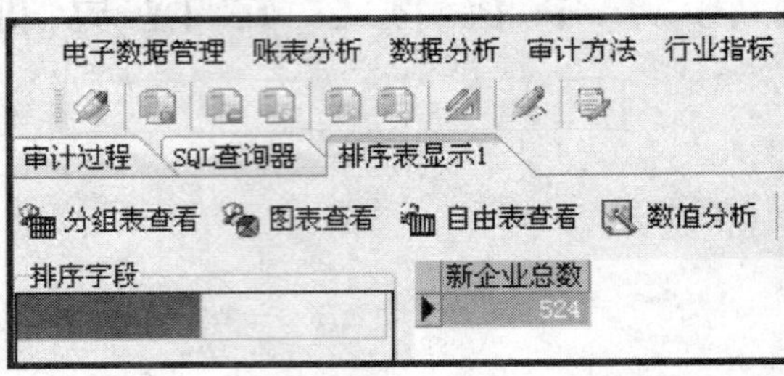

图5-1

步骤二：查询当年未进行社会保险登记的新成立企业。按照相关规定：缴费单位应当自成立之日起30日内，持营业执照或者登记证书等有关证件，到当地社会保险经办机构申请办理社会保险登记。

在SQL查询分析器中，选取“新增企业表”和“单位档案表”，编写如下SQL语句：

```
Select a. * ,b. [申报日期],[登记时间]
From [业务_新增企业表] As a
Left Join [业务_单位档案表] As b
On a. 税务登记证号 =b. 税务登记号
Where b. 税务登记号 Is Null
```

执行上述SQL语句到自由列表，筛选出未进行社会保险登记的新成立企业抽样结果，如图5-2显示这些新注册成立的企业的社会保险申报日期和登记时间均为空。

	A	B	C	D	E	F
1	税务登记证号	纳税人名称	实纳总额	国库	申报日期	登记时间
2	4123414	地税待报解（	2.7796355E08	21		
3	4113792	**石化扬子石油	1.0239441E08	12		
4	4123424	地税待报解（	87201955	21		
5	4123436	地税待报解（	67211795	21		
6	4116139	马自达（**）企	59050931	21		
7	4125013	**石化集团资产	43698179	13		
8	4123442	地税待报解（	39907853	21		
9	4124921	**石化集团资产	37190701	12		
10	4123463	地税待报解（	26612738	21		
11	4123465	地税待报解（	25502817	21		

图 5－2

将上述查询结果予以统计，得出当年未进行社会保险登记的新成立企业总数。

```
Select Count( * ) As 未登记新企业数
From [业务_新增企业表] As a
Left Join [业务_单位档案表] As b
On a. 税务登记证号 =b. 税务登记号
Where b. 税务登记号 Is Null
```

经统计，2007 年全年新成立的企业中有 516 家单位未按规定进行社会保险登记，也就是说仅有 8 家新成立的企业按规定履行了社保登记手续。

步骤三：筛选已进行社保登记但未进行缴费申报的新企业情况。

（1）整理已登记的新成立企业表，生成“新成立企业社保登记表”。

```
Select [单位码],[单位名称],[税务登记号],[登记时间]
Into 新成立企业社保登记表
From [业务_单位档案表] a
Inner Join [业务_新增企业表] b
On a.[税务登记号] =b.[税务登记证号]
```

（2）查询已登记的新成立企业申报缴费情况。

根据《社会保险费征缴暂行条例》的规定，“缴费单位必须按月向社会保险经办机构申报应缴纳的社会保险费数额，经社会保险经办机构核定后，在规定的期限内缴纳社会保险费”。

进入 SQL 数据分析器，选取“新成立企业社保登记表”与“单位基数申报年表”，筛选未按规定进行社会保险费缴费数额申报的新企业。编写如下 SQL 查询语句：

```
Select  *  From  [新成立企业社保登记表]  As  a
Left  Join  [业务_单位基数申报年表]  b
On  a.[单位码] = b.[单位码]
Where  b.[单位码]  Is  Null
```

执行结果显示，在已办理社保登记的新成立的企业中，仍有7家单位未按规定进行社会保险费缴费数额申报。如图5－3所示，单位的申报日期、申报人数、申报基数等字段的数据记录均为空。

	A	B	C	D	E	F	G
1	a.单位码	单位名称	税务登记号	登记时间	b.单位码	申报日期	受理日期
2	10001333	**蒙陵贸易实业	4112414	1999-09-01			
3	10002550	**新与力文化传	4111390	2007-07-12			
4	10004500	**新润城房地产	4110887	2007-09-20			
5	10004675	金地集团**房地	4125390	2007-08-24			
6	10006202	**嘉之汶投资咨	4120979	2007-09-28			
7	10006868	**驿居大光酒店	4138788	2007-11-12			
8	10006969	锦江之星旅馆有	4135950	2007-11-23			

图5－3

步骤四：将“新成立企业单位表”与“单位缴费明细表”左连接，查询新注册成立企业未缴纳各项社会保险费的情况。编写如下SQL语句：

```
Select  *  From  [新成立企业社保登记表]  As  a
Left  Join  [业务_单位缴费明细表]  b
On  a.[单位码] = b.[单位码]
Where  b.[单位码]  Is  Null
```

筛选结果显示，在单位缴费明细数列中，6家新成立企业的社会保险缴费记录均为空，即在已登记的当年新成立的企业中有6家单位未缴纳社会保险费，如图5－4所示。

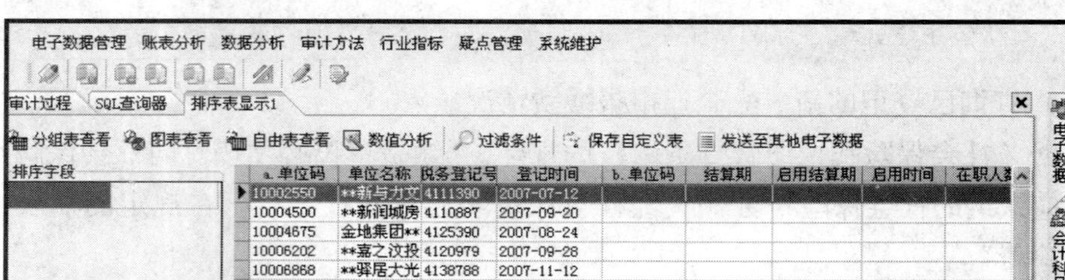

a.单位码	单位名称	税务登记号	登记时间	b.单位码	结算期	启用结算期	启用时间	在职人
10002550	**新与力文	4111390	2007-07-12					
10004500	**新润城房	4110887	2007-09-20					
10004675	金地集团**	4125390	2007-08-24					
10006202	**嘉之汶投	4120979	2007-09-28					
10006868	**驿居大光	4138788	2007-11-12					
10006969	锦江之星旅	4135950	2007-11-23					

图5－4

3. 审计结果

从以上分析可以看出，某市2007年度竟然有516家新成立的企业未按规定进行社会保险登记，仅有8家新成立企业按规定履行了社保登记手续；而且在已办理社保登记的8家新成立的企业中，竟有7家单位未履行社会保险缴费数额申报手续，6家企业的社会保险费缴费记录均为空。因此，计算机审计得出的结论是，该市2007年度新注册成立的企业或用人单位当年的社会保险费征缴率极低，即社会保险费征缴部门对新成立企业的社会保险费征缴存在严重疏漏。

4. 应用AO功能点

本事项应用了AO的审计分析/数据分析/SQL查询器；审计分析/数据分析/排序分组表分析工具等功能。

（二）大部分劳务派遣公司和劳动服务公司未依法在社保经办机构办理社会保险登记，存在严重偷、漏缴各项社会保险费的普遍现象

审计事项：社会保障审计/基金征缴/多征、少征、欠缴保险费。

1. 审计思路

根据国家有关规定，凡注册“三资企业”、私营企业、股份制企业、民办科研机构等无主管单位以及不具备人事管理权限的单位，聘用专业技术人员和管理人员，均由单位办理委托人事代理。其他以聘用方式使用专业技术人员和管理人员的单位，可根据需要办理委托人事代理。人事代理机构可以为委托方代办养老、失业等社会保险业务。根据调查了解以及审计掌握的社会现实情况，人才（人力）人事代理服务机构，往往不按时或不缴纳所代理人员的各项社会保险费。

2. 审计步骤

步骤一：利用获取的外部数据——【业务_劳务公司表】，利用统计函数“Count”，统计全市劳务派遣、人才（人事）代理服务机构的总体数量。

```
Select  Count(*)  As 劳务公司总数
From [业务_劳务公司表]
```

统计结果显示，某市共有劳务、劳动服务公司341家。

步骤二：筛选全市未进行社会保险缴费登记的劳务、劳动服务公司情况。

```
Select  a.[税务登记证号],a.[单位名称],b.*
From  [业务_劳务公司表]  a
Left  Join [业务_单位档案表]  b
On  a.[税务登记证号] = b.[税务登记号]
Where  b.[税务登记号]  Is  Null
```

如图5-5显示的结果，大部分劳务派遣公司和劳动服务公司未依法在社保经办机

构办理社会保险登记，普遍存在严重偷、漏缴各项社会保险费的现象，从而导致了社会保险费的“跑漏”。

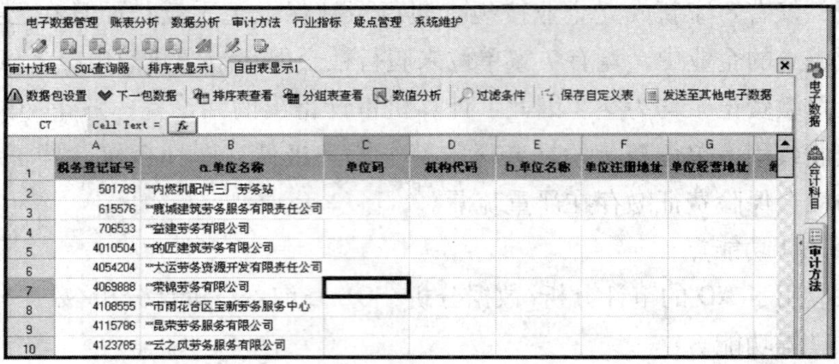

图5－5

步骤三：查询全市人才（人力）人事代理机构缴纳社会保险费情况。

（1）选取“人力资源公司表”，利用“Count”函数统计全市人才（人力）人事代理机构总数。

```
Select Count( * ) As 人才代理机构总数
From [业务_人力资源公司表]
```

统计结果显示，全市人才（人力）人事代理机构总数为281家。

（2）选取【业务_人力资源公司表】和【业务_单位档案表】，筛选出未进行社会保险缴费登记的人才（人力）人事代理机构情况。

```
Select a.[税务登记证号],[纳税人名称],[注册地址],b. *
From [业务_人力资源公司表] As a
Left Join [业务_单位档案表] b
On a.[税务登记证号] = b.[税务登记号]
Where b.[税务登记号] Is Null
```

筛选结果显示如图5－6所示，人才（人力）人事代理机构的社保登记记录为空。

图5－6

将上述结果加以汇总，编写如下SQL统计语句，结果如图5－7所示。

```
Select Count( * ) As 未社保登记的人才机构数量
From [业务_人力资源公司表] As a
Left Join [业务_单位档案表] b
On a.[税务登记证号] =b.[税务登记号]
Where b.[税务登记号] Is Null
```

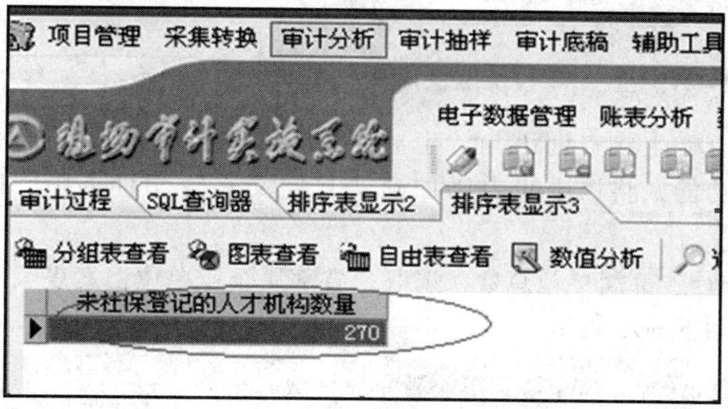

图5－7

3. 审计结果

审计结果表明，全市未进行社会保险缴费登记的“劳务、劳动服务公司”数量达330家，占全市劳务、劳动服务公司总数量341家的96.77%。另外，审计还发现，全市共有270家人才人事代理机构未进行社保缴费登记，从而导致了较大数额的社会保险费“跑漏”。

4. 应用AO功能点

本事项应用了AO的审计分析/数据分析/SQL查询器；审计分析/数据分析/排序分组表分析工具等功能。

（三）在本市注册登记的省部属企事业单位未按规定在本地缴纳失业保险费

审计事项：社会保障审计/基金征缴/多征、少征、欠缴保险费。

1. 审计思路

根据《社会保险费征缴暂行条例》第三条的规定，“失业保险费的征缴范围：国有企业、城镇集体企业、外商投资企业、城镇私营企业和其他城镇企业及其职工，事业单位及其职工”；《中华人民共和国失业保险条例》（国务院令第258号〔1999〕）第二条规定“城镇企业事业单位、城镇企业事业单位职工依照本条例的规定，缴纳失业保险费”，第七条规定“失业保险基金在直辖市和设区的市实行全市统筹”。据此规定，分析采集数据，重点核实省部属纳入行业统筹的企事业单位是否按属地原则，在本市缴纳失业保险费。

2. 审计步骤

步骤一：生成省部属单位表。

选取“单位档案表”，设置查询条件，“隶属关系代码”为“4”“5”（“4”表示“省属企业或单位”，“5”表示“部属企业或单位”），编写 SQL 语句如下：

```
Select * Into 省部属企业单位档案表
From [业务_单位档案表]
Where 隶属关系 In ('4','5')
```

执行上述 SQL 生成查询语句，生成中间表——“省部属企业单位档案表”，并通过添加表功能，将该中间表添加到“自定义表”文件夹中，以备后面查询所用。

步骤二：统计省部属单位总数，选取“省部属企业单位档案表”，利用统计函数“Count”，编写如下 SQL 语句：

```
Select Count(*) As 省部属企业单位总数
From [省部属企业单位档案表]
```

统计结果显示，省部属企业单位总数为 663 家。

步骤三：在“自定义表”中选取“省部属企业单位档案表”，在“业务数据”中选取【业务_单位基数申报年表】。将两表通过“单位码”字段进行左连接，筛选出省部属企业、事业单位未在本地按属地化原则申报缴费情况。编写 SQL 语句如下：

```
Select a.[单位码],a.[单位名称],a.[单位经营地址],
a.[税务登记号],[参保特征],[登记时间],
b.[单位码],b.[申报日期],[本期申报基数],
[本年人均基数],[启用结算期]
From [省部属企业单位档案表] a
Left Join [业务_单位基数申报年表] b
On a.[单位码] = b.[单位码]
Where b.[单位码] Is Null
```

执行上述语句，筛选结果显示，多数省部属企业、事业单位未按规定“属地化”进行社会保险申报缴费基数。如图 5 - 8 所示中的申报日期均为空。

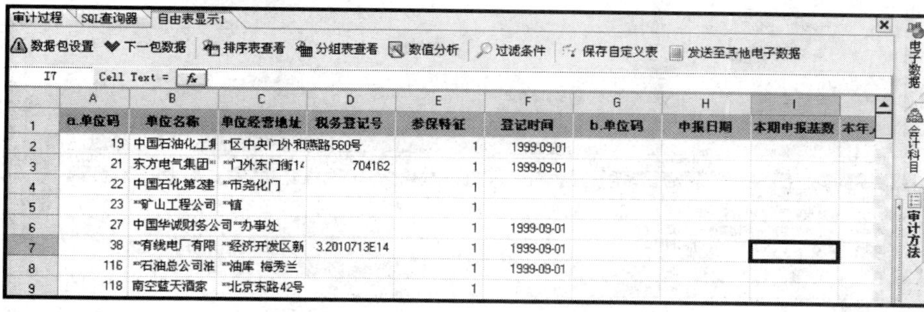

图 5－8

将上述筛选结果加以统计：

```
Select   Count( * )   As 未缴费申报的省部属单位总数
From   [省部属企业单位档案表] a
Left Join [业务_单位基数申报年表] b
On   a.[单位码] = b.[单位码]
Where   b.[单位码]   Is   Null
```

统计结果显示，共有 351 家省部属企业（单位）未在本市按属地化原则进行缴费申报。

步骤四：选取“失业缴费记录表”与“省部属企业单位档案表”，利用左关联，筛选并统计未按规定在本市缴纳失业保险费的省部属单位总数。

```
Select   a.[单位码],a.[单位名称],a.[单位经营地址],
a.[单位性质],a.[隶属关系],a.[登记时间], b. *
From   [省部属企业单位档案表]   a
Left   Join   [业务_失业缴费记录表]   b
On   a.[单位码]=b.[单位码]
Where   b.[单位码] Is Null
```

执行上述 SQL 语句，筛选结果表明，诸多省部属企业事业单位未按属地化原则在本市缴纳失业保险费，如在“缴费月份、缴费基数”等列中数据记录均为空。如图 5－9所示。

3. 审计结果

审计结果显示，在本市注册登记的省部属企事业单位共有 663 家，但有 351 家省部属企业（单位）未在本市按属地化原则进行缴费申报；有 660 家省部属企事业单位未按规定在本市缴纳失业保险费，未缴纳失业保险费的省部属企事业单位所占比竟然高达 99. 55%。

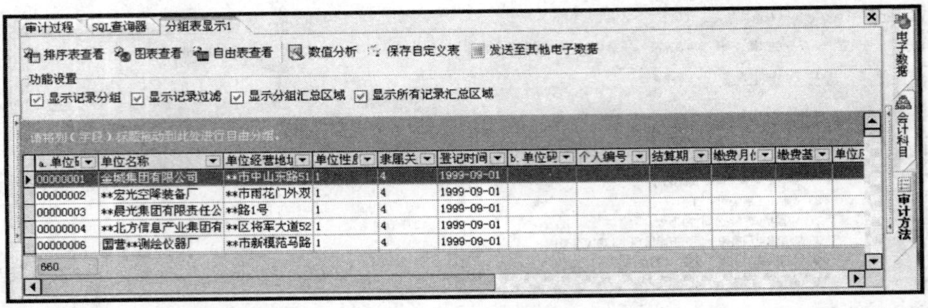

图5-9

4. 应用AO功能点

本事项应用了AO的审计分析/数据分析/SQL查询器；审计分析/数据分析/排序分组表分析工具等功能。

(四) 大多“市属事业单位”未按规定缴纳失业保险费

审计事项：社会保障审计/基金征缴/多征、少征、欠缴保险费。

1. 审计思路

根据《社会保险费征缴暂行条例》的规定，失业保险费的征缴对象包括国有企业、城镇集体企业、外商投资企业、城镇私营企业和其他城镇企业及其职工，事业单位及其职工。但是，审计人员在审前了解掌握的情况表明，并非本市所属的所有事业单位均按规定缴纳了失业保险费，尤其是那些享受全额财政拨款的事业单位认为其干部职工根本不存在面临失业的风险，故拒绝缴纳失业保险费。因此，审计人员认为，有必要摸清全市市属事业单位拒缴、漏缴、欠缴失业保险费的总体概况。

2. 审计步骤

步骤一：生成市属事业单位表。

进入SQL查询分析器，选取单位档案表，设置查询条件“单位性质” = “2”（“2”表示“事业单位”），并且“隶属关系” < > （“4”“5”）（排除省部属单位）。生成中间表——“市属事业单位表”，编写如下SQL语句：

```
Select  *  Into 市属事业单位表
From [业务_单位档案表]
Where [单位性质] = '2'
And [隶属关系] Not In ('4','5')
```

将生成的“市属事业单位表”添加到“自定义表”中。

步骤二：将“市属事业单位表”与“单位基数申报年表”左关联，将两表分别命名为a表和b表，设置条件“a. 单位码” = “b. 单位码”，并且“b. 单位码”为空，筛选未依法进行缴费申报登记的市属事业单位：

```
Select  a.[单位码],a.[单位名称],[单位经营地址],
[单位性质],[隶属关系],[参保特征],[登记时间],b. *
From  [市属事业单位表]  a
Left  Join  [业务_单位基数申报年表]  b
On  a.[单位码] = b.[单位码]
Where  b.[单位码] Is Null
```

执行上述SQL语句，筛选结果显示申报日期为空，如图5－10所示。

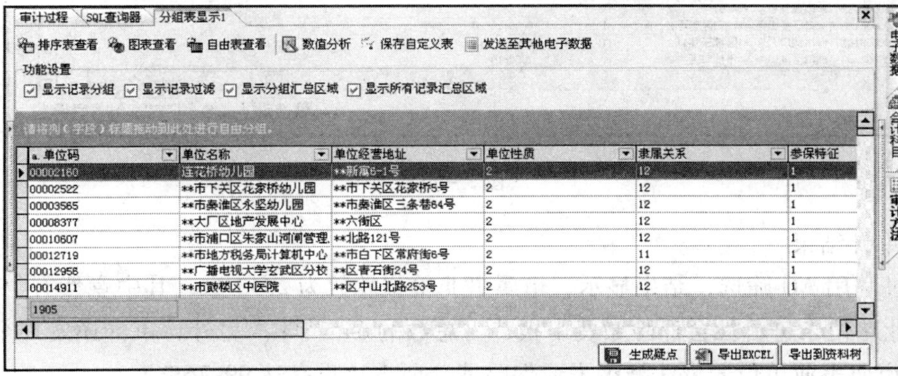

图5－10

步骤三：统计未进行缴费申报的市属事业单位占全市事业单位总数的比率。

```
Select  Count( * ) As 市属事业单位总数,
(1905/Count( * ))  As  占比
From [市属事业单位表]
```

统计结果显示，市属事业单位总数为2943家，从而计算得出未进行缴费申报的市属事业单位占总数的64.73%。

步骤四：筛选出未缴纳失业保险费的市属事业单位。

选取【市属事业单位表】和【业务_失业缴费记录表】，将两表左连接进行筛选，编写下列SQL语句：

```
Select  a.[单位码],a.[单位名称],[单位经营地址],
[单位性质],[参保特征],[登记时间],
b.[缴费月份],[缴费基数],[单位应缴],[结算特征]
From  [市属事业单位表]  As  a
Left  Join  [业务_失业缴费记录表]  As  b
On  a.[单位码] = b.[单位码]
Where  b.[单位码]  Is  Null
```

如图5－11所示，右面的“缴费月份、缴费基数、单位应缴”等字段均为空，表明多数市属事业单位未按规定缴纳失业保险费。

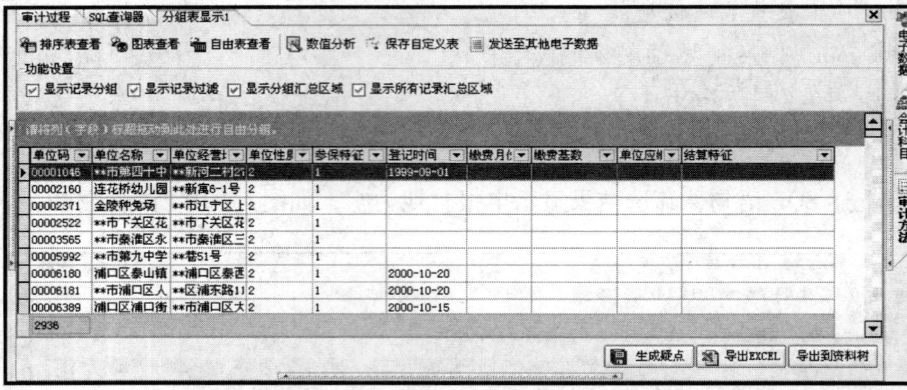

图5－11

3. 审计结果

经过利用AO筛选，结果显示，市属事业单位总数为2943家，其中竟然有1905家市属事业单位未进行社会保险缴费申报，占总数的64.73%。另外，审计还发现全市有2936家市属事业单位未依法缴纳失业保险费，所占比重高达99.76%。

4. 应用AO功能点

本事项应用了AO的审计分析/数据分析/SQL查询器；审计分析/数据分析/排序分组表分析工具等功能。

三、点评

本实例是在充分调查了解的基础上将新成立企业、人事代理机构等单位社会保险费征缴情况作为审计重点，充分利用AO系统对来自不同部门的业务数据进行采集、对比、分析，拓宽了审计思路和视野，锁定了审计的重点和疑点，迅速、高效、快捷地筛选出了大量新增企业、人才代理机构、省部属及市属事业单位普遍存在偷、漏、欠缴各项社会保险费的现象。

（江苏省南京市审计局　江金满　张敖齐　孙敬慧　陈雅兰）

实例六

社保联网审计系统在养老保险审计中的应用

一、项目背景

为了更好地履行审计监督职责，实现数字化审计，某审计机关联合软件开发公司开发了社保联网审计系统，以社会保险行业为突破口，以社会保险联网审计平台为切入点，积极探索“预算跟踪＋联网核查”新型审计模式的建设与应用。2011 年，审计机关在对某省筹集、管理、使用养老保险基金情况专项审计调查中，首次应用该系统，对养老保险基金数据进行审计，并对被审计单位的信息系统进行了相关调查，开展了信息系统审计的有益探索。

二、审计过程

（一）社保数据的采集、转换

审计事项：社会保障审计/基金管理/社保信息系统审查。

1. 审计思路

采集、转换、整理被审计单位的财务、业务数据至联网审计系统和 AO。由于被审计单位的业务系统后台数据库为 Oracle 且数据量庞大，审计人员采用联网审计、在线审计与 AO 审计相结合的方式，使用社保基金联网审计软件、访问业务数据库直接筛选查询相结合，初步确立审计疑点后，再将相关数据导入到 AO 中，进一步在 AO 系统中验证。

2. 审计步骤

步骤一：财务数据的采集、转换。

在养老基金管理局采集到2010年度和2011年度企业基本养老基金财务数据，发现财务软件为用友 a＋＋软件，备份的数据为 Access 数据库文件，AO 软件中无对应模板，审计人员分析研究数据库备份文件的数据结构，以数据库数据采集方式采集转换至 AO。

步骤二：业务数据的采集、转换。

（1）在社保数据库服务器中搭建 Oracle 环境 ，创建用户（Simis），分配权限和角色后利用 Imp 命令将备份数据（Dmp 文件格式）还原到 Oracle 数据库中。如图 6－1、图 6－2 所示。

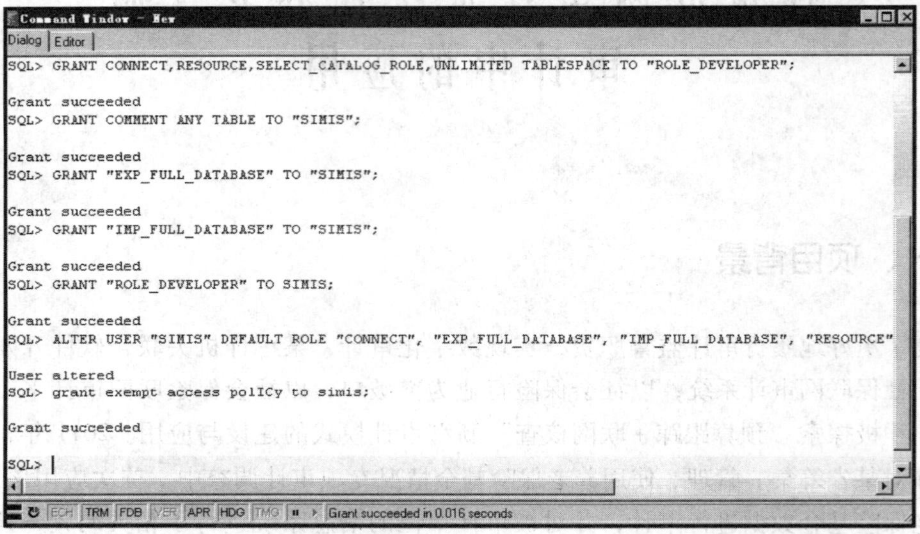

图 6－1

图 6－2

（2）进行数据采集、转换、整理。

利用 SQL Server 2008 的“导入和导出数据”工具，将 Oracle 数据库导入到 SQL 数据库中。在数据采集的过程中将 Oracle 数据库中独有的数据类型在 SQL 中进行相应的转换，日期型字段统一转换为 Char（8），字符型字段统一转换为 Varchar，金额类字段统一转换为 Decimal（16，2），比例或利息类字段统一转换为 Decimal（16，4）。导入后对原始数据根据审计署社保数据规划要求进行汉化整理。处理后如图 6－3 所示。

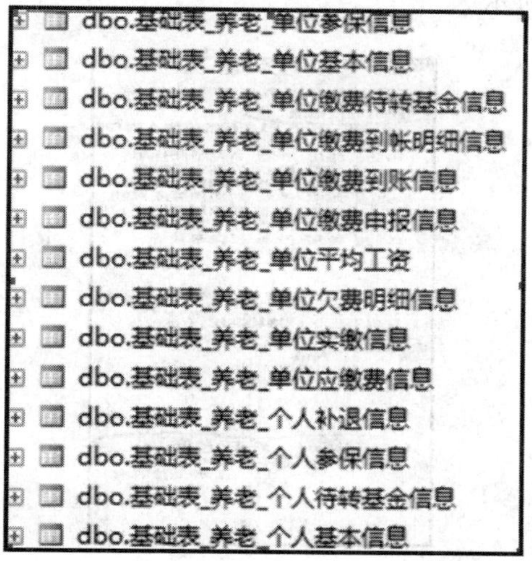

图 6－3

3. 审计结果

将被审计单位的财务、业务数据转换至联网审计系统和 AO，为下一步审计打下基础。

4. 应用 AO 功能点

本事项应用了 AO 的采集转换/财务数据采集转换；采集转换/业务数据采集转换等功能。

（二）养老保险审计方法的建立

审计事项：社会保障审计/基金征缴/征缴基本情况分析；社会保障审计/基金征缴/支付基本情况分析。

1. 审计思路

根据审计署社保审计方法体系规划的审计方法并结合本地实际情况，将已有的审计方法、审计思路转换成计算机语言，并形成审计疑点数据存储在数据库中；借助社保联网审计系统将多维模型、查询模型展现出来。

2. 审计步骤

步骤一：多维模型建立。

多维模型主要是从不同角度（如钻取、上钻、下钻、切片等）对数据进行宏观分析、趋势分析、比例分析，展现形式有多种，主要为折线图、柱形图、饼图等。其中折线图、柱形图主要是进行趋势分析，饼图是从所占的比例进行宏观分析。

多维模型要有多维数据库的支持，多维数据库是利用 SQL 数据库中的二维表，经过多维加工处理形成。下面是养老保险基金收支余情况总体分析模型的创建过程。

选择数据透视表字段列表中的“维度与度量值”，并选择“行标签”“列标签”“数值”等。如图6－4所示。

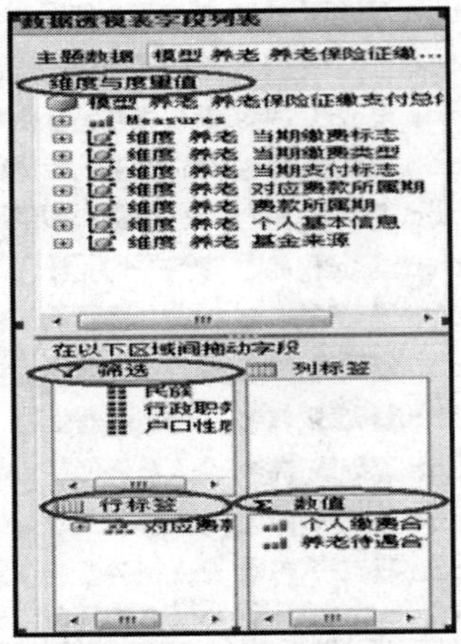

图6－4

得到如图6－5所示的结果，从图中明显看出2007—2010年养老保险基金收支余情况。

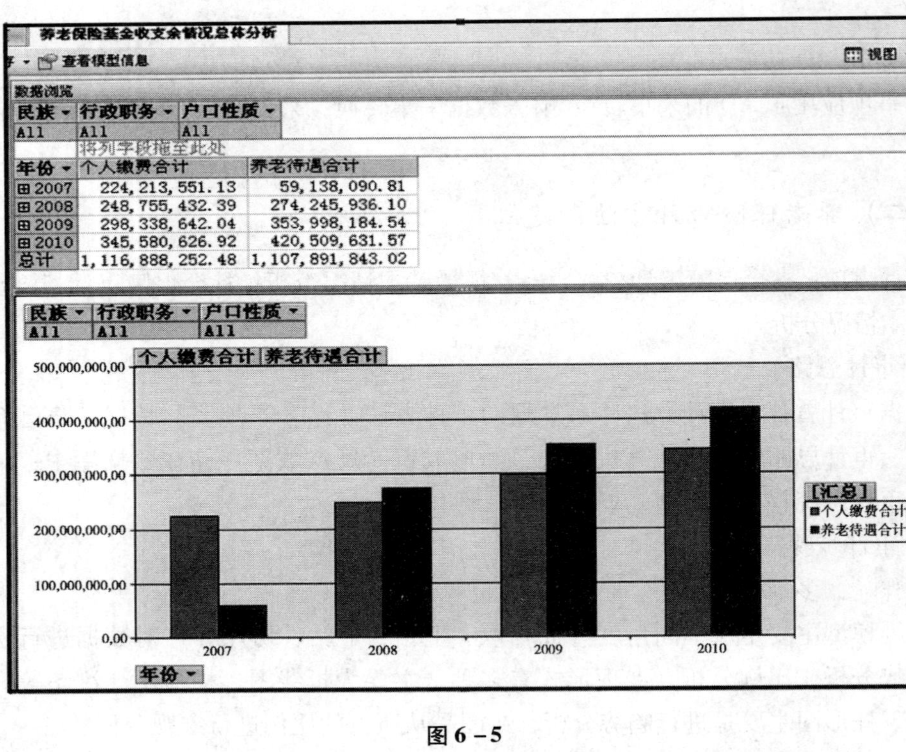

图6－5

步骤二：查询模型和关联模型建立。

查询模型和关联模型是根据提出的审计方法实现数据的分析统计，将审计方法进行固化，以图表的形式展现，可以在视图和图形之间进行切换。查询模型和关联模型的数据来源是存储在SQL数据库中审计数据表，主要是借助社保联网审计平台已有的功能辅助审计人员筛疑点，提高审计人员的工作效率。

3. 审计结果

根据审计方案和审计目标，养老保险共形成审计方法60个，主要涉及基金征缴审计方法22个、待遇支付审计方法18个、个人账户管理方法7个、其他审计方法13个。具体涵盖了多维模型、查询模型、关联模型、预警模型和专题模型。其中，预警模型和专题模型是在多维、查询、关联三类模型的基础上，根据审计人员的审计需求构建的模型。

4. 应用AO功能点

本事项应用了AO的审计分析/审计方法/审计方法管理功能。

（三）养老保险基金总体收入、支出变化情况分析

审计事项：社会保障审计/基金征缴/征缴基本情况分析。

1. 审计思路

从养老保险基金收入、支出、结余总体情况上，分析2007年以来的变化趋势。

2. 审计步骤

利用社保联网审计分析系统，选择数据透视表字段列表中的“维度与度量值”，并选择“行标签”“列标签”“数值”等。结果如图6-5所示。

3. 审计结果

从图6-5中，可以看出从2007年到2010年养老保险征缴和支付均呈增长的趋势，但是征缴的增长趋势比较平缓，而养老待遇支出的金额增长趋势呈明显上升趋势，并且从2008年起连续几年总的养老待遇支出大于总的征缴金额，尤其2010年养老待遇支付金额增长很大。

4. 应用AO功能点

本事项应用了AO的审计分析/审计方法/自动审计功能。

（四）一人同时领取多份养老金

审计事项：社会保障审计/基金支付/保险金支付合规性审查。

1. 审计思路

从“身份证号”入手，核实是否存在一人同时领取多份养老保险金的情况。

2. 审计步骤

步骤一：从养老待遇支付明细表中将养老保险支付人员类别是“离退休”状态并且支付标志是“已支付”的人按字段“统一身份证号”“对应费款所属期”及“费款所属期”进行汇总，将领取养老金待遇大于0的人的基本信息筛选出来。

Select［行政区划］,［个人编号］,［统一身份证号］,［姓名］,［费款所属期］,［对应费款所属期］,［养老待遇合计］,［单位编号］,［单位名称］,［养老保险支付人员类别］,［支付标志］

From［分析表_主题_养老_一个人同时领取多份养老保险情况分析］

Where Left(对应费款所属期,4) ='2010'

查询结果如图 6－6 所示。

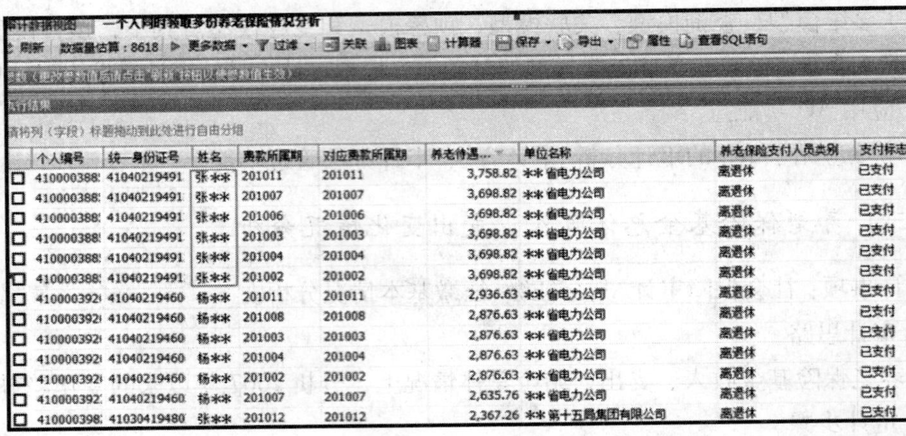

个人编号	统一身份证号	姓名	费款所属期	对应费款所属期	养老待遇...	单位名称	养老保险支付人员类别	支付标志
410000388	41040219491	张**	201011	201011	3,758.82	**省电力公司	离退休	已支付
410000388	41040219491	张**	201007	201007	3,698.82	**省电力公司	离退休	已支付
410000388	41040219491	张**	201006	201006	3,698.82	**省电力公司	离退休	已支付
410000388	41040219491	张**	201003	201003	3,698.82	**省电力公司	离退休	已支付
410000388	41040219491	张**	201004	201004	3,698.82	**省电力公司	离退休	已支付
410000388	41040219491	张**	201002	201002	3,698.82	**省电力公司	离退休	已支付
410000392	41040219460	杨**	201011	201011	2,936.63	**省电力公司	离退休	已支付
410000392	41040219460	杨**	201008	201008	2,876.63	**省电力公司	离退休	已支付
410000392	41040219460	杨**	201003	201003	2,876.63	**省电力公司	离退休	已支付
410000392	41040219460	杨**	201004	201004	2,876.63	**省电力公司	离退休	已支付
410000392	41040219460	杨**	201002	201002	2,876.63	**省电力公司	离退休	已支付
410000392	41040219460	杨**	201007	201007	2,635.76	**省电力公司	离退休	已支付
410000398	41030419480	张**	201012	201012	2,367.26	**第十五局集团有限公司	离退休	已支付

图 6－6

步骤二：通过社保联网审计系统客户端查看此模型数据，将疑点数据导出，然后审计人员去核实情况。

3. 审计结果

经联网审计发现，存在一人同时领取多份养老金的情况。供养关系错误造成重复享受待遇。2010 年 9 月新、老数据库转换时，供养直系亲属数据库的相关信息转换错误，导致 56 名已故退休人员对应了 102 名供养人。

4. 应用 AO 功能点

本事项应用了 AO 的审计分析/数据分析/SQL 查询器；审计分析/数据分析/排序分组表分析工具；审计分析/疑点管理等功能。

（五）一个人多个配偶领取供养待遇

审计事项：社会保障审计/基金支付/养老待遇审批规范性审查。

1. 审计思路

审查供养人员与被供养人员的关系，在领取养老待遇时是否存在一个人对应多个配偶的情况。

2. 审计步骤

步骤一：在养老待遇支付明细信息中从“个人编号”和“供养关系”入手，对供养类型为配偶的个人编号进行汇总，如图 6－7 所示。

```
Select [被供养人个人编号],[被供养人公民身份号码],[被供养人姓名],[个人编号],[姓名],[统一身份证号],[费款所属期],[对应费款所属期],[供养关系],[鳏寡孤独标识],[户口性质],[供养待遇金额],[单位类型],[经济类型],[隶属关系],[行业代码],[单位编号],[单位名称],[行政区划],[居住地类别]
From [分析表_主题_养老_一个人多个配偶领取供养待遇]
Where Left(对应费款所属期,4) ='2010'
```

被供养人个人编号	被供养人公民身份号码	被供养人姓	个人编号	姓名	统一身份证	费款所属期	对应费款所
****41000041628866	****41072819401022652	牛**	41000038830	王**	00160719110	201011	201011
****41000041628866	****41072819401022652	牛**	41000038830	王**	00160719110	201012	201012
****41000041628866	****41072819401022652	牛**	41000038830	王**	00160719110	201101	201101
****41000041628866	****41072819401022652	牛**	41000038830	王**	00160719110	201102	201102
****41000041628866	****41072819401022652	牛**	41000038830	王**	00160719110	201103	201103
****41000041628866	****41072819401022652	牛**	41000038830	王**	00160719110	201104	201104
****41000041628866	****41072819401022652	牛**	41000038830	王**	00160719110	201105	201105
****41000041628866	****41072819401022652	牛**	41000038830	王**	00160719110	201106	201106
****41000041628866	****41072819401022652	牛**	41000038830	王**	00160719110	201107	201107
****41000041671289	****14050319440503122	文**	41000039271	杨**	00000019380	201006	201006

图 6－7

步骤二：通过社保联网审计系统客户端查看此模型数据，将疑点数据导出，然后审计人员根据疑点数据去核实情况。

3. 审计结果

经联网系统发现，76 名已故参保人员供养了 184 名配偶，造成一个参保人员供养多个配偶并重复享受养老待遇的情况。经延伸审计后发现：一个人两个身份造成重复享受养老待遇两人，多领取金额 25110 元（其中岳某 16350 元，杜某 8760 元）；工作人员手工录入错误导致 13 人供养关系误填为配偶。

4. 应用 AO 功能点

本事项应用了 AO 的审计分析/数据分析/SQL 查询器；审计分析/数据分析/排序分组表分析工具等功能。

（六）存在供养人员供养条件不合法不合规性的情况

审计事项：社会保障审计/基金管理/基础管理规范性审查。

1. 审计思路

根据养老相关法规条款，供养人员的年龄男大于 60 岁、女大于 50 岁、小孩小于 18 周岁为合法的供养条件，审计查看是否存在不合法不合规的供养人员。

2. 审计步骤

步骤一：从供养人员基本信息中取出供养人年龄不合法的数据，如男小于60岁，女小于50岁，小孩大于18岁，均视为不符合供养条件。如图6－8所示。

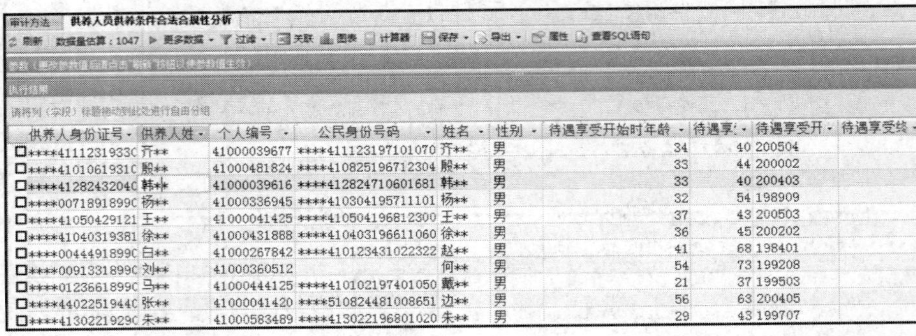

供养人身份证号	供养人姓	个人编号	公民身份号码	姓名	性别	待遇享受开始时年龄	待遇享:	待遇享受开	待遇享受终
****41112319330	齐**	41000039677	****411123197101070	齐**	男	34	40	200504	
****41010619310	殷**	41000481824	****410825196712304	殷**	男	33	44	200002	
****41282432040	韩**	41000039616	****412824710601681	韩**	男	33	40	200403	
****00718918990	杨**	41000336945	****410304195711101	杨**	男	32	54	198909	
****41050429121	王**	41000041425	****410504196812300	王**	男	37	43	200503	
****41040319381	徐**	41000431888	****410403196611060	徐**	男	36	45	200202	
****00444918990	白**	41000267842	****410123431022322	赵**	男	41	68	198401	
****00913318990	刘**	41000360512		何**	男	54	73	199208	
****01236618990	马**	41000444125	****410102197401050	戴**	男	21	37	199503	
****44022519440	张**	41000041420	****510824481008651	边**	男	56	63	200405	
****41302219290	朱**	41000583489	****413022196801020	朱**	男	29	43	199707	

图6－8

```
Select  *
From [分析表_主题_养老_供养人员供养条件合法合规性分析]
Where Left(经办日期,4) ='2010'
```

步骤二：通过社保联网审计系统客户端查看此模型数据，将疑点数据导出，然后审计人员去核实情况。

3. 审计结果

经联网审计系统发现，存在1050名供养人员供养条件不合规，仍正常领取定期待遇的情况。

4. 应用AO功能点

本事项应用了AO的审计分析/审计方法/自动审计；审计分析/数据分析/SQL查询器等功能。

（七）核定供养定期待遇发放不正确

审计事项：社会保障审计/基金管理/个人账户管理规范性审查。

1. 审计思路

审查供养人员领取的供养待遇金额与政策供养待遇金额发放是否一致、正确。

2. 审计步骤

步骤一：从金额字段入手，通过“核定供养定期待遇金额－政策供养待遇金额”的差额，分析供养定期待遇多发、少发等情况。如图6－9所示。

被供养人个人编号	被供养人姓名	个人编号	姓名	供养定期待遇差额	供养待遇全额	政策核定供养待遇...	费款所属期	对应费款所属期	供养关系
41000041629484	贾**	41000041901993	芦**	20.00	300.00	320.00	200910	200910	配偶
41000041629144	周**	41000039592370	王**	170.00	150.00	320.00	200910	200910	配偶
41000041636397	刘**	41000041341868	黄**	20.00	300.00	320.00	200910	200910	配偶
41000041637007	芦**	41000067542921	杨**	20.00	300.00	320.00	200910	200910	配偶
41000041634426	王**	41000052883468	刘**	100.00	220.00	320.00	200910	200910	配偶
41000041631611	董**	41000044809157	任**	20.00	300.00	320.00	200908	200908	配偶
41000041636684	秦**	41000065721525	梁**	100.00	220.00	320.00	200910	200910	配偶
41000041635476	崔**	41000058519139	朱**	80.00	220.00	300.00	200910	200910	配偶
41000041635714	于**	41000059946682	韩**	80.00	220.00	300.00	200910	200910	配偶
41000041634975	黄**	41000055755719	于**	80.00	220.00	300.00	200910	200910	配偶
41000041632004	刘**	41000041487969	刘**	80.00	220.00	300.00	200910	200910	父母
41000041636574	沈**	41000065063948	张**	80.00	220.00	300.00	200910	200910	配偶

图 6－9

```
Select *
From [分析表_主题_养老_供养人员定期待遇发放正确性分析]
Where Left(对应费款所属期,4) ='2010' And Abs(供养定期待遇差额) >'0'
```

步骤二：通过社保联网审计系统客户端查看此模型数据，将疑点数据导出，然后审计人员去核实情况。

3. 审计结果

经联网审计系统发现，存在 1685 名供养人员因户籍地变更与生活补助费标准不一致，造成定期待遇发放不准确的情况。

4. 应用 AO 功能点

本事项应用了 AO 的审计分析/审计方法/自动审计；审计分析/数据分析/SQL 查询器等功能。

（八）遗属的月生活补助费总和大于参保人员的月养老金

审计事项：社会保障审计/基金支付/扩大支出范围及标准。

1. 审计思路

按照法规政策，全部遗属的月生活补助费标准之和，不得超过该职工生前月工资或月基本养老金。根据法规政策审查是否存在不合法的数据信息。

2. 审计步骤

步骤一：将供养待遇金额与政策核定供养待遇金额作比较，计算出待遇差额。如图 6－10 所示。

供养人个.	供养人姓名	对应费款所	供养定期待遇差	供养待遇金额	政策核定供养待遇金额	单位类型
4100004145	张**	201006	-33.3	600	566.7	企业
4100004145	张**	201007	-33.3	600	566.7	企业
4100004145	张**	201008	-33.3	600	566.7	企业
4100004145	张**	201009	-33.3	600	566.7	企业
4100004145	张**	201010	-33.3	600	566.7	企业
4100004145	张**	201011	-33.3	600	566.7	企业
4100004145	张**	201012	-33.3	600	566.7	企业
4100004133	田**	201006	-3205.8	4050	844.2	企业
4100004149	梁**	201009	-8.9	150	141.1	企业
4100004149	梁**	201010	-8.9	150	141.1	企业
4100004149	梁**	201011	-8.9	150	141.1	企业
4100004149	梁**	201012	-8.9	150	141.1	企业
4100004149	梁**	201003	-8.9	150	141.1	企业

图 6-10

```
Select    *
From  [分析表_主题_养老_遗属补助与养老金比较情况分析]
Where Left(对应费款所属期,4) ='2010'
```

步骤二：通过社保联网审计系统客户端查看此模型数据，将疑点数据导出，然后审计人员去核实情况。

3. 审计结果

经联网审计系统发现，遗属补助合计金额大于离退休人员养老金（按月计算），其中2010—2011年度共计为53名已故离退休人员的供养亲属多发放遗属补助。

4. 应用AO功能点

本事项应用了AO的审计分析/审计方法/自动审计；审计分析/数据分析/SQL查询器等功能。

（九）存在养老保险单位实缴额不正确的情况

审计事项：社会保障审计/基金征缴/多征、少征、欠缴保险费。

1. 审计思路

根据单位应缴养老保险信息审查单位实缴信息的正确性。

2. 审计步骤

步骤一：根据单位实缴信息及单位应缴信息在对应费款所属期内由单位缴费基数及核定的缴费比例计算判断单位是否足额缴纳。如图6-11所示。

单位名称	姓名	本期单位应缴费差额	核定本期单位应缴费金额	本期单位应缴费金额	对应费款所
****通信集团河南有限公司	马**	255.36	291.84	36.48	200510
****通信设备集团有限公司	田**	139.23	159.12	19.89	200508
****通信设备集团有限公司	李**	139.23	159.12	19.89	200507
****通信设备集团有限公司	郑**	162.33	185.52	23.19	200507
****通信设备集团有限公司	程**	184.17	210.48	26.31	200605
****通信设备集团有限公司	王**	185.01	211.44	26.43	200510
****通信设备集团有限公司	王**	185.01	211.44	26.43	200602
****通信设备集团有限公司	邢**	127.26	145.44	18.18	200509
****通信设备集团有限公司	陈**	202.65	231.6	28.95	200509
****通信设备集团有限公司	陈**	202.65	231.6	28.95	200605
****通信设备集团有限公司	刘**	150.36	171.84	21.48	200605
****通信设备集团有限公司	李**	172.83	197.52	24.69	200602

图 6-11

```
Select *
From [分析表_主题_养老_个人缴费额正确性分析]
Where Left(费款所属期,4) ='2010' And Abs(个人缴费差额) >'0'
```

步骤二：通过社保联网审计系统客户端查看此模型数据，将疑点数据导出，然后审计人员去核实情况。

3. 审计结果

经延伸审计，发现两家企业少缴养老保险费共计 246.22 万元。

4. 应用 AO 功能点

本事项应用了 AO 的审计分析/审计方法/自动审计；审计分析/数据分析/SQL 查询器等功能。

（十）同一身份证号对应多个参保人员

审计事项：社会保障审计/基金管理/基础管理规范性审查。

1. 审计思路

以身份证号为分类统计字段，审查是否存在同一身份证号对应多个参保人员的情况。

2. 审计步骤

步骤一：从参保人员的“身份证号”入手进行对比分析，查询同一身份证号对应多个参保人员的情况。如图 6－12 所示。

统一身份证号	公民身份号码	个人社	姓名	出生日期	参加工作日	户口所在地
000000190000000001	000000000000000	00084419	苏**	19361101	19560301	
000000190000000001	000000000000000	00094819	海**	19470301	19680101	
000000190000000001	000000000000000	00095219	易**	19510201	19710201	
000000190000000001	000000000000000	00095319	丁**	19520801	19680901	
000000190000000001	000000000000000	00619219	王**	19400801	19551201	
000000190000000001	000000000000000	00397519	王**	19460801	19550101	
000000190000000001	000000000000000	00710219	黄**	19410301	19581101	
000000190000000001	000000000000000	00607119	袁**	19371101	19560801	
000000190000000001	000000000000000	00148919	杨**	19520601	19780415	
000000190000000001	000000000000000	00152319	徐**	19470901	19651201	
000000190000000001	000000000000000	00615719	柴**	19430301	19631101	
000000190000000001	000000000000000	00397619	王**	19460801	19641201	
000000190000000001	000000000000000	00397919	纪**	19460901	19641201	
000000190000000001	000000000000000	00398319	廖**	19481001	19650101	
000000190000000001	000000000000000	00402119	袁**	19450101	19621001	
000000190000000001	000000000000000	00610319	钟**	19420101	19650901	
000000190000000001	000000000000000	00395919	林**	19481201	19651101	
000000190000000001	000000000000000	00631119	王**	19331101	19560315	
000000190000000001	000000000000000	00398519	刘**	19470201	19641201	

图 6－12

```
Select  *
From [分析表_主题_养老_个人基本信息]
Where (Left(经办日期,4) ='2010' Or 经办日期 Is Null) And (
```

```
(Len([公民身份号码])<>15 And Len([公民身份号码])<>18) Or
(性别编号 In ('1','2') And
Case When Len([公民身份号码])=15 Then Case When Cast(Right(公民身份号码,1) As Int)%2=0 Then '2' Else '1' End
    When Len([公民身份号码])=18 Then Case When Cast(Substring(公民身份号码,17,1) As Int)%2=0 Then '2' Else '1' End End<>性别编号)
Or (Case When Len([公民身份号码])=18 Then Substring([公民身份号码],9,6)
      When Len([公民身份号码])=15 Then Substring([公民身份号码],7,6)
End<>Substring(出生日期,3,6))
Or (Substring([公民身份号码],9,6)<>Substring(出生日期,3,6)))
```

步骤二：通过社保联网审计系统客户端查看此模型数据，将疑点数据导出，然后审计人员去核实情况。

3. 审计结果

经联网审计系统发现，由于社保业务系统控制不严谨，2010年度有387个身份证号码对应了785个参保人员缴费记录信息，存在重复参保情况。

4. 应用AO功能点

本事项应用了AO的审计分析/审计方法/自动审计、审计分析/数据分析/SQL查询器等功能。

三、点评

本实例充分应用AO和社保联网审计系统，结合审计工作经验，将审计思路固化成审计方法，完成基金征缴、待遇支付、个人账户管理等审计方法60个，通过对养老保险数据的分类归集、抽样分析，完成了社保联网审计系统的审计分析工作，进行了信息系统审计的有益探索，为信息化条件下开展社保联网审计积累了经验。

（河南省审计厅　何　琰　韩　强　付红亮　叶鹏飞　张　亮）

实例七

AO 在养老保险审计调查中的应用

一、项目背景

根据上级审计机关统一安排，某县审计局于 2011 年对该县 2010 年度养老保险基金筹集、管理、使用情况进行了专项审计调查。此次审计调查涉及养老保险的征收、管理和发放等环节，调查对象涵盖财政、人社、税务、参保企业、国土、公安等部门，养老保险参保人数多，数据量大。审计组选择功能强大的 AO 软件，在获取并采集电子数据的基础上，巧用连接大型数据库功能，在 AO 中使用 SQL 语句进行数据筛选、查询，利用 AO 多种功能对不同部门单位的数据进行综合分析，对发现问题、确定审计重点起到了重要作用，提高了工作效率，降低了审计成本。

二、审计过程

（一）社保局违规支付企业职工养老保险金

审计事项：社会保险审计/基金支付/保险金支付合规性审查。

1. 审计思路

通过审计调查了解，县社保局每年 3—5 月份集中对领取企业职工养老保险人员进行生存验证，由于领取养老金对象居住分散等原因，也采取通过网上视频认证、委托乡镇社保所或外地社保经办机构认证的方式，但社保部门和公安部门没有建立信息共享机制，因此认证的准确度不高。通过公安死亡人口信息表与养老金待遇支付表核对，筛选出疑点数据。

2. 审计步骤

步骤一：生成“社保 2010 年养老待遇支付表”。

通过【连接大型数据】功能，连接到 Sybase 数据库，从社保养老待遇支付表

“Paylist” 中筛选出属于2010年度养老待遇，执行到分组排序表，如图7－1所示。

```
Select * From Paylist Where Paylist3 Between '20100101' And '20101231'
```

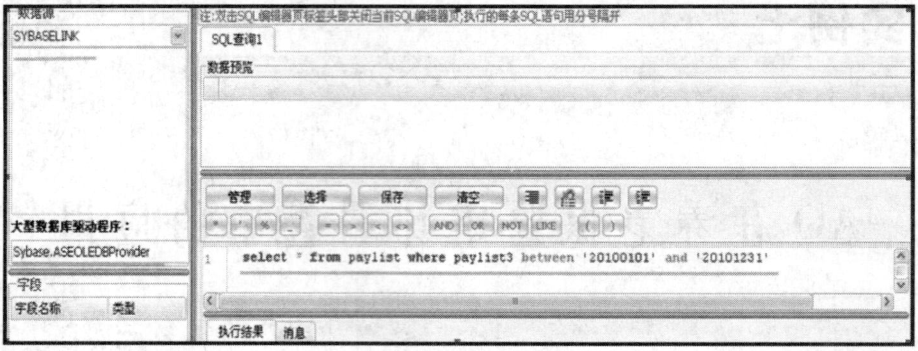

图7－1

全部选择执行结果，单击【生成分析数据】，保存到【分析数据】|【社保业务数据】目录下，命名为“社保2010年养老待遇支付表”，如图7－2所示。

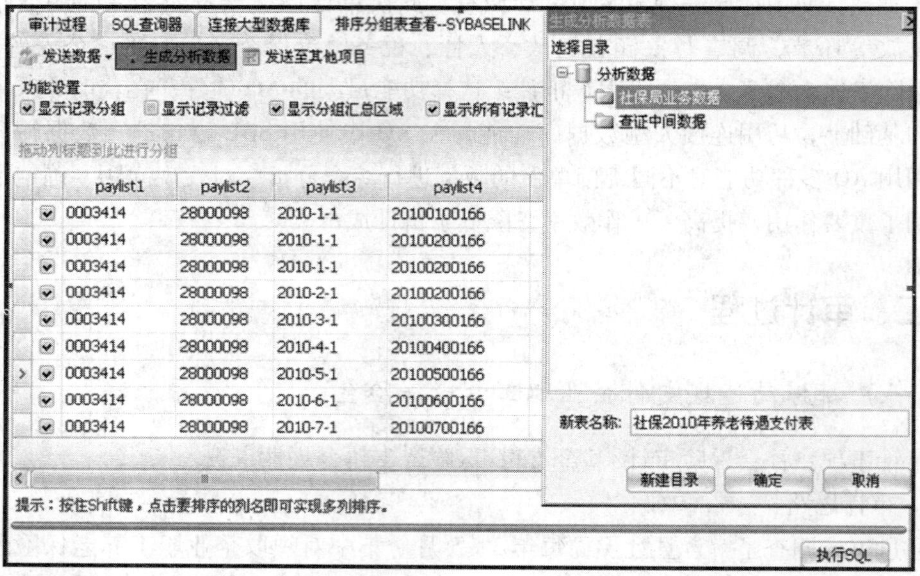

图7－2

步骤二：利用【分类分析】功能从“社保2010年养老待遇支付表”中筛选唯一社保号。

选择“社保2010年养老待遇支付表”，点击【排序分组表查看】，单击【数值分析】|【分类分析】，进入【统计字段设定】窗口，选择参加分组的字段为“Paylist1”（社保号），参加合计的字段选择数据类型为数值的字段如Paylist14（此步骤的目的是

提取 2010 年享受养老待遇人员唯一社保号 Paylist1，对合计的字段无特别要求，只要选数数值型的字段即可，本例选取 Paylist14 字段），如图 7－3 所示。

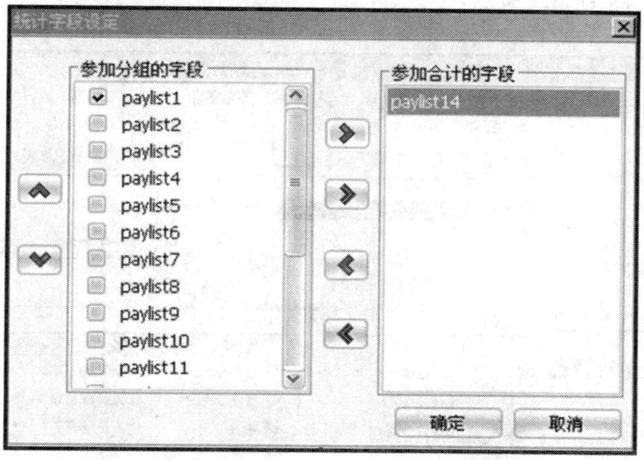

图 7－3

单击【确定】，进入【分类分析结果】窗口，选择统计字段“Paylist14”，点击【统计】，结果如图 7－4 所示。

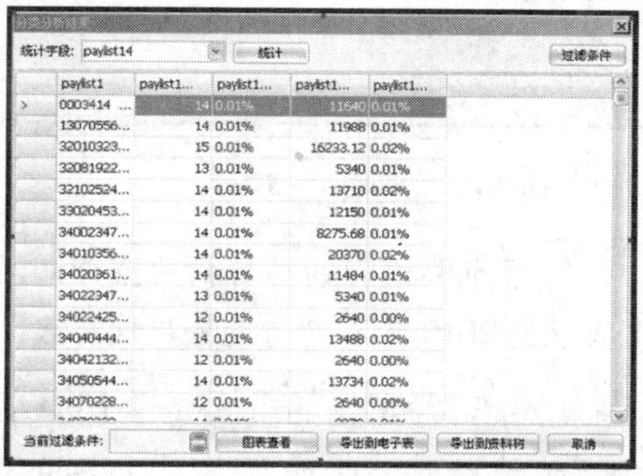

图 7－4

点击【导出到电子表】，生成现场审核结果。对生成的现场审核结果表进行处理，删除标题等，仅保留“Paylist1”字段，将处理后的表通过【数据采集】｜【业务数据】导入到 AO 中，保存在【业务数据】｜【社保局业务数据】目录下，表名为“享受 2010 年养老待遇人员社保号表”。

步骤三：生成含身份证号码中间表“享受 2010 年养老待遇人员信息表”。

单击【图形化 SQL】，从【业务数据】｜【社保局业务数据】目录下将“享受 2010 年养老待遇人员社保号表”拖到【关系网窗格】；从【分析数据】｜【社保局业务数据】目录下将社保局的“人员信息表”拖到【关系网窗格】，选择连接列“Paylsit1”“Persons1”（社保号），选择输出字段 Paylist1（社保号）、Persons2（身份证号码)、Persons3（姓名），分别为各列输入别名。点击【保存】，输入名称“生成中间表享受2010年养老待遇人员信息表图形”，点击【确定】，进入【SQL查询器】，生成SQL语句。如图7-5所示。

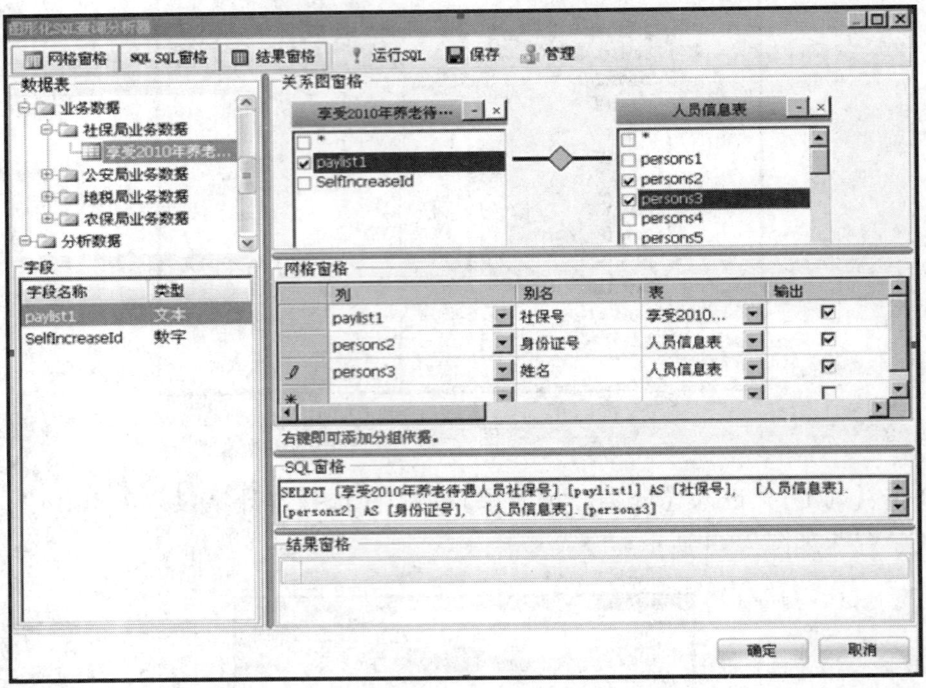

图7-5

在【SQL查询器】中，保存SQL语句到【分析数据查询语句】|【成果一】目录下，SQL语句名称为“生成享受2010年养老待遇人员信息表”。生成的SQL语句为：

Select［享受2010年养老待遇人员社保号］.［Paylist1］As［社保号］，［人员信息表］.［Persons2］As［身份证号码］，［人员信息表］.［Persons3］As［姓名］

From ［享受2010年养老待遇人员社保号］Inner Join［人员信息表］On［享受2010年养老待遇人员社保号］.［Paylist1］=［人员信息表］.［Persons1］

点击【执行到排序分组表】，右击鼠标，选择【全部选择】，点击【生成分析数据】，保存到【分析数据】|【查证中间数据】下，命名为“享受2010年养老待遇人员信息表”。

步骤四：生成中间表“享受2010年养老待遇死亡人员表”。

进入【图形化SQL】，同步骤三，将【查询中间数据】目录下“享受2010年养老待遇人员信息表”与【业务数据】|【公安局业务数所】目录下的“死亡人口信息表”通过身份证号码、姓名进行关联，保存图形名称为“生成中间表享受2010年养老待遇死亡人员表图形”。保存SQL语句到【分析结果查询语句】|【成果一】目录下，

SQL 语句名称为："生成享受 2010 年养老待遇死亡人员表"。点击【执行到排序分组表】，生成"享受 2010 年养老待遇死亡人员表"，添加到【分析数据】｜【查询中间数据】目录。如图 7－6 所示。

Select［享受 2010 年养老待遇人员信息表］.［社保号］，［享受 2010 年养老待遇人员信息表］.［身份证号码］，［享受 2010 年养老待遇人员信息表］.［姓名］，［死亡人口信息表］.［死亡日期］

From ［享受 2010 年养老待遇人员信息表］Inner Join［死亡人口信息表］On［享受 2010 年养老待遇人员信息表］.［身份证号码］=［死亡人口信息表］.［公民身份号码］And［享受 2010 年养老待遇人员信息表］.［姓名］=［死亡人口信息表］.［姓名］

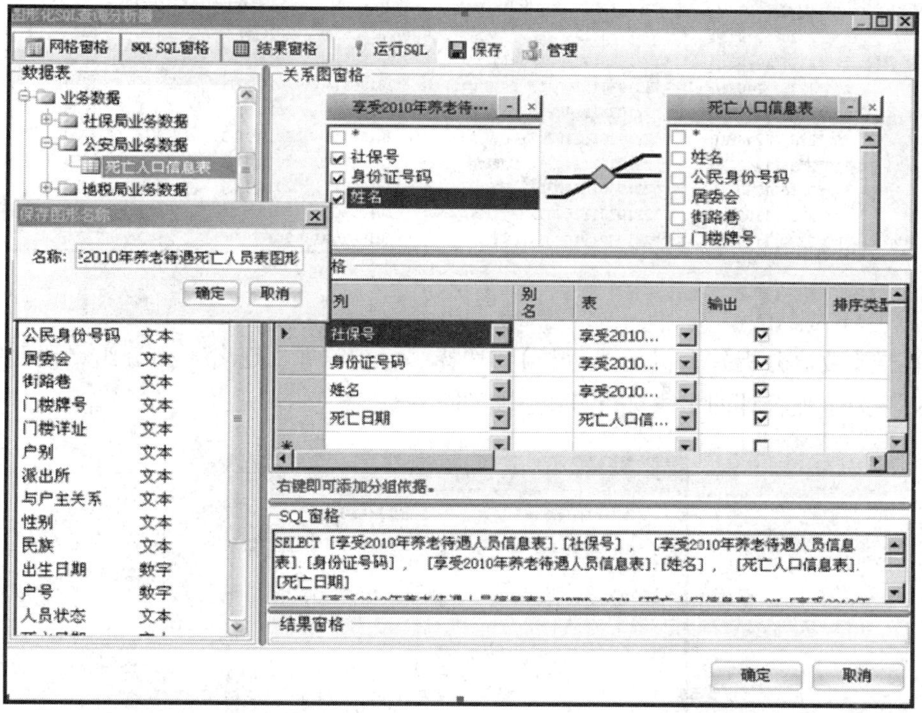

图 7－6

步骤五：生成"2010 年度冒领死亡人员养老金明细表"，统计金额。

在 AO"SQL 查询器"中输入以下语句执行到分组排序表。如图 7－7 所示。

Select［享受 2010 年养老待遇死亡人员表］.［社保号］，［享受 2010 年养老待遇死亡人员表］.［身份证号码］，［享受 2010 年养老待遇死亡人员表］.［姓名］，［享受 2010 年养老待遇死亡人员表］.［死亡日期］，［社保 2010 年养老待遇支付表］.［Paylist3］As［结算日期］，［社保 2010 年养老待遇支付表］.［Paylist14］As［养老金金额］

From ［享受2010年养老待遇死亡人员表］Inner Join［社保2010年养老待遇支付表］On［享受2010年养老待遇死亡人员表］.［社保号］=［社保2010年养老待遇支付表］.［Paylist1］

Where (［社保2010年养老待遇支付表］.［Paylist3］>［享受2010年养老待遇死亡人员表］.［死亡日期］)

社保号	身份证号码	姓名	死亡日期	结算日期	养老金…
****233611240210	****23193611240217	*家龙	20100514	2010/6/1	1238
****233611240210	****23193611240217	*家龙	20100514	2010/7/1	1238
****233611240210	****23193611240217	*家龙	20100514	2010/8/1	1238
****233611240210	****23193611240217	*家龙	20100514	2010/9/1	1238
****233611240210	****23193611240217	*家龙	20100514	2010/10/1	1238
****233611240210	****23193611240217	*家龙	20100514	2010/11/1	1238
****233611240210	****23193611240217	*家龙	20100514	2010/12/1	1238
****233911100030	****2319391110003X	*帮本	20100709	2010/8/1	1238.5
****233911100030	****2319391110003X	*帮本	20100709	2010/9/1	1238.5

图7－7

单击【数值分析】|【分类分析】，选择“社保号”“姓名”为分组字段，“养老金金额”为参加合计的字段进行分组。如图7－8、图7－9所示。

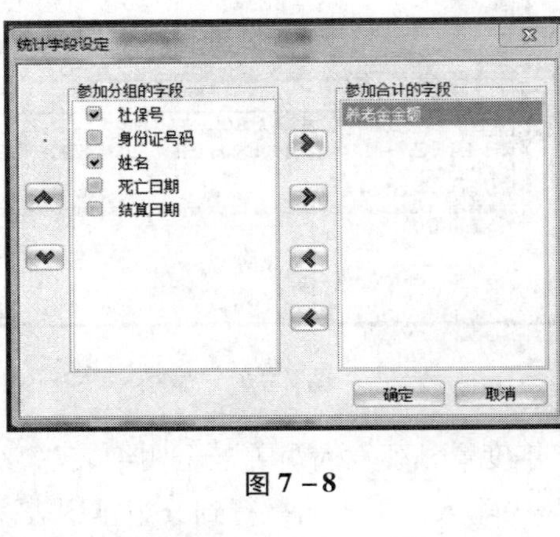

图7－8

点击【图表查看】，进入【图形分析向导】，选择“姓名”为x轴，选择“养老金金额和合计”为y轴，显示样式选择“柱形图”，如图7－10所示。

3. 审计结果

审计核实发现：在2010年度享受企业职工养老待遇的人员中，有27人在公安部门登记的死亡时间早于在社保局申报死亡时间，社保局未能按实际死亡时间及时停发养

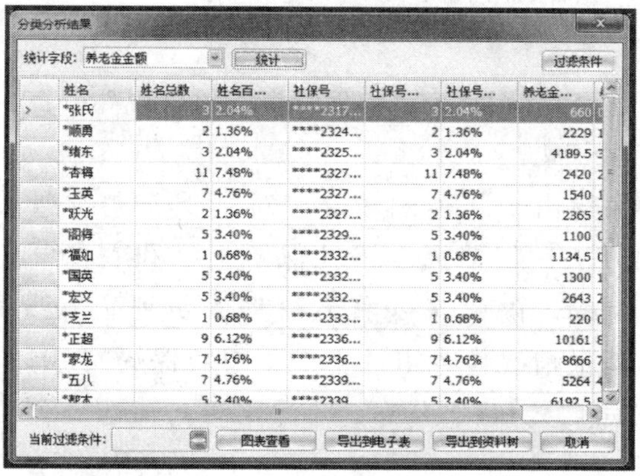

图 7－9

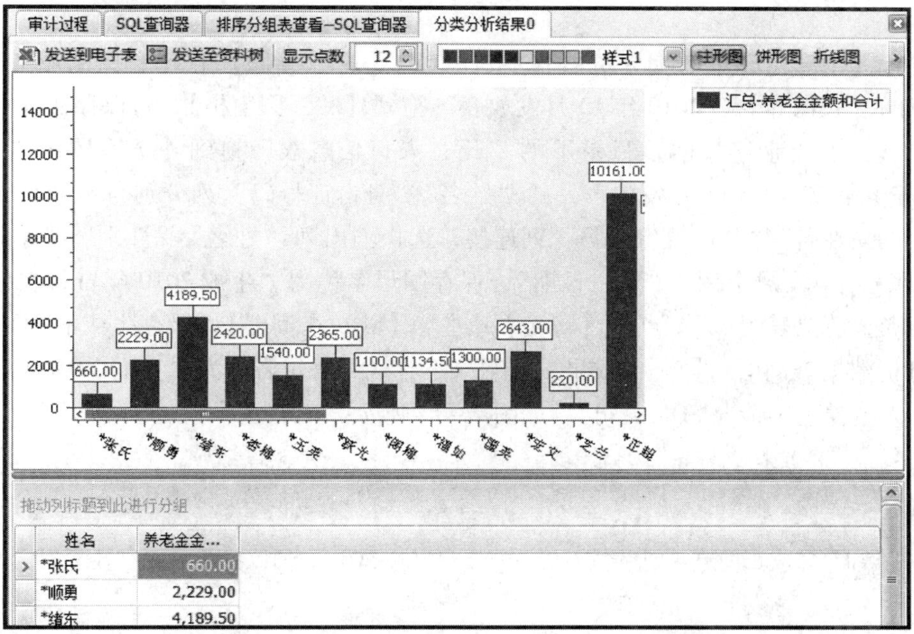

图 7－10

老待遇，从而造成多支付企业职工养老金 10 多万元。

4. 应用 AO 功能点

本事项应用了 AO 采集转换/连接大型数据库；审计分析/数据分析/SQL 查询器；审计分析/数据分析/图形化 SQL 查询分析器；审计分析/数据分析/排序分组表分析工具；审计分析/数据分析/自由表分析工具；审计分析/数据分析/图表分析工具；审计分析/数据分析/数值分析等功能。

（二）农保局违规支付被征地农民养老保险金

审计事项：社会保险审计/基金支付/保险金支付合规性审查。

1. 审计思路

被征地农民养老保险由于起步比较晚，对享受养老待遇人员的生存认证未建立有效的认证手段和方法，仅依据乡镇社保所上报和农保部门不定期的抽查，认证的面比较窄。审计判断，隐瞒享受养老待遇人员死亡状况而骗保的风险较高，因此将有无违规支付基金情况作为审计重点。将农保局“2010 年 12 月份养老金发放表”与公安局的“死亡人口信息表”进行比对，筛选出死亡人员名单，计算冒领金额。

2. 审计步骤

步骤一：利用图形化 SQL 功能生成 SQL 语句，查找已死亡但仍“领取”养老金人员名单。

进入【图形化 SQL 查询分析器】，将保存在【业务数据】|【农保局业务数据】目录下的“农保养老金 2010 年 12 月发放表”拖到【关系图窗格】，将保存在【业务数据】|【公安局业务数据】目录下的“死亡人口信息表”拖到【关系图窗格】，将“农保养老金 2010 年 12 月发放表”的“姓名”“身份证号码”列分别与“死亡人口信息表”的“姓名”“公民身份号码”列连接，选择输出列“姓名”“性别”“身份证号码”“账号”“发放金额”“死亡日期”，保存图形名称为“生成 2010 年冒领农保死亡人员养老金情况表图形”。点击【确定】，进入【SQL 查询器】，保存生成的 SQL 语句到【分析数据查询语句】|【成果二】目录下，SQL 语句名称为“查询 2010 年冒领农保死亡人员养老金情况 SQL 语句”。如图 7 - 11 所示。

```
Select [农保养老金2010年12月发放表].[姓名], [农保养老金2010年12月发放表].[性别], [农保养老金2010年12月发放表].[身份证号码], [农保养老金2010年12月发放表].[账号], [农保养老金2010年12月发放表].[发放金额], [死亡人口信息表].[死亡日期]
From [农保养老金2010年12月发放表] Inner Join [死亡人口信息表] On [农保养老金2010年12月发放表].[姓名]=[死亡人口信息表].[姓名] And [农保养老金2010年12月发放表].[身份证号码]=[死亡人口信息表].[公民身份号码]
```

单击【执行到排序分组表】，【发送数据】|【发送到资料树】，保存查询结果到资料树【查证结果保存】|【成果二】目录下，重命名为“2010 年冒领农保死亡人员养老金情况表”；点击【生成分析数据】，保存到【分析数据】|【查证中间数据】，保存的表命名为“冒领农保死亡人员养老金情况表”，如图 7 - 12 所示。

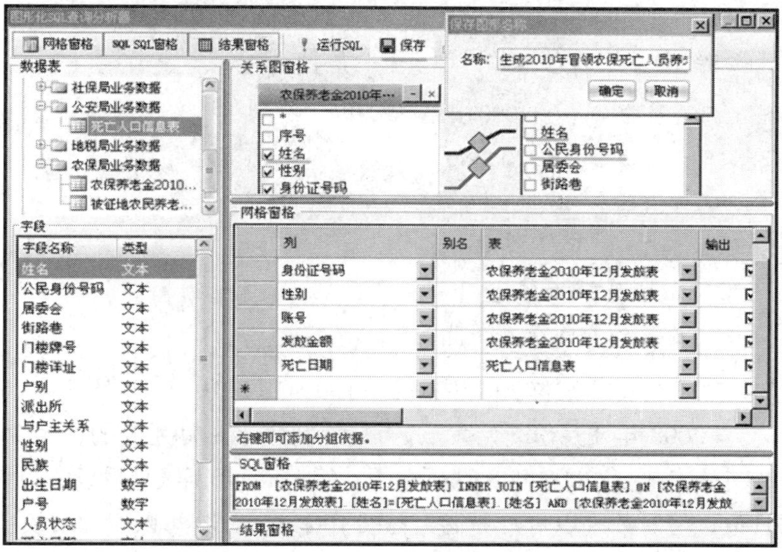

图 7－11

图 7－12

步骤二：统计累计“领取”养老金总金额。

进入【SQL 查询器】中，选择“冒领农保死亡人员养老金情况表”，输入以下 SQL 语句：

```
Select 姓名,性别,身份证号码,账号,死亡日期,
Case When 死亡日期<'20080801' Then 29
     When 死亡日期>='20080801' Then Datediff(Month,死亡日期,'20101230')
```

```
        Else 0
    End As 死亡后发放养老金月数 ,
    Case When 死亡日期 <'20080801' Then 29 * 100
        When 死亡日期 > ='20080801' Then Datediff( Month,死亡日期,'20101230')
* 100
        Else 0
    End As 死亡后累计发放金额
    From [冒领农保死亡人员养老金情况表]
```

说明：该县被征地农民养老金标准为每月 100 元（2010 年 12 月发放 200 元为 2 个月的养老金），自 2008 年 8 月份开始发放。早于 2008 年 8 月死亡的，至 2010 年 12 月份累计发放 29 个月；晚于 2008 年 8 月死亡的，用 Datediff 函数计算死亡月份至 2010 年 12 月发放的月数，将月数乘以每月养老金标准 100 元，计算每人累计发放金额。

点击【执行到排序分组表】，发送结果到资料树【查证结果保存】|【成果二】目录，重命名为“农保冒领养老情况统计表”。用【数值统计】功能统计累计人数及总金额。单击【发送到资料树】，保存到【查证结果保存】|【成果二】目录，重命名为“农保冒领养老情况合计表”。如图 7 - 13 所示。

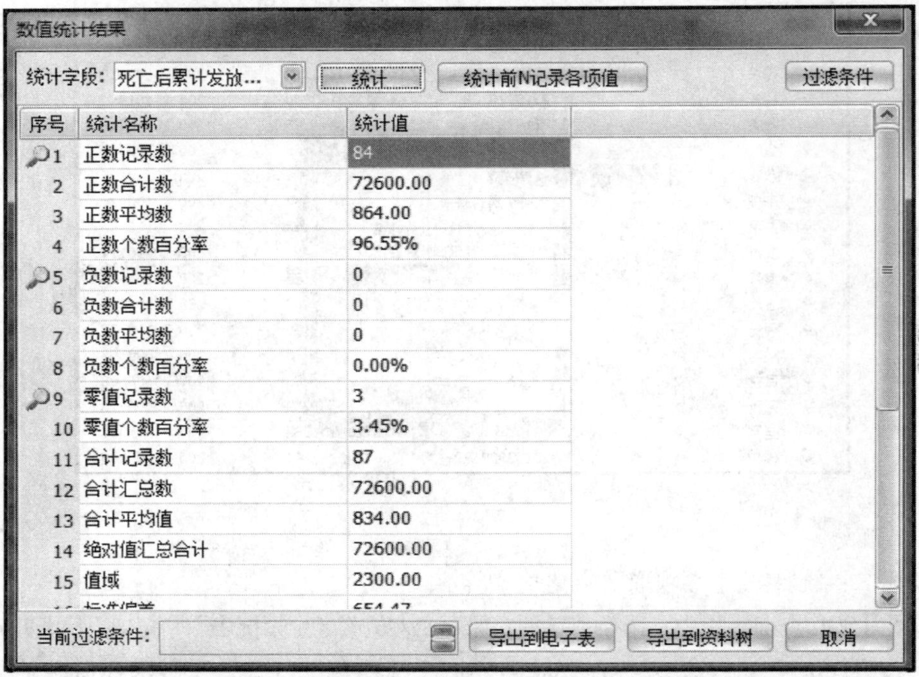

序号	统计名称	统计值
1	正数记录数	84
2	正数合计数	72600.00
3	正数平均数	864.00
4	正数个数百分率	96.55%
5	负数记录数	0
6	负数合计数	0
7	负数平均数	0
8	负数个数百分率	0.00%
9	零值记录数	3
10	零值个数百分率	3.45%
11	合计记录数	87
12	合计汇总数	72600.00
13	合计平均值	834.00
14	绝对值汇总合计	72600.00
15	值域	2300.00

图 7 - 13

3. 审计结果

经核实，在 2010 年 12 月享受被征地农民养老保险待遇的人员中，有 80 多人已于 2010 年 12 月前死亡而未到农保部门申报，经办机构未能及时停发上述人员的养老待遇，多支付被征地农民养老金 7 万余元。

4. 应用 AO 功能点

本事项应用了 AO 审计分析/数据分析/SQL 查询器；审计分析/数据分析/图形化 SQL 查询分析器；审计分析/数据分析/排序分组表分析工具；审计分析/数据分析/数值分析等功能。

（三）部分人员多头参保（同时参加被征地农民养老保险与企业职工养老保险）

审计事项：社会保险审计/基金管理/基础管理规范性审查。

1. 审计思路

根据该县有关规定：被征地农民符合城镇企业职工养老参保条件的可以参加企业职工养老保险；已参加城镇职工养老保险的被征地农民，不属于被征地农民基本养老保障的对象。通过调查了解，发现农保局与社保局没有实现信息共享，因此将是否存在参加被征地农民养老保险的保障对象同时参加了城镇职工基本养老保险，从而形成“多头参保”作为审计重点。将农保局的“被征地农民养老保险人员信息表”与社保局的“人员信息表”通过身份证号码关联，筛选身份证号码相同的记录。

2. 审计步骤

利用【图形化 SQL】功能生成 SQL 语句，生成如下 SQL 语句：

```
Select [被征地农民养老保险人员信息表].[乡镇]，[被征地农民养老保险人员信息表].[村别]，[被征地农民养老保险人员信息表].[组别]，[被征地农民养老保险人员信息表].[户主姓名]，[被征地农民养老保险人员信息表].[家庭成员]，[被征地农民养老保险人员信息表].[身份证号码]，[人员信息表].[Persons1] As [企业职工养老保险号]，[人员信息表].[Persons6] As [社保人员标志]
From [被征地农民养老保险人员信息表] Inner Join [人员信息表] On [被征地农民养老保险人员信息表].[身份证号码]=[人员信息表].[Persons2]
```

单击【执行到排序分组表查看】，选择“社保人员标志”列，选择【自定义】，进入【自定义过滤条件】，选择条件为社保人员标志不等于 33，过滤掉“社保人员标志”字段值为 33 的记录（代码 33 为清除资料人员，是无效的记录）。单击【发送数据】|【发送到资料树】，保存到【查证结果保存】目录下，重命名为“同时参加被征地农民养老保险与企业职工养老人员表”。如图 7－14 所示。

3. 审计结果

经核实，有 600 多人同时参加了被征地农民养老保险和企业职工养老保险。

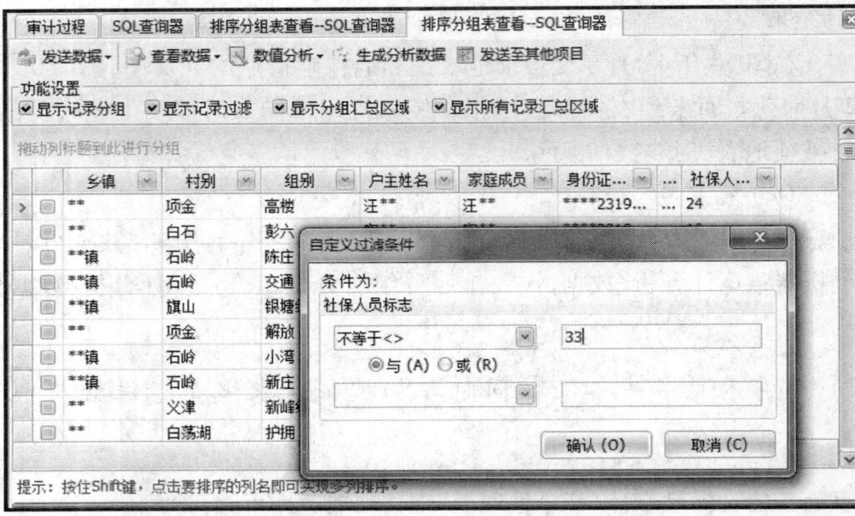

图 7－14

4. 应用 AO 功能点

本事项应用了 AO 审计分析/数据分析/SQL 查询器；审计分析/数据分析/图形化 SQL 查询分析器；审计分析/数据分析/排序分组表分析工具；审计分析/数据分析/数值分析等功能。

（四）部分参保人员多头享受养老保险待遇（同时领取被征地农民养老保险金与企业职工养老保险金）

审计事项：社会保险审计/基金管理/基础管理规范性审查。

1. 审计思路

基于存在多头参保的情况，其中达到规定年龄享受养老享受待遇的人员可能分别在社保与农保领取养老金，从而造成养老基金的重复支付。将农保局的“农保 2010 年 12 月份发放表”与上述成果一生成的中间表社保“享受 2010 年养老待遇人员信息表”通过身份证号码关联，查找身份证号码相同的记录。

2. 审计步骤

进入【图形化 SQL】，将【业务数据】|【农保局业务数据】目录下的“农保 2010 年 12 月份发放表”与【分析数据】|【查询中间数据】目录下的“享受 2010 年养老待遇人员信息表”，拖到【关系图窗格】，通过“身份证号码”连接，生成 SQL 语句，保存的图形名称为“生成同时领取被征地农民养老保险和企业职工养老保险 SQL 语句图形”，生成的 SQL 语句为：

```
Select [农保养老金 2010 年 12 月发放表].[姓名]，[农保养老金 2010 年 12 月发放表].[性别]，[农保养老金 2010 年 12 月发放表].[身份证号码]，[农保养老
```

```
金 2010 年 12 月发放表].[账号]，[农保养老金 2010 年 12 月发放表].[发放金额]，
  [享受 2010 年养老待遇人员信息表].[社保号]
  From [农保养老金 2010 年 12 月发放表] Inner Join [享受 2010 年养老待遇人员
信息表] On [农保养老金 2010 年 12 月发放表].[身份证号码] = [享受 2010 年养老待
遇人员信息表].[身份证号码]
```

保存结果到资料树【查证结果保存】|【成果四】目录下，重命名为："同时领取被征地农民养老金和企业职工养老金人员名单。

3. 审计结果

核实后发现有 30 多人同时领取了被征地农民养老金和企业职工养老金。

4. 应用 AO 功能点

本事项应用了 AO 审计分析/数据分析/图形化 SQL 查询分析器；审计分析/数据分析/排序分组表分析工具等。

（五）部分身份证号码重复，并存在重复参保的现象

审计事项：社会保险审计/基金管理/基础管理规范性审查。

1. 审计思路

通过 AO 中"重号分析"功能对参保人员身份证号码进行分析发现，参保人员身份证号码存在重号的异常现象，因此将参保人员身份是否真实、是否存在重复参保情况作为审计重点。

通过 AO 的【重号分析】功能查找重号的身份证号码，利用【图表查看】功能统计重复的次数，编写 SQL 语句分析重号身份证的参保人员信息。

2. 审计步骤

步骤一：重号分析。

利用【数值分析】|【重号分析】功能对"被征地全部参保人员信息表"身份证号码进行重号分析结果，导出上述结果到资料树【查证结果保存】|【成果五】目录下，保存为"农保身份证号重复表"。如图 7－15 所示。

步骤二：对重复的身份证号码信息作进一步分析。

筛选身份证号码相同、姓名相同，但与户主关系不同的记录（查询同一个人以不同家庭成员身份参保的情况）。SQL 语句如下：

```
  Select a. * From 被征地农民养老保险人员信息表 a,被征地农民养老保险人员信
息表 b
  Where a. 身份证号码 = b. 身份证号码 And a. 家庭成员 = b. 家庭成员 And a. 与
户主关系 < > b. 与户主关系
  And a. 身份证号码 Is Not Null And a. 身份证号码 Not Like '' Order By a. 身份证号码
```

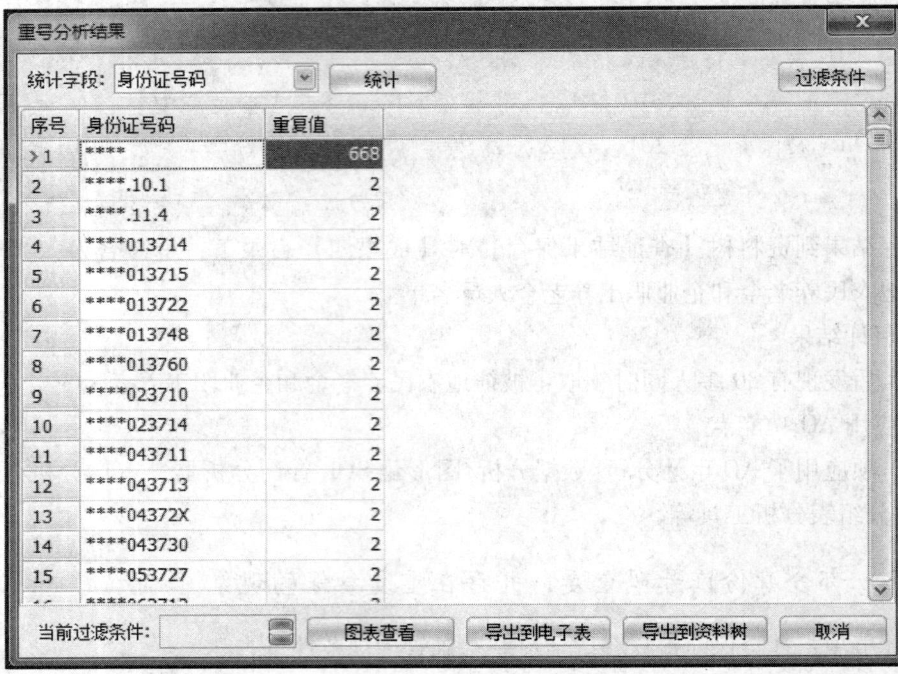

图 7－15

3. 审计结果

经延伸调查，由于农保局对参保人员把关、审核不严，存在同一保障对象以不同家庭成员身份两次参加被征地农民养老保险的情况。

4. 应用 AO 功能点

本事项应用了 AO 审计分析/数据分析/数值分析；审计分析/数据分析 SQL 查询器等功能。

（六）利用 AO 对社会保险管理信息系统进行审计，发现了部分业务数据不完整、不正确

审计事项：社会保险审计/基金管理/基础管理规范性审查。

1. 审计思路

综合利用 AO 的各项功能对信息管理系统进行审计。

2. 审计步骤

步骤一：利用【连接大型数据库】功能查看参数设置表，对系统参数设置情况进行检查。以检查费率、全省平均工资基数等参数设置是否正确。如图 7－16 所示。

步骤二：利用 AO 的【查询向导】功能筛选企业职工“参保人员表”有效记录（以人员身份字段 Persons6 的值区分，值为“1%”“2%”“5%”或“30”的为有效记录）中身份号码为非空且为不为 15 位或者 18 位的记录。如图 7－17 所示。

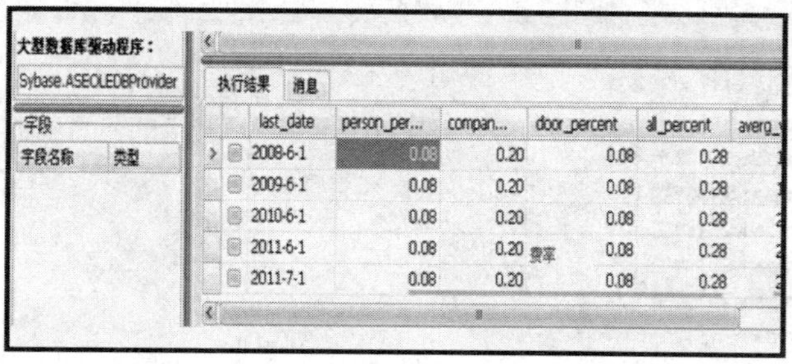

图 7－16

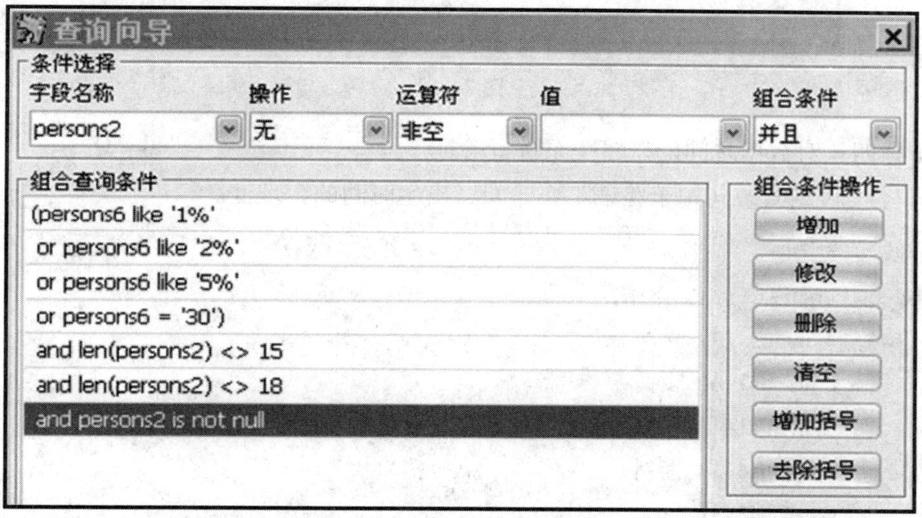

图 7－17

保存结果为【查证结果保存】|【成果六】目录下“社保身份证号不为 15 位或 18 位”。

步骤三：利用【编辑过滤条件生成器】筛选单位信息不完整的记录。

检查“单位信息表”的 Company2（单位名称）、Company3a（单位状态）、Company6（隶属关系）、Company11（法人姓名）、Company15（组织机构代码）、Company24（行业代码）、Company25（单位类型）、Company26（经济类型）等关键字段填写是否完整、准确。如图 7－18 所示。

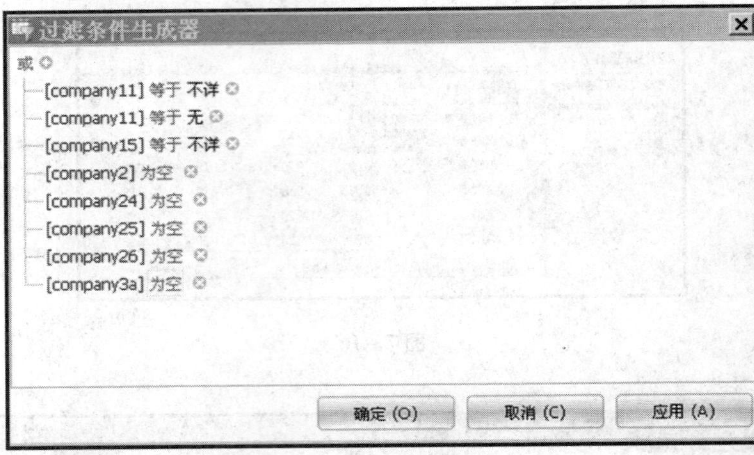

图 7-18

步骤四：对数据之间的逻辑关系进行验证。

编写以下 SQL 语句用于验证工作时间、出生时间的合理性。

```
SQL 语句为：
Select Persons1 As 社会保障号码,
       Persons3 As 姓名,
       Persons2 As 公民身份号码,
       Persons14 As 单位编号,
       Persons4 As 性别,
       Persons5 As 出生日期,
       Persons7 As 参加工作日期,
       Persons61 As 户口性质,
Case When Persons5 <= '1900-01-01' Then '出生时间太早'
     When Persons7 <= '1900-01-01' Then '参加工作日期太早'
     When Persons7 < Persons5 Then '参加工作日期早于出生日期'
     When Datediff(Year,Persons7,Persons5) <15 Then '参加工作年龄小于 15 岁'
End As 原因,
Datediff(Year,Persons5,Persons7) As 参加工作时年龄
From 人员信息表
Where (Persons5 <= '1900-01-01'
        Or Persons7 <= '1900-01-01'
        Or Persons7 < Persons5
        Or (Year(Persons7) - Year(Persons5)) < 15 )
```

```
And (Persons6 Like '1%' Or Persons6 Like '2%' Or Persons6 Like '30' Or Persons6 
Like '5%')
```

步骤五：检查符合 15 位、18 位身份证号码的正确性。

编写以下 SQL 语句对身份证号码正确性进行检查。

（1）出生年份第一位为 0（第七位为 0）。

```
Select * From [人员信息表]
Where Substring(Persons2,7,1) Like '0'
And( Persons6 Like '1%' Or Persons6 Like '2%' Or Persons6 Like '5%' Or Persons6 
Like '30')
```

（2）身份证中含特殊 a 到 z 等特殊字符（不含 18 位最后一位为 x）。

```
Select *
From [人员信息表]
Where Len(Persons2) =15
And (Persons2   Like '%[a-w]%'
Or Persons2   Like '%[a-z]%')
And( Persons6 Like '1%' Or Persons6 Like '2%' Or Persons6 Like '5%' Or Persons6 
Like '30')
```

（3）18 位身份证号码出生日期年月日逻辑错误。

```
Select *
From [人员信息表]
Where Len(Persons2) =18
And
(
Substring(Persons2,7,2) Not Like '19'
Or Cast (Substring(Persons2,11,2) As Int) Not Between 1 And 12 Or Cast (Substring
(Persons2,13,2) As Int) Not Between 1 And 31
)
And( Persons6 Like '1%' Or Persons6 Like '2%' Or Persons6 Like '5%' Or Persons6 
Like '30')
```

（4）15 位身份证号码出生日期年月日逻辑错误。

```
Select *
From [人员信息表]
```

```
Where( Persons6 Like '1%' Or Persons6 Like '2%' Or Persons6 Like '5%' Or Persons6 Like '30')
And Substring(Persons2,7,1) Not Like '0'
And Persons2 Not Like '%[a-w]%'
And Persons2 Not Like '%[a-z]%'
And (Cast (Substring(Persons2,9,2) As Int) Not Between 1 And 12 Or Cast (Substring(Persons2,11,2) As Int) Not Between 1 And 31)
And Len(Persons2) = 15
```

3. 审计结果

验证发现，被审计单位系统数据不规范记录达上千条。

4. 应用 AO 功能点

本事项应用了 AO 审计分析/数据分析/数值分析；审计分析/数据分析/SQL 查询器等功能。

（七）对养老金征收的真实性、完整性、入账的及时性进行验证

审计事项：社会保障审计/基金征缴/征缴基本情况分析。

1. 审计思路

将社保局的财务数据与地税局征收的养老金进行比对，检查基金收入是否完整、真实，入账是否及时。

2. 审计步骤

步骤一：单击【账表分析】|【科目明细账审查】及【会计科目审查】，查看 2010 年养老金收入入账核算情况。如图 7－19 所示。

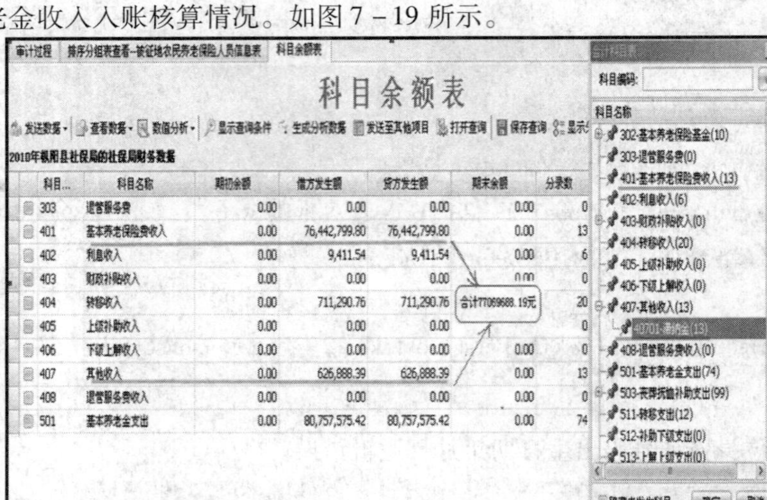

图 7－19

步骤二：利用【数值统计】功能，查看地税征收 2010 年养老金合计情况，与社保局财务数据进行比对。如图 7－20 所示。

3. 审计结果

从图 7－20、图 7－21 可看出基金财务账反映的收入数与地税征收数一致。

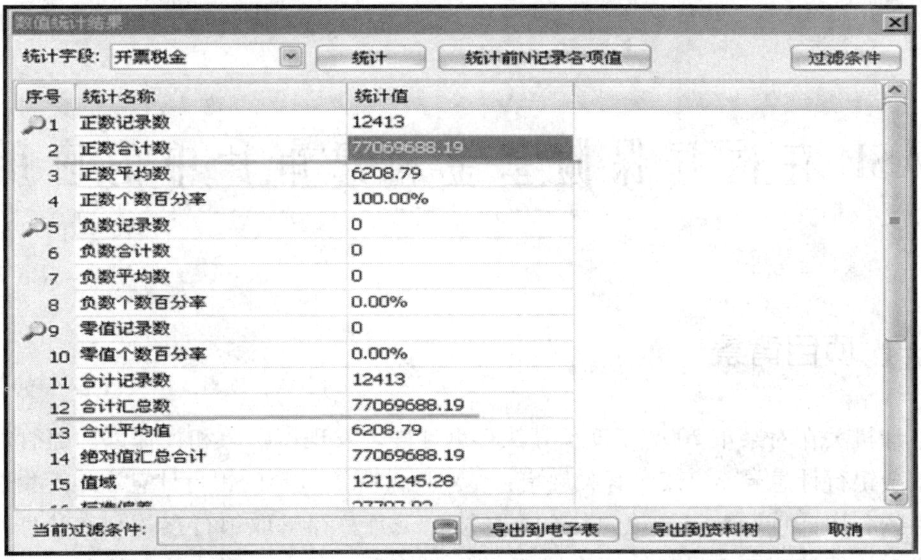

图 7－20

4. 应用 AO 功能点

本事项应用了 AO 审计分析/账表分析/科目明细账审查；审计分析/数据分析/数值分析等功能。

三、点评

本实例通过应用 AO 的“连接大型数据库”功能与 Sybase 数据库建立连接，高效快速实现了数据的采集、筛选与查询，充分应用 AO 的各种数据分析功能对被审计单位的财务、业务数据进行分析，查找疑点，对各种问题的分析思路清晰完整，借鉴性强。

（安徽省枞阳县审计局　江怀安）

实例八

ASL 在医疗保险基金利息审计中的应用

一、项目背景

审计机关在对某市 2008 年度预算执行审计中，发现市财政和社保部门监管的医疗保险基金银行计息异常。按照有关规定：基本医疗保险基金的银行计息当年筹集部分按活期存款利率计息；上年结转的基金本息按 3 个月整存整取银行存款利率计息。有关银行没有执行该规定，只是按照人民银行公布的活期利率计算该基金的利息，减少了该基金的收益。审计人员充分利用 AO 提供的 ASL 审计脚本语言，结合 SQL 语句审查应计利息，成功地完成了本次审计任务，达到了审计目的。

二、审计过程

医疗保险基金银行利息计提正确性审查

审计事项：社会保障审计/基金管理/财政专户管理规范性审查。

1. 审计思路

整理出 2007 年 12 月 21 日至 2008 年 12 月 20 日银行存款明细表，将其导入 AO。在 AO 中对银行存款明细账按日期进行分组并按日期进行排序，生成银行存款账。由于在期初存款中，没有动用的资金作定期存款计算利息；动用的资金作活期存款计算利息。利用 ASL 中编写程序代码，计算出期初存款中当年使用的资金，按活期计息；另一部分当年没有使用的资金，按定期计息。将这两部分利息的和，减去收到的本年利息，即为银行未付的利息。

2. 审计步骤

步骤一：对银行存款按凭证日期进行分类汇总，并按凭证发生的先后顺序进行排序，生成银行存款表。

```
Select 凭证日期 As 日期, Sum(借方金额) As 借方金额,Sum(贷方金额) As 贷方金额,Sum(余额) As 期初余额  Into 银行存款 From [业务_医保基金08 银行存款明细] Group By [凭证日期] Order By [凭证日期]
```

步骤二：在 ASL 中创新审计方法。

（1）新增行业。打开【审计方法】－【审计方法管理】，点击【新增行业】，将新行业命名为“医保基金”。

（2）右击行业名称“医保基金”，在弹出的菜单中选择【创建审计方法】，审计方法名称为“医保基金利息审计”。

（3）右击审计方法名称，在弹出的菜单中选择【创建审计步骤】，审计步骤的名称为“医保基金利息计算”

步骤三：利用 ASL 语句判断【银行存款】表里在不动用期初余额的情况下资金连接缺口，并将该值赋予变量 Smin。

（1）将步骤一中生成的【银行存款】表添加到数据表中。

（2）将日期“2008－12－20”与“1900－01－01”的差 39800 天赋予变量“Jd[1]”。该数值作期初日期的替代变量。

（3）读入活期存款利率和定期三个月的存款利率。

（4）在 ASL 中创建查询函数，执行 SQL 语句，获得该 SQL 的执行结果。

（5）定义变量 Jf、Df、Je，Smin 并赋初值 0。Jf、Df 分别获取步骤二中的借方金额、贷方金额，并定义程序需要的其他变量。

（6）在期初余额不参加计算的情况下，计算发生额之间的累计余额。本期累计余额＝上期累计余额＋本期借方金额额－本期贷方金额，即 Ye＝Ye＋Jf－Df。

（7）第一次查询时判断累计积额 Ye 是否小于 0，如果小于 0，将累计余额赋予变量 Smin；以后查询时如果累计余额 Ye 的值小于变量 Smin 的值时，将累计余额的值赋予变量 Smin。

（8）如果是第一次查询，将期初余额赋予变量 Qcye；同时将该天的基备数赋予变量 Qrjs。

（9）移动指针，进行下一次的查询，直至遍历整个 SQL 结果集。

上述（1）～（9）的 ASL 代码片段如下：

```
  Var Currentquery,Isempty,Qrjs,Drjs,Jejs,Jfje,Dfje,Dtye,Qcye,Zhizhen,a,b,Js,t,t0,
Jejs0,Yjlx;
  Currentquery0,Isempty0,Smin,Jf,Df,Ye,Qcye00,Qchq,Qcdq;
  Array Jd[4];
  Begin
    Drjs:=0;   //当日的日期基数
```

```
    Qrjs:=0;   //前日的日期基数
    Jejs:=0;     //积数
    Jejs0:=0;     //前期积数
    Jfje:=0;     //借方金额
    Dfje:=0;     //贷方金额
    Dtye:=0;      //当天余额
    Qcye:=0;      //前期余额
    Yjlx:=0;      //应计利息
    Smin:=0;      // 获取资金短缺值
    Jf:=0;     //借方
    Df:=0;     //贷方
    Ye:=0;     // 余额
    Qchq:=0;
    Qcdq:=0;
    Qcye00:=0;        //年初期初余额
    Zhizhen:=0;
    Jd[1]:=39800;//2008-12-20 至 1900-01-01 的差
    a:=Newread('请输入活期存款年利率:');
    b:=Newread('请输入三个月的定期存款年利率:');
  Currentquery0:=Createq('Select 日期,借方金额,贷方金额,期初余额,(Cdate(日
期) - #1900-01-01#) As 基备数 From 银行存款 Order By Cdate(日期)',-1);
  Isempty0:=Qeof(Currentquery0);               //20
    If Isempty0 <>1 Then
      Begin
        Repeat
          Jf:=Qfdvalue(Currentquery0,'借方金额');
           Df:=Qfdvalue(Currentquery0,'贷方金额');
           Ye:=Ye+Jf-Df;
           If Ye<Smin Then
              Smin:=Ye;
          If Qrjs = 0 Then
             Begin
             Qcye00:=Qfdvalue(Currentquery0,'期初余额');
             Qrjs:=Qfdvalue(Currentquery0,'基备数');
               End;
```

```
        Isempty0: = Qmov(Currentquery0,1);
        Isempty0: = Qeof(Currentquery0);
    Until Isempty0 =1;
   End;
```

步骤四：将期初余额资金拆分为活期存款和定期存款。

（1）将资金缺口 Smin ×（-1）的值赋予期初活期变量 Qchq。

（2）将期初余额变量（Qcye00）的值减去期初活期变量（Qchq）的值，得出期初定期存款的值，将该值赋予 Qcdq。

（3）输出期初余额、期初活期余额和期初定期余额。

以上（1）~（3）的 ASL 代码如下：

```
Qchq: = -1 * Smin;
Qcdq: =Qcye00 - Qchq;
Write('期初日期:',t);
Write('期初余额:',Qcye00,'元,其中:活期:',Qchq,'元,定期:',Qcdq,'元');
Write('- - - - - - - - - - - - - - -');
```

步骤五：计算活期存款的累计积数。

（1）创建一个查询函数，获得查询结果集。

（2）当执行第一次查询时，将取得当天的日期基数赋予前期基数变量 Qrjs 和当日基数变量 Drjs。

（3）将期初活期余额赋予当日余额变量 Dtye 和前期余额变量 Qcye。

（4）当进行第二次查询时，上次的金额积数 Jejs + 期初余额 ×（当日基数 - 前日基数）赋予金额积数变量 Jejs。

（5）上次的当天余额 Dtye + 借方金额 - 贷方金额赋予今天的余额变量 Dtye。

（6）接着将当天基数赋予前日基数变量，当天余额赋予前日余额变量。

（7）指针下移，如果未到尾部重复步骤 2 至步骤 6，直至遍历整个结果集。

以上（1）~（7）的 ASL 代码如下：

```
 Currentquery: =Createq('Select 日期,借方金额,贷方金额,期初余额,(Cdate(日期) -
#1900 -01 -01#) As 基备数 From 银行存款 Order By Cdate(日期)', -1);
   Isempty: = Qeof(Currentquery);                    //20
   If Isempty < >1 Then
     Begin
        Repeat
           t: = Qfdvalue(Currentquery,'日期');
```

```
            Jfje：= Qfdvalue(Currentquery,'借方金额')；
            Dfje：= Qfdvalue(Currentquery,'贷方金额')；
            Drjs：= Qfdvalue(Currentquery,'基备数')；

            If Qrjs  =  0 Then
              Begin
            Qrjs：= Drjs；
            Dtye：=  Qchq；
            Qcye：=  Qchq；
              t0：= t；
          End
          Else
              Begin
                  Jejs：= Jejs + Qcye * ( Drjs - Qrjs)；
                  Dtye：= Dtye + Jfje - Dfje；
                  Write('日期：',t,' 当天活期余额：',Dtye,'    累计积数：',Jejs)；
                  Qrjs：= Drjs；
                  Qcye：= Dtye；
                End；
      Isempty：=  Qmov(Currentquery,1)；
      Isempty：=  Qeof(Currentquery)；
  Until Isempty  =1；
```

步骤六：计算结息日的活期存款利息及定期存款利息。

（1）计算存款至2008年12月20日的累计金额积数。

（2）将期初余额赋予当天余额变量。

（3）计算活期应计利息，即应计活期利息 = 累计积数 × 活期年利率/（360 × 100）。

（4）计算定期存款利息，即应计定期利息 = 期初定期余额 × 定期年利率/100。

（5）输出计算结果。

以上（1）～（5）的ASL代码如下：

```
 Jejs：= Jejs + Qcye * (Jd[1] - Qrjs)；
   Dtye：=  Qcye；
   Yjlx：= Jejs * a/36000；
   Write('结息日：2008 - 12 - 20 ')；
```

```
    Write('期末活期本金:',Dtye,'元,应收活期利息:',Yjlx,'元');

    Write('期末定期本金:',Qcdq,'元, 应收定期利息:',Qcdq * b/100,'元');
    Write('本息合计:',Dtye + Yjlx + Qcdq + Qcdq * b/100);
```

本实例完整的ASL代码如下:

```
  Var Currentquery,Isempty,Qrjs,Drjs,Jejs,Jfje,Dfje,Dtye,Qcye,Zhizhen,a,b,Js,t,t0,
Jejs0,Yjlx;
  Currentquery0,Isempty0,Smin,Jf,Df,Ye,Qcye00,Qchq,Qcdq;
  Array Jd[4];
  Begin
    Drjs:=0;   //当日的日期基数
    Qrjs:=0;   //前日的日期基数
    Jejs:=0;     //积数
    Jejs0:=0;     //前期积数
    Jfje:=0;     //借方金额
    Dfje:=0;      //贷方金额
    Dtye:=0;       //当天余额
    Qcye:=0;       //前期余额
    Yjlx:=0;       //应计利息
    Smin:=0;
    Jf:=0;       //借方
    Df:=0;        //贷方
    Ye:=0;      // 余额
    Qchq:=0;
    Qcdq:=0;
    Qcye00:=0;          //年初期初余额
    Zhizhen:=0;
    Jd[1]:=39800;//2008-12-20 至 1900-01-01 的差
    a:=Newread('请输入活期存款年利率:');
    b:=Newread('请输入三个月的定期存款年利率:');

  Currentquery0:=Createq('Select 日期,借方金额,贷方金额,期初余额,(Cdate(日
期) - #1900-01-01#) As 基备数 From 银行存款 Order By Cdate(日期)',-1);
  Isempty0:=Qeof(Currentquery0);                //20
```

```
      If Isempty0  < >1 Then
         Begin
            Repeat
               Jf: = Qfdvalue( Currentquery0,'借方金额');
                  Df: = Qfdvalue( Currentquery0,'贷方金额');
                  Ye: = Ye + Jf - Df;
                  If Ye < Smin Then
                     Smin: = Ye;
                     If Qrjs  =  0 Then
                     Begin
                     Qcye00: = Qfdvalue( Currentquery0,'期初余额');
   t: = Qfdvalue( Currentquery,'日期');
                     Qrjs: = Qfdvalue( Currentquery0,'基备数');    //取得期初日期基数,
并等于当日日期基数
                        End;
            Isempty0: =  Qmov( Currentquery0,1);
            Isempty0: =  Qeof( Currentquery0);
       Until Isempty0  =1;
      End;
         Qrjs: =0;
         Qchq: = -1 * Smin;
         Qcdq: = Qcye00 -  Qchq;
          Write('期初日期:',t);
         Write('期初余额:',Qcye00,'元,其中:活期:',Qchq,'元,定期:',Qcdq,'元');
         Write('- - - - - - - - - - - - - -');

      Currentquery: = Createq(' Select 日期,借方金额,贷方金额,期初余额,( Cdate( 日
期) - #1900 -01 -01#) As 基备数 From 银行存款 Order By Cdate( 日期)', -1);
      Isempty: = Qeof( Currentquery);                          //20
      If Isempty  < >1 Then
         Begin
            Repeat
                  t: = Qfdvalue( Currentquery,'日期');
                  Jfje: = Qfdvalue( Currentquery,'借方金额');
                  Dfje: = Qfdvalue( Currentquery,'贷方金额');
```

```
            Drjs: = Qfdvalue(Currentquery,'基备数');

            If Qrjs = 0 Then
              Begin
               Qrjs: = Drjs;   //取得期初日期基数,并等于当日日期基数
              Dtye: = Qchq;
            Qcye: = Qchq;
            t0: = t;
           End
           Else
                  Begin
                   Jejs: = Jejs + Qcye * (Drjs - Qrjs);  //金额积数 = 上次的金额
积数 + 期初余额 * (当日基数 - 前日基数)
                   Dtye: = Dtye + Jfje - Dfje;           //当天余额 = 上次的当天余
额 + 借方金额 - 贷方金额
                   Write('日期:',t,' 当天活期余额:',Dtye,'   累计积数:',Jejs);
                   Qrjs: = Drjs;           //
                   Qcye: = Dtye;
                  End;
        Isempty: = Qmov(Currentquery,1);
        Isempty: = Qeof(Currentquery);
      Until Isempty = 1;
     End;

     Jejs: = Jejs + Qcye * (Jd[1] - Qrjs);
     Dtye: = Qcye;
     Yjlx: = Jejs * a/36000;
     Write('结息日:2008 - 12 - 20 ');
     Write('期末活期本金:',Dtye,'元,应收活期利息:',Yjlx,'元');
   Write('期末定期本金:',Qcdq,'元,应收定期利息:',Qcdq * b/100,'元');
     Write('本息合计:',Dtye + Yjlx + Qcdq + Qcdq * b/100);
   End.
```

本实例运行的结果如图 8 - 1 所示。

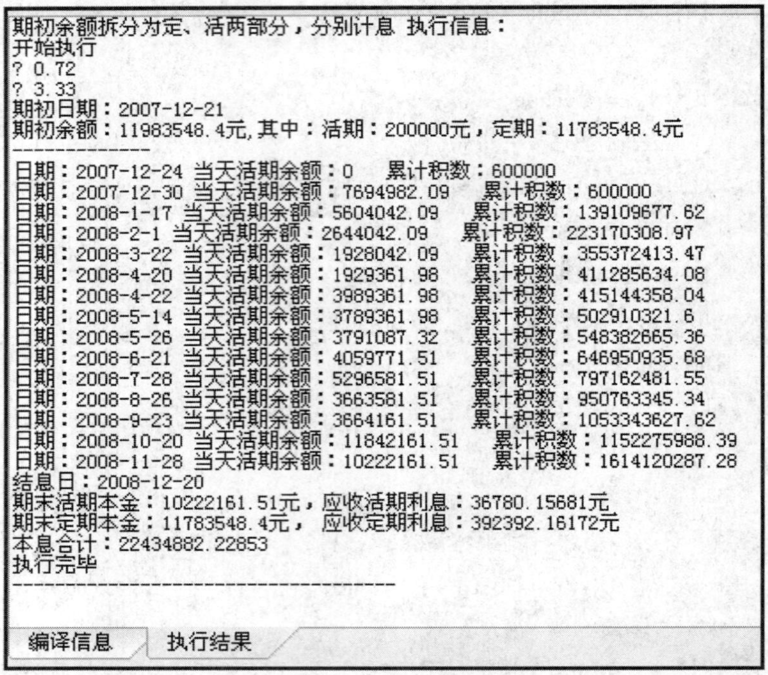

图 8－1

3. 审计结果

审计核实，银行对医疗保险基金利息没有执行有关规定，只支付了全部医疗保险基金存款的活期利息，直接影响了该基金的增值。审计组根据计算结果，要求银行按照文件规定，补计少计的利息。经审计组认真督促，历时数月，终于追回该基金2004—2008 年少计的利息 70 多万元。

4. 应用 AO 功能点

本事项应用了 AO 的审计分析/审计方法/审计方法管理；审计分析/审计方法/自动审计等功能。

三、点评

本实例通过编写 ASL 语句创建审计方法来审查医疗保险基金利息计提的正确性、创新性和通用性，对审查其他保险基金利息计提也有借鉴意义。

（安徽省亳州市审计局　陈松福　李　亚）

实例九

某市统筹基本医疗保险基金审计 AO 应用实例

一、项目背景

2007 年，某市审计机关按照上级安排对该市 2005—2006 年度统筹基本医疗保险基金实施审计。该市城镇基本医疗保险采取参保单位和职工缴纳、地税部门征收、财政专户管理，医保经办机构按协议与定点医疗机构结算的管理模式。审计中，审计人员充分发挥计算机优势，采集分析财务数据 15MB，业务数据 360GB，查出部分单位弄虚作假少缴和少计医保基金，多家私营企业虚报参保人数、患病后参保，部分单位只参保不缴费，少数定点药店以物代药造成基金流失，管理部门挤占挪用医保基金，少计基金利息，部分私营企业涉嫌骗取医保资金等问题，取得很好的审计效果。

二、审计过程

（一）单位弄虚作假少缴和少计医保基金 3000 多万元

审计事项：社会保障审计/基金征缴/多征、少征、欠缴保险费。

1. 审计思路

对比分析单位养老保险与医疗保险缴费基数情况，筛选出医疗保险缴费基数明显低于实际情况或低于养老保险缴费基数或只缴养老保险不交医疗保险的单位，作为疑点延伸调查。

2. 审计步骤

步骤一：核实某些效益好单位以最低申报标准申报缴费基数少缴医保基金情况。

（1）将“单位基本信息”与“单位缴费信息”关联，再根据“单位缴费划入个人账户”和“单位缴费划入统筹账户”和8%费率倒算出当月单位缴费基数总额，再除单位人数，可计算人平缴费基数。如图9－1所示。

```
Select t1.[单位名称],t2.[缴费人数],(t2.[单位缴费划入个人账户]+t2.[单位缴费划入统筹账户])/0.08/t2.[缴费人数] As 人平缴费基数 From [单位基本信息] t1,[单位缴费信息] t2
Where t1.[单位编号]=t2.[单位代码]
And t2.[缴费人数]>0
```

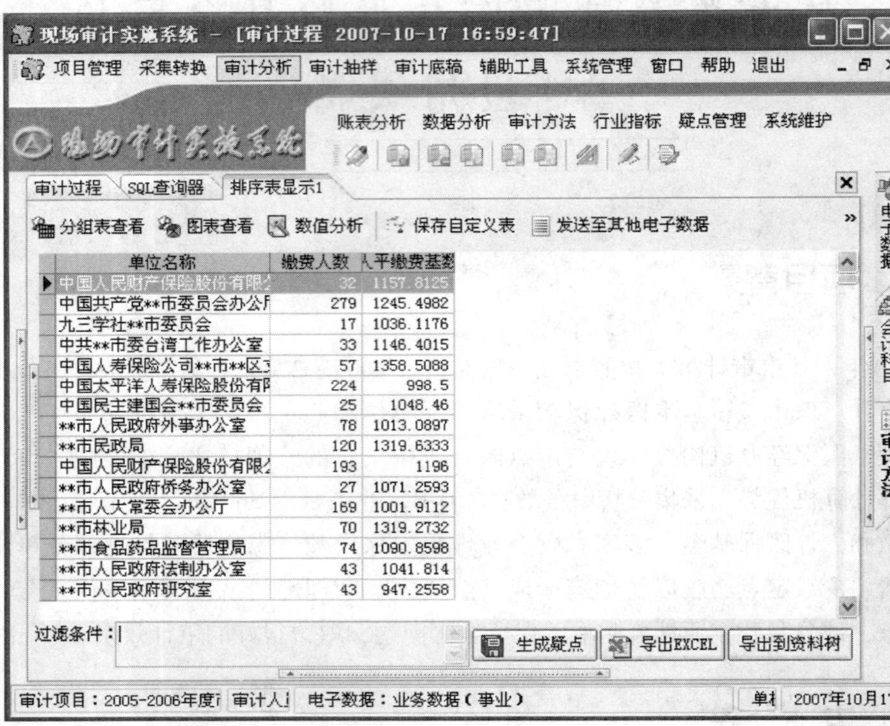

图9－1

（2）将查询结果“导出Excel”分发给审计组成员，再从单位名称中查找（自动筛选）效益好的单位，如单位名包含“电信”“移动”“电力”“设计院”“烟草”等，如图9－2所示。

从中发现“某卷烟厂”“某设计院”等单位以月均工资832元（医保申报最低标准——2005年全市社平工资的60%）作为申报缴费基数，与这些单位的实际收入明显不符。延伸调查落实问题。

步骤二：核实某些单位医保缴费基数较养老缴费基数低，少缴医保基金情况。

（1）将“单位基本信息”与“单位缴费信息”关联，得到医保缴费“人数”，根据“单位缴费划入个人账户”和“单位缴费划入统筹账户”计算出单位医保缴费总

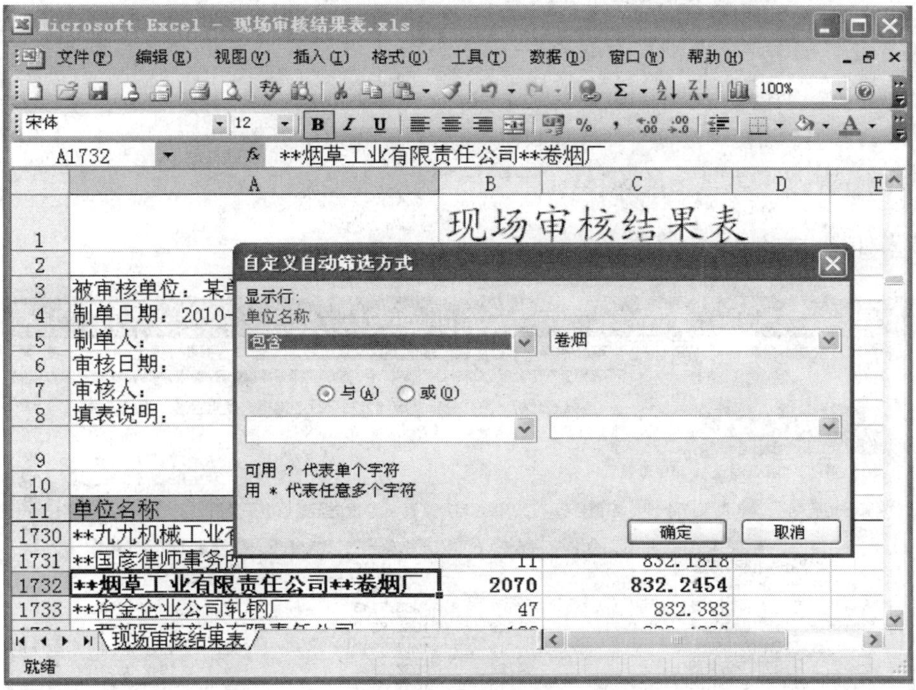

图 9－2

数，再倒算出医疗缴费基数。

（2）将“养老保险_单位基本信息”与“养老保险_单位缴费信息”关联，得到养老缴费“人数”，根据“单位缴费划入个人账户”和“单位缴费划入统筹账户”计算出单位养老缴费总数，再倒算出养老保险缴费基数。

（3）再将医保和养老保险的缴费“人数”和“人平缴费基数”进行对比，统计“人数”差大于 10，基数差大于 100 的记录。

```
Select t1.[单位名称],t1.[医保缴费人数],t1.[医保人平缴费基数],t2.[养老缴费人数],t2.[养老人平缴费基数]  From
( Select t1.[单位名称],t2.[缴费人数] As 医保缴费人数,(t2.[单位缴费划入个人账户]+t2.[单位缴费划入统筹账户])/0.08/t2.[缴费人数] As 医保人平缴费基数 From [单位基本信息] t1,[单位缴费信息] t2
Where t1.[单位编号]=t2.[单位代码]
And t2.[缴费人数]>0 )  t1,
(Select t1.[单位名称],t2.[缴费人数] As 养老缴费人数,(t2.[单位缴费划入个人账户]+t2.[单位缴费划入统筹账户])/0.08/t2.[缴费人数] As 养老人平缴费基数 From [养老保险_单位信息] t1,[养老保险_单位缴费信息] t2
```

```
Where t1.[单位编号]=t2.[单位编号]
And t2.[缴费人数]>0)  t2
Where t1.[单位名称]=t2.[单位名称]
And(t2.[养老缴费人数]-t1.[医保缴费人数]>10
Or t2.[养老人平缴费基数]-t1.[医保人平缴费基数]>100)
```

结果如图9-3所示。

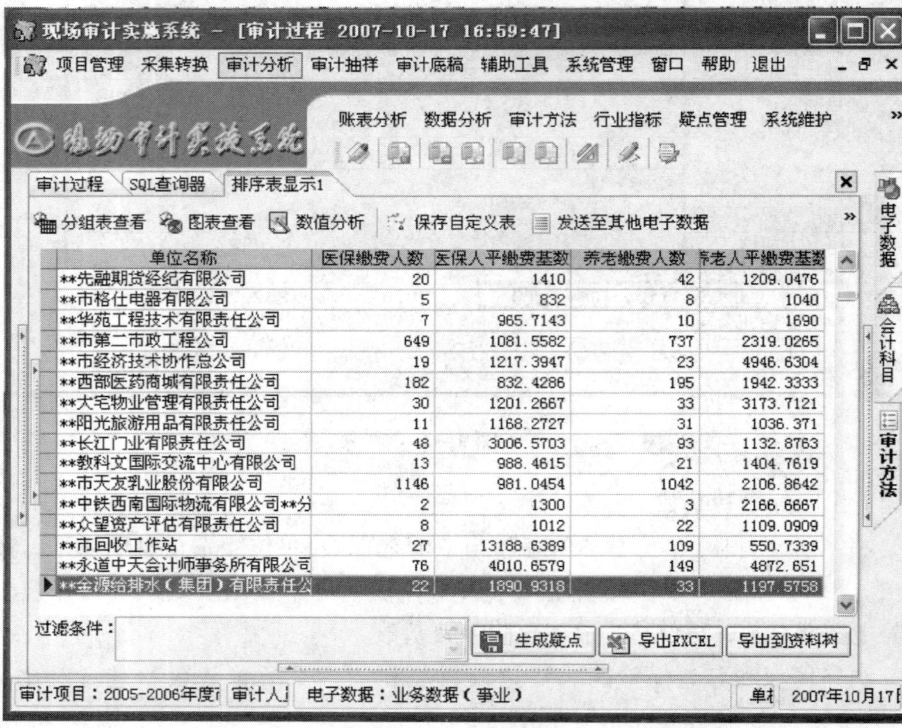

单位名称	医保缴费人数	医保人平缴费基数	养老缴费人数	养老人平缴费基数
**先融期货经纪有限公司	20	1410	42	1209.0476
**市格仕电器有限公司	5	832	8	1040
**华苑工程技术有限责任公司	7	965.7143	10	1690
**市第二市政工程公司	649	1081.5582	737	2319.0265
**市经济技术协作总公司	19	1217.3947	23	4946.6304
**西部医药商城有限责任公司	182	832.4286	195	1942.3333
**大宅物业管理有限责任公司	30	1201.2667	33	3173.7121
**阳光旅游用品有限责任公司	11	1168.2727	31	1036.371
**长江门业有限责任公司	48	3006.5703	93	1132.8763
**教科文国际交流中心有限公司	13	988.4615	21	1404.7619
**市天友乳业股份有限公司	1146	981.0454	1042	2106.8642
中铁西南国际物流有限公司分	2	1300	3	2166.6667
**众望资产评估有限责任公司	8	1012	22	1109.0909
**市回收工作站	27	13188.6389	109	550.7339
**永道中天会计师事务所有限公司	76	4010.6579	149	4872.651
**金源给排水（集团）有限责任公	22	1890.9318	33	1197.5758

图9-3

步骤三：核实某些单位只缴养老保险，未为职工参加医疗保险情况。

（1）通过医保和养老的缴费记录表生成包含单位名的缴费记录。对应SQL与上述方法相同。

（2）将医保和养老的缴费记录外连接查找存在养老保险而没有医疗保险的单位。

```
Select t2.[单位名称],t2.[养老缴费人数],t2.[养老人平缴费基数] From
(Select t1.[单位名称] From [单位基本信息] t1,[单位缴费信息] t2
Where t1.[单位编号]=t2.[单位代码]
) t1 Right Outer Join
(Select t1.[单位名称],t2.[缴费人数] As 养老缴费人数,(t2.[单位缴费划入个人
```

```
账户]+t2.[单位缴费划入统筹账户])/0.08/t2.[缴费人数] As 养老人平缴费基数
From [养老保险_单位信息] t1,[养老保险_单位缴费信息] t2
    Where t1.[单位编号]=t2.[单位编号]
    And t2.[缴费人数]>0 And t2.[单位缴费划入个人账户]+t2.[单位缴费划入统
筹账户]>0
    ) t2
    On t1.[单位名称]=t2.[单位名称]
    Where t1.[单位名称] Is Null
```

结果如图 9－4 所示。

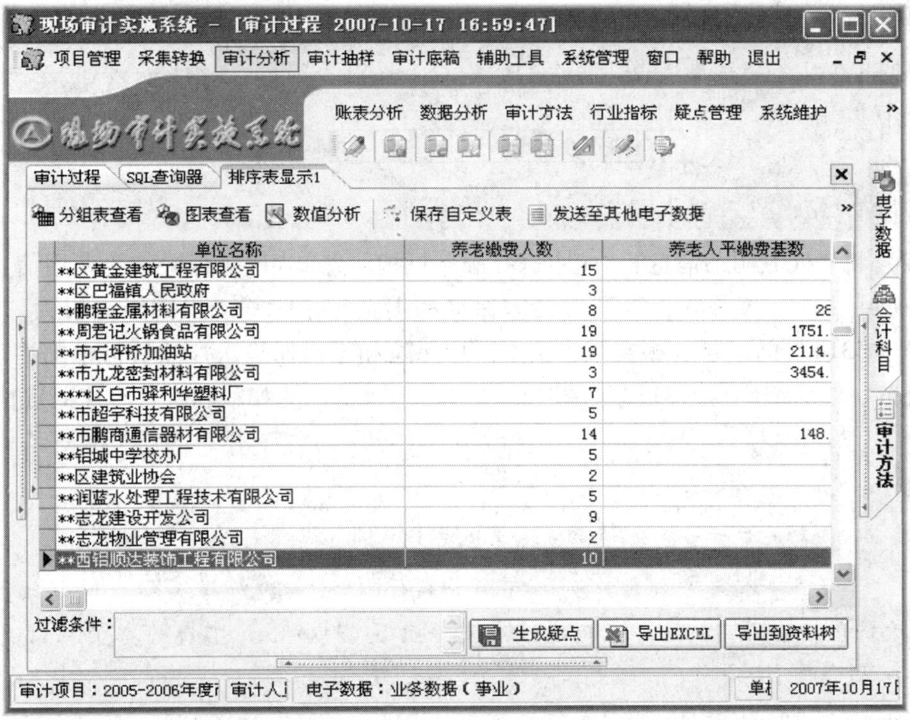

图 9－4

3. 审计结果

审计核实部分单位弄虚作假少缴和少计医保基金 3000 多万元。

4. 应用 AO 功能点

本事项应用了 AO 的审计分析/数据分析/SQL 查询器；审计分析/数据分析/排序分组表分析工具；审计分析/数据分析/自由表分析工具等功能。

（二）未参保人员利用参保职工医保卡看病，即“一人参保全家看病”

审计事项：社会保障审计/基金支付/扩大支出范围及标准。

1. 审计思路

根据规定，只有参保并缴纳保费的职工才能享受医疗保险。而在实际工作中存在共用医保卡看病的问题，如夫妻共用一张卡，同一医保卡在不同医院同时住院等。据此特征进行筛选。

2. 审计步骤

步骤一：核实有无女性病人利用男性医保卡看病报销。

（1）从医保“个人基本信息”中分离出男性医保卡，其中字段“性别”中代码“1”为男性，“2”为女性。

```
Select t2.[个人编号],t2.[姓名],Case t2.[性别] When '1' Then '男' Else '女' End As 性别
From [个人基本信息] t2
Where t2.[性别]='1'
```

（2）将“处方明细信息”“定点医疗服务机构信息”“医疗保险结算费用信息”和“诊疗项目目录”表关联，得到男性医保卡的消费记录，筛选出四级编码为“3112”“3313”“3314”的记录（根据某市基本医疗保险和工伤保险医疗项目目录中治疗项目编码规范，四级编码为“3112”“3313”“3314”开头的为妇科和产科医疗项目）。

```
Select t2.[个人编号],t2.[姓名],Iif(t2.[性别]='1','男','女') As 性别,t4.[服务机构名称],t5.[结算日期]
        ,t6.[项目流水号],t6.[项目名称],
        (t5.[本次个人账户实际支付金额]+t5.[本次统筹实际支付金额]+t5.[本次大病理赔金额]+t5.[历史起付线公务员返还]+t5.[本次公务员补助支付金额]) As 医保支付
From [个人基本信息] t2,[处方明细信息] t3,[定点医疗服务机构信息] t4,[医疗保险结算费用信息] t5,[诊疗项目目录] t6
Where t2.[性别]='1'
And t4.[服务机构编号]=t5.[服务机构编号]
And t3.[服务机构编号]=t5.[服务机构编号]
And t3.[住院号]=t5.[住院号]
And t3.[单据号]=t5.[单据号]
And t5.[个人编号]=t2.[个人编号]
And t6.[项目流水号]=t3.[项目医保流水号]
```

And（ t6.［四级编码］Like '3112%' Or t6.［四级编码］Like '3313%' Or t6.［四级编码］Like '3314%'）

结果如图 9－5 所示。

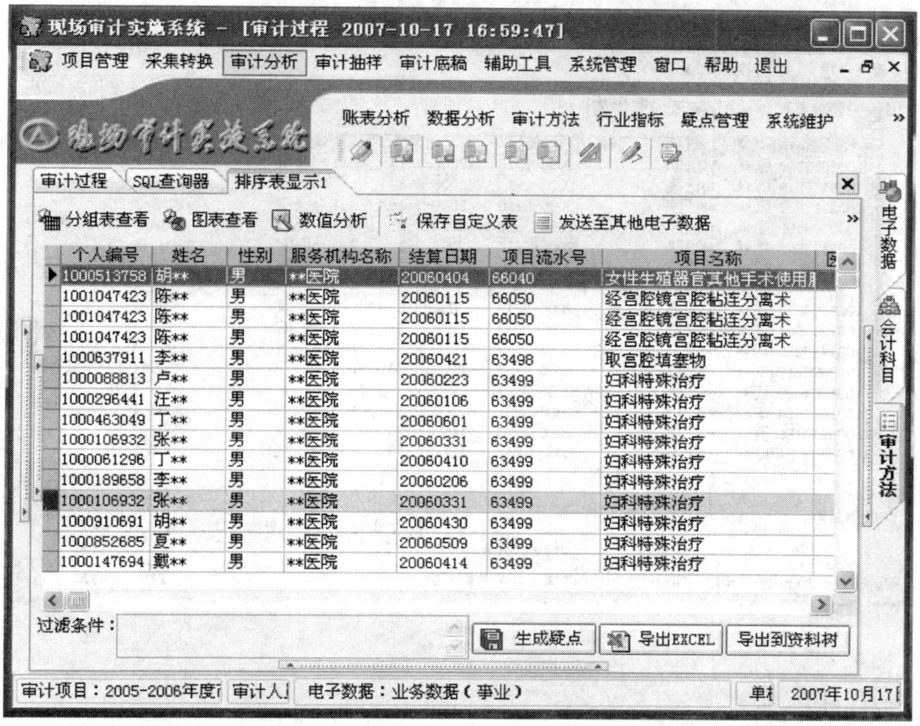

图 9－5

步骤二：核实有无同一医保卡同时在不同医院住院。

Select t3.［个人编号］,t3.［姓名］,t4.［服务机构名称］,t1.［入院日期］,t1.［出院日期］,t5.［服务机构名称］,t2.［入院日期］,t2.［出院日期］

From［病人就诊信息］t1,［病人就诊信息］t2,［个人基本信息］t3,［定点医疗服务机构信息］t4,［定点医疗服务机构信息］t5

Where t2.［入院日期］＞t1.［入院日期］And t2.［入院日期］＜t1.［出院日期］

And t1.［出院日期］－3＞t2.［入院日期］

And t1.［个人编号］＝t2.［个人编号］

And t3.［个人编号］＝t1.［个人编号］And t4.［服务机构编号］＝t2.［服务机构编号］

And t5.［服务机构编号］＝t1.［服务机构编号］And t1.［入院日期］Is Not Null

And t1.［出院日期］Is Not Null And t2.［入院日期］Is Not Null

And t2.［出院日期］Is Not Null

结果如图 9－6 所示。

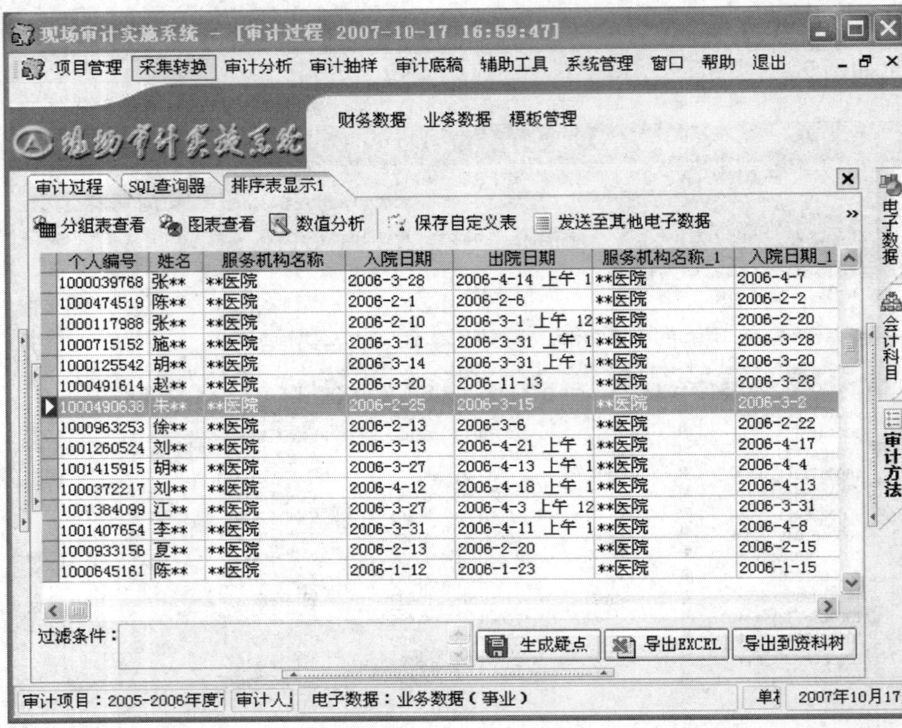

图 9－6

3. 审计结果

经核实，存在大量未参保人员利用参保职工医保卡看病现象，同时还存在持同一医保卡同时在不同医院住院的极端个例，如唐某于 2006 年 1 月 12 日至 17 日同时分别在某市人民医院和某市红十字会医院住院，并分别发生费用 1932 元、3601 元。

4. 应用 AO 功能点

本事项应用了 AO 的审计分析/数据分析/SQL 查询器；审计分析/疑点管理等功能。

（三）少数药店“以物代药”，造成基金流失 160 万元

审计事项：社会保障审计/基金支付/扩大支出范围及标准。

1. 审计思路

在医保卡消费中存在“以物代药”即以医保卡消费日用商品的问题。针对这个问题，审计组在实地调查全过程之后，根据定点药店操作流程和药品销售中的异常数据，很准确地确定了“以物代药”销售的具体药店和药品，找到揭示这个问题的办法。

2. 审计步骤

步骤一：筛选出医保报销单价特殊且数量巨大的药品。

（1）根据医保支出金额大小筛选出销售金额大的药店作为审计重点。

统计结果显示由于“某中心店”2006 年销售金额较大，将其确定为审计重点，进一步分析销售构成。

（2）分析药店的销售构成，由于药品品种多，同种药品又有不同单价，所以审计组以药品编码、名称、单价为分类条件统计销售数量和金额，并以销售数量倒序排列。

```
Select t1.[项目医保流水号] 药品编码,t4.[通用名称] 药品名称,t1.[单价] 单价,
Sum(t1.[数量]) 数量,Sum(t1.[金额]) 金额
From [处方明细信息] t1,[医疗保险结算费用信息] t2,[药品目录] t4
Where t1.[服务机构编号] ='20002'
And t1.[服务机构编号] =t2.[服务机构编号]
And t1.[住院号] =t2.[住院号]
And t1.[单据号] =t2.[单据号]
And t4.[药品流水号] =t1.[项目医保流水号]
And t2.[结算日期] Between '20060101' And '20061231'
Group By t1.[项目医保流水号],t4.[通用名称],t1.[单价]
Order By Sum(t1.[数量]) Desc
```

结果如图 9－7 所示。

图 9－7

将审计疑点导出到资料树，从此表中可以看到销售数量大的药品有一共同特点就是单价特殊，为0.1元、1元等，而且数量巨大。销量最大的药品“土鳖虫”一年之中共计销售108408公斤。审计组根据职业判断，这些药品很有可能是药店用作“串换”的药品，操作方法是：参保职工用医保卡在药店购买生活用品，价值5元，药店收银人员将生活用品以等值的药品作替代，如“土鳖虫”单价0.1元/10g，对应销售数量为500克，等值5元，从参保职工医保卡中以“土鳖虫”名义支付。

步骤二：将全市其他医疗服务机构的“土鳖虫”销售情况进行统计，了解全市的用量。

```
Select t1.[服务机构名称] 服务机构,Sum(t.[数量]) 数量
From [处方明细信息] t,[定点医疗服务机构信息] t1,[医疗保险结算费用信息] t2
Where t.[项目医保流水号]='165032'
And t2.[服务机构编号]=t1.[服务机构编号]
And  t.[服务机构编号]=t2.[服务机构编号]
And t.[住院号]=t2.[住院号]
And t.[单据号]=t2.[单据号]
And t2.[结算日期] Between '20050101' And '20061231'
Group By t1.[服务机构名称]
Order By Sum(t.[数量]) Desc
```

结果如图9-8所示。

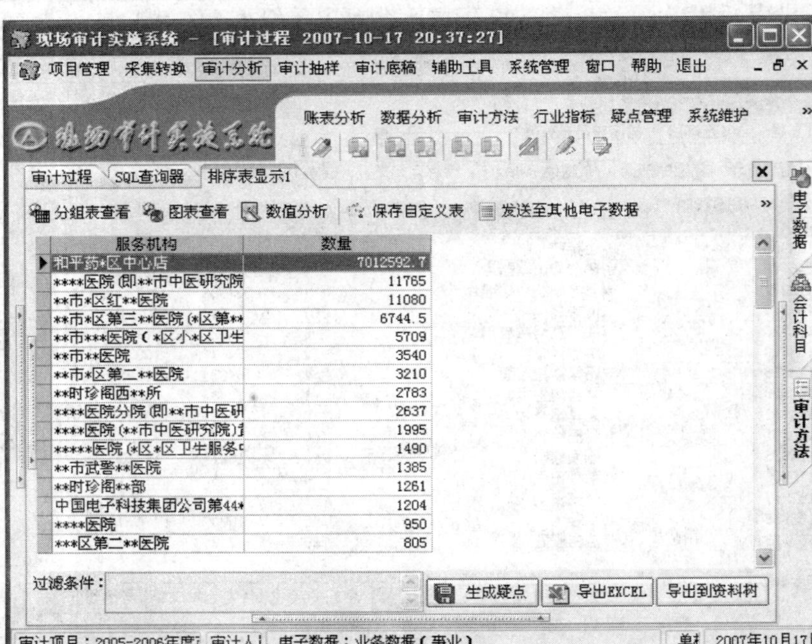

图9-8

从运行结果分析，此药店及其关联单位“土鳖虫”销售金额巨大，作为一味中成药销售金额比市中医院还多，再结合该药店部分消费者的实际购买情况，很不正常。

步骤三：通过以上分析，审计组筛选了 20 种单价特殊且销售数量巨大的药品，对药店进行突击盘点，清点“特殊”药品的进销存数据。

3. 审计结果

通过核实，正如审计组分析，这些药品的实际药品销售数量很小，如“土鳖虫”药店两年一共销售 3.6 公斤，而医保报销高达 12 吨，共计 120 万元。在证据面前，药店只好承认了“以物代药”骗取医保金的问题，并提供了真实的进货单据。

4. 应用 AO 功能点

本事项应用了 AO 的审计分析/数据分析/SQL 查询器功能。

（四）某些私营企业虚构佣工关系骗取医保待遇 400 多万元

审计事项：社会保障审计/基金支付/保险金支付合规性审查。

1. 审计思路

由于医保基金支出量大，两年数据高达 360GB，所以审计组在审计中为了解决大数据量处理的问题，创新使用了 OLAP 多维分析技术，从多角度观察分析数据，查找问题线索。

2. 审计步骤

步骤一：在 Analysis Manager 管理工具中新建多维分析数据库。在分析服务器上安装 SQL Server 2000 Analysis Manager 及 Sp4 补丁，在管理工具左边的树形目录中点开本地服务器结点，单击右键“新建”，输入数据库名“市级统筹基本医疗保险”。

步骤二：访问 AO 2008 网络版数据库（SQL Server 2005），在 SQL Server 2005 的 SQL Server Management Studio 中，选择“AO_System”数据库，右键单击“视图”结点，选择“新建”，在窗口中输入如下语句：

```
Create View [结算记录]
As
Select t3.[个人编号] As 个人编号,t3.[姓名] As 姓名, t7.[单位编号] As 单位编号, t10.[单位名称] As 单位, t11.[代码名称] As 医保中心, t7.[住院号] As 门诊号, t7.[单据号] As 单据号, t4.[服务机构名称] As 医疗机构, Cast(t7.[结算日期] As Datetime) 日期
,Case When t8.[病种名称] Is Null Then t9.[代码名称] Else t8.[病种名称] End As 病种, t9.[代码名称] As 医疗类型,t12.[代码名称] As 经济类型, t7.[本次个人账户实际支付金额] As 个人账户支付, t7.[本次统筹实际支付金额] As 统筹支付, t7.[本次大病理赔金额] As 大病, t7.[本次公务员补助支付金额] + t7.[历史起付线公
```

```
务员返还] As 公务员补助
    From [个人基本信息] As t3 Inner Join [代码表] As t9 Inner Join
    [医疗保险结算费用信息] As t7 Left Outer Join [病种信息] As t8 On t7. [病种编码] = t8. [病种编码] On t9. [代码值] = t7. [医疗类别] Inner Join [单位基本信息] As t10 On t7. [单位编号] = t10. [单位编号] Inner Join [代码表] As t12 On t10. [单位类型] = t12. [代码值] Inner Join [代码表] As t11 On t7. [社会保险经办机构编码] = t11. [代码值] Inner Join [定点医疗服务机构信息] As t4 On t7. [服务机构编号] = t4. [服务机构编号] On t3. [个人编号] = t7. [个人编号]
    Where    (t12. [代码类别] = 'Aab019') And (t9. [代码类别] = 'Aka130') And (t11. [代码类别] = 'Aab034')
```

单击工具栏上的运行按钮，生成“结算记录”视图。

步骤三：从 Analysis Manager 中连接 AO_System 数据库。在 Analysis Manager 中左边树形目录中选择“市级统筹基本医疗保险”数据库下的“数据源”结点，右键选择“新建”。

在“数据链接属性”对话窗口中，选择“Microsoft Ole Db Provider For SQL Server”，单击下一步。

在“选择或输入服务器名称”中输入 AO 2008 网络版服务器，在“登录服务器信息”中选择“使用指定的用户名和密码”，输入 SQL Server 2005 服务器的“Sa”用户和密码，“在服务器中选择数据库”中选择“AO_System”，单击“测试连接”，连接成功后单击“确定”退出窗口。

步骤四：利用向导，创建多维数据集。在 Analysis Manager 的树形目录中选择“多维数据集”，右键“新建多维数据集/向导”。如图 9－9 所示。

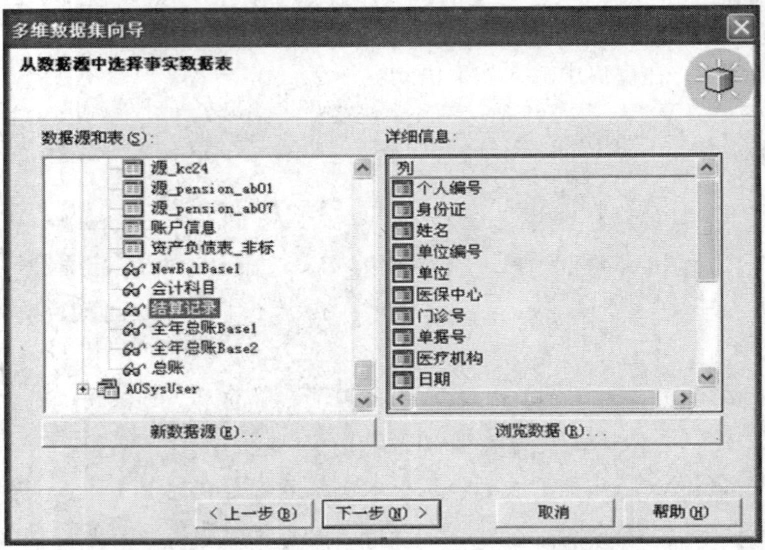

图 9－9

在“数据源中选择事实数据表”的左边窗口，选择数据库中的“结算记录”视图。

在图 9－10 所示中的“选择事实数据表数字列”，从左边的窗口中选择“个人账户支付”“统筹支付”“大病”“公务员补助”四列作为分析的“度量值”。点“下一步”后依次按提示和要求建立多维数据集。

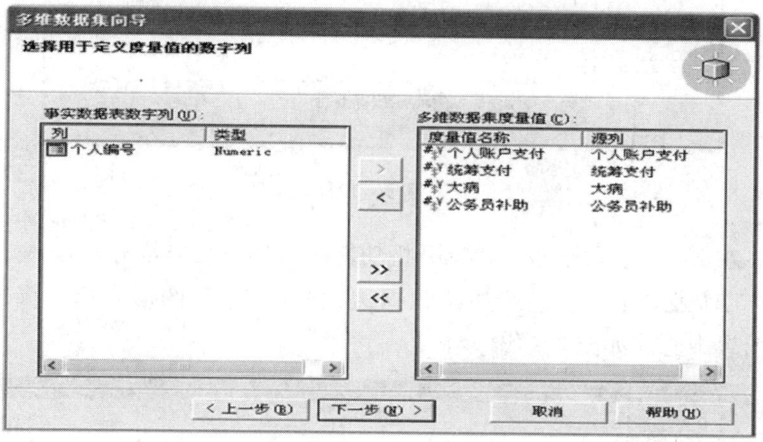

图 9－10

步骤五：从 Excel 中连接到多维分析服务器。在 Excel 中选择菜单“数据/导入外部数据/新建数据库查询”，如图 9－11、图 9－12 所示。

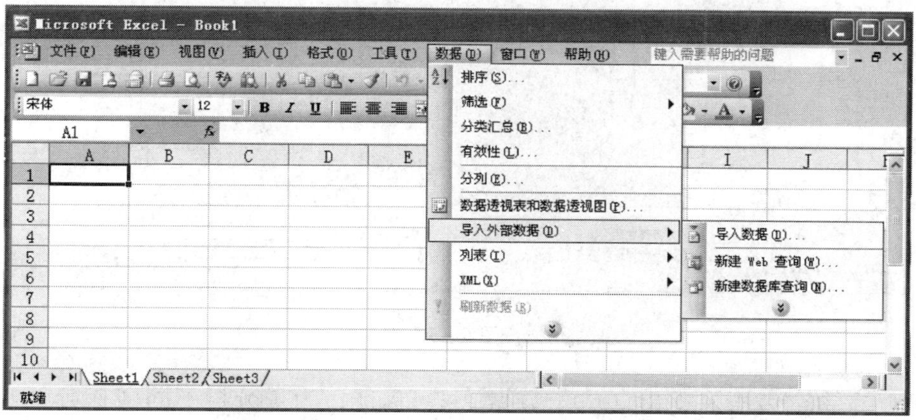

图 9－11

选择“OLAP 多维数据集”，单击“<新数据源>”，单击“确定”。

数据源名称输入“Localhost”，选择 OLAP 供应者为“Microsoft Ole Db Provider For OLAP Services 8.0”，单击“连接”。

在服务器中输入“Localhost”，单击“下一步”。选择“市级统筹基本医疗保险”，单击“完成”，将数据透视表插入现有工作表中。

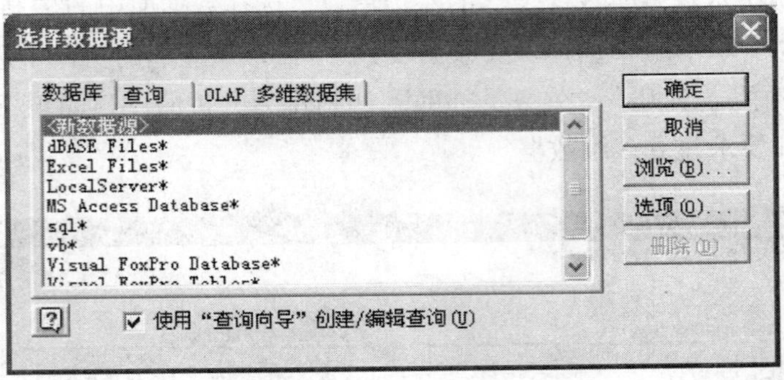

图9－12

步骤六：在Excel中利用多维数据分析功能进行趋势和异常分析。

在Excel工作表中单击右键选择“数据透视图”，进行图形分析。将“结算小计”度量值移入图表中心。如图9－13所示。

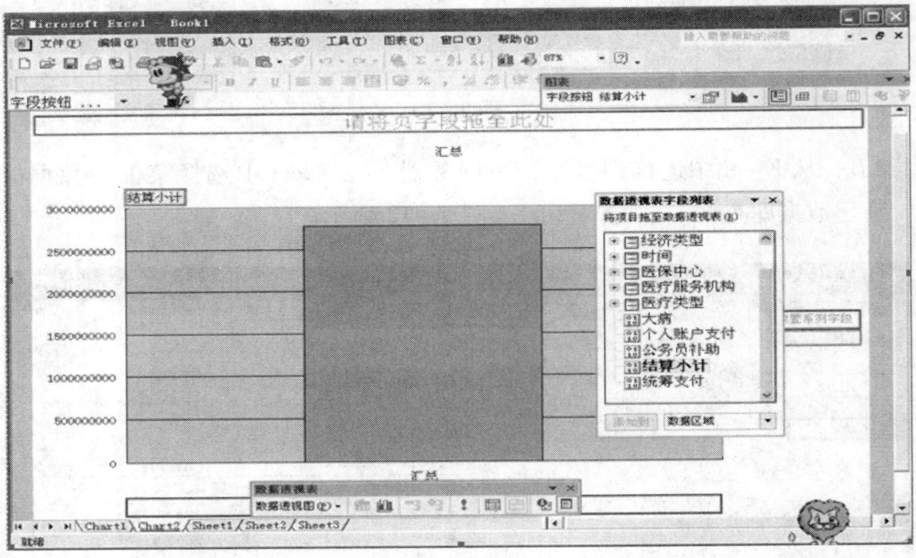

图9－13

可以看到全市医保支出（电子数据）共27亿，为了分析不同“医疗类型”支出情况，将数据透视表中的字段“医疗类型”添加到“分类轴”。如图9－14所示。

从图表可以看到“住院支出”和“特病门诊”支出比例较高。分析完成后，将图表下方的“医疗类型”下拉列表框移回“数据透视表字段列表”，并确认“住院支出”和“特病门诊”为审计重点。

在分析“特病门诊”时，以“经济类型”和“单位级别维度”向下钻取，发现“某工程有限公司”“某科技发展有限公司”“某建筑劳务有限公司”共报销“特病门

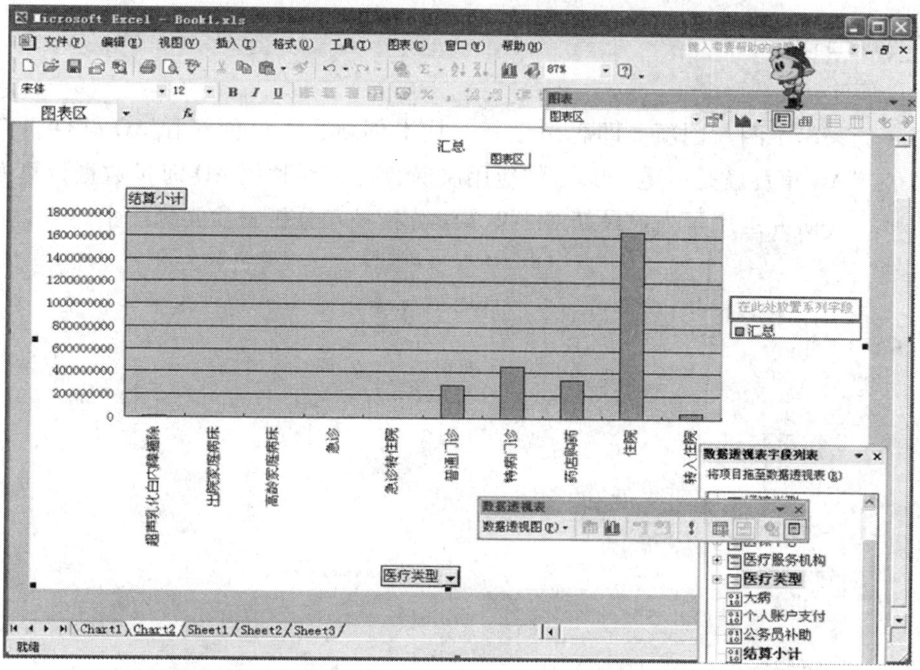

图 9－14

诊”费用 110 万，不合常规。继续追查，发现报销病种全为“肾移植后的排异治疗”“尿毒症”或“肾衰竭的透析治疗”。作为这类肾病在一个单位高发很不正常。同时审计组又引入“医疗服务机构”维度，查看治疗医院情况，发现这些病人都为同一医院的病人。将审计分析的这些情况作为审计疑点重点核实。

3. 审计结果

根据以上多维分析，多方收集相关公司医保、工商、税务登记资料。发现这些公司注册时间、地点、法人、医保申报等信息有联系，无正式业务，多为税务 0 申报；调阅了 7 名人员的住院病历，发现部分患者在参保前就已患病，费用自付，为此审计组将审计情况等向领导汇报，并移交市公安局，市公安局研究后决定由市经侦总队立案侦查。最终查实 20 多名自费肾透析患者与私营企业签订虚假佣工合同，并办理了医保手续，2005 年和 2006 年累计缴纳个人医保基金共计 0.76 万元，共计发生医疗费用 523 万余元，其中医保基金报销 411 万余元，人均使用 15.2 万元，私营企业收取每人 2 万～2.8 万元门槛费和每年 2000 元管理费。

4. 应用 AO 功能点

本事项应用了 AO 网络版以及 OLAP 多维数据库集和 Excel 多维展示。

三、点评

本实例突出了四大创新，即思想创新、技术创新、人员创新和AO软件自身的创新，突破“AO审计就是看电子账”的应用层次，提高到利用AO海量数据计算发现问题的水平，并研究运用了当前最新OLAP多维分析技术分析查找问题线索。

（重庆市审计局　侯卫东　王　利）

实例十

利用 AO 数据分析平台对城镇职工基本医疗保险基金收支及管理情况审计实例

一、项目背景

2008 年，某市审计机关根据年度审计计划，对其所在地区 2007 年度城镇职工基本医疗保险基金收支及管理情况开展审计。该市是国务院确定的首批医改试点城市，已建立了较为完善的个人账户与社会统筹相结合的医疗保险制度体系。此次审计审查了 2007 年度的财务备份数据（100GB，约 20 万条记录）和业务数据（1.09GB，约 1000 万条记录），其中业务数据主要包括 Grdak（个人档案库）、Dwdak（单位档案库）、Ylfymx（医疗费用明细表）等。

二、审计过程

（一）退休人员补缴不足缴费年限的基金时，少报缴费基数，少征基金 200 余万元

审计事项：社会保障审计/基金征缴/多征、少征、欠缴保险费。

1. 审计思路

按照文件规定，用人单位和个人补缴不足缴费年限的医疗保险费的，均以其在办理补缴手续时的上年度全市在岗职工平均工资作为缴费基数。将业务数据中的补缴明细表与个人档案库和单位档案库三表进行连接查询，以发现是否存在少报缴费基数的情况。

2. 审计步骤

步骤一：选取“医保中心2007年业务数据”电子账簿，将补缴明细表（源_Bjmx）与个人档案库（源_Grdak）和单位档案库（源_Dwdak）进行关联，以补缴类别为退休补年限政策性补收（Bjlb = “6”）或者退休社会化政策性补收（Bjlb = “7”）、账户确认时间为2007年、补缴金额小于20957元（2006年度全市在岗职工平均年工资）（Bjjs < 20957）、行政区划为市区（Qwbh < > “3”）的有效记录（Yxbz < >0）为条件，筛选出少报缴费基数的参保人的姓名、身份证号、个人编号、补缴基数、补缴月数、补缴金额、单位名称的信息。生成中间表“退休补缴”表，如图10－1所示。

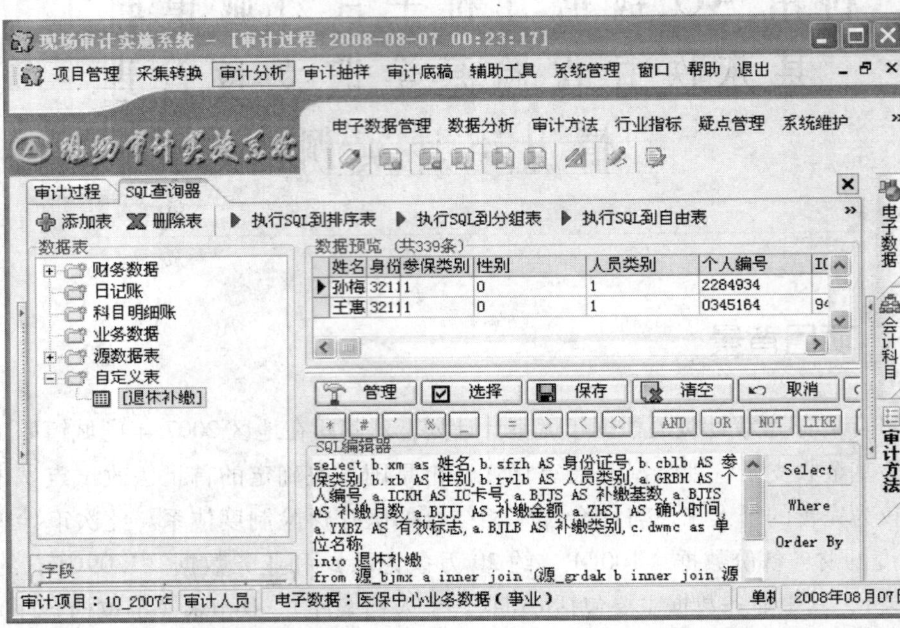

图 10－1

```
Select b. Xm As 姓名, b. Sfzh As 身份证号, b. Cblb As 参保类别, b. Xb As 性别, b. Rylb As 人员类别, a. Grbh As 个人编号, a. Ickh As IC卡号, a. Bjjs As 补缴基数, a. Bjys As 补缴月数, a. Bjjj As 补缴金额, a. Zhsj As 确认时间, a. Yxbz As 有效标志, a. Bjlb As 补缴类别, c. Dwmc As 单位名称
Into 退休补缴
From 源_Bjmx a Inner Join (源_Grdak b Inner Join 源_Dwdak c On b. Dwbh = c. Dwbh)
On a. Grbh = b. Grbh
```

```
Where( a. Bjlb ='6' Or a. Bjlb ='7') And Year(a. Zhsj) =2007 And a. Bjjs <20957
And a. Yxbz < >'0' And c. Qwbh < >'3'
Order By a. Bjjs
```

步骤二：在上一步骤生成的“退休补缴”表中，插入应缴基数、应缴金额、少缴金额字段。如图 10 - 2 所示。

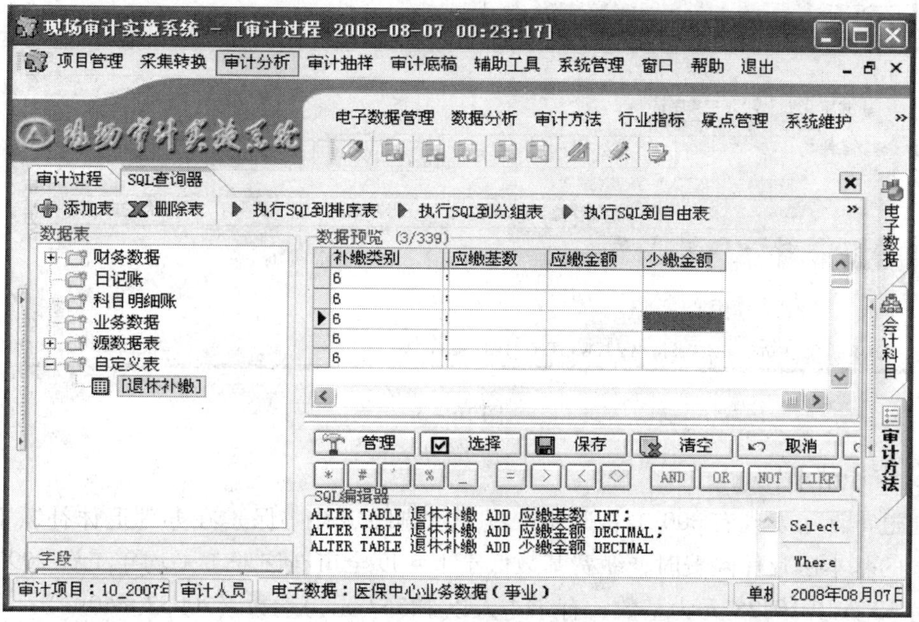

图 10 - 2

```
Alter Table 退休补缴 Add 应缴基数 Int;
Alter Table 退休补缴 Add 应缴金额 Decimal;
Alter Table 退休补缴 Add 少缴金额 Decimal
```

步骤三：分别给上步骤增加的字段赋值。

```
Update 退休补缴 Set 应缴基数 =20957;
Update 退休补缴 Set 应缴金额 = 应缴基数/12 * 补缴月数 *0.11;
Update 退休补缴 Set 少缴金额 = 应缴金额 - 补缴金额
```

步骤四：汇总少缴金额，如图 10 - 3 所示。

```
Select Sum(少缴金额) As 少缴金额合计
From 退休补缴
```

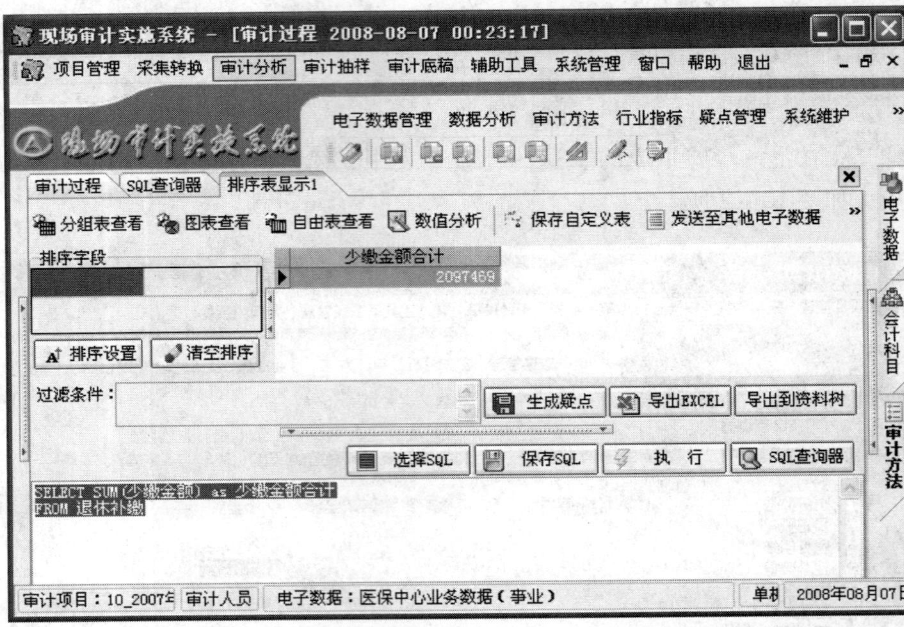

图 10－3

3. 审计结果

通过审计，发现有300多名退休人员（已剔除定补协保）在办理退休补缴不足缴费年限的基本医疗保险费时，缴费基数低于上年度全市在岗职工平均年工资20957元，其中有13人以10428元为基数，有314人以12567元为基数（20957×60%），有1人以17381元为基数，合计少缴基金200余万元。

4. 应用AO功能点

本事项应用了AO数据分析/SQL查询器功能。

（二）参保单位少报缴费基数

审计事项：社会保障审计/基金征缴/多征、少征、欠缴保险费。

1. 审计思路

按照文件规定，单位在职职工工资总额低于上年度全省在岗职工平均工资60%的，按上年全省在岗职工平均工资的60%（12576元）作为申报基数。将业务数据中的单位月度情况表进行整理分析，再与单位档案库进行连接查询，以发现参保单位是否存在少报缴费基数的情况。

2. 审计步骤

步骤一：将单位月度情况表（源_Dwydqk）以单位编号进行分类，汇总查询2007年在职职工（Rylb＝0）参加医疗保险的总人数和工资总额，生成“单位上报人数工资”视图，如图10－4所示。

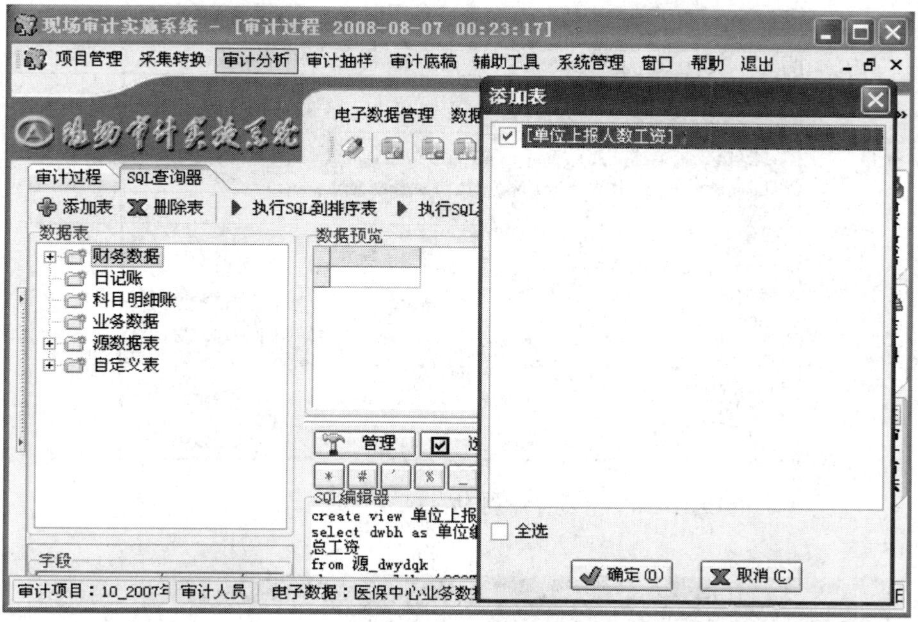

图 10－4

```
Create View 单位上报人数工资 As
Select Dwbh As 单位编号,Sum(Rs) As 总人数,Sum(Gz) As 总工资
From 源_Dwydqk
Where Yue Like '2007%' And Rylb ='0'
Group By Dwbh
```

步骤二：从上一步骤视图中，算出各缴款单位的年平均人数和年平均工资，建立“年平均工资”视图。

```
Create View 年平均工资 As
Select 单位编号,总工资/总人数 As 年平均工资,总人数/12 As 年平均人数
From 单位上报人数工资
```

步骤三：将上步骤视图与单位档案库关联，查询低于2007年度社会平均工资60%(12576元)、行政区划为市区（Qwbh < > “3”)、参保类别为基本医疗保险（Cblb =“1”）并且单位名称中不包含“定补”“协保”“退休”，以及确定年增长率的单位(地方政府规定上述单位缴费基数可低于社会平均工资60%)，执行SQL到排序表，并生成审计疑点，如图10－5、图10－6所示。

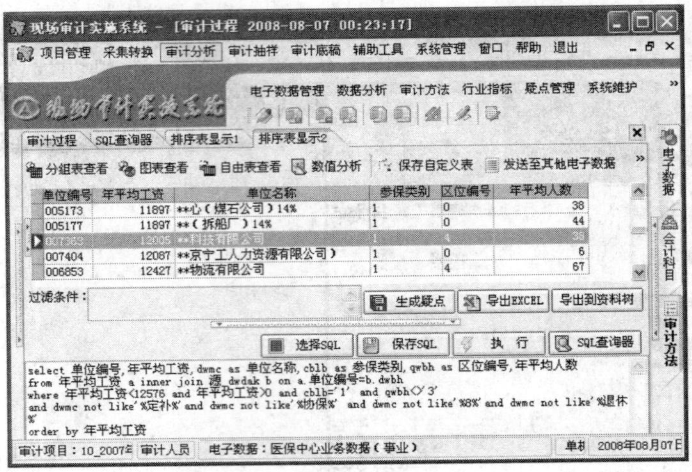

图 10－5

图 10－6

Select 单位编号,年平均工资,Dwmc As 单位名称,Cblb As 参保类别,Qwbh As 区位编号,年平均人数

From 年平均工资 a Inner Join 源_Dwdak b On a. 单位编号 =b. Dwbh

Where 年平均工资 <12576 And 年平均工资 >0 And Cblb ='1' And Qwbh < >'3'

And Dwmc Not Like '%定补%' And Dwmc Not Like '%协保%' And Dwmc Not Like '%8%' And Dwmc Not Like '%退休%'

Order By 年平均工资

3. 审计结果

通过审计，共查出有35家参保单位，2007年年均缴费工资低于上年度在岗职工平均工资的60%（12576元），合计少缴基金16余万元。

4. 应用AO功能点

本事项应用了AO数据分析/SQL查询器；审计分析/疑点管理功能。

（三）少征滞纳金700多万元

审计事项：社会保障审计/基金征缴/多征、少征、欠缴保险费。

1. 审计思路

根据文件规定，缴费单位未按规定缴纳和代扣代缴基本医疗保险基金的，由劳动保障行政部门或者税务机关责令限期缴纳；逾期仍不交纳的，除补缴欠缴数额外，从欠缴之日起，按日加收2‰的滞纳金。将业务数据中的单位月度基金表进行整理分析，再与单位档案库进行连接查询，以发现有无少征滞纳金的情况。

2. 审计步骤

步骤一：从单位月度基金表（源_Dwydjj）中筛选出2007年各单位基本医疗保险基金（Jjlb＝“1”）缴纳情况，并将每个月每个单位（往年欠缴金额＋往期欠缴金额－补缴往年金额－补缴往期金额）×当月天数×滞纳金缴费比例，计算出每个单位每个月欠缴滞纳金金额，生成“欠缴滞纳金明细表”视图，如图10－7所示。

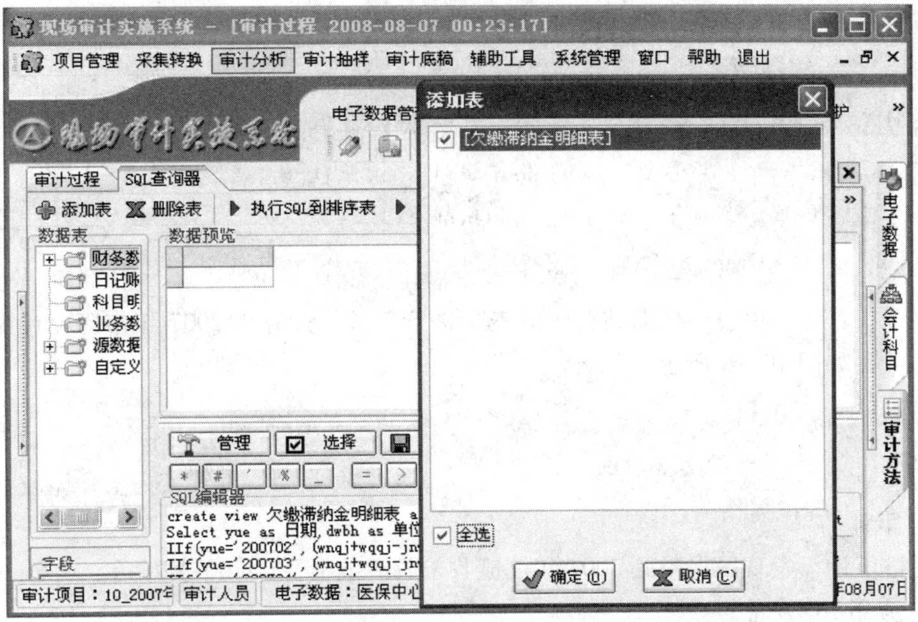

图10－7

```
Create View 欠缴滞纳金明细表 As
Select Yue As 日期,Dwbh As 单位编号,
Iif(Yue='200702',(Wnqj+Wqqj-Jnwn-Jnwq)*28*0.002,
Iif(Yue='200703',(Wnqj+Wqqj-Jnwn-Jnwq)*31*0.002,
Iif(Yue='200704',(Wnqj+Wqqj-Jnwn-Jnwq)*30*0.002,
Iif(Yue='200705',(Wnqj+Wqqj-Jnwn-Jnwq)*31*0.002,
Iif(Yue='200706',(Wnqj+Wqqj-Jnwn-Jnwq)*30*0.002,
Iif(Yue='200707',(Wnqj+Wqqj-Jnwn-Jnwq)*31*0.002,
Iif(Yue='200708',(Wnqj+Wqqj-Jnwn-Jnwq)*31*0.002,
Iif(Yue='200709',(Wnqj+Wqqj-Jnwn-Jnwq)*30*0.002,
Iif(Yue='200710',(Wnqj+Wqqj-Jnwn-Jnwq)*31*0.002,
Iif(Yue='200711',(Wnqj+Wqqj-Jnwn-Jnwq)*30*0.002,
Iif(Yue='200712',(Wnqj+Wqqj-Jnwn-Jnwq)*31*0.002,0))))))))))) As
应缴滞纳金
From [源_Dwydjj]
Where Jjlb = '1' And Left(Yue,4)='2007'
```

步骤二：计算出每个单位全年欠缴滞纳金金额。将“欠缴滞纳金明细表”与“单位档案库（源_Dwdak）”按照单位编号进行关联分类，统计出市区各单位全年欠缴滞纳金金额，生成“单位欠缴滞纳金明细表”视图。

```
Create View 单位欠缴滞纳金明细表 As
Select  b.[Dwmc] As 单位名称,Sum(a.[应缴滞纳金]) As 全年应缴滞纳金
From 欠缴滞纳金明细表 a Inner Join 源_Dwdak b On a.[单位编号]=b.[Dwbh]
Where a.[应缴滞纳金] > 0 And b.Qwbh <> '3'
Group By b.[Dwmc]
```

步骤三：对“单位欠缴滞纳金明细表”进行汇总，计算出 2007 年市区合计欠缴滞纳金总数，如图 10－8 所示。

```
Select Sum([全年应缴滞纳金]) As 2007 年欠缴滞纳金总数
From [单位欠缴滞纳金明细表]
```

3. 审计结果

通过审计，发现医保中心 2007 年度应收未收滞纳金合计 700 多万元。

4. 应用 AO 功能点

本事项应用了 AO 数据分析/SQL 查询器功能。

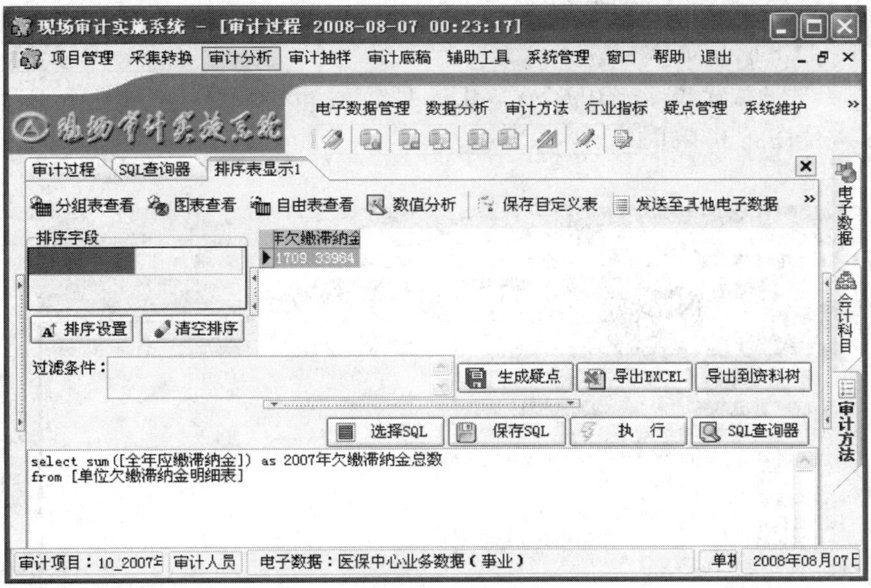

图 10－8

（四）参保人员转借、冒用他人医疗保险卡就医取（购）药

审计事项：社会保障审计/基金支付/保险金支付合规性审查。

1. 审计思路

根据文件规定，禁止参保人员将本人的医疗保险证、医疗保险病历、医疗保险卡转借他人使用，不得冒用他人医疗保险证、医疗保险病历、医疗保险卡就医取（购）药，或者采用伪造、涂改处方、医疗费用单据等手段虚报冒领医疗费用。将业务数据中的个人档案库和慢性病档案库按照条件进行整理分析，再与医疗费用明细表进行连接查询，以发现有无转借和冒用医疗保险卡的情况。

2. 审计步骤

步骤一：在"个人档案库（源_Grdak）"中将门诊就诊次数大于等于100次的人员（Mzghcs>=100），参保类别为基本医疗保险（Cblb="1"），人员区划为市区（Qwbh<>"3"）筛选出来，生成"就诊次数大于等于100人员"视图，如图10－9所示。

```
Create View 就诊次数大于等于100人员 As
Select a.Grbh,Mzghcs
From 源_Grdak a Inner Join 源_Dwdak b On a.Dwbh=b.Dwbh
Where a.Cblb='1' And b.Qwbh<>'3' And Mzghcs>=100
```

步骤二：将"就诊次数大于等于100人员"视图中不在慢性病档案库（源_Mbda）中的人员筛选出来，生成"就诊次数异常人员表"视图。

```
Create View 就诊次数异常人员表 As
Select a. Grbh, a. Mzghcs
From 就诊次数大于等于 100 人员 a Left Join 源_Mbda b On a. Grbh = b. Grbh
Where b. Grbh Is Null
```

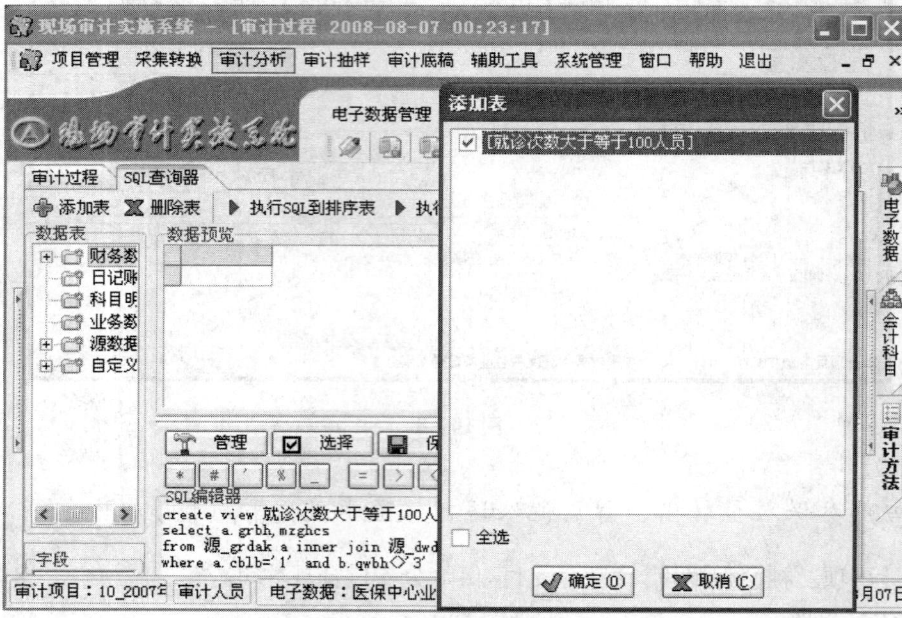

图 10－9

步骤三：将“就诊次数异常人员表”与医疗费用明细表（源_Ylfymx）和医院编码表三进行关联查询，查询出每个人在每家医院的就诊次数，筛选出医院就诊次数大于 100 次，并按就诊次数进行降序排列，执行 SQL 到排序表，并生成审计疑点。

```
Select b. Grbh As 个人编号, a. Ymc As 医院名称, Count( * ) As 发生次数
From 源_Ybmk a Inner Join ( 源_Ylfymx b Inner Join 就诊次数异常人员表 c On
b. Grbh = c. Grbh)
On a. Ybh = b. Fsyybh
Group By b. Grbh, a. Ymc
Having Count( * ) > 100
Order By b. Grbh, Count( * ) Desc
```

步骤四：根据上述结果，对就诊次数异常的人员，查询其在“医疗费用明细表（源_Ylfymx）”中的详细就诊记录，并去医院进行延伸审计，以确定其就诊记录的真实性。例如，挑选个人编码为 0097218、就诊次数为 503 次的查询其在医疗费用明细表中的详细记录。

```
Select b. Ymc, a. *
From 源_Ylfymx a Inner Join 源_Ybmk b On a. Fsyybh = b. Ybh
Where Grbh = '0097218'
Order By b. Ymc
```

3. 审计结果

经去相关医疗单位延伸审计并调阅相关资料发现，存在参保人员转借、冒用他人医疗保险卡就医取（购）药等现象。

4. 应用 AO 功能点

本事项应用了 AO 数据分析/SQL 查询器功能。

（五）信息系统管理方面

审计事项：社会保障审计/基金管理/社保信息系统审查。

1. 审计思路

基础信息的真实和完整对于信息系统来说十分重要，医保中心业务系统中参保人员信息是整个信息系统的基础信息，因此在审计时对其业务数据中的单位档案库和个人档案库进行检查和核对，以发现参保人员基础信息是否真实完整。

2. 审计步骤

步骤一：将“个人档案库（源_Grdak）”和“单位档案库（源_Dwdak）”两表进行关联查询，输入检索条件：参保类别为基本医疗保险（Cblb = “1”），状态标志为启用（Ztbz = “1”），行政区划为市区（Qwbh < > “3”），并且身份证号不为 15 位和 18 位，身份证号为空的，身份证号首位是 0、7、8、9 的信息进行检索。执行 SQL 到排序表，如图 10 – 10 所示。

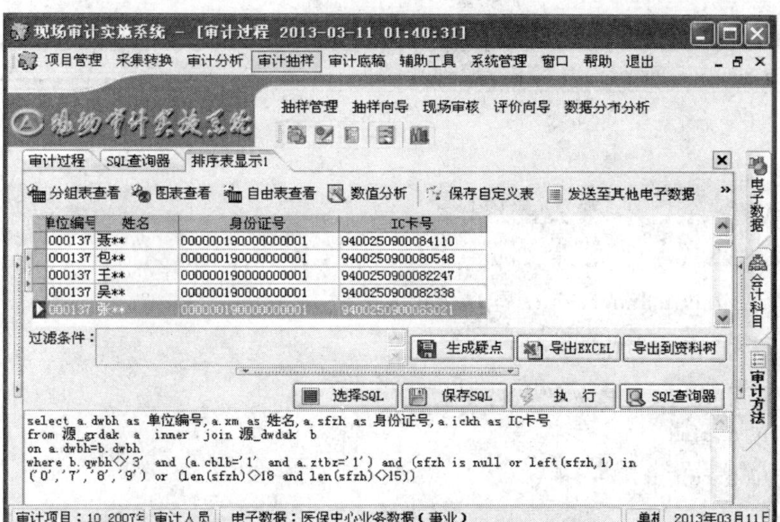

图 10 – 10

```
Select a. Dwbh As 单位编号,a. Xm As 姓名,a. Sfzh As 身份证号,a. Ickh As IC 卡号
From 源_Grdak  a  Inner  Join 源_Dwdak  b
On a. Dwbh = b. Dwbh
Where b. Qwbh < >'3' And (a. Cblb ='1' And a. Ztbz ='1') And (Sfzh Is Null Or
Left(Sfzh,1) In('0','7','8','9') Or (Len(Sfzh) < >18 And Len(Sfzh) < >15))
```

步骤二：将“个人档案库（源_Grdak）”中筛选出参保类别为基本医疗保险（Cblb = “1”），状态标志为启用（Ztbz = “1”），行政区划为市区（Qwbh < > “3”）的记录，按“身份证号”进行分组，并对 IC 卡号进行计数，将 IC 卡号重复的记录与个人档案库关联，生成“一人多户可疑情况表”视图，如图 10 - 11 所示。

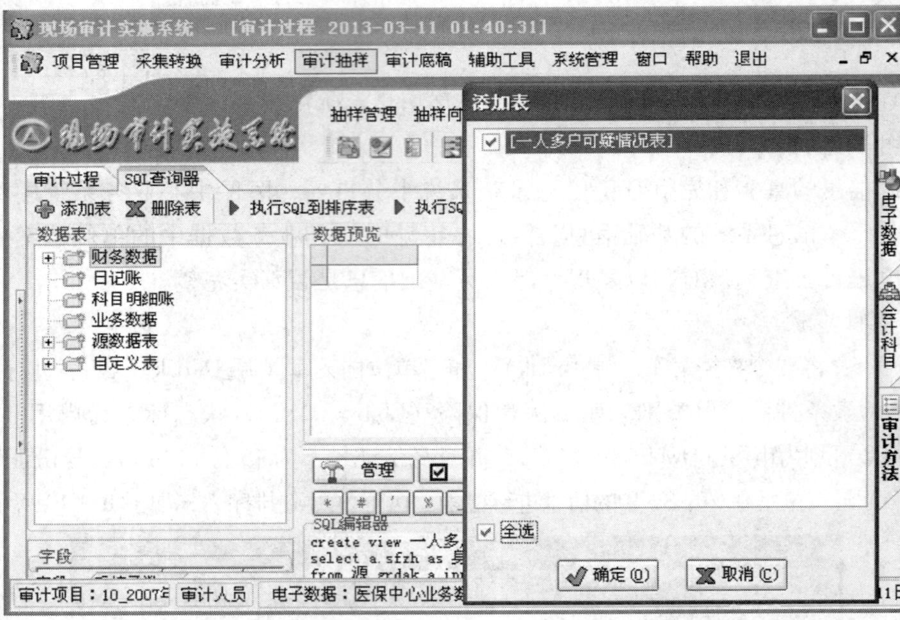

图 10 - 11

```
Create View 一人多户可疑情况表 As
Select a. Sfzh As 身份证号,Count(a. Ickh) As IC 卡数
From 源_Grdak a Inner Join 源_Dwdak b
On a. Dwbh = b. Dwbh
Where b. Qwbh < >'3' And a. Cblb ='1' And a. Ztbz ='1'
Group By a. Sfzh
Having Count(a. Ickh) >1
```

步骤三：将“个人档案库（源_Grdak）”中筛选出参保类别为基本医疗保险（Cblb = “1”），状态标志为启用（Ztbz = “1”），行政区划为市区（Qwbh < > “3”）

的记录，按“身份证号”和“姓名”两个字段进行分组，并对IC卡号进行计数，将IC卡号重复的记录与个人档案库关联，生成“一人多卡表”视图，如图10－12所示。

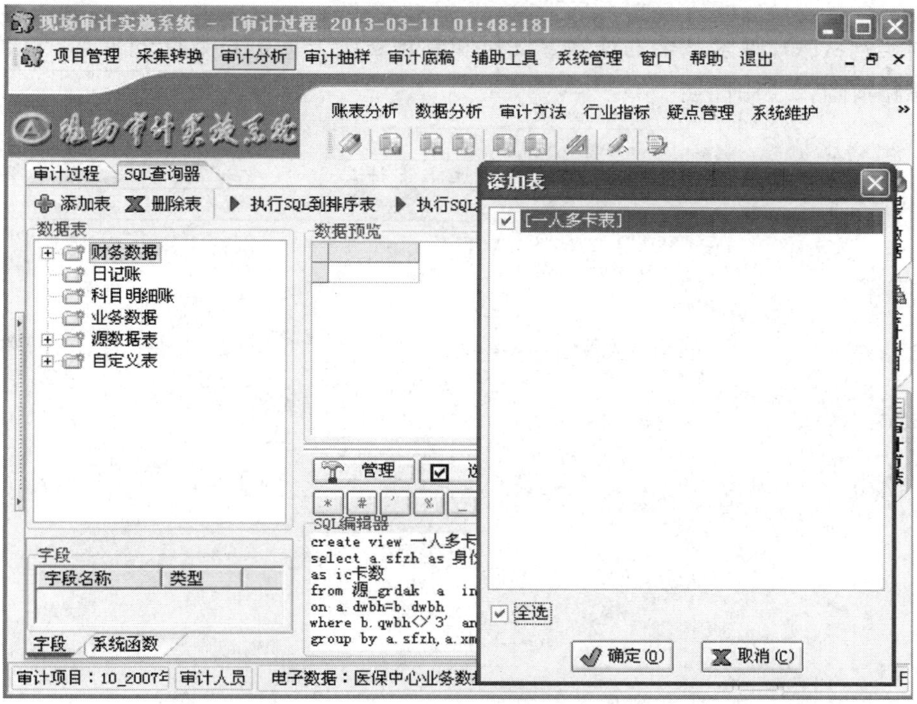

图10－12

```
Create View 一人多卡表 As
Select a. Sfzh As 身份证号,a. Xm As 姓名,Count(a. Ickh) As IC 卡数
From 源_Grdak  a  Inner  Join 源_Dwdak  b
On a. Dwbh = b. Dwbh
Where b. Qwbh < >'3' And a. Cblb ='1' And a. Ztbz ='1'
Group By a. Sfzh,a. Xm
Having Count(a. Ickh) >1
```

3. 审计结果

经检查发现，共有763名参保人员的身份证信息不实（不足15位或18位或首位为“0”“7”“8”“9”）；有1007条记录存在一个身份证号对应多个卡号的情况。有26人出现同姓名同身份证号但使用不同IC医疗卡现象。

4. 应用AO功能点

本事项应用了AO审计分析/数据分析/SQL查询器功能。

三、点评

本实例从医疗保险基金的征缴、支付和管理三个方面进行数据分析，查找问题线索，思路清晰，通用性强。

（江苏省镇江市审计局　史　宏　田茂松　陈亚平）

实例十一

职工工伤保险基金审计 AO 应用实例

一、项目背景

2007 年 6—7 月，某市审计机关根据上级统一部署，对该市 2006 年度工伤保险基金征缴、管理、使用及市工伤保险管理中心事业经费预算执行和财务收支情况进行了就地审计。审计中采集转换了被审计单位财务数据 17MB，业务数据 307MB［7 张表：AB01（单位信息表）、AB07（单位缴费明细表）、AC01（个人信息表）、AC02（个人参保情况表）、LC01（工伤情况表）、LC07（工伤待遇支付表）、LC14（医疗费用支付表）］，在此基础上对六个行业的工伤保险申报、登记、审核、支付等环节进行了重点审查，取得了较好的审计成果。

二、审计过程

（一）电力行业基准费率标准偏低，少缴工伤保险费 150 多万元

审计事项：社会保障审计/基金征缴/多征、少征、欠缴保险费。

1. 审计思路

该市关于工伤保险分类行业基准费率标准规定：根据不同行业的工伤风险程度，确定不同行业的基准费率标准，从 0.5% 到 2.5% 共分为三类六档。从业务系统中筛选出 2006 年的企业缴费情况，对照基准费率，检查有无不按规定缴费的情况。

2. 审计步骤

步骤一：将单位缴费情况表与单位信息表按照单位编号进行关联，并汇总各企业 2006 年各月的实际缴费基数和缴费金额。

```
Select [源_Ab07].Aab001 As 编号,[源_Ab01].Aab004 As 单位名称,Sum([源_Ab07].Aab121) As 2006 年缴费基数,Sum([源_Ab07].Aab124) As 2006 年缴费金额,
```

```
Sum([源_Ab07].Aab124)/Sum([源_Ab07].Aab121) As 缴费比例
    From [源_Ab07],[源_Ab01]
    Where Aae002 Like '2006%'
    And [源_Ab07].Aab001 = [源_Ab01].Aab001
    Group By [源_Ab07].Aab001,[源_Ab01].Aab004
```

结果如图 11 - 1 所示。

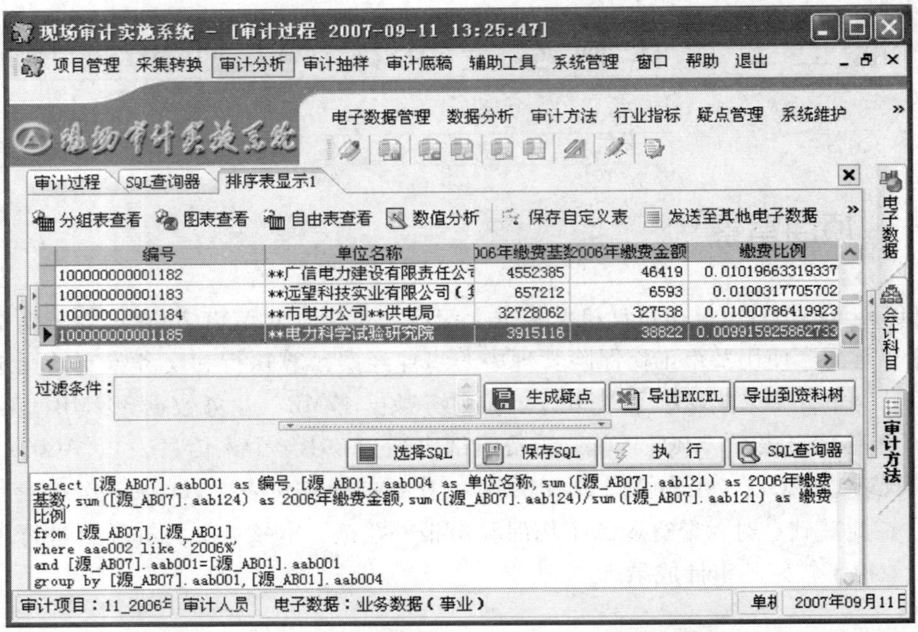

图 11 - 1

步骤二：将结果导出到 Excel 表中，与文件规定的缴费比例进行对比。

3. 审计结果

经对比，发现电力行业企业未按规定的 1.5% 比例缴费，实际缴费比例为 1%，共少缴工伤保险费 150 多万元。

4. 应用 AO 功能点

本事项应用了 AO 数据分析/SQL 查询器；审计分析/数据分析/排序分组表分析工具等功能。

（二）6 户企业费率应浮动而未浮动，少缴工伤保险费 600 万元

审计事项：社会保障审计/基金征缴/多征、少征、欠缴保险费。

1. 审计思路

根据《劳动和社会保障部　财政部　卫生部关于国家安全生产监督管理局关于工

伤保险费率问题的通知》（劳社部发〔2003〕29 号）“属于二、三类行业用人单位缴费费率在分类行业基准费率标准的基础上每年浮动一次。（一）用人单位上年度工伤保险待遇支出总额与上年度缴费总额之比在 120% 以上至 150% 的，单位缴费费率上浮到本行业基准费率的 120%；（二）用人单位上年度工伤保险待遇支出总额与上年度缴费总额之比在 150% 以上的，单位缴费费率上浮到本行业基准费率的 150%”的规定。从业务系统中筛选出参保企业 2005 年的支出总额和缴费总额，检查有无应浮动而未浮动的情况。

2. 审计步骤

步骤一：将单位信息表与工伤待遇支付表按单位编号进行关联，将工伤待遇支付表中 2005 年各企业各月的医疗费用支付情况进行汇总，提取单位编号、单位名称、工伤待遇支付金额，生成“2005 年各单位待遇明细表”。

```
Select [源_Lc07].Aab001 As 编号,[源_Ab01].Aab004 As 单位名称,Sum([源_Lc07].Alc121) As 待遇合计金额
Into [2005 年各单位待遇明细]
From [源_Ab01],[源_Lc07]
Where [源_Lc07].Aae002 Like '2005%'
And [源_Lc07].Aab001 = [源_Ab01].Aab001
Group By [源_Lc07].Aab001,[源_Ab01].Aab004
```

各单位待遇明细如图 11－2 所示。

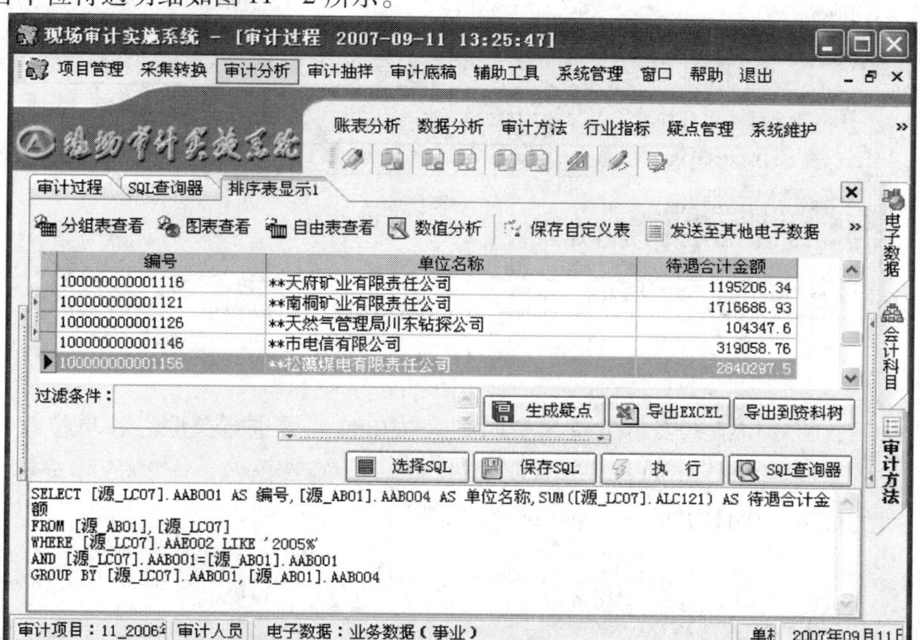

图 11－2

步骤二：将单位信息表与医疗费用支付表按单位编号进行关联，将单位缴费明细表中2005年各企业各月的医疗费用支付情况进行汇总，提取单位编号、单位名称、医疗费支付金额，生成“2005年各单位医疗费明细表”。

```
Select [源_Lc14].Aab001 As 编号,[源_Ab01].Aab004 As 单位名称,Sum([源_Lc14].Yka204) As 医疗费合计金额
Into 2005 年各单位医疗费明细表
From [源_Ab01],[源_Lc14]
Where [源_Lc14].Aae002 Like '2005%'
And [源_Lc14].Aab001 = [源_Ab01].Aab001
Group By [源_Lc14].Aab001,[源_Ab01].Aab004
```

各单位医疗费明细如图11－3所示。

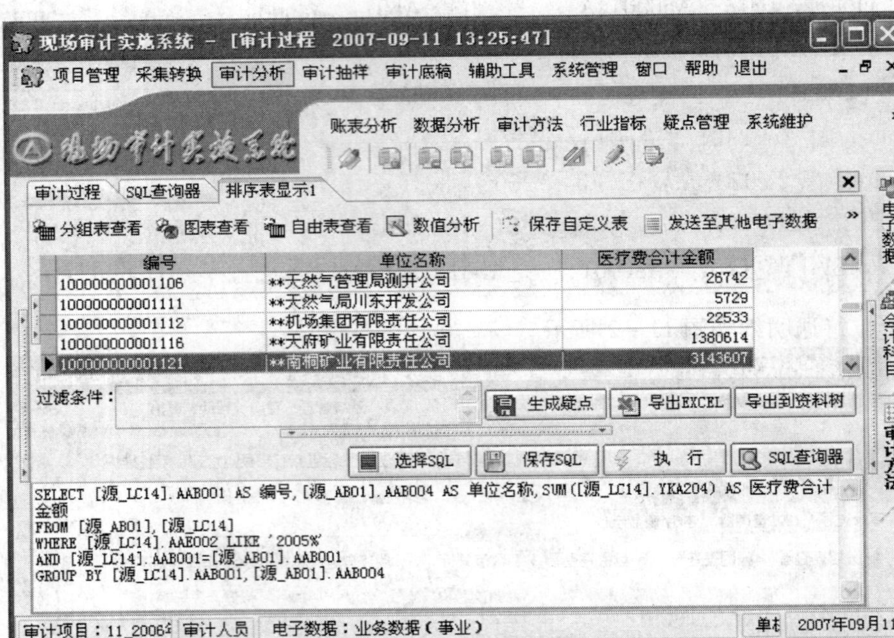

图11－3

步骤三：将单位信息表与单位缴费明细表按单位编号进行关联，将单位缴费明细表中费款所属期在2005年的各月缴费明细进行汇总，筛选出各企业2005年全年缴纳工伤保险费的情况，生成“2005年各单位缴费表”。

```
Select [源_Ab07].Aab001 As 编号,[源_Ab01].Aab004 As 单位名称,Sum([源_Ab07].Aab124) As 2005 年缴费金额
Into 2005 年各单位缴费表
```

```
From [源_Ab07],[源_Ab01]
Where Aae002 Like '2005%'
And [源_Ab07]. Aab001 = [源_Ab01]. Aab001
Group By [源_Ab07]. Aab001,[源_Ab01]. Aab004
```

各单位缴费明细如图 11－4 所示。

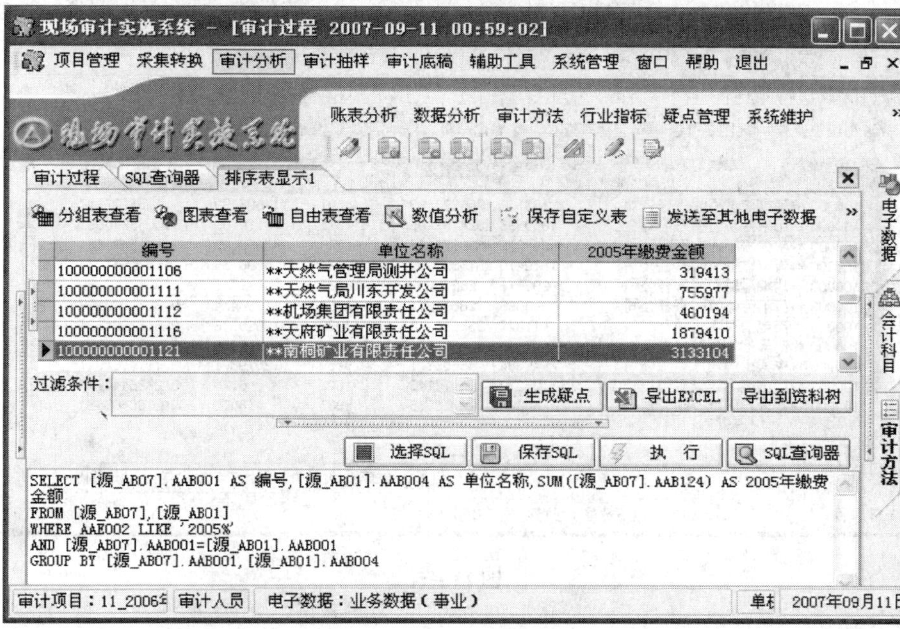

图 11－4

步骤四：将企业 2005 年的待遇支出加上医疗费支出与同期的缴费情况进行对比，检查待遇支出和医疗费支出之和与缴费金额之比超过 120% 至 150% 的企业，按照文件规定，这些企业的缴费费率在 2006 年应向上浮动。如图 11－5 所示。

```
Select c.[编号],c.[2005 年缴费金额],c.[单位名称],
a.[医疗费合计金额] + a.[待遇合计金额] As [支出小计],
a.[医疗费合计金额],
a.[待遇合计金额],
(a.[医疗费合计金额] + a.[待遇合计金额])/c.[2005 年缴费金额] As 支出占缴费比例
From (
Select a.[编号],a.[医疗费合计金额],b.[待遇合计金额]
From [2005 年各单位医疗费明细表] a Inner Join [2005 年各单位待遇明细] b
```

```
On a.[编号]=b.[编号]) a
Inner Join [2005 年各单位缴费表] c On a.[编号]=c.[编号]
Order By (a.[医疗费合计金额]+a.[待遇合计金额])/c.[2005 年缴费金额] Desc
```

图 11-5

3. 审计结果

通过以上方法，查出 6 户企业费率应浮动而未浮动，少缴工伤保险费 600 万元。

4. 应用 AO 功能点

本事项应用了 AO 数据分析/SQL 查询器功能。

（三）部分企业参保人数申报不实，少缴工伤保险费近 800 万元

审计事项：社会保障审计/基金征缴/多征、少征、欠缴保险费。

1. 审计思路

根据该市有关文件规定："用人单位缴纳基本养老保险费、失业保险费、基本医疗保险费、工伤保险费、生育保险费，以本单位缴费总基数乘以各险种缴费比例计缴。"将工伤保险缴费情况与养老保险缴费情况进行比对，检查是否存在工伤保险率缴费基数低、养老保险缴费基数高。由于养老保险和工伤保险的参保信息已导入金保工程，所以将养老保险和工伤保险的缴费信息导入 AO 系统中，再进行对比分析。

2. 审计步骤

步骤一：从金保工程数据中筛选出工伤保险 2006 年 12 月的缴费情况。

```
Select Common. Ab01. Aab004 单位名称,Ab07. Aab001 单位编号,Aab083 职工人数,
Aab120 缴费基数,Aab122 应缴金额 From Ab07,Common. Ab01
Where Aae002 ='200612'
And Ab07. Aab034 ='5001000400'
And Ab07. Aab001 = Common. Ab01. Aab001
```

步骤二：从金保工程数据中筛选出养老保险 2006 年 12 月的缴费情况。

```
Select Common. Ab01. Aab004 单位名称,Ab07. Aab001 单位编号,Aab083 职工人数,
Aab121 单位缴费基数 From Ab07,Common. Ab01
Where Aae002 ='200612'
And Ab07. Aab001 = Common. Ab01. Aab001
```

步骤三：将上述两表先导入到 AO 系统中，按照单位编号进行关联，筛选出各企业 2006 年 12 月的养老保险和工伤保险的缴费情况对比表。如图 11－6 所示。

```
Select [业务_源_工伤参保缴费情况].[单位名称],[业务_源_工伤参保缴费情况].
[单位编号],[工伤缴费职工人数],[工伤缴费基数],[养老缴费职工人数],[养老单位
缴费基数]  From [业务_源_工伤参保缴费情况],[业务_源_养老参保缴费情况]
Where [业务_源_工伤参保缴费情况].[单位编号] =[业务_源_养老参保缴费情
况].[单位编号]
And [工伤缴费基数] <[养老单位缴费基数]
```

图 11－6

3. 审计结果

根据各公司养老保险的缴费基数，计算出企业由于少报缴费基数，导致12月少缴工伤保险费65.7万元，2006年全年少缴工伤保险费近800万元。

4. 应用AO功能点

本事项应用了AO数据分析/SQL查询器功能。

（四）部分人参保时间晚于受伤时间，违规报销工伤医疗费1.28万元

审计事项：社会保障审计/基金支付/待遇审批规范性审查。

1. 审计思路

根据规定，只有参加了工伤保险的职工才能在发生工伤事故后享受工伤保险待遇。但实际中是否存在先发生工伤事故后办理参保手续、享受工伤保险待遇的情况，审计人员对此进行检查。

2. 审计步骤

将工伤情况表、个人参保情况表、医疗费支付表和个人信息表，以个人编号进行关联，将个人的参保时间与工伤发生时间进行对比，筛选工伤发生时间早于参保时间的情况，并计算违规支付的医疗费金额。

```
Select [源_AC01].Aac001 As 个人编号,[源_AC01].Aac003 As 姓名,[源_AC02].Aac030 As 参保时间,[源_LC01].Alc020 As 工伤发生时间,[源_AC02].Aac030 - [源_LC01].Alc020 As 工伤发生时间早于参保时间天数,[源_LC14].Yka204 As 医疗费金额
From [源_LC14],[源_AC02],[源_LC01],[源_AC01]
Where [源_LC14].Aac001 = [源_AC01].Aac001
And [源_AC02].Aac001 = [源_AC01].Aac001
And [源_LC01].Aac001 = [源_AC01].Aac001
And [源_AC02].Aac030 - [源_LC01].Alc020 > 0
And Yka204 > 0
And [源_LC14].Aae002 Like '2006%'
And [源_AC02].Aac030 Like '2006%'
```

3. 审计结果

经核实，在2006年保险支付中存在部分人参保时间晚于受伤时间，违规报销工伤医疗费1.28万元。

4. 应用AO功能点

本事项应用了AO数据分析/SQL查询器功能。

三、点评

本实例在充分了解被审计单位业务系统数据结构的基础上，从 Oracle 数据库导出关键的 7 张表至 AO，利用 AO 的分析工具对照已明确的审计思路编写 SQL 语句查找问题，过程简洁明了，结果清楚准确，有很大的推广借鉴意义。

（重庆市审计局社会保障审计处）

实例十二

AO审计把好失业金发放“安全阀门”

一、项目背景

失业保险基金涉及面广，政策性强，为此2009年某市审计机关对该市失业保险金开展的专项资金审计主要目标是：摸清失业保险基金收支规模，掌握基金结余的分布以及基金管理运行情况，揭露资金筹集、管理、使用中存在的突出问题，促进政府及有关部门加强资金管理，严格执行国家的各项政策和制度，维护失业保险金的安全和完整，保障广大人民群众的切身利益。

该市社保财务系统为用友U8软件，服务器操作系统为Windows 2003，数据库系统为SQL Server 2000。业务系统为东软社保信息系统软件，服务器操作系统为Unix，数据库系统为Oracle 9i。社保财务系统根据账套和年度的不同，划分为若干数据库文件。业务系统根据险种的不同，划分为两个库，其中失业保险单独为一个库，养老保险、医疗保险、工伤保险、生育保险集中为另一个库。

此次审计涉及的关键数据表有：会计科目表、参保个人表、参保单位表、失业金发放记录表、养老金发放记录表、社保费征收记录表、个人缴费记录表、记账凭证表等，实际采集数据量约为9.26GB。其中最为重要的是“失业金发放记录表”，包含的主要字段有：个人编号、参保人姓名、所在单位、身份证号码、银行账户、核定时间、应享受月数、已享受月数、失业金标准、待遇开始年月、待遇终止年月等。每个参保人的失业金发放情况，基本上就对应着数据表中的一条记录。

二、审计过程

（一）挤占挪用失业保险金

审计事项：社会保障审计/基金管理/挤占挪用、贪污。

1. 审计思路

失业保险基金是专项资金，必须严格专款专用，任何单位和个人不得用于平衡财政收支，更不得挤占、挪用和侵吞。运用 AO 的“账表分析”功能，在科目明细账中设定查询条件，将摘要不是“发放失业金”“医疗补助”“职业培训”等正常内容的凭证筛选出来，检查这些失业金支出是否符合规定。

2. 审计步骤

步骤一：选择“审计分析－电子账簿管理”，在出现的功能界面上选择“失业保险财务数据”账簿。

步骤二：选择“审计分析－账表分析”。依次打开“501 失业保险金支出”“502 医疗补助金支出”“503 丧葬抚恤补助支出”“504 职业培训和职业介绍补贴支出”等会计科目的明细账。如图 12－1 所示。

图 12－1

步骤三：展开科目明细账“查询”界面，点击右侧的“高级”按钮，对上述几个科目进行条件筛选，即科目为失业金支出类科目、借方金额大于零、摘要中不含“发放失业金”“医疗补助”“职业培训”等关键字的凭证记录。如图 12－2 所示。

步骤四：执行查询显示结果，发现有两条问题记录，审计人员根据凭证日期和凭证号调阅原始凭证，并将结果保存为审计疑点，以待核实。如图 12－3 所示。

3. 审计结果

2008 年，该市社保局在失业保险基金中两次违规列支人力资源网络建设费，合计

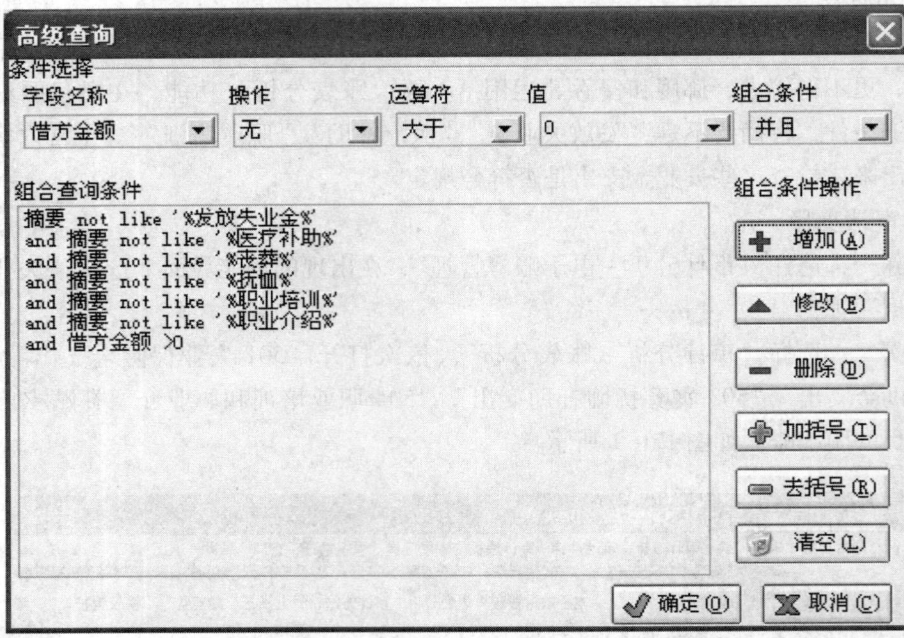

图 12－2

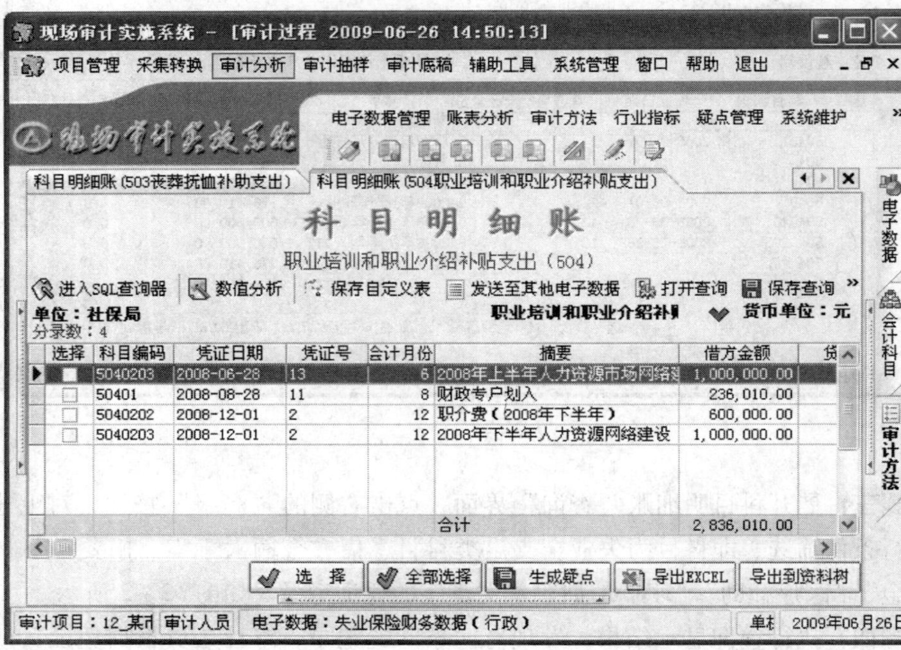

图 12－3

200 万元，不符合失业保险金必须专款专用的规定，应予追回并调整账目。

4. 应用 AO 功能点

本事项应用了 AO 审计分析/账表分析/科目明细账审查；审计分析/疑点管理等功能。

（二）重复发放失业金

审计事项：社会保障审计/基金支付/保险金支付合规性审查。

1. 审计思路

失业金要根据社会保险的统筹范围，按照规定的项目和标准支出，对同一人员不能重复发放。该市的失业金均通过邮政银行发放，每一个参保人拥有一个唯一的银行账号。审计人员可以运用 AO 的“重号分析”功能，从失业金发放记录入手，通过对银行发放账号的重号分析，查看有无同一人员同时领取两份甚至多份失业金的数据记录。之所以是使用银行账号，而不是姓名或身份证号码作为重号分析的字段，是因为参保人员有同名的可能，而身份证号码偶尔也会有同号的情况，这都是正常的。相对来说，银行账号直接对应着失业金的发放，并且在理论上绝不应该出现重复记录，如果存在同号则意味着存在问题了。

2. 审计步骤

步骤一：选择“审计分析－电子账簿管理”，在出现的功能界面上选择“社保基金业务数据”账簿。

步骤二：选择“审计分析－数据分析”，用“分组表查看”功能打开“失业金发放记录表”，在出现的分组表显示界面上，选择“数值分析－重号分析”。如图 12－4 所示。

图 12－4

步骤三：在“重号分析”界面上，将统计字段设为“银行账号”，点击“统计”命令按钮查看结果。如图 12 - 5 所示。

图 12 - 5

3. 审计结果

“重号分析”的结果显示，除了空银行账号外，还有一些银行账号存在重复现象，这意味着社保机构可能往这些账号上发放了双份的失业金。审计人员按图索骥，从邮政银行调取了这几个账号的原始纸质对账单，证实存在重复发放失业金的问题。

4. 应用 AO 功能点

本事项应用了 AO 审计分析/数据分析/排序分组表分析工具；审计分析/数据分析/数值分析等功能。

（三）对已死亡人员继续发放失业金

审计事项：社会保障审计/基金支付/保险金支付合规性审查。

1. 审计思路

失业人员在领取失业保险金期间死亡的，社保机构向其家属发放一次性丧葬补助金和抚恤金，同时停止其剩余月份失业金的发放。由于人员的死亡信息只有公安部门才有准确登记，因此审计人员通过协调，从公安的户籍管理系统上下载了市区的“户籍登记表”，其中包含了人员姓名、身份证号码、死亡日期、户口所在地等关键信息。再运用 AO 的“自动审计”功能，通过“身份证号码”关联社保的“失业金发放记录表”和公安的“户籍登记表”，在 ASL 审计脚本语言中，比较人员死亡日期和失业金发放日期，筛选出户籍登记上显示已经死亡而社保上仍然对其发放失业金记录的人员。

2. 审计步骤

步骤一：选择“审计分析 - 电子账簿管理”，在出现的功能界面上选择“社保基金业务数据”账簿。

步骤二：选择“审计分析 - 审计方法 - 审计方法管理 - 审计师方法”，右击鼠标，在弹出的快捷菜单上选择“创建审计方法”，将审计方法命名为“对死亡人员发放失业金审计”，并将其保存。

步骤三：在左侧的树形列表框中右击刚创建的“对死亡人员发放失业金审计”方法，在弹出的快捷菜单上选择“创建审计步骤”。

步骤四：ASL 语句编写界面显示后，在程序代码输入文本框中录入如下审计脚本语句，并编译执行。如图 12 - 6 所示。

```
//对死亡人员发放失业金审计方法
Var
IsEmpty,CurrentQuery,strName,strCeti,strBegin,strEnd,strDeath;
begin
    //创建审计中间表,将符合条件的记录筛选出来
    CreateTempTable('失业金发放对比表','Select a.姓名,a.身份证号码,a.待遇开始年月,a.待遇终止年月,a.待遇享受状态,b.死亡日期 as 死亡年月,a.应享受月数,a.已享受月数 From 业务_失业金发放记录表 as a inner join 业务_公安户籍登记表 as b on a.身份证号码 = b.身份证号码 Where b.死亡日期 Is Not Null');
    //在审计中间表的基础上进一步筛选
    CurrentQuery:=CreateQ('Select * From 失业金发放对比表 Where 死亡年月>待遇开始年月 and 死亡年月<待遇终止年月 and 待遇享受状态="2"', -1);
    IsEmpty:=QEof(CurrentQuery);
    If IsEmpty#1 Then
    begin
        //循环显示疑点记录
        repeat
     strName:=QFDValue(CurrentQuery,'姓名');
     strCeti:=QFDValue(CurrentQuery,'身份证号码');
     strBegin:=QFDValue(CurrentQuery,'待遇开始年月');
     strEnd:=QFDValue(CurrentQuery,'待遇终止年月');
     strDeath:=QFDValue(CurrentQuery,'死亡年月');
```

```
        Write('姓名:'+strName+'身份证:'+strCeti+'失业金领取:'+strBegin+'-'
+strEnd+'死亡年月:'+strDeath);
            // 下一条记录
            IsEmpty:=Qmov(CurrentQuery,1);
            IsEmpty:=Qeof(CurrentQuery);
            until IsEmpty=1;
        End;
        ShowMsg('执行完成！');
    End.
```

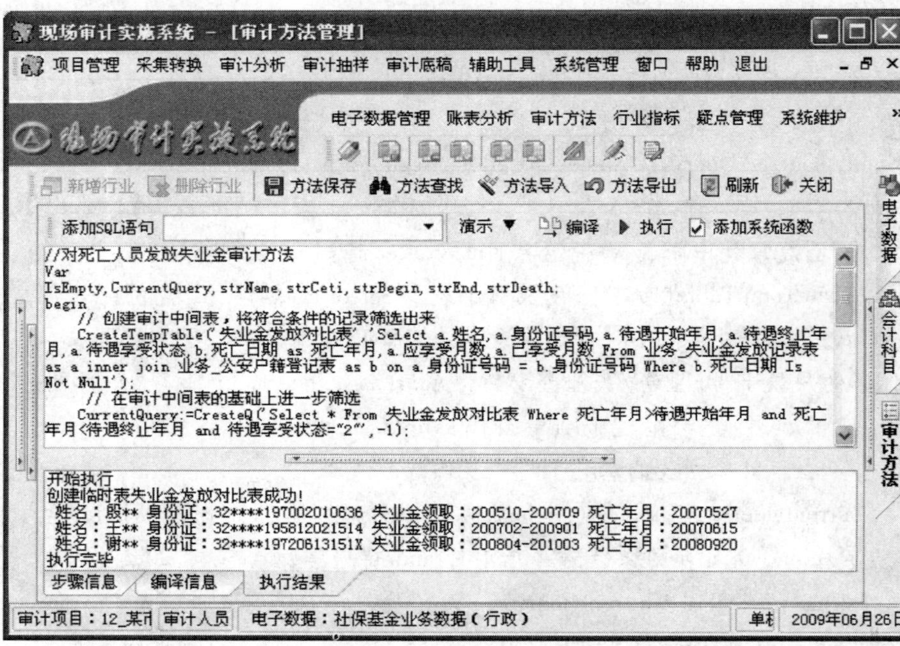

图 12－6

3. 审计结果

经核实，失业保险参保人“王某”2007 年 6 月在领取失业金期间死亡，市社保局在当月发放了丧葬费及直系亲属一次性抚恤费 5600 元后，未停止对其失业金的发放，而是于 2007 年 7 月至 2009 年 1 月间，继续对已死亡的“王某”发放了 19 个月失业保险金，计 7638 元。另两人经过核对，发现系享受一次性领取失业金优惠政策的人员，可不作为问题反映。

4. 应用 AO 功能点

本事项应用了审计分析/审计方法/审计方法管理；审计分析/审计方法/自动审计等功能。

（四）对已享受基本养老保险人员发放失业金

审计事项：社会保障审计/基金支付/保险金支付合规性审查。

1. 审计思路

根据《失业保险条例》第十五条的规定：失业人员在领取失业保险期间享受基本养老保险待遇的，应停止领取失业保险金。审计人员可以运用 AO 的“图形化 SQL 查询”功能，关联“失业金发放记录表”和“养老金发放记录表”，以“身份证号码”为连接字段，比较同一人员享受失业保险和基本养老保险的时间，如果前者的终止时间在后者开始时间之后，则意味着该参保人员在享受基本养老保险待遇后，仍然在继续领取失业金。

2. 审计步骤

步骤一：选择“审计分析－电子账簿管理”，在出现的功能界面上选择“社保基金业务数据”账簿。

步骤二：选择“审计分析－数据分析”。点击工具栏上的“图形化 SQL”按钮，打开“图形化 SQL 查询分析器”界面。添加“业务_失业金发放记录表”和“业务_养老金发放记录表”两张数据表，将前者的“身份证号码”字段与后者的“证件号码”字段通过拖拽建立内连接，设定条件为养老金发放的“结算期”早于失业金发放的“待遇终止期”，且基础养老金的金额大于零。如图 12－7 所示。

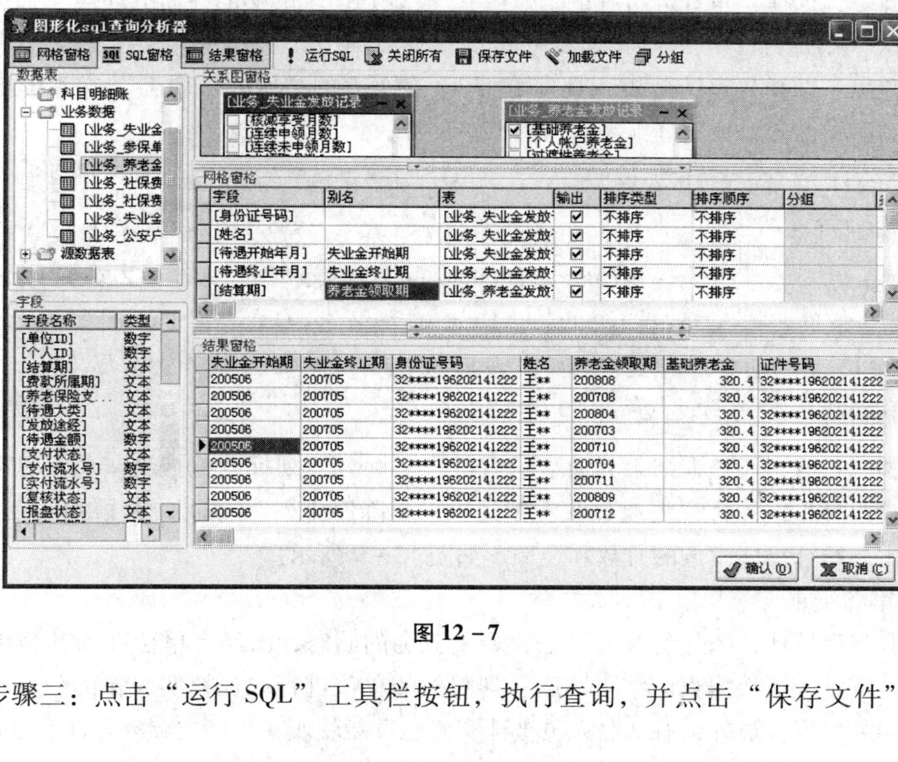

图 12－7

步骤三：点击“运行 SQL”工具栏按钮，执行查询，并点击“保存文件”按钮，将查询的具体设置导出为“.xml”文件，以便日后调用。

3. 审计结果

“图形化SQL查询”的结果窗体显示，部分参保人的基本养老保险开始领取时间，在其失业金的终止领取时间之前。审计人员根据此分析结果，调阅了上述人员待遇审批的纸质资料，证实其中有13人存在违规发放问题。

4. 应用AO功能点

本事项应用了AO审计分析/数据分析/图形化SQL查询分析器功能。

（五）对重新就业人员发放失业金

审计事项：社会保障审计/基金支付/保险金支付合规性审查。

1. 审计思路

《失业保险条例》规定：参保人员在领取失业保险期间又重新就业的，应停止领取失业保险金。在正常情况下，如果有单位替个人缴纳失业金，基本就意味着这个人是在该单位就业的。审计人员以此为思路，运用AO的“SQL查询”功能，通过“身份证号码”为连接字段，关联“失业金发放记录表”和“缴费记录表”，对比同一人员的失业金缴费日期和发放日期，如果缴费日期在发放日期范围之内，则意味着该参保人员已有单位为其缴纳失业金，但其仍然在违规领取失业金。

2. 审计步骤

步骤一：选择“审计分析-电子账簿管理”，在出现的功能界面上选择“社保基金业务数据”账簿。

步骤二：选择“审计分析-数据分析”。在下方的“SQL编辑器”文本框中输入SQL查询语句，并执行到分组表。如图12-8所示。

```
Select b.姓名,b.身份证,a.待遇开始年月,a.待遇终止年月,b.结算期 As 失业金缴费年月,a.失业金标准,b.缴费金额,c.单位名称,b.险种,a.待遇享受状态 From 业务_失业金发放记录表 As a Inner Join (业务_失业金缴费记录表 As b Inner Join 业务_参保单位表 As c On b.单位编号 = c.单位编号) On a.身份证号码 = b.身份证 Where b.结算期>a.待遇开始年月 And b.结算期<a.待遇终止年月 And b.缴费金额>0 And a.待遇享受状态="2"
```

步骤三：分组表查询结果界面显示后，将“姓名”列标题拖拽到灰色汇总区，进行字段自由分组，并将“失业金缴费年月”设为降序排列。同时，在浅绿色汇总条上依次右击，统计出多发放的月数和金额。如图12-9所示。

3. 审计结果

SQL查询发现，部分参保人员在领取失业金的同时，已经有单位在为其缴纳失业保险费。审计人员根据查询结果，逐一到相关的单位进行取证核实，除部分就业单位登记错误的参保人员外，有9名人员被证实确已重新就业，多发放金额合计5万多元。

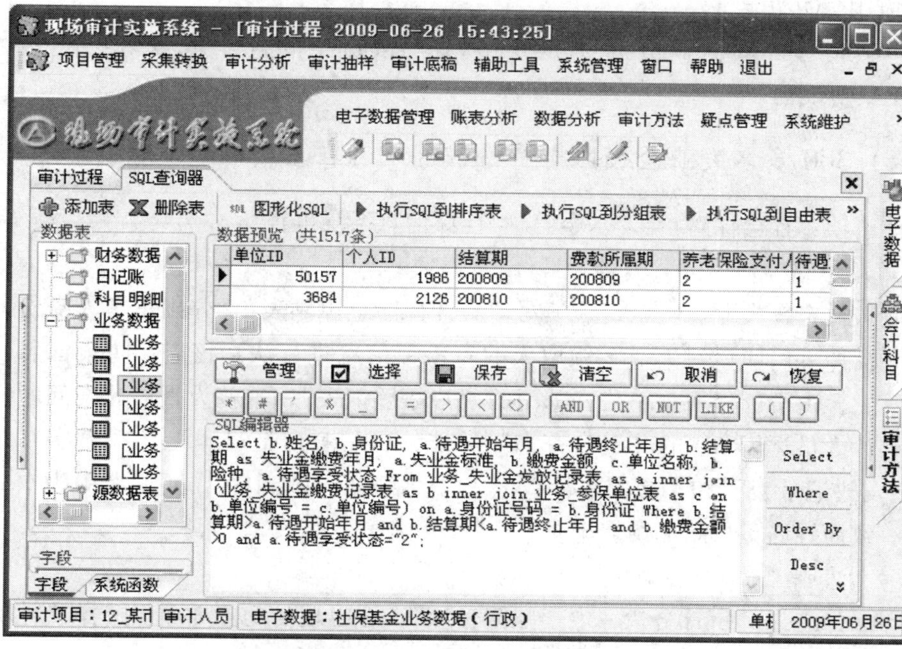
现场审计实施系统 - [审计过程 2009-06-26 15:43:25]
项目管理 采集转换 审计分析 审计抽样 审计底稿 辅助工具 系统管理 窗口 帮助 退出
电子数据管理 账表分析 数据分析 审计方法 疑点管理 系统维护
审计过程 SQL查询器
添加表 删除表 图形化SQL 执行SQL到排序表 执行SQL到分组表 执行SQL到自由表
数据表
财务数据 日记账 科目明细 业务数据 源数据表
数据预览（共1517条）
单位ID 个人ID 结算期 费款所属期 养老保险支付 待遇
50157 1986 200809 200809 2 1
3684 2126 200810 200810 2 1
管理 选择 保存 清空 取消 恢复
AND OR NOT LIKE
SQL编辑器
Select b.姓名, b.身份证, a.待遇开始年月, a.待遇终止年月, b.结算期 as 失业金缴费年月, a.失业金标准, b.缴费金额, c.单位名称, b.险种, a.待遇享受状态 From 业务_失业金发放记录表 as a inner join (业务_失业金缴费记录表 as b inner join 业务_参保单位表 as c on b.单位编号 = c.单位编号) on a.身份证号码 = b.身份证 Where b.结算期>a.待遇开始年月 and b.结算期<a.待遇终止年月 and b.缴费金额>0 and a.待遇享受状态="2";
Select
Where
Order By
Desc
字段 系统函数
审计项目：12_某 审计人员 电子数据：社保基金业务数据（行政） 2009年06月26日

图 12 -8

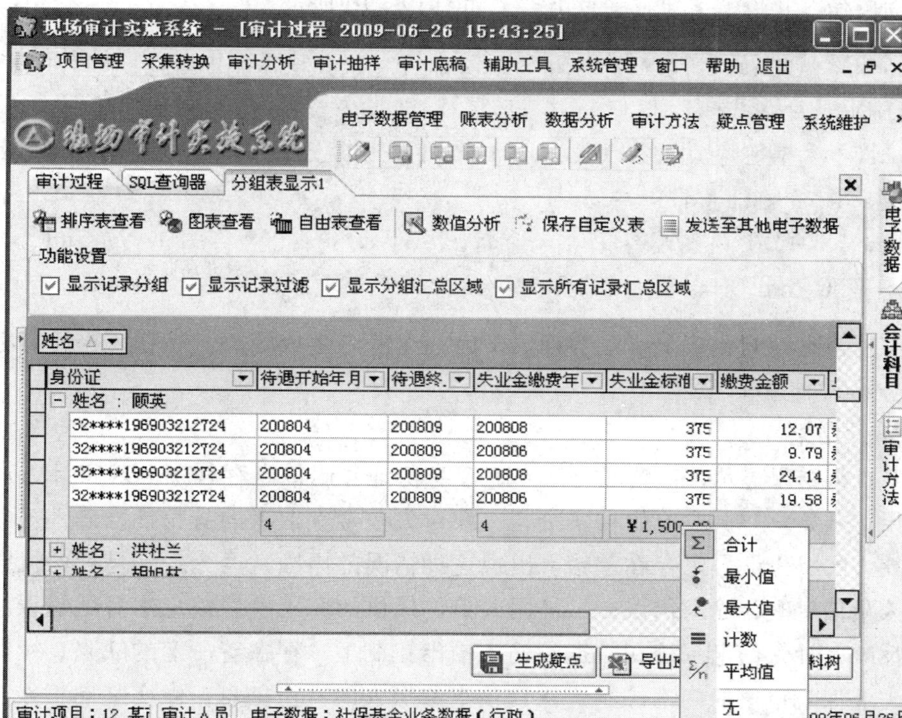
现场审计实施系统 - [审计过程 2009-06-26 15:43:25]
项目管理 采集转换 审计分析 审计抽样 审计底稿 辅助工具 系统管理 窗口 帮助 退出
电子数据管理 账表分析 数据分析 审计方法 疑点管理 系统维护
审计过程 SQL查询器 分组表显示1
排序表查看 图表查看 自由表查看 数值分析 保存自定义表 发送至其他电子数据
功能设置
显示记录分组 显示记录过滤 显示分组汇总区域 显示所有记录汇总区域
姓名
身份证 待遇开始年月 待遇终 失业金缴费年 失业金标准 缴费金额
姓名 : 顾英
32****196903212724 200804 200809 200808 375 12.07
32****196903212724 200804 200809 200806 375 9.79
32****196903212724 200804 200809 200808 375 24.14
32****196903212724 200804 200809 200806 375 19.58
4 4 ¥1,500
姓名 : 洪社兰
合计
最小值
最大值
计数
平均值
无
生成疑点 导出
审计项目：12_某 审计人员 电子数据：社保基金业务数据（行政）

图 12 -9

4. 应用 AO 功能点

本事项应用了 AO 审计分析/数据分析/SQL 查询器；审计分析/数据分析/排序分组表分析工具等功能。

（六）300 多名失业金领取者身份证号码存在差错

审计事项：社会保障审计/基金管理/社保信息系统审查。

1. 审计思路

失业人员申领失业保险金，须填写“失业保险金申领表”，并出示本人身份证等证明材料。社保部门应该对失业金领取人的身份证信息进行认真核查，防止冒名套取等现象的发生。由于已经取得了公安部门的“户籍登记表”，这就为查清此类问题提供了便利。审计人员运用 AO 的“SQL 查询”功能，以“身份证号码”为关键字，左连接“失业金发放记录表”和“公安户籍登记表”，筛选出前者中存在而后者中为空，或者身份证一致而姓名不一致的疑点记录。

2. 审计步骤

步骤一：选择“审计分析 - 电子账簿管理”，在出现的功能界面上选择“社保基金业务数据”账簿。

步骤二：选择“审计分析 - 数据分析”。在下方的“SQL 编辑器”文本框中输入 SQL 查询语句，并将结果执行到自由表。如图 12 - 10 所示。

```
Select a. 姓名,a. 身份证号码,b. 姓名,a. 户口所在地保障中心,a. 待遇开始年月,a. 待遇终止年月
From 业务_失业金发放记录表 As a Left Join 业务_公安户籍登记表 As b On a. 身份证号码 = b. 身份证号码
Where a. 户口所在地保障中心 ='市辖区' And a. 待遇开始年月 Is Not Null And (b. 身份证号码 Is Null Or a. 姓名 < >b. 姓名);
```

步骤三：在“自由表显示”界面出现后，点击“生成疑点”按钮，将所有存疑的身份证号码添加为审计疑点。

3. 审计结果

SQL 查询结果显示，市辖区有近 405 个身份证号码信息存在疑问。审计人员对照查询结果，开始一一调取原始档案资料，核对失业金领取者的身份证准确性。经核对共有 386 人的身份证号码存在差错。出现这种情况的原因有两个：一是社保机构在录入参保人员信息时，输入错误；二是用人单位提供的职工身份信息本身就错误。这也从侧面反映，社保信息系统在数据的输入输出控制上，存在着一定的缺陷。社保部门应完善失业保险审核的内部控制，认真核查参保人的身份信息，做实基础工作，防范资金风险。

图 12－10

4. 应用 AO 功能点

本事项应用了 AO 审计分析/数据分析/SQL 查询器；审计分析/疑点管理等功能。

（七）部分单位未缴纳职工失业保险

审计事项：社会保障审计/基金征缴/多征、少征、欠缴保险费。

1. 审计思路

《社会保险征缴暂行条例》规定：社会保险缴费单位、缴费个人应当按时足额缴纳社会保险费。未按规定缴纳社会保险费的，由税务机关或劳动保障部门责令其限期缴纳。审计人员从社保部门取得了社保征收计划表，又从地税部门取得了单位缴费明细表。由于这两张表来自不同的信息系统，彼此之间直接关联生成结果比较困难，审计人员决定运用 AO 的“SQL 查询”和“图表查看”功能，汇总对比社保征收计划与单位实际缴费的总体情况，再根据汇总结果确定需要延伸的月份或单位。

2. 审计步骤

步骤一：选择“审计分析－电子账簿管理”，在出现的功能界面上选择“社保基金业务数据”账簿。

步骤二：选择“审计分析－数据分析”。在下方的“SQL 编辑器”文本框中输入如下 SQL 查询语句，执行到分组表，按月份对社保下达的征收计划数进行汇总，并将结果保存为自定义表“社保计划各月汇总表”。如图 12－11 所示。

```
Select Month(限缴日期) As 月份, Sum(应缴金额) As 社保月计划合计数 From 业务_社保费征收计划明细表
Where 所属时期 Like '2008%' And (险种 Like '01%' Or 险种 Like '03%') Group By Month(限缴日期)
```

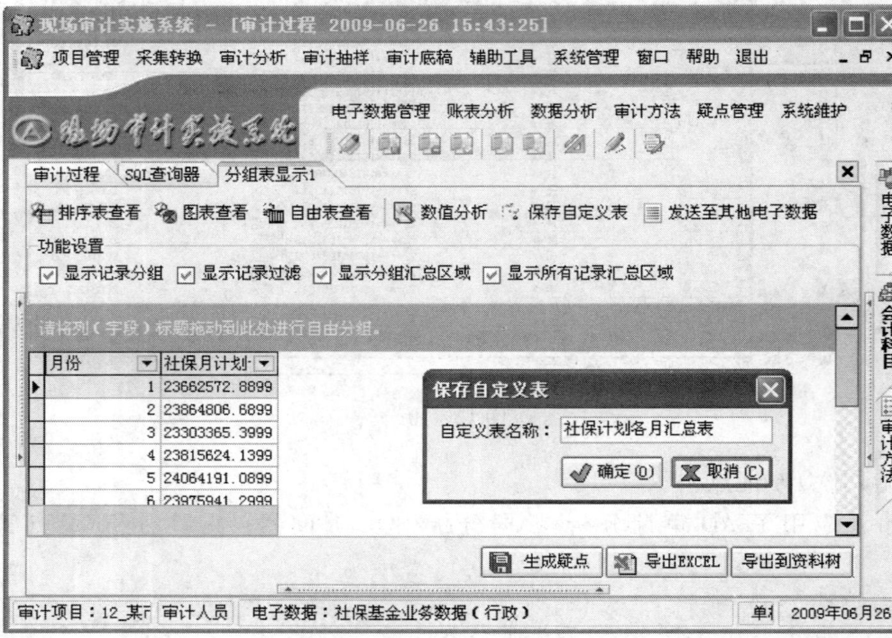

图 12-11

步骤三：在“SQL编辑器”文本框中输入如下SQL查询语句，执行到分组表，按月份对各单位实际缴纳的社保费进行汇总，并将结果保存为另一张自定义表“单位缴纳各月汇总表”。

```
Select Month(入库日期) As 月份, Sum(金额) As 单位月缴纳合计数 From 业务_社保费单位缴纳明细表
Where 所属时期 Like '2008%' And (险种 Like '01%' Or 险种 Like '03%') Group By Month(入库日期);
```

步骤四：通过“SQL编辑器”进一步执行如下SQL查询语句，将刚刚生成的两张自定义表进行关联，逐月比较征收计划数与单位缴纳数，并执行到分组表。

```
Select a.月份,a.社保月计划合计数,b.单位月缴纳合计数 From 社保计划各月汇总表 As a Inner Join 单位缴纳各月汇总表 As b On a.月份=b.月份 Order By a.月份;
```

步骤五：分组表查询结果界面显示后，点击数据表上方的“图表查看”，将“月份”设为X轴，“社保月计划合计数”“单位月缴纳合计数”设为Y轴，图表显示类型

设为“线性图”，数据点个数设为 12 个，排序选择设为“按 X 轴升序排列”，最后点击“确定”按钮执行。如图 12－12 所示。

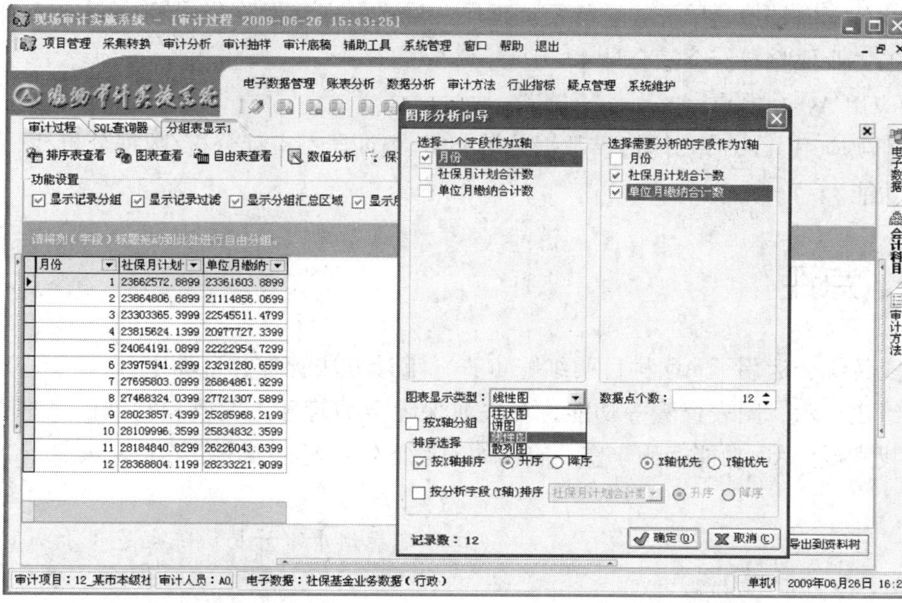

图 12－12

步骤六：在出现的图表显示结果界面上，勾选“3D 显示”，观察图形对比结果，最后点击“导出图表”按钮将图形保存到审计人员的文件夹中。如图 12－13 所示。

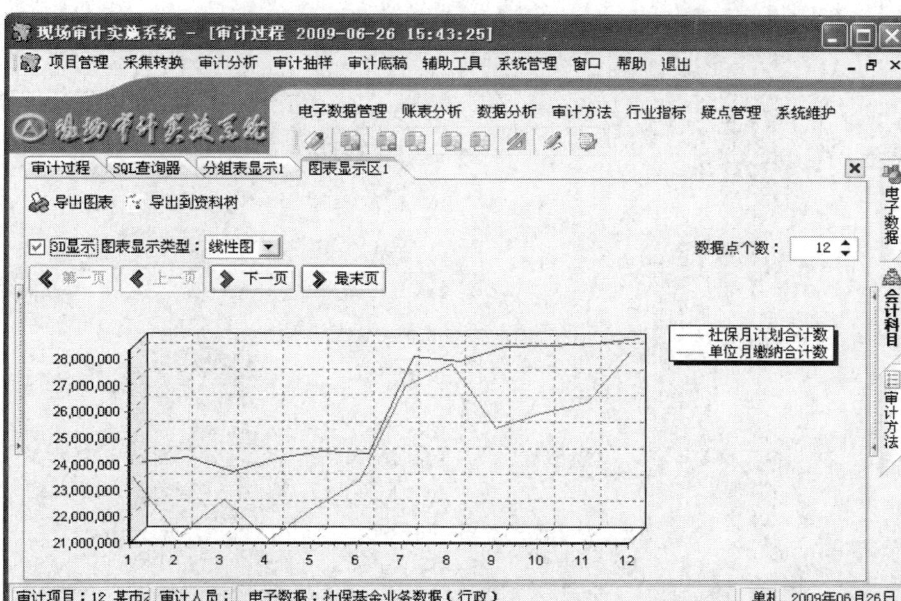

图 12－13

3. 审计结果

图表显示各单位缴纳的社保费与社保下达征收计划存在一定的差额，审计人员决定抽查部分规模较大的单位，进行重点延伸。最终发现某保险公司等66家市区单位未缴纳职工失业保险费，金额合计42万元。

4. 应用AO功能点

本事项应用了AO审计分析/数据分析/SQL查询器；审计分析/数据分析/图表分析工具等功能。

三、点评

本实例综合运用了AO科目明细账审查、审计方法管理、自动审计、SQL查询器、排序分组表显示、图表查看等功能，对失业保险金的管理、发放和基础信息进行了分析，查找疑点。AO功能运用丰富，查出的问题比较普遍，参考借鉴意义大。

（江苏省泰州市审计局　陈生芝　于　飞）

实例十三

L省2010年财政就业补助资金审计AO应用实例

一、项目背景

财政就业专项资金主要用于职业介绍补贴、职业培训补贴、社会保险补贴、公益性岗位补贴、职业技能鉴定补贴、特定就业政策补助、小额贷款担保基金和小额担保贷款贴息，以及扶持公共就业服务等。为加强这项资金的监管，2010年审计机关对L省2010年财政就业补助资金进行了专项审计。

针对财政就业补助业务涉及的人员信息量大、补助种类多的特点，审计人员采集了财政、劳动就业、社会保险、工商、培训机构、银行等部门和单位提供的数据，积极利用AO审计系统搭建信息资源平台，实现各单位电子数据集成和内外数据关联，有效地把握了财政就业补助资金的总体情况，并通过对财政就业补助资金管理和发放环节是否合理、合规等事项的检查，发现在实际工作中存在违规发放职业培训补贴、套取职业介绍补贴、贪污公益性岗位补贴、小额担保贷款促进就业效果不明显等问题。

二、审计过程

（一）总体分析，明确审计重点项目

审计事项：社会保障审计/就业再就业资金/基础管理规范性审查。

1. 审计思路

本次审计涉及L省2010年财政就业补助资金60多亿元，近350万人享受到就业补助，涉及就业方面的专项资金项目多、金额大，根据资金拨付从大到小排列，确定审计重点。

2. 审计步骤

步骤一：将整理好的“L省就业资金支出项目分类表”导入AO，按金额从大到小顺序执行SQL自由表查询。如图13－1所示。

```
Select * From [L省就业资金支出项目分类表] Order By [金额] Desc
```

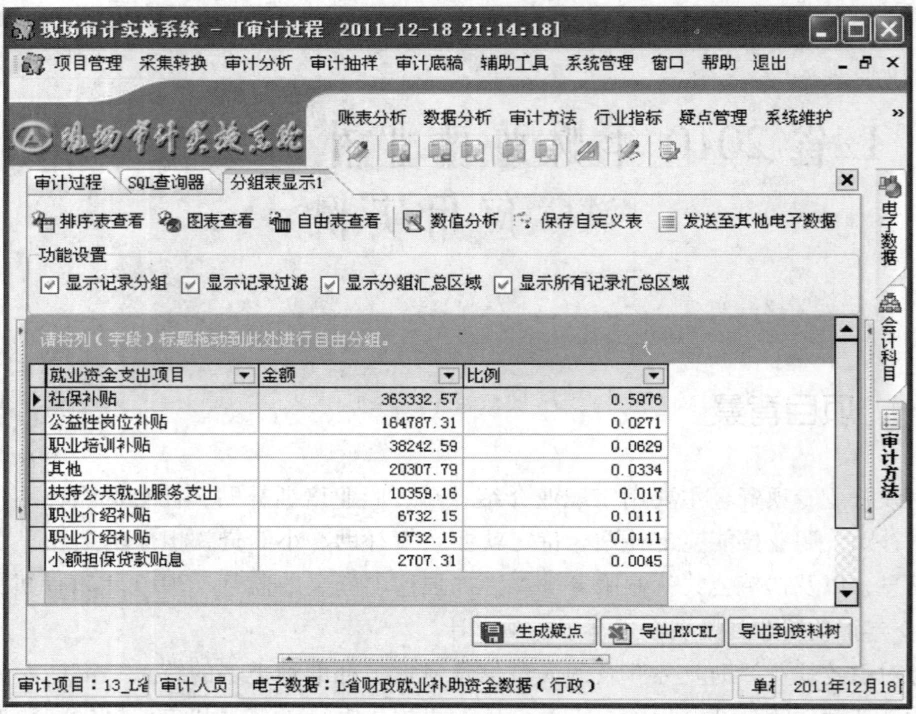

图13－1

步骤二：选择“图表查看”，直观分析出L省就业资金支出项目所占比例。如图13－2所示。

3. 审计结果

根据以上分析，L省就业资金支出项目中，金额在2000万元以上的有社会保险补贴、公益性岗位补贴、职业培训补贴、扶持公共就业服务支出、职业介绍补贴、小额担保贷款贴息、其他7类项目，根据实施方案确定的重要性水平和重要审计事项将上述项目作为此次审计的重点，结合审计实施方案，形成利用AO系统审计就业资金总体审计思路流程图。如图13－3所示。

4. 应用AO功能点

本事项应用了AO审计分析/数据分析/SQL查询器；审计分析/数据分析/图表分析工具等功能。

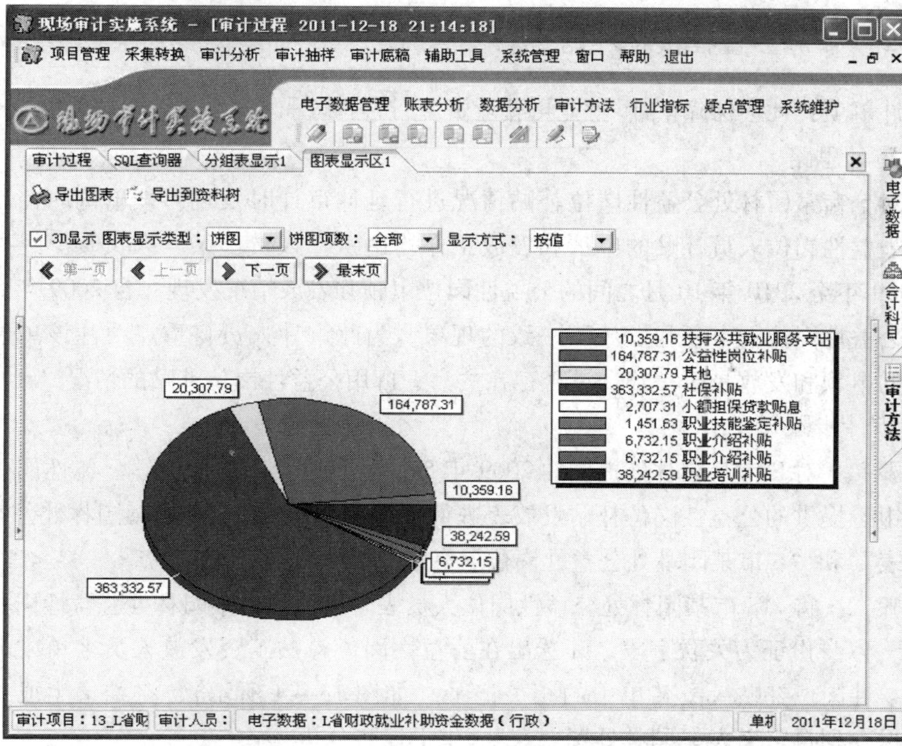
现场审计实施系统 - [审计过程 2011-12-18 21:14:18]
项目管理　采集转换　审计分析　审计抽样　审计底稿　辅助工具　系统管理　窗口　帮助　退出
电子数据管理　账表分析　数据分析　审计方法　行业指标　疑点管理　系统维护
审计过程　SQL查询器　分组表显示1　图表显示区1
导出图表　导出到资料树
3D显示　图表显示类型：饼图　饼图项数：全部　显示方式：按值
第一页　上一页　下一页　最末页
10,359.16 扶持公共就业服务支出
164,787.31 公益性岗位补贴
20,307.79 其他
363,332.57 社保补贴
2,707.31 小额担保贷款贴息
1,451.63 职业技能鉴定补贴
6,732.15 职业介绍补贴
6,732.15 职业介绍补贴
38,242.59 职业培训补贴
20,307.79
164,787.31
10,359.16
38,242.59
6,732.15
363,332.57
电子数据
会计科目
审计方法
审计项目：13_L省财　审计人员：　电子数据：L省财政就业补助资金数据（行政）
2011年12月18日

图 13－2

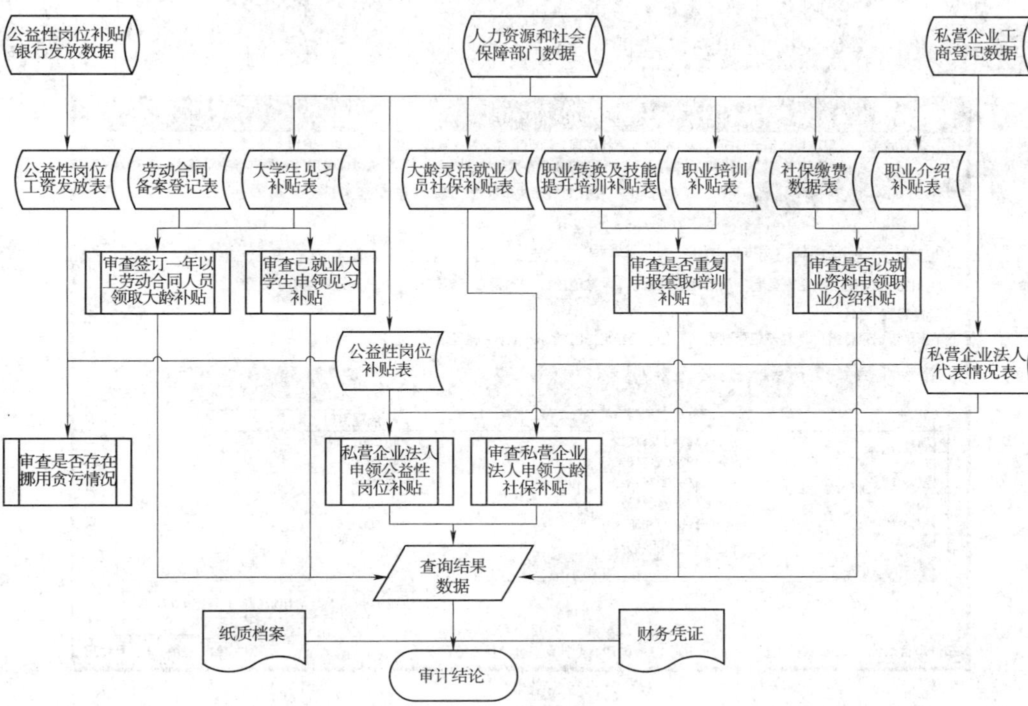
公益性岗位补贴银行发放数据
人力资源和社会保障部门数据
私营企业工商登记数据
公益性岗位工资发放表
劳动合同备案登记表
大学生见习补贴表
大龄灵活就业人员社保补贴表
职业转换及技能提升培训补贴表
职业培训补贴表
社保缴费数据表
职业介绍补贴表
审查签订一年以上劳动合同人员领取大龄补贴
审查已就业大学生申领见习补贴
审查是否重复申报套取培训补贴
审查是否以就业资料申领职业介绍补贴
公益性岗位补贴表
私营企业法人代表情况表
审查是否存在挪用贪污情况
私营企业法人申领公益性岗位补贴
审查私营企业法人申领大龄社保补贴
查询结果数据
纸质档案
财务凭证
审计结论

图 13－3

（二）贪污公益性岗位补贴

审计事项：社会保障审计/就业再就业资金/挤占挪用、贪污。

1. 审计思路

在对S市某园林处公益性岗位补贴情况进行延伸审计时发现，该单位内控制度不健全，公益性岗位人员补贴的申请和发放工作均由工作人员李某一人负责。经抽查该单位2009年至2010年10月之间的公益性岗位申领和发放情况发现，自2009年5月份起存在公益性岗位的申领和发放不一致的现象，为此审计人员将重点关注该单位公益性岗位的申领和发放是否一致，是否存在贪污、挪用公益性岗位补贴的情况。

2. 审计步骤

步骤一：对S市某园林处提供的2009年5月至2010年10月申领公益性岗位的人员表和银行提供的公益性岗位补贴发放表进行整理，分别形成“S市某园林处公益性岗位人员表”和“S市某园林处公益性岗位工资发放表”，导入AO系统。

步骤二：将“S市某园林处公益性岗位人员表”和“S市某园林处公益性岗位工资发放表”以身份证为关联字段，筛选出在公益性岗位补贴工资发放人员名单中但不在申领公益性岗位补贴人员名单中的相关记录（如图13－4所示），将结果生成审计疑点，并保存到自定义表“园林处疑点表”，供下一步分析。

```
Select * From [S市某园林处公益性岗位工资发放表] Where [身份证号] Not In
(Select [身份证号] From [S市某园林处公益性岗位人员明细表])
```

图13－4

3. 审计结果

根据审计疑点，到S市某园林处绿化处找该单位负责人李某谈话，进一步落实证据，李某迟迟未露面，最终审计组将李某超标准申领公益性岗位补贴22.63万元、资金去向不明的相关线索办理审计案件移送处理。

4. 应用AO功能点

本事项应用了AO审计分析/数据分析/SQL查询器；审计分析/疑点管理等功能。

（三）培训机构重复培训，以虚假培训资料申领职业培训补贴

审计事项：社会保障审计/就业再就业资金/虚报冒领。

1. 审计思路

L省多家培训机构既组织了普惠制职业培训，又组织离校未就业高校毕业生职业技能提升和专业转换培训，为此审计人员将重点放在是否存在重复培训、以虚假培训资料申请补贴的情况。

2. 审计步骤

步骤一：对S市各培训机构的普惠制职业培训表进行整理，将数据字段名称及结构统一，合并成"S市职业培训补贴表"。对S市各培训机构的离校未就业大学生职业技能提升和专业转换表进行整理，将数据字段名称、字段格式进行调整，形成"S市技能转换培训表"，导入AO系统。

步骤二：将"S市职业培训补贴表"和"S市技能转换培训表"以身份证为关联字段，核查是否存在同一人员既参加普惠制职业培训，又参加职业技能提升和专业转换培训的情况。对筛选出来的重复领取培训补贴记录，作为审计疑点。结果如图13－5所示。

```
Select * From [S市大学生技能提升和专业转换培训表] a Inner Join [S市职业培训数据表] b On a.[身份证]=b.[身份证]
```

步骤三：整理审计疑点表，得出疑点总金额。

3. 审计结果

审计人员在对上述疑点延伸审计时还发现，2009年至2010年，S市某协会以向该学院推荐培训学员，以"劳务费"的名义从该学院累计收取57.76万元。而当审计人员进一步到S市某协会核实该资金时，发现该单位账面并没有相关记载，而是账外存放，私设"小金库"，部分资金去向不明。审计人员进行取证，办理审计案件移送处理。

4. 应用AO功能点

本事项应用了AO审计分析/数据分析/SQL查询器；审计分析/疑点管理等功能。

图 13－5

（四）见习单位以已经就业的高校毕业生的名义套取大学生见习补贴

审计事项：社会保障审计/就业再就业资金/虚报冒领。

1. 审计思路

大学生见习补贴资金的发放范围是L省生源的离校未就业的应届高校毕业生，为此审计人员将重点放在见习补贴申请人员是不是已经就业的人员。

2. 审计步骤

步骤一：对S市劳动就业部门提供的各见习单位大学生见习补贴表进行整理，将数据字段名称及结构统一，合并成“S市大学生见习补贴表”。对S市劳动就业部门提供的劳动合同备案登记表进行整理，将数据字段名称、字段格式进行调整，形成“S市劳动合同备案登记表”，导入AO系统。

步骤二：将“S市大学生见习补贴表”和“S市劳动合同备案登记表”以身份证为关联字段，同时设定劳动合同签订时间早于见习开始时间为关联条件，进行检索，核查是否存在已经就业人员领取大学生见习补贴的情况，对筛选出来的查询结果，生成审计疑点。如图13－6所示。

```
Select * From [S市大学生见习补贴表] a Inner Join [S市劳动合同备案登记表] b On a.身份证号码=b.公民身份号码 And a.见习开始时间>b.合同起始时间
```

图 13 -6

步骤三：将查询结果生成自定义表“见习补贴疑点表”，统计分析疑点涉及的见习单位、人次和金额。如图 13 -7 所示。

```
Select Distinct［见习单位］,Count(＊) As 人数,Sum (［见习补贴］) AS 补贴金额合计 From［见习补贴疑点表］ Group By［见习单位］
```

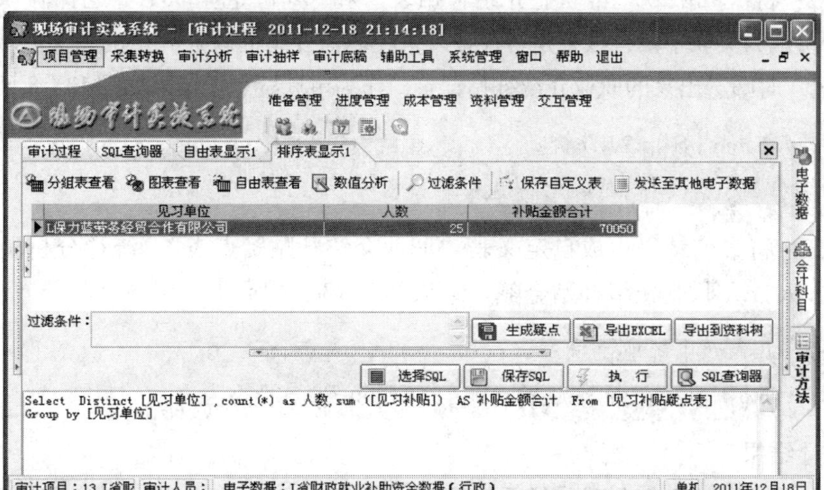

图 13 -7

3. 审计结果

针对审计疑点，到 L 省 BLL 劳务经贸合作有限公司延伸审计，查阅见习相关的工资表和考勤记录。经核实，2010 年，该公司以已经就业的 25 名高校毕业生的名义套取见习补贴 7 万元。

4. 应用 AO 功能点

本事项应用了 AO 审计分析/数据分析/SQL 查询器；审计分析/数据分析/自由表分析工具等功能。

（五）职业介绍机构以虚假资料申领职业介绍补贴

审计事项：社会保障审计/就业再就业资金/虚报冒领。

1. 审计思路

职业中介机构可按经其就业服务后实际就业的登记失业人员人数向当地人力资源社会保障部门申请职业介绍补贴。S 市职业介绍中心是 S 市劳动就业部门所属的机构，而 S 市劳动就业部门掌握大量失业、就业人员信息。为此审计人员将重点放在 S 市职业介绍中心是否会利用已经就业人员资料套取职业介绍补贴。而确定申请人员是否失业的最好证据就是在未经职业介绍以前就已参加工作并由工作单位交纳养老保险。由于 S 市 2008—2010 年职业介绍补贴数据较少，因此审计人员将 2007 年职业介绍补贴数据作为重点分析的数据。

2. 审计步骤

步骤一：对 S 市职业介绍中心提供的 2007 年职业介绍补贴表进行整理，形成“S 市 2007 年职业介绍补贴表”。对 S 市社保部门提供的 2006 年企业职工养老保险缴费人员名单进行整理，形成“S 市企业职工养老保险缴费人员名单”。

步骤二：将“S 市 2007 年职业介绍补贴表”和“S 市企业职工养老保险缴费人员名单”，以身份证为关联字段，核查是否存在以未经职业介绍而就业人员的名义套取职业介绍补贴的情况，对筛选出来的职业介绍补贴记录，作为审计疑点。结果如图 13－8 所示。

```
Select * From [S 市 2007 年职业介绍补贴表] a  Inner Join [S 市 2006 年企业职工养老保险缴费人员名单] b On a.[公民身份号码] = b.[公民身份号码]
```

步骤三：将查询结果生成自定义表“职业介绍补贴疑点表”，统计分析疑点涉及的就业去向、人数和职业介绍补贴金额。结果如图 13－9 所示。

```
Select  Distinct [就业去向],Count(*) As 人数,Sum ([应补贴数额])  AS 补贴金额合计  From [职业介绍补贴疑点表]  Group By [就业去向]
```

3. 审计结果

根据上述结果到 S 市 5 家单位延伸审计，并查阅 S 市职业介绍服务中心相关职业介绍补贴档案。最终查证，该中心 2007 年通过虚假就业资料套取职业介绍补贴 30.77 万元，用于弥补工作经费。

4. 应用 AO 功能点

本事项应用了 AO 审计分析/数据分析/SQL 查询器；审计分析/数据分析/自由表分析工具等功能。

图 13－8

图 13－9

（六）拥有私营企业人员领取大龄灵活就业人员社保补贴

审计事项：社会保障审计/就业再就业资金/虚报冒领。

1. 审计思路

L省规定享受大龄灵活就业人员社会保险补贴的对象不包括已领取私营企业营业

执照的人员，因此审计人员重点关注是否存在私营企业法定代表人领取社保补贴的情况。

2. 审计步骤

步骤一：对S市社保局提供的大龄灵活就业人员社会保险补贴表进行整理，形成“S市大龄灵活就业人员社保补贴表”。对S市工商局提供的私营企业工商登记数据进行整理，将数据字段名称、字段格式进行调整，形成“S市私营企业工商登记表”，导入AO系统。

步骤二：将“S市大龄灵活就业人员社保补贴表”和“S市私营企业工商登记表”以身份证为关联字段，核查是否存在私营企业法定代表人领取社保补贴的情况。对筛选出来的记录，作为审计疑点。如图13－10所示。

```
Select * From [S市大龄灵活就业人员社保补贴表] a Inner Join [S市私营企业工商数据表] b On a.[身份证号码]=b.[证件号码]
```

图13－10

3. 审计结果

对上述筛选结果到S市社保局进行延伸核实，最终确定，2009年至2010年，L省S市有1000多名已领取私营企业营业执照的人员享受了大龄灵活就业人员社会保险补贴700多万元，其中2010年为350万元。

4. 应用AO功能点

本事项应用了AO审计分析/数据分析/SQL查询器；审计分析/数据分析/排序分组

表分析工具；审计分析/疑点管理等功能。

（七）签订一年以上劳动合同人员领取大龄灵活就业人员社保补贴

审计事项：社会保障审计/就业再就业资金/资金使用/虚报冒领。

1. 审计思路

L 省规定享受大龄灵活就业人员社会保险补贴的对象不包括与用人单位签订了一年以上的劳动合同下岗失业人员。因此审计人员重点关注是否存在签订一年以上劳动合同的下岗失业人员申领大龄灵活就业人员社会保险补贴的情况。

2. 审计步骤

步骤一：对 S 市社保局提供的大龄灵活就业人员社会保险补贴表进行整理，形成“S 市大龄灵活就业人员社保补贴表”。对 S 市劳动就业部门提供的劳动合同备案登记数据进行整理，将数据字段名称、字段格式进行调整，形成“S 市劳动合同备案登记表”，导入 AO 系统。

步骤二：将“S 市大龄灵活就业人员社保补贴表”和“S 市劳动合同备案登记表”以身份证为关联字段，选取合同年限在一年以上的记录，核查是否存在签订一年以上劳动合同人员领取大龄灵活就业人员社保补贴的情况。对筛选出来的记录，作为审计疑点。结果如图 13 - 11 所示。

Select * From [S 市大龄灵活就业人员社保补贴表] a Inner Join [S 市劳动合同备案登记表] b On a.[身份证号码] = b.[公民身份号码] Where b.[合同年限] > 1

图 13 - 11

步骤三：对上述查询结果生成自定义表“签订一年以上合同申领大龄补贴表”进行统计汇总分析，如图13－12所示。

```
Select Count(*) as 人数,Sum([2010年1－10月补贴金额]) As 2010年违规金额 From [签订一年以上合同申领大龄补贴表]
```

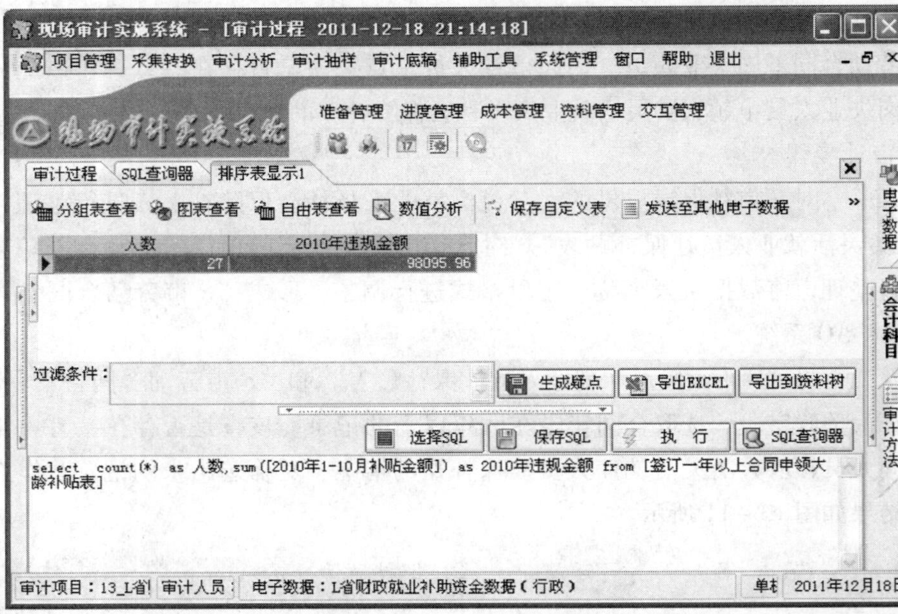

图13－12

3. 审计结果

审计核实，2010年1月至10月，S市某区有27人在与用人单位签订一年以上劳动合同的情况下，仍享受大龄灵活就业人员社会保险补贴近10万元。

4. 应用AO功能点

本事项应用了AO审计分析/数据分析/SQL查询器；审计分析/数据分析/排序分组表分析工具等功能。

（八）私营企业法定代表人申领公益性岗位补贴

审计事项：社会保障审计/就业再就业资金/虚报冒领。

1. 审计思路

公益性岗位主要安置就业困难人员，而私营企业法定代表人肯定不在公益性岗位安置的范围，不能申领公益性岗位补贴。为此，审计人员重点关注是否存在私营企业法定代表人申领公益性岗位补贴的情况。

2. 审计步骤

步骤一：对 S 市劳动就业局提供的公益性岗位补贴表进行整理，形成"S 市公益性岗位补贴表"。对 S 市工商局提供的私营企业工商登记数据进行整理，将数据字段名称、字段格式进行调整，形成"S 市私营企业工商登记表"，导入 AO 系统。

步骤二：将"S 市公益性岗位补贴表"和"S 市私营企业工商登记表"以身份证为关联字段，核查是否存在私营企业法定代表人领取公益性岗位补贴的情况。对筛选出来的记录，作为审计疑点。结果如图 13－13 所示。

```
Select * From [S 市公益性岗位人员表] a  Inner Join  [S 市私营企业工商数据表] b On a.[身份证号] = b.[证件号码]
```

图 13－13

步骤三：对上述查询结果生成自定义表"私营企业法定代表人申领公益性岗位补贴表"，进行统计汇总分析。如图 13－14 所示。

```
Select Sum([2009 年岗位补贴]+[2009 年社会保险补贴]) As 2009 年违规金额, Sum([2010 年岗位补贴]+[2010 年社会保险补贴]) As 2010 年违规金额,Sum([2009 年岗位补贴]+[2009 年社会保险补贴]+[2010 年岗位补贴]+[2010 年社会保险补贴]) As 合计违规金额 From [私营企业法定代表人申领公益性岗位补贴表]
```

3. 审计结果

对以上疑点，审计组到劳动就业部门和工商部门核实，查询相关公益性岗位补贴申请档案和工商登记资料。最终查证，2009 至 2010 年，S 市有 14 名私营企业法定代表

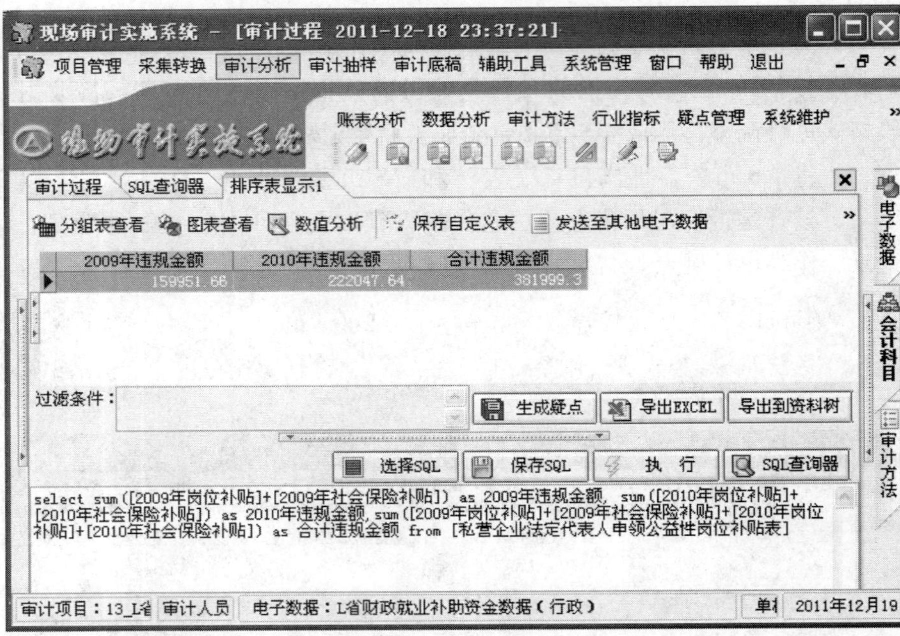

图 13－14

人分别领取公益性岗位补贴和社会保险补贴 38.20 万元。

4. 应用 AO 功能点

本事项应用了 AO 审计分析/数据分析/SQL 查询器；审计分析/数据分析/排序分组表分析工具等功能。

（九）L 省小额担保贷款担保率不高，杠杆效应不明显

审计事项：社会保障审计/就业再就业资金/资金使用效率不高。

1. 审计思路

审计人员在对 L 省小额担保贷款基金使用情况审计时发现，该省各担保中心提供的小额担保贷款担保比例多为 1∶1，且总体使用率不高，杠杆作用不明显。而根据相关规定，小额担保贷款担保额最高可达担保基金银行存款余额的 5 倍。为此，审计人员重点关注小额担保贷款的使用率。

2. 审计步骤

步骤一：对 L 省财政部门提供的小额担保贷款相关统计数据进行整理归纳和字段调整，形成“L 省小额担保贷款统计表”，导入 AO 系统。

步骤二：查询“L 省小额担保贷款统计表”执行 SQL 语句到排序表，通过图形分析向导，形成 L 省小额担保贷款基金使用情况图，如图 13－15 所示。

```
Select * From [L省小额担保贷款统计表]
```

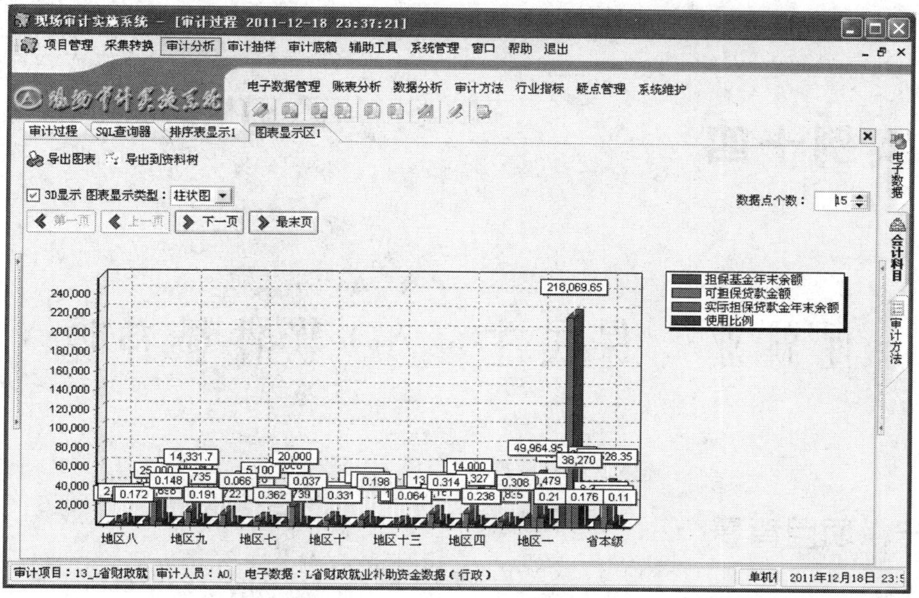

图 13－15

3. 审计结果

通过图 13－15 可以看出，L 省小额担保贷款基金余额为 43613 万元，可办理小额担保贷款 218065 万元，而 L 省实际办理小额担保贷款余额为 38270 万元，使用率仅为 17.60%。

4. 应用 AO 功能点

本事项应用了 AO 审计分析/数据分析/SQL 查询器；审计分析/数据分析/图表分析工具等功能。

三、点评

本实例利用跨部门数据分析，拓宽审计视野和审计领域，使审计工作更具宏观性和可操作性。审计中创新审计思路，改变一味追求手工审计的僵化思维，将计算机审计作为查处案件线索的重要手段；项目中计算机查出问题占报告问题比重较大，且问题类型齐全，对其他审计人员从事类似审计项目有很大的借鉴意义。

（审计署驻沈阳特派员办事处　夏友利　董德新　刘　晶　李　华）

实例十四

促就业 保民生 AO软件显神通

一、项目背景

2011年，某区审计机关对该区就业再就业资金绩效情况进行审计，目的是检查资金使用效果如何，是否达到预期目标，“保增长、保民生、保就业”的国家政策是否得到贯彻和落实等。

审计中，审计组采集了被审计单位使用的新中大公共财政管理软件8.0版国家标准财务数据和各单位业务数据。业务数据主要包括培训情况表（存储的是开展的职业培训科目、时间及人员情况，主要字段包括：姓名、性别、身份证号码、培训项目、培训日期、培训人员）、社保补贴表（存储的是社保两项补贴兑付情况，主要字段包括：姓名、年龄、身份证号、就业登记证编号、再就业优惠证编号、所属街道、所属社区、起止时间、养老、医疗、合计、困难类型、发放类型）、社保补贴新增人员表（存储的是每年新增的社保两项补贴兑付情况，主要字段包括：姓名、年龄、身份证号、就业失业登记证编号、所属街道、所属社区、起止时间、养老、医疗、合计、困难人员、发放类型）、死亡人员表（存储的是经市殡仪馆登记并火化的死亡人员情况，主要字段包括：死者名称、性别、民族、籍贯、出生年月、死亡日期、死亡原因、死亡地址、火化日期、备注）、培训科目价格表（存储的是每人每个培训科目享受财政部门的补贴标准，主要字段包括：序号、培训项目、补助金额）、低保发放表（存储的是我区享受城市最低生活保障的人员及低保发放情况。主要字段包括：职员编码、职员名称、享受人口、保障金、月份、年度）6张表，近9万条记录。

二、审计过程

（一）摸清资金结构，确定审计重点

审计事项：社会保障审计/就业再就业资金/基础管理规范性审查。

1. 审计思路

由于审计人员少，时间短，工作量大，不可能对每笔业务进行逐笔审查，必须抓住重点，因此通过对资金进行分类，并将收支比例进行分析，确认审计重点。根据财政部、人力资源和社会保障部的《关于进一步加强就业再就业资金管理有关问题的通知》并结合审前调查结果，得知该区的就业再就业专项资金用于职业培训补贴、职业技能鉴定补贴、社会保险补贴、公益性岗位补贴、创业基金等。

2. 审计步骤

步骤一：对财务数据进行初步查询，审查每项就业资金收入情况。

社保补贴收入情况：

```
Select 会计年份,会计月份,凭证号,摘要,贷方金额
From [凭证库]
Where (科目编码 like '207%' or 科目编码 Like '4%') And (摘要 Like '%社会保险%' or 摘要 Like '%社保%')
And 贷方金额 >0
```

岗位补贴收入情况：

```
Select 会计年份,会计月份,凭证号,摘要,贷方金额
From [凭证库]
Where (科目编码 like '207%' or 科目编码 like '4%') And (摘要 Like '%岗位%' or 摘要 Like '%购岗%')
And 贷方金额 >0
```

培训费收入情况：

```
Select 会计年份,会计月份,凭证号,摘要,贷方金额
From [凭证库]
Where (科目编码 like '207%' Or 科目编码 Like '4%') And (摘要 like '%培训%' Or 摘要 Like '%劳务%')
And 贷方金额 >0
```

职业技能鉴定收入情况：

```
Select 会计年份,会计月份,凭证号,摘要,贷方金额
From [凭证库]
Where (科目编码 Like '207%' Or 科目编码 Like '4%') And (摘要 Like '%技能%' Or 摘要 Like '%鉴定%')
And 贷方金额 >0
```

创业基金收入情况：

```
Select 会计年份,会计月份,凭证号,摘要,贷方金额
From [凭证库]
Where (科目编码 Like '207%' Or 科目编码 Like '4%') And (摘要 Like '%创业%' Or 摘要 Like '%基金%')
And 贷方金额 >0
```

步骤二：分别将以上每项的查询结果全部选中，单击“发送到电子表”，如图14－1所示，并分别命名为“社保补贴收入表”“岗位补贴收入表”“培训费收入表”“职业技能鉴定收入表”和“创业基金收入表”；然后手工添加一个字段“类型”，分别添加值“社保补贴”“岗位补贴”“培训费”“职业技能鉴定”和“创业基金”。

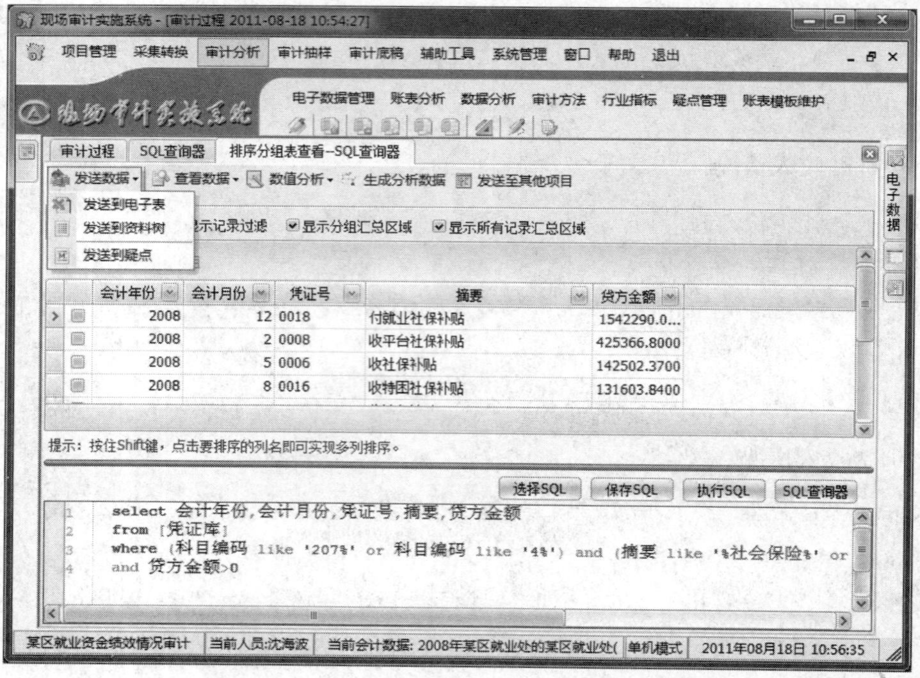

图 14－1

步骤三：手工将这 5 张表合并为一张表，命名为“就业资金收入情况表”，并将其

以业务数据形式导入至 AO 中。

步骤四：通过图表查看，将每项资金做一个柱状分析。

首先，显示该表的数据记录。

```
Select  *
From [就业资金收入情况表]
```

然后，单击“执行到排序分组表”，再选择“查看数据 - 图表查看”，分别将 X 轴和 Y 轴选定为类型和贷方金额合计，如图 14 - 2 所示。

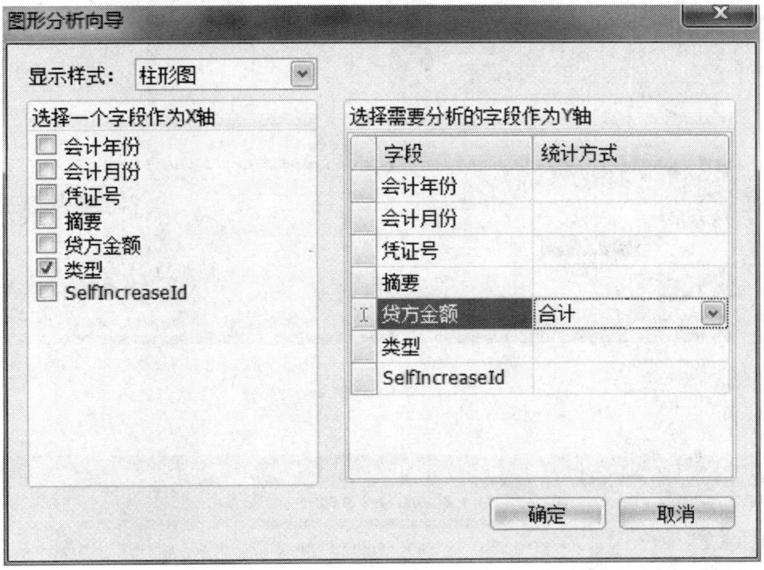

图 14 - 2

3. 审计结果

由图初步分析，如图 14 - 3 所示，从资金的安排上看，社保补贴和培训费是就业资金的重点。

再单击“饼形图”，可以看出这两项资金分别占到资金量的 84% 和 14%，如图 14 - 4所示。因此我们可以初步确定此次审计重点为社保补贴和培训费。

用同样的方法，计算资金的支出情况。并将收入明细和支出明细汇总在“资金收支明细表 MYM”中，再将其以业务数据形式导入至 AO 中，按照上述方法，用图表查看方式，以柱状图形式查看，可以清晰地看出收入支出结构情况（如图 14 - 5 所示），其中社保补贴和培训费同样也是资金重点投入环节，分别为 1306. 97 万元和 246. 48 万元，占支出资金的比例为 82. 78% 和 15. 61% 。

4. 应用 AO 功能点

本事项应用了 AO 审计分析/数据分析/SQL 查询器；审计分析/数据分析/图表分析工具等功能。

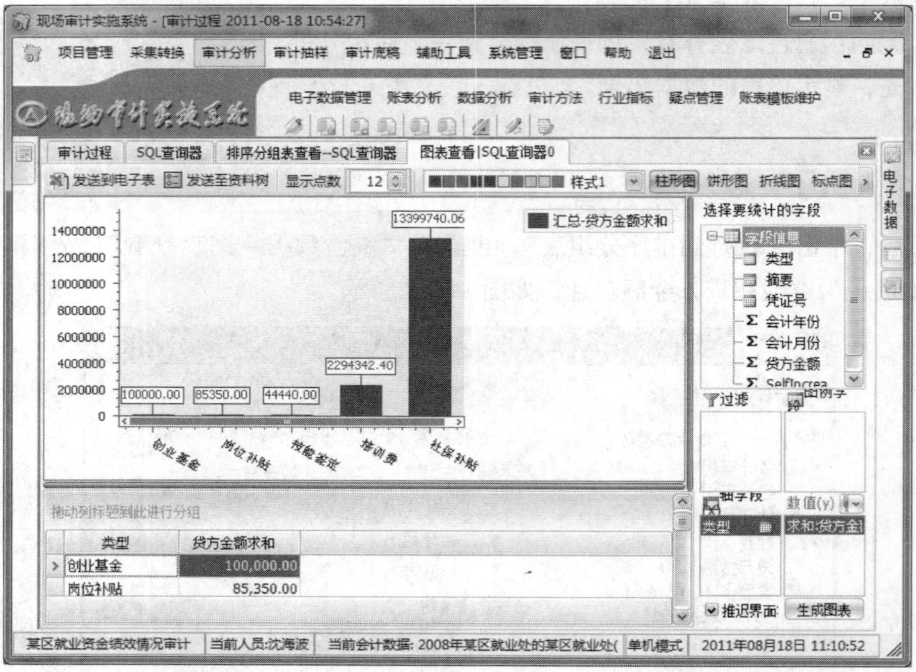

图 14－3

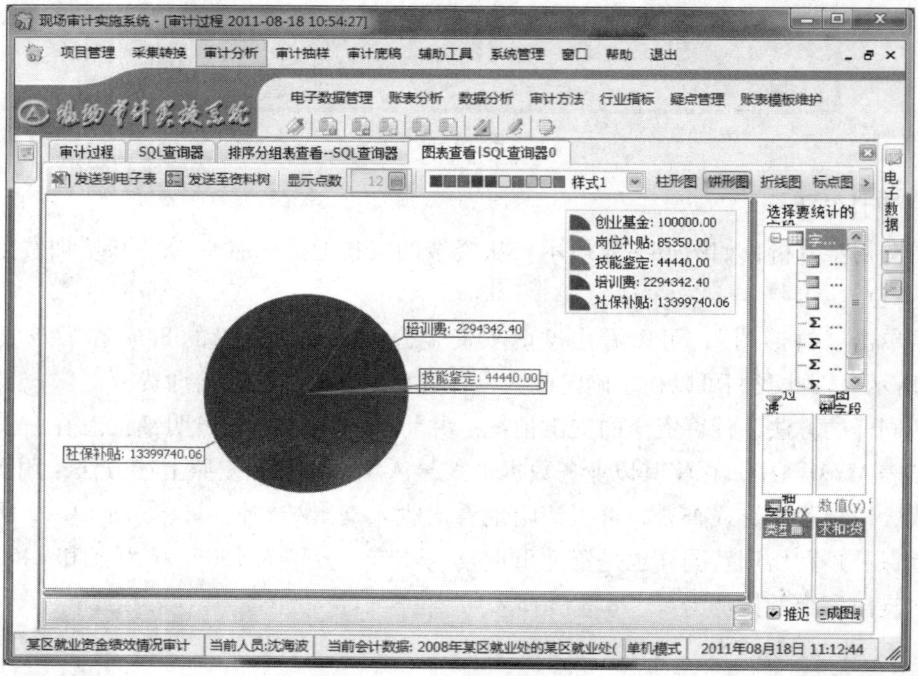

图 14－4

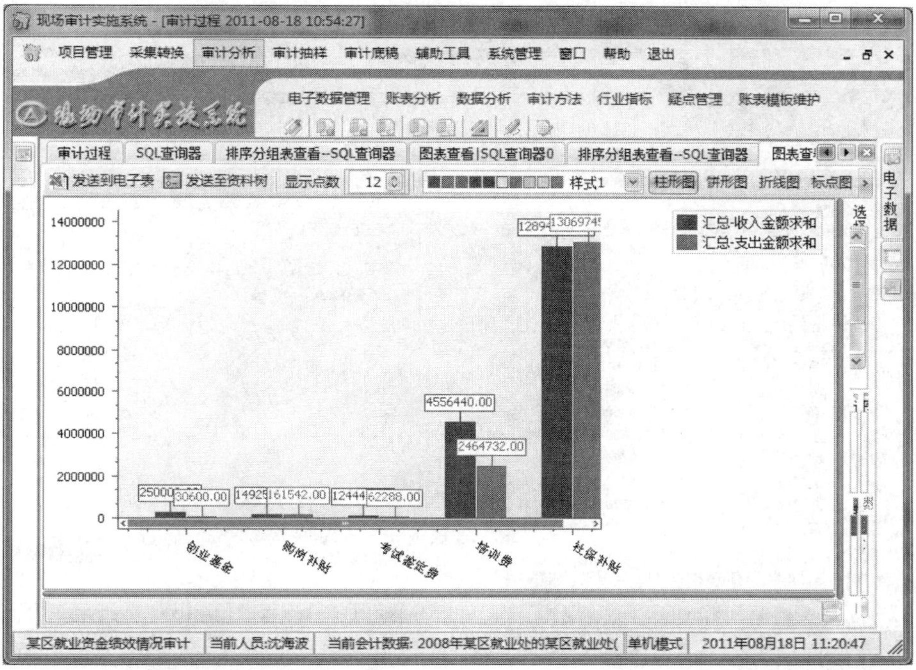

图 14－5

（二）460 人重复参加职业技能培训，损失浪费 37 万元

审计事项：社会保障审计/就业再就业资金/违规审批、支付补贴资金。

1. 审计思路

根据有关规定，凡失业人员、下岗职工在领取失业保险金或基本生活费期间只能享受一次职业培训机会。而在组织职业培训和报名审批过程中，可能会存在管理不到位、审批不严格情况，造成部分失业人员或下岗职工多次重复参加培训，有失公平、公正性，从而给政策发挥带来负面的影响。

2. 审计步骤

步骤一：按照审计思路，将身份证号作为查询条件，查询身份证号出现次数大于 1 的情况，并将查询结果全部选中，单击“生成分析数据”，命名为“重复培训人员表”。

```
Select 姓名,身份证号码,Count(身份证号码) as 重复次数
From  [培训情况表]
Group By 姓名,身份证号码
Having Count(身份证号码) >1
```

结果如图 14－6 所示。

图 14－6

步骤二：经分析，查询出的结果分两种情况，一个是不同期连续两次以上参加培训，则应该为重复参加培训情况；另一个是同一个人在同一期中出现两次以上，则属于虚报人员，套取财政资金情况，应予以区别对待。

同一个人在同一期中出现两次以上情况：

```
Select 培训日期,身份证号码,姓名
From [培训情况表]
Group By 培训日期,身份证号码,姓名
Having Count(身份证号码) >1
```

查询结果：显示共有 7 条记录，说明共有 7 个人都是在同一期培训中出现两次以上情况。因此单击“生成分析数据”，命名为“同一期重复人员表”。

步骤三：将第一步查询出的重复培训人员，排除这 7 个人才是重复参加培训人员，命名为“实际重复培训人员表”。

```
Select a. *
From [重复培训人员表] a  Left Join [同一期重复人员表] b On a. 身份证号码 =
b. 身份证号码
Where b. 身份证号码 Is Null
```

查询结果：共有460个人实际重复参加培训。

步骤四：将“实际重复培训人员表”与“培训情况表”进行关联，查询这些重复人员参加培训情况，并将查询结果全部选中，单击“生成分析数据”，命名为“实际重复培训人员培训情况表”。

```
Select a. 姓名,a. 身份证号码,a. 培训项目,a. 培训日期,a. 培训人员
From [培训情况表] a Join [实际重复培训人员表] b On a. 身份证号码 =b. 身份证号码
Group By a. 姓名,a. 身份证号码,a. 培训项目,a. 培训日期,a. 培训人员
```

步骤五：因为此次审计为绩效审计，为便于对重复职业培训人员进行更深入的解剖、分析和汇总，发现一些更深层次的现象，揭露深层次的问题，必须还要获取一些数据，做进一步分析研究，因此将实际重复培训人员前后所选培训内容不一致的情况进行查询和分析，如图14－7所示。并将查询结果全部选中，单击“生成分析数据”，命名为“实际重复培训人员培训项目不一致表”。

```
Select  Distinct c. *
From [实际重复培训人员培训情况表] a Join [实际重复培训人员培训情况表] b
On a. 身份证号码 =b. 身份证号码
Join [实际重复培训人员培训情况表] c On a. 身份证号码
 =c. 身份证号码
Where a. 培训项目 < >b. 培训项目
```

图14－7

步骤六：统计培训内容不一致的培训人员人数。

```
Select Count(Distinct 身份证号码)
From [实际重复培训人员培训项目不一致表]
```

查询结果：共有272个人重复参加培训，但是前后培训的内容不一致，占到总的重复培训人数的59%。经进一步分析了解，一方面这些重复参加培训人员对于通过参加培训对解决自己就业，希望能够重新走上工作岗位有着较高的期盼；另一方面也说明，大多数重复培训的人再没有成功就业或者就业后又继续失业后，希望能够多学一些其他技能，充实自己，更能适合社会需求，从而选择了其他的培训内容。

步骤七：因为培训科目价格表是按培训内容分类，所以依据培训价格表计算，只需按培训内容进行分组和汇总这460个人由于重复参加培训共造成的补助资金损失浪费金额。

重复培训项目一致情况：

为了便于计算，要得出每个培训项目多培训的次数。在“实际重复培训人员培训情况表”中先剔除掉培训项目不一致情况，即重复培训项目均一致的情况，将查询结果保存为“实际重复培训人员培训项目一致表”。

```
Select a. *
From [实际重复培训人员培训情况表] a Left Join [实际重复培训人员培训项目不一致表] b on a. 身份证号码 = b. 身份证号码
Where b. 身份证号码 is Null
```

查询结果：共计382条记录，这些人就是前后重复培训科目一致情况。

统计这382条记录共涉及的人数。

```
Select Count(Distinct 身份证号码)
From [实际重复培训人员培训项目一致表]
```

查询结果：共有188个人，正好符合重复人员总数460人减去之前第四步统计不一致人员272人的差额。

根据“实际重复培训人员培训项目一致表”统计每个培训项目所涉及的人数，结果保存为“培训项目重复人员数”，如图14－8所示。

```
Select 培训项目,Count(Distinct 身份证号码)As 人数
From [实际重复培训人员培训项目一致表]
Group By 培训项目
```

根据“实际重复培训人员培训项目一致表”统计每个培训项目的次数，结果保存为“培训项目次数”，如图14－9所示。

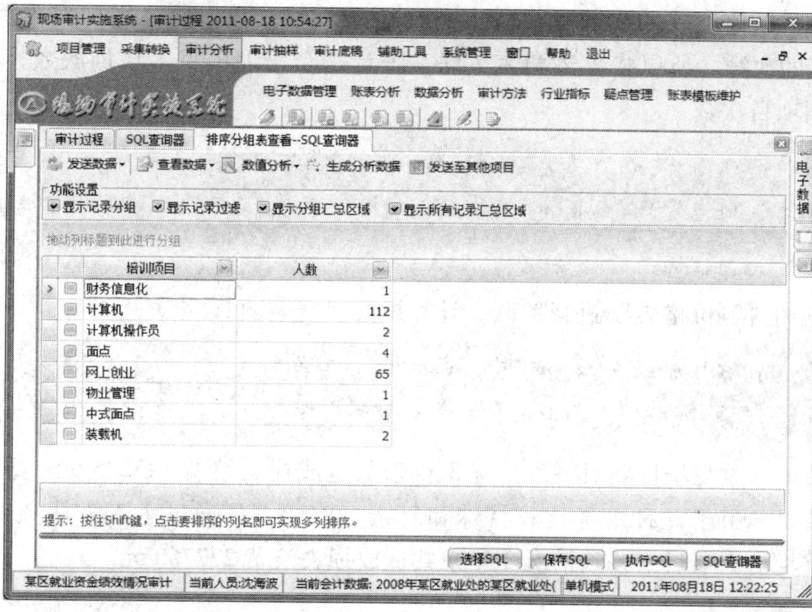

图 14－8

```
Select 培训项目,Count(培训项目) As 培训次数
From [实际重复培训人员培训项目一致表]
Group By 培训项目
```

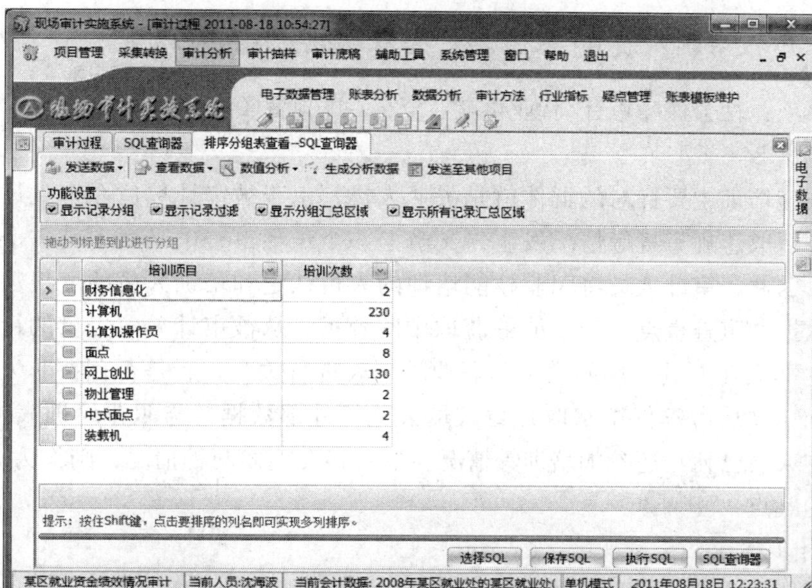

图 14－9

每个项目共计出现的次数减去每个项目所涉及的人数，便会得出按项目分组后，实际多培训的次数。所以将上述两表关联，统计每个培训项目多培训次数，结果保存为“多培训项目次数”。

```
Select a. 培训项目,培训次数 - 人数 As 多培训数
From [培训项目次数] a Join [培训项目重复人员数] b on a. 培训项目 =b. 培训项目
```

与“培训科目价格表”进行关联，计算损失浪费金额。

```
Select Sum(多培训数 * 补助金额) As 损失浪费金额
From [培训科目价格表] a Join [多培训项目次数] b on a. 培训项目 =b. 培训项目
```

查询结果：重复培训项目一致情况 3 年来共造成损失浪费 143235 元；重复培训项目不一致情况，由于此种情况比较特殊和复杂，审计人员通过手工方法核对和汇总，经统计，重复培训项目不一致情况 3 年来共造成损失浪费 227760 元。

3. 审计结果

根据以上分析情况，经延伸核实，共计由于违规审批，造成 460 人重复参加培训，损失浪费金额达到 37 万元。

4. 应用 AO 功能点

本事项应用了 AO 审计分析/数据分析/SQL 查询器；审计分析/数据分析/排序分组表分析工具；审计分析/数据分析/数值分析等功能。

（三）虚报培训人员 44 人，共计套取财政资金 49735 元

审计事项：社会保障审计/就业再就业资金/ 虚报冒领。

1. 审计思路

职业技能培训主要针对的群体就是失业人员，由于被审计单位在审批过程中存在许多问题，造成违规审批等情况发生，又由上一个步骤审查中又发现有 7 个虚报培训人员情况，因此，审计人员将职业技能培训的人员认定和培训人员的上报数作为职业培训业务数据的审查重点。为了能够获取中间数据，从被审计单位提供的社保补贴表中，生成“非失业人员”中间表，与职业培训表进行关联，看是否存在非失业人员参加失业培训；又从市殡仪馆获取死亡人员火化等外部数据，与职业培训表进行关联，看是否存在人员已死亡还参加培训等情况。如果存在上述两种情况，则作为虚报人员，套取资金的疑点。

2. 审计步骤

（1）社保补贴名单与职业培训人员进行比对

步骤一：凡是失业人员均会登记和领取“就业登记证”，因此在“社保补贴表”中，将“就业登记证编号”为空的记录筛选出来，保存新表“非失业人员表”。

```
Select *
From [社保补贴表]
Where 就业登记证编号 Is Null
```

查询结果：共有 88 人存在就业登记证编号为空记录，经进一步核实，这 88 人确实是非失业人员。

步骤二：将“非失业人员表”与“培训情况表”中失业人员进行比对，审查有无非失业人员参加失业培训情况，将查询结果保存为新表“非失业人员虚报人员表”。

```
Select a. *
From [培训情况表] a Join [非失业人员表] b On a. 身份证号码 = b. 身份证号
Where a. 培训人员 Like '%失业%'
```

查询结果：共有 35 条记录存在虚报人员参加培训，如图 14 - 10 所示。

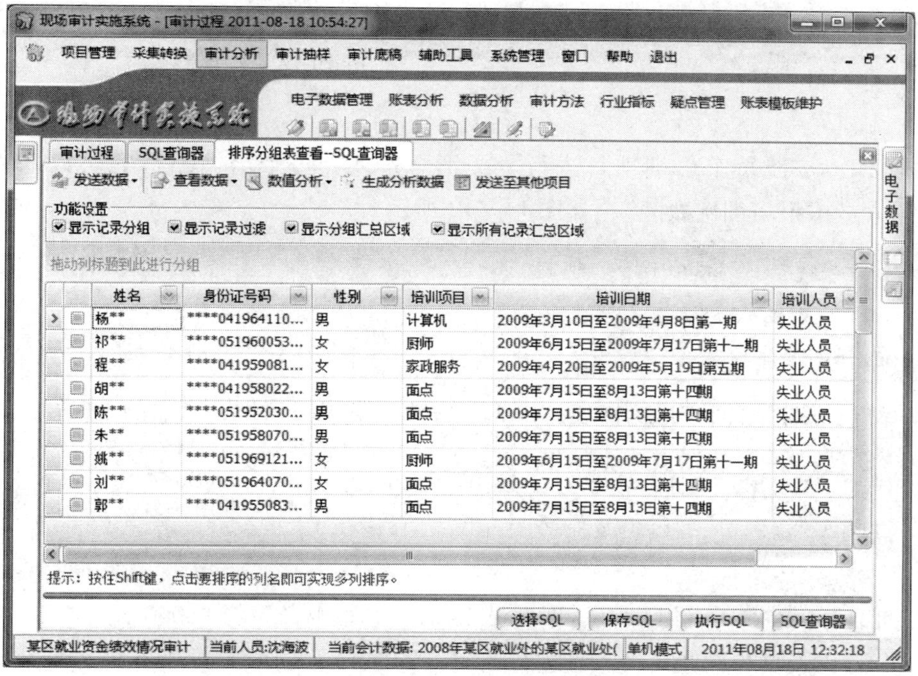

图 14 - 10

步骤三：根据查询结果，经进一步核实，这些非失业人员参加失业培训的确实是虚报造假的人员。为更好地统计人数，再将查询结果单击“执行到排序分组表”，再将“身份证号”一栏拖至上面灰色的分组区域内，如图 14 - 11 所示。

查询结果：共有 23 个人 35 次虚报失业培训名单。

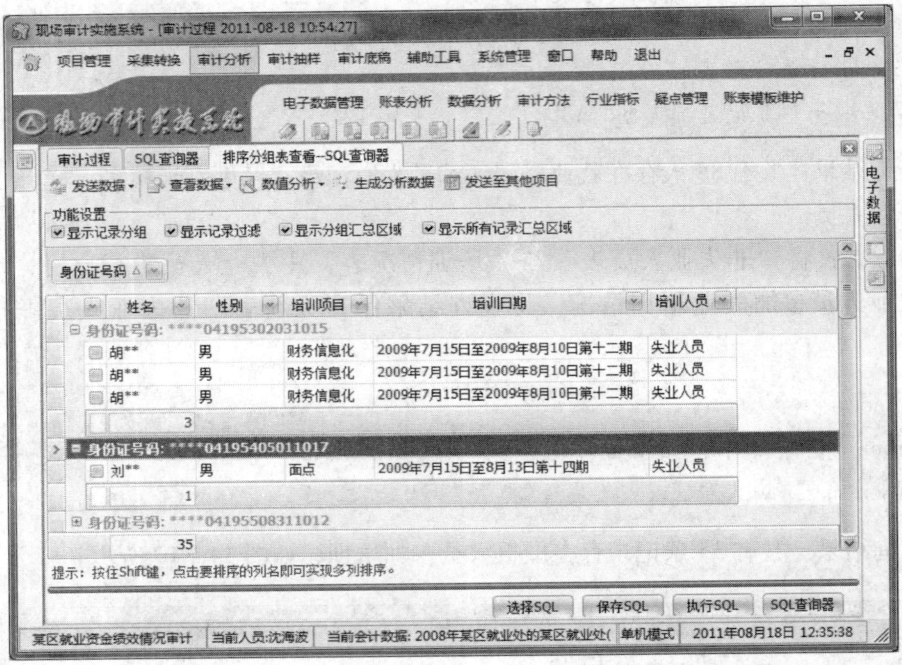

图 14－11

步骤四：按照每个培训项目进行分类汇总，计算每个培训项目的次数，命名为“非失业人员虚报培训次数表”，如图 14－12 所示。

```
Select 培训项目,Count(培训项目) As 次数
From [非失业人员虚报人员表]
Group By 培训项目
```

步骤五：依据培训科目价格表，计算非失业人员虚报培训，套取的金额。

```
Select Sum(次数 * 补助金额) As 套取金额
From [非失业人员虚报培训次数表] a join [培训科目价格表] b On a. 培训项目 =
b. 培训项目
```

查询结果：经统计，共虚报培训人员 23 人，套取财政资金 26060 元。

(2) 死亡人员与职业培训人员进行比对

步骤一：将“死亡人员表”与“培训情况表”按身份证号进行关联和比对，审查有无已死亡人员培训情况，将查询结果命名为“死亡人员虚报培训表”。(死亡人员表中“备注”一栏中含有身份证号码。)

```
Select a. *
From [培训情况表] a Join [死亡人员表] b On a. 身份证号码 = b. Bz
```

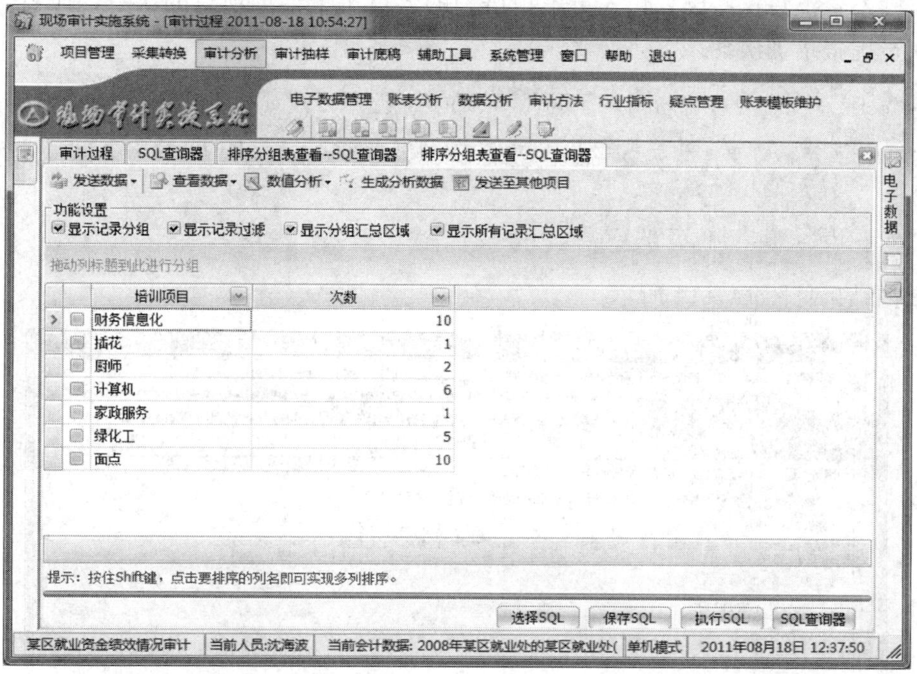

图 14－12

查询结果：共有 14 人存在已死亡人员虚报培训，如图 14－13 所示。

图 14－13

步骤二：汇总这些已死亡人员虚报培训的人员每个培训项目的次数，命名为“已死亡人员虚报培训次数表”。

```
Select a. 培训项目,Count(a. 培训项目) As 已死亡人员虚报培训次数
From [死亡人员虚报培训表] a Join [培训科目价格表] b On a. 培训项目 =b. 培训项目
Group By a. 培训项目
```

查询结果见图 14 – 14 所示。

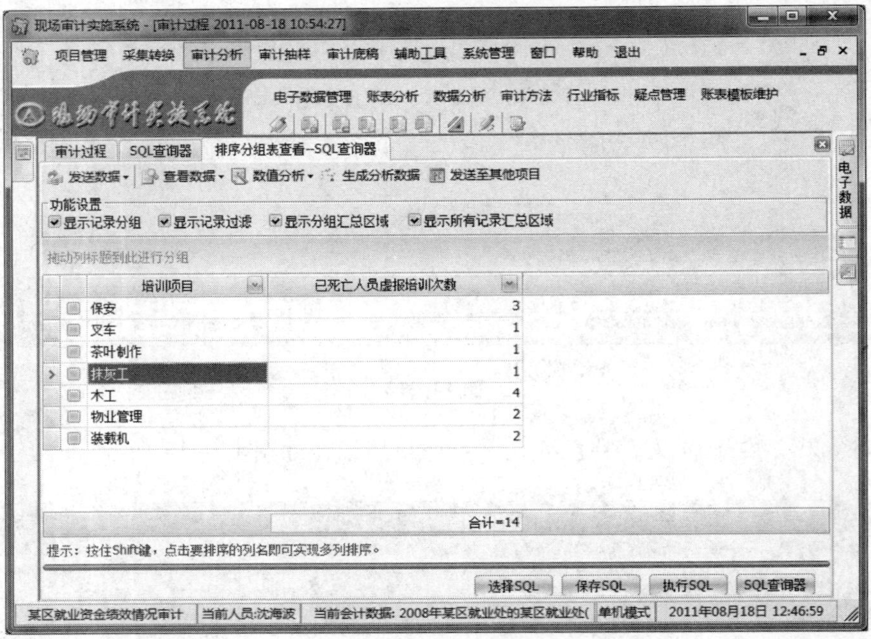

图 14 – 14

步骤三：汇总已死亡人员虚报培训的人员共计套取财政资金金额。

```
Select Sum(已死亡人员虚报培训次数 * 补助金额) As 套取金额
From [已死亡人员虚报培训次数表] a Join [培训科目价格表] b On a. 培训项目 =b. 培训项目
```

查询结果：经统计，共虚报培训人员 14 人，套取财政资金 13135 元。

步骤四：如果上述两种虚报的培训人员有重复的话，那么统计的套取金额则也会有重复情况，因此先查询上述两种虚报培训人员名单中有无重复的人员。

```
Select a. 姓名,a. 身份证号码
From [非失业人员虚报人员表] a Join [死亡人员虚报培训表] b On a. 身份证号码 =b. 身份证号码
```

查询结果：显示没有重复的人员。

（3）同一期重复参加培训

在查询重复参加培训的人员中第二步查询结果显示，有在同一期参加 2 次以上培训的人员名单，经确认，这些人员根本没有参加任何培训，都是虚报的人员名单，因此也要进行统计。

步骤一：因为“同一期重复人员表”中没有培训项目等字段信息，因此要先与“培训情况表”做一次关联，将查询结果命名为“同一期重复人员培训表”。

```
Select b. 身份证号码,b. 姓名,b. 培训项目,b. 培训日期
From [同一期重复人员表] a Join [培训情况表] b On a. 身份证号码 = b. 身份证号码
```

查询结果：单击“执行到排序分组表”，再将“身份证号”字段拖至上面灰色的分组栏，如图 14－15 所示。

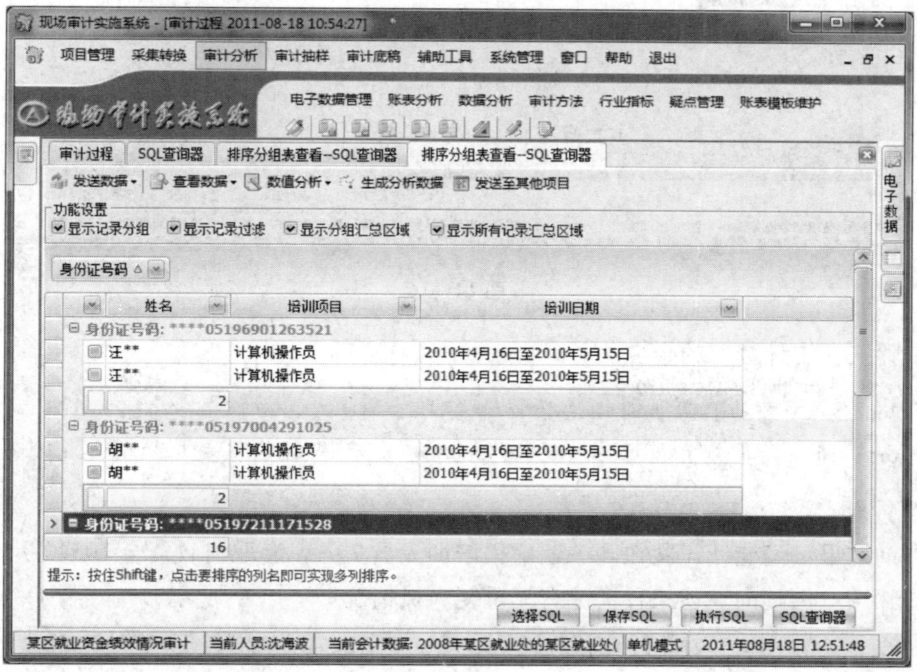

图 14－15

步骤二：分组计算每个培训项目虚报的次数，并将查询结果命名为“同一期重复人员培训次数表”。

```
Select 培训项目,Count(培训项目) As 培训次数
From [同一期重复人员培训表]
Group By 培训项目
```

查询结果如图 14 – 16 所示。经进一步核实和确认，这些人员全部为虚报人员，根本未参加过任何培训。

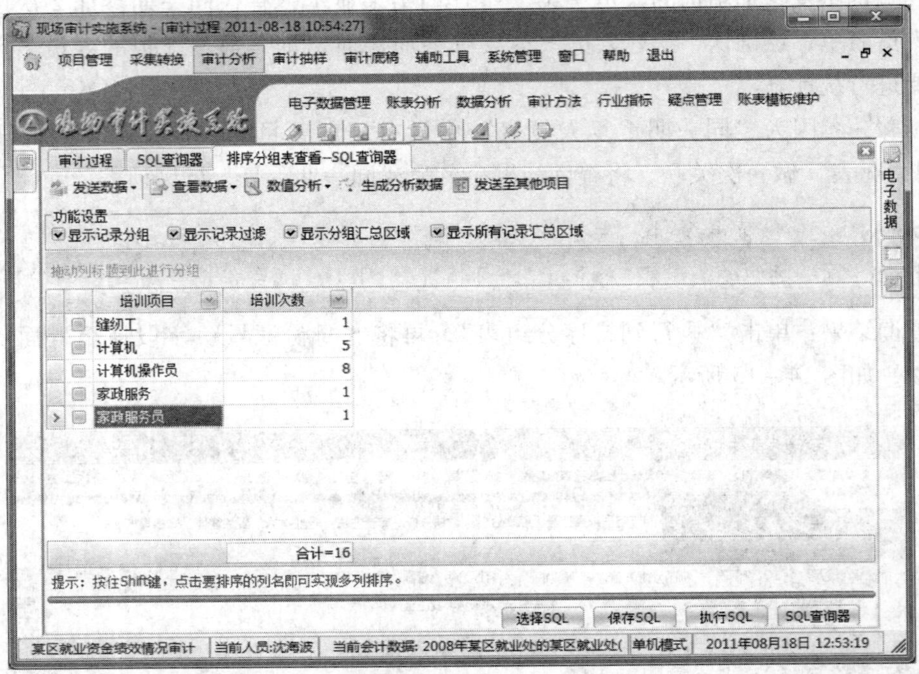

图 14 – 16

步骤三：统计套取的金额。

```
Select Sum(补助金额 * 培训次数) As 套取金额
From [同一期重复人员培训次数表] a Join [培训科目价格表] b On a. 培训项目 = b. 培训项目
```

查询结果：经统计，共在同一期虚报培训人员 7 人，套取财政资金 10540 元。

步骤四：再查询上述三种情况有无重复人员情况。

```
Select a. 姓名 ,a. 身份证号码
From [非失业人员虚报人员表] a Join [死亡人员虚报培训表] b On a. 身份证号码 = b. 身份证号码
Join [同一期重复人员表] c On a. 身份证号码 = c. 身份证号码
```

查询结果：显示没有重复的人员。

3. 审计结果

经汇总上述三种情况，就业处共虚报培训人员 44 人，共计套取财政资金 49735 元。

4. 应用AO功能点

本事项应用了AO审计分析/数据分析/SQL查询器；审计分析/数据分析/排序分组表分析工具等功能。

（四）人员身份审批不严，社保补贴违规发放近50多万元

审计事项：社会保障审计/就业再就业资金/违规审批、支付补贴资金。

1. 审计思路

根据市政府出台的两个政策性文件规定，个人享受社保补贴必须符合一定的标准和要求，其中必须满足持有“再就业优惠证”和享受城市居民最低生活保障这两个条件。以此作为标准，针对被审计单位提供的发放社保补贴的人员资格进行合规性审查。

2. 审计步骤

（1）无再就业优惠证的享受社保补贴人员查询

步骤一：审查“社保补贴表”中有无再就业优惠证编号为空的记录，命名为“无再就业证人员表”。

```
Select *
From [社保补贴表]
Where 再就业优惠证编号 Is Null
```

查询结果：共有173条记录。

步骤二：查询不符合规定的这173条记录的实际人数。因为是三年的数据，只在“起至日期”字段中区分年度，所以身份证号会有重复的，所以加distinct。

```
Select Count(Distinct 身份证号) As 人数
From [社保补贴表]
Where 再就业优惠证编号 Is Null
```

查询结果：共有104人。

步骤三：汇总这104人共计发放补贴金额。

```
Select Sum(合计) As 发放合计
From [无再就业证人员表]
```

查询结果：经统计，这104人三年来共计发放补贴资金374215.80元。

步骤四：查询“社保补贴新增人员表”中没有优惠证编号的人员情况。2009年后实行“三证合一”，统一发放“就业失业登记证”，因此在“社保补贴新增人员表”中按就业失业登记证编号为空进行查询即可。

```
Select *
From [社保补贴新增人员表]
Where 就业失业登记证编号 Is Null
```

查询结果：有1人没有就业失业登记证编号，如图14－17所示，此人于2009年1至2月期间，领取社保补贴资金314元。

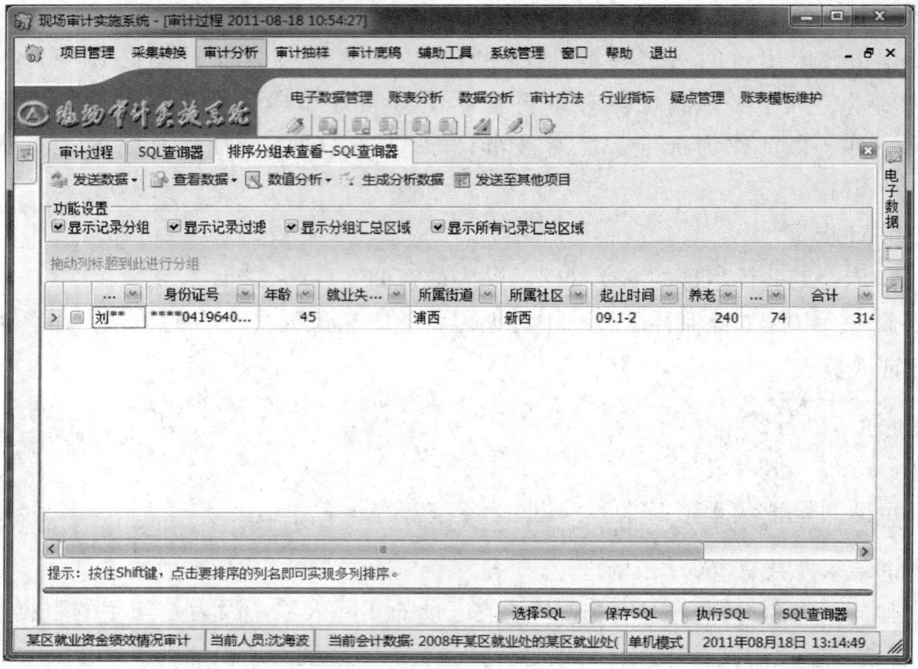

图14－17

经汇总，没有取得“两证”的105人三年来共计领取社保补贴37万多元。

（2）未享受低保的享受社保补贴人员查询

步骤一：将社保补贴表的“起止日期”字段按年份进行转换，并命名为“社保补贴新表”；将低保发放表的“年度”字段截取后面两个字段，并命名为“低保发放新表”。因为按照市政府文件规定，如果此人符合享受社保补贴，那么此人在截至发放社保补贴之时，还应该在领取低保金，所以认定只要按年份确认，即其享受社保补贴的那年也在领取低保即可。

```
Select 姓名,年龄,Left(起止时间,2) As 年份,养老,医疗,合计,困难类型,发放类型
From [社保补贴表]
Select 职员名称,保障金,月份,Right(年度,2) As 年份
From [低保发放表]
```

步骤二：因为城市低保发放表中没有身份证号字段，因此只能用姓名进行关联和查询条件进行筛选，且社保补贴新表“困难类型”字段中含有低保人员信息，因此可以根据这些信息查询有无在社保补贴表中领取社保补贴而没有在低保发放表中出现，将查询结果命名为“非低保人员领取社保表”。

```
Select a. *
From [社保补贴新表] a Left Join [低保发放新表] b on a. 年份 = b. 年份 And a. 姓名 = b. 职员名称
Where b. 职员名称 Is Null And a. 困难类型 Like '%低保%'
```

查询结果：显示共有58条记录符合，如图14-18所示。

图14-18

步骤三：统计非低保人员领取社保的人员总数。

```
Select Count(Distinct 姓名) As 总数
From [非低保人员领取社保表]
```

查询结果：共有26人。

步骤四：统计非低保人员领取的社保补贴金额。

```
Select Sum(合计) As 非低保人员领取的社保补贴金额
From [非低保人员领取社保表]
```

查询结果：非低保的26名人员领取的社保补贴金额三年来共计16万多元。

3. 审计结果

将上述两种情况汇总，就业处三年来社保补贴违规发放50多万元。

4. 应用AO功能点

本事项应用了AO审计分析/数据分析/SQL查询器；审计分析/数据分析/排序分组表分析工具等功能。

（五）经费账户违规存放失业基金，并在其列支

审计事项：社会保障审计/就业再就业资金/财务核算和管理不规范。

1. 审计思路

按照规定，征收社保基金应在开设的专户存储，对其专项管理。根据以往审计经验，由于管理不规范等因素，社保基金会存入经费账户，造成挤占和挪用社保基金情况发生。因此，需要对其经费账户资金情况进行审查，是否存在违规存放失业基金情况。

2. 审计步骤

步骤一：查询是否有违规存放失业基金情况（“摘要”一栏含有失业金或者基金等字样，会计科目为收入类或者其他应付款中，且贷方金额大于零）。

```
Select *
From [凭证库]
Where (摘要 Like '收%失业金%' Or 摘要 Like '收%基金%') And (科目编码 Like '207%' Or 科目编码 Like '4%') And 贷方金额 >0
```

查询结果：有2笔业务符合查询条件，如图14-19所示。而第二条记录是收取的创业奖励基金，属就业再就业资金，经进一步核实，第一条记录收取某饮食服务公司失业金312840元属于违规存放失业金情况，会计科目为“其他应付款——其他”。

步骤二：查询违规存放的失业金支付情况。

```
Select *
From [凭证库]
Where 摘要 Like '%失业金%' And 科目编码 Like '20715' And 借方金额 >0
```

查询结果：共计支付失业金34760元，如图14-20所示。

3. 审计结果

经核实，就业局违规存放的失业基金312840元，用于支付失业金34760元，余款部分截至审计之日，仍滞留在账面。

4. 应用AO功能点

本事项应用了AO审计分析/数据分析/SQL查询器功能。

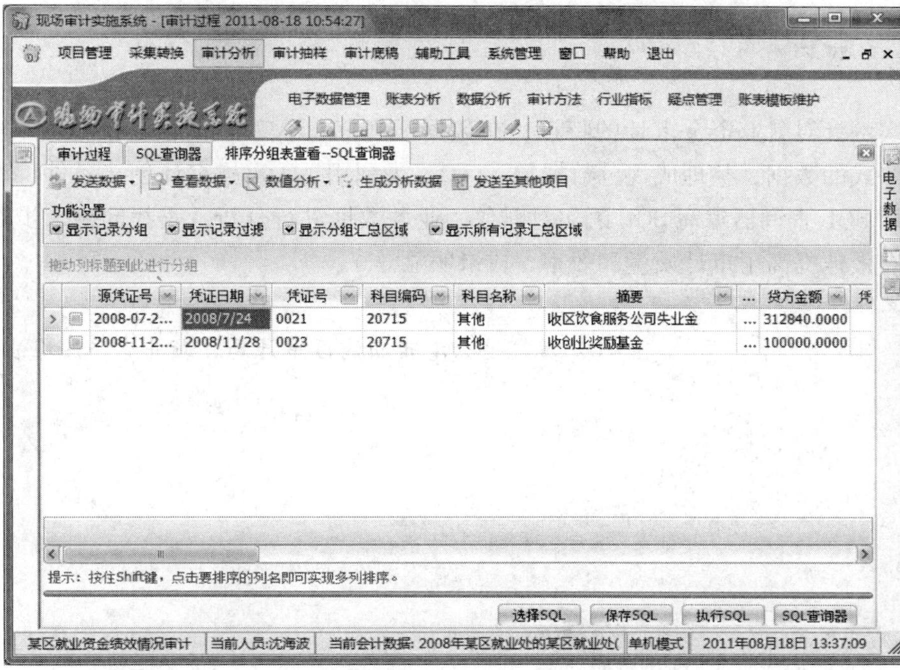
现场审计实施系统 - [审计过程 2011-08-18 10:54:27]
项目管理 采集转换 审计分析 审计抽样 审计底稿 辅助工具 系统管理 窗口 帮助 退出
电子数据管理 账表分析 数据分析 审计方法 行业指标 疑点管理 账表模板维护
审计过程 SQL查询器 排序分组表查看--SQL查询器
发送数据 查看数据 数值分析 生成分析数据 发送至其他项目
功能设置
显示记录分组 显示记录过滤 显示分组汇总区域 显示所有记录汇总区域
拖动列标题到此进行分组
源凭证号 凭证日期 凭证号 科目编码 科目名称 摘要 贷方金额
2008-07-2... 2008/7/24 0021 20715 其他 收区饮食服务公司失业金 312840.0000
2008-11-2... 2008/11/28 0023 20715 其他 收创业奖励基金 100000.0000
提示：按住Shift键，点击要排序的列名即可实现多列排序。
选择SQL 保存SQL 执行SQL SQL查询器
某区就业资金绩效情况审计 当前人员:沈海波 当前会计数据: 2008年某区就业处的某区就业处(单机模式 2011年08月18日 13:37:09
电子数据

图 14－19

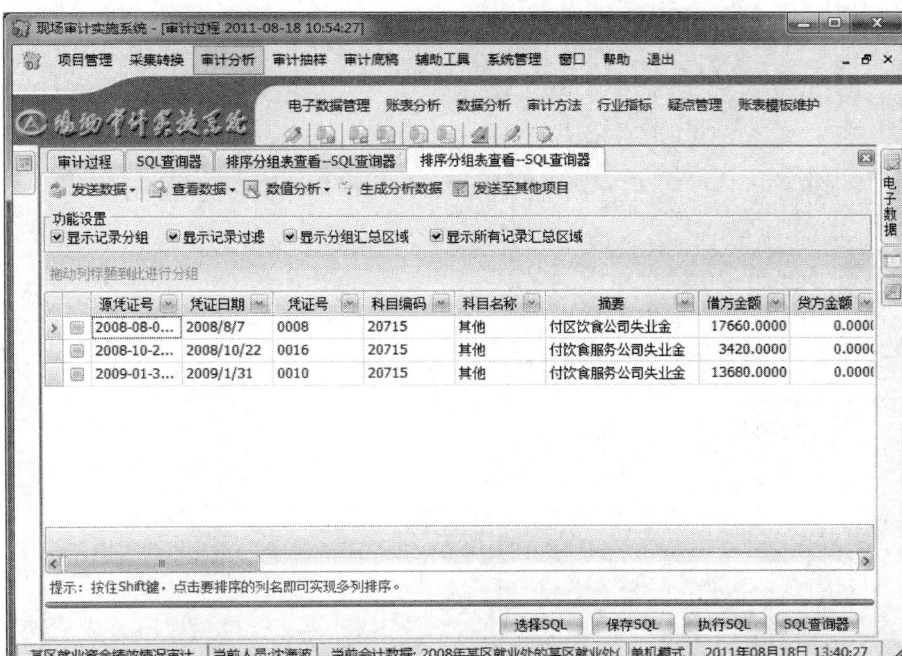
现场审计实施系统 - [审计过程 2011-08-18 10:54:27]
项目管理 采集转换 审计分析 审计抽样 审计底稿 辅助工具 系统管理 窗口 帮助 退出
电子数据管理 账表分析 数据分析 审计方法 行业指标 疑点管理 账表模板维护
审计过程 SQL查询器 排序分组表查看--SQL查询器 排序分组表查看--SQL查询器
发送数据 查看数据 数值分析 生成分析数据 发送至其他项目
功能设置
显示记录分组 显示记录过滤 显示分组汇总区域 显示所有记录汇总区域
拖动列标题到此进行分组
源凭证号 凭证日期 凭证号 科目编码 科目名称 摘要 借方金额 贷方金额
2008-08-0... 2008/8/7 0008 20715 其他 付区饮食公司失业金 17660.0000 0.0000
2008-10-2... 2008/10/22 0016 20715 其他 付饮食服务公司失业金 3420.0000 0.0000
2009-01-3... 2009/1/31 0010 20715 其他 付饮食服务公司失业金 13680.0000 0.0000
提示：按住Shift键，点击要排序的列名即可实现多列排序。
选择SQL 保存SQL 执行SQL SQL查询器
某区就业资金绩效情况审计 当前人员:沈海波 当前会计数据: 2008年某区就业处的某区就业处(单机模式 2011年08月18日 13:40:27
电子数据

图 14－20

三、点评

本实例针对就业资金审计的特点，在数据不规范、不完整的情况下采集各相关部门各种格式的数据，整理成规范数据导入 AO，为利用 AO 实施审计创造条件。审计中充分运用 SQL 查询器编写 SQL 语句对财务、业务数据进行分析，查找问题，步骤清晰明了，有效地提高了审计质量和效率，成果明显。

（江苏省连云港市新浦区审计局　颜井席　沈海波）

实例十五

充分利用外部数据确定审计疑点
避免低保审计入户核查的盲目性

一、项目背景

2012 年年初，某市审计机关按照上级统一部署，对该市社会保障资金进行审计。在对城乡低保的审计中，审计组认为，低保对象是否符合规定条件、享受低保待遇的家庭是否真的是低收入家庭，是低保政策是否真正得以落实的关键。由于目前在低保审核中存在相关信息不畅通及监督手段缺乏等问题，不可避免地存在低保对象不合规的情况。因此，本次低保审计中，审计组将低保对象的合规性作为审计重点。

为充分应用 AO 开展审计，审计组采集了低保家庭基本信息数据、最低生活保障金发放明细数据、职工养老保险相关数据、工商部门提供的工商企业数据和工商个体数据、公安部门提供的户籍信息和人口注销数据、运管部门提供的运管车辆数据、产权管理部门提供的房产数据、产权管理部门提供的公积金缴纳数据等，共计 800MB。

二、审计过程

向不符合条件低保对象发放低保金 135 万元

审计事项：社会保障审计 /最低生活保障/违规审批、发放低保金。

1. 审计思路

提供的低保家庭基本信息显示，享受低保待遇的户数 13909 个，其中城镇低保户 5197 户，农村低保户 8712 户；保障人数 29742 人，其中城镇低保人数 10707 人，农村低保人数 19035 人。显而易见，享受低保待遇的家庭和人口规模较大，如果采用随机抽查方式进行入户核实，盲目性较大。

由于有的家庭采取隐瞒收入的手段，加之基层受理部门、民政部门的审核方式和审核手段相对落后，与相关部门的信息沟通不足，无法掌握申请家庭的真实情况，导致有房、有车、有公司、有退休金等不符合低保条件的人员享受低保待遇的可能性增大。如果能够取得这些相关部门的有用数据，与低保数据进行查询比对，查找出不符合低保金发放条件的低保对象，形成疑点数据，再对存在疑点的低保户进行入户核查，将大大提高审计的效率和效果。

根据以上审计思路，审计组绘制了审计流程图，如图 15－1 所示。

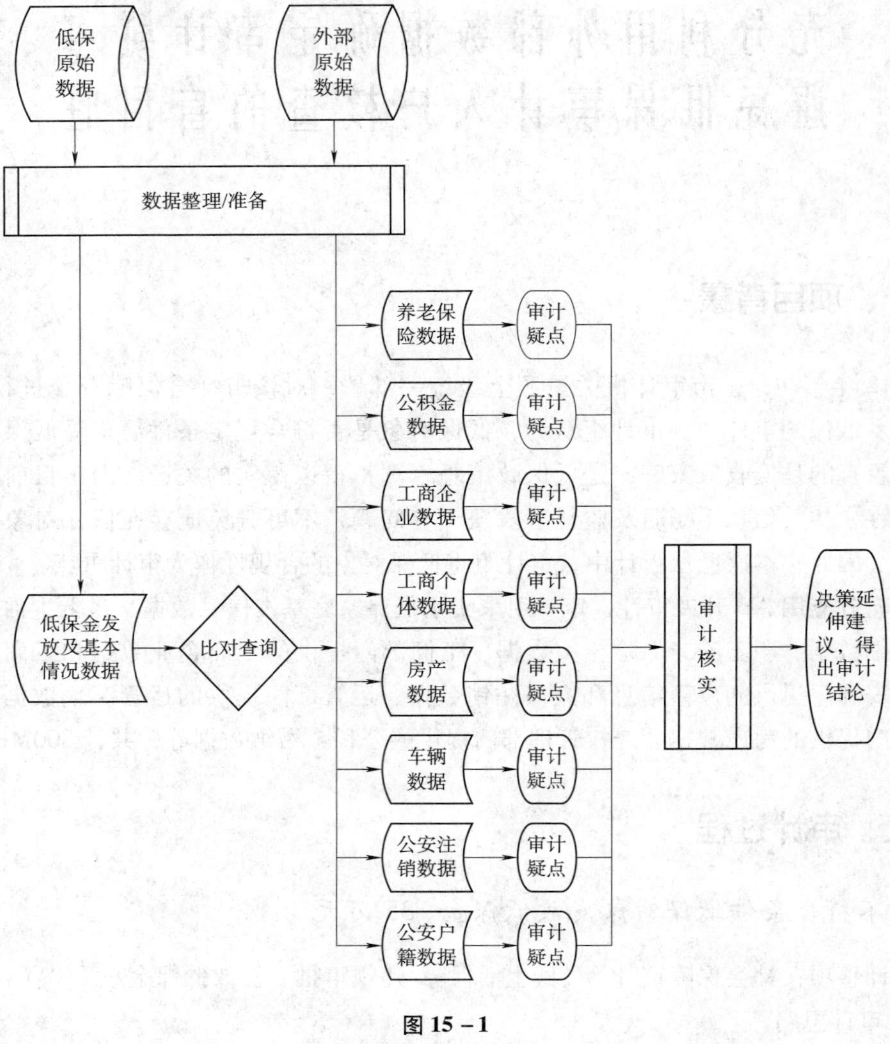

图 15－1

2. 审计步骤

（1）向领取养老保险人员发放低保金的审计步骤

正常情况下，已经享受企业养老保险的人员，都是已退休人员，这些人员是不应该列入低保对象的。通过将养老保险数据与低保数据的关联，筛选出不符合条件的低保对象。

步骤一：整理低保标准表数据和养老保险标准表数据，精简数据用于查询。

将低保家庭基本信息和最低生活保障金发放明细进行连接，将列名更改为汉字，便于其他使用人一目了然地了解总体信息，便于发现问题后查询详细信息使用；同时，筛选出低保对象合规性对比分析需要的列，以减少数据量、缩短查询速度，生成“低保总体情况表”。

将“职工养老保险应付实付明细”和“职工养老保险个人信息”数据进行关联，筛选出对比分析需要的列，将列名更改为汉字，便于其他使用人一目了然地了解信息，生成“企业职工养老保险数据”。

步骤二：查询不合规低保对象领取低保金明细情况。

将“企业职工养老保险数据”与“低保总体情况表”以身份证号为条件进行关联，剔除重复数据后，查询出已享受企业养老保险的人员领取低保金的明细情况，生成“领取养老保险同时领取低保金明细”。

```
Select distinct a.[单位编号], a.[人员编号], a.[人员身份] ,a.[姓名],a.[户口性质],a.[养老证件号码],b.[发放姓名] 低保姓名,b.[身份证号] 低保证件号码,b.[发放低保证号],b.[发放银行账号],b.[发放时间],b.[低保金],b.[类别],b.[保障人口]
INTO 领取养老保险同时领取低保金明细
From [企业职工养老保险数据] a,[低保总体情况表] b
WHERE a.[养老证件号码] = b.[身份证号]
ORDER BY a.[姓名],b.[发放时间]
```

步骤三：查询不合规低保对象名单，作为入户核查的重点对象。

在“领取养老保险同时领取低保金明细”数据的基础上，查询有用列，剔除重复数据后，得到“领取养老保险同时领取低保人员名单”，作为审计疑点，列为进行入户核查的重点对象。

```
Select distinct [人员编号],[人员身份],[姓名],[户口性质],[养老证件号码],低保姓名,低保证件号码
INTO 领取养老保险同时领取低保人员名单
From [领取养老保险同时领取低保金明细]
ORDER BY [姓名]
```

步骤四：对每个不合规低保对象领取低保金情况进行统计。

以“领取养老保险同时领取低保金明细”为基础，将领取养老保险人员领取低保金情况按人员、发放低保证号和发放银行账号进行汇总计算，查询出每个低保对象领

取低保金的数额，生成“领取养老保险人员领低保金统计表”。

```
Select [人员编号],姓名,养老证件号码,低保姓名,低保证件号码,[发放低保证号],[发放银行账号],sum(低保金) 低保金额
INTO 领取养老保险人员领低保金统计表
From [领取养老保险同时领取低保金明细]
GROUP BY [人员编号],姓名, 养老证件号码,低保姓名,低保证件号码,[发放低保证号],[发放银行账号]
ORDER BY [姓名]
```

为了可以快速直接生成审计疑点，根据以上 SQL 查询语句，总结比对分析的规律性，创建自动审计方法，方法语言如下：

```
//整理低保标准表数据,精简数据用于查询
var SqlStr;
begin
SqlStr:='Select a.[XZQHDM] as 区域编号,a.[JTBH] as 家庭编号,a.[XM_HZ] as 发放姓名,a.[SFZH_HZ] as 身份证号,a.[DBZH] as 发放低保证号,a.[YHZH] as 发放银行账号,a.[FFSJ] as 发放时间,a.[DBJ] as 低保金,a.[BTJE_QT] as 其他收入金额,b.[JTBH] as 信息家庭编号,b.[LB] as 类别,b.[XM_HZ] as 户主姓名,b.[SFZH_HZ] as 户主身份证号,b.[DBZH] as 信息低保证号,b.[YHZH] as 信息银行账号,b.[BZRK] as 保障人口,b.[YSR] as 月收入 From [2011 低保发放明细] as a left join [低保家庭信息] as b on a.[SFZH_HZ] = b.[SFZH_HZ] and a.DBZH = b.DBZH';
ShowMsg('生成的 SQL 语句为:'+ SqlStr);
CreateTempTable('低保总体情况表', SqlStr);
End.

//整理养老保险标准表数据
var SqlStr;
begin
SqlStr:='Select a.DWBH [单位编号],a.RYBH [人员编号],a.RYSF [人员身份],a.FKSSQ [费款所属期],a.FKSSQ_DY [对应费款所属期],a.SFNY [实付年月],a.DYHJ [待遇合计金额],a.SFBZ [实付标志],b.XM [姓名],b.XB [性别],b.HKXZ [户口性质],b.HKSZDZ [户口所在地址],b.ZJZL [证件种类],b.ZJHM [养老证件号码],b.CBNY [首次参保年月],b.TXBZ [离退休标志],b.YHZH [银行账号],b.HM [户名] From [职工养老保险应付实付明细] as a left join [职工养老保险个人信息] as b on a.RYBH = b.RYBH and a.DWBH = b.DWBH';
```

```
ShowMsg('生成的 SQL 语句为:'+ SqlStr);
CreateTempTable('企业职工养老保险数据', SqlStr);
end.

//查询不合规低保对象领取低保金明细情况
var SqlStr;
begin
SqlStr:='Select distinct a.[单位编号], a.[人员编号], a.[人员身份],a.[姓名],
a.[户口性质],a.[养老证件号码] ,b.[发放姓名] 低保姓名,b.[身份证号] 低保证件
号码,b.[发放低保证号],b.[发放银行账号],b.[发放时间],b.[低保金],b.[类别],
b.[保障人口]  From [企业职工养老保险数据] a,[低保总体情况表] b WHERE a.
[养老证件号码] = b.[身份证号]';
ShowMsg('生成的 SQL 语句为:'+ SqlStr);
CreateTempTable('领取养老保险同时领取低保金明细', SqlStr);
end.

//查询不合规低保对象名单,作为入户核查的重点对象
var SqlStr,CurQuery,IsEmpty;
begin
SqlStr:='Select distinct [人员编号],[人员身份],[姓名],[户口性质],[养老证
件号码] ,低保姓名,低保证件号码  From [领取养老保险同时领取低保金明细]
ORDER BY[姓名]';
ShowMsg('生成的 SQL 语句为:'+SqlStr);
CurQuery:=createq(SqlStr, -1);
IsEmpty:=qeof(CurQuery);
if IsEmpty#1 then
begin
repeat
AddTransRslt(CurQuery,'疑点结果');
IsEmpty:=qmov(CurQuery,1);
IsEmpty:=qeof(CurQuery);
until IsEmpty=1;
TransBatch(CurQuery,'领取养老保险同时领取低保人员名单');
showmsg('领取养老保险同时领取低保人员名单,已放入疑点库,请进一步核实');
end;
```

```
end.
//对每个不合规低保对象领取低保金情况进行统计
var SqlStr,CurQuery,IsEmpty;
begin
SqlStr:='Select [人员编号],姓名,养老证件号码,低保姓名,低保证件号码,[发放低保证号],[发放银行账号],sum(低保金) 低保金额 From [领取养老保险同时领取低保金明细]  GROUP BY [人员编号],姓名, 养老证件号码,低保姓名,低保证件号码,[发放低保证号],[发放银行账号]';
ShowMsg('生成的 SQL 语句为:'+SqlStr);
CurQuery:=createq(SqlStr,-1);
IsEmpty:=qeof(CurQuery);
if IsEmpty#1 then
begin
repeat
AddTransRslt(CurQuery,'疑点结果');
IsEmpty:=qmov(CurQuery,1);
IsEmpty:=qeof(CurQuery);
until IsEmpty=1;
TransBatch(CurQuery,'领取养老保险人员领低保金统计表');
showmsg('领取养老保险人员领低保金统计表,已放入疑点库,请进一步核实');
end;
end.
```

执行上述方法，结果如图 15－2 所示。

步骤五：疑点查看。

打开【疑点管理】－【业务数据疑点】，对生成疑点的审计过程进行编辑，然后查看生成的疑点数据，发现有 324 条数据显示存在领取养老保险同时领取低保金的人员。如图 15－3 所示。

步骤六：将疑点数据导出。

通过【全部选择】－【导出到电子表】功能，将疑点数据导出，进行适当整理后，作为入户核查的依据。如图 15－4 所示。

（2）向缴纳公积金人员发放低保金的审计步骤

缴纳公积金人员一般是有固定单位、固定收入的人员，是不应列为低保对象的，通过将公积金缴纳数据与低保数据的关联，筛选出不符合条件的低保对象。

步骤一：查询不合规低保对象领取低保金明细情况。

将“公积金数据”与“低保总体情况表”进行关联，查询缴纳公积金人员中，哪些

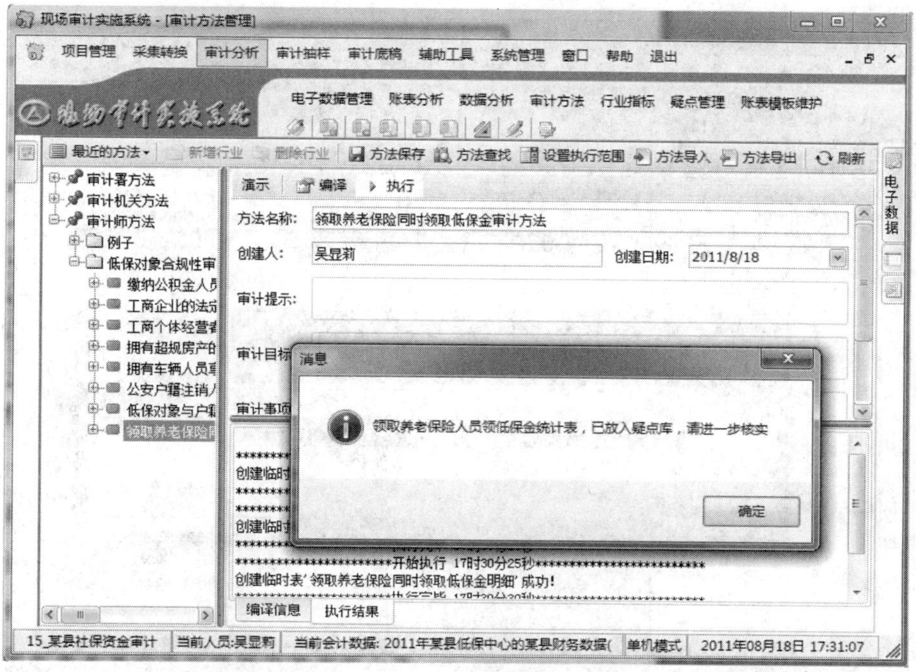

图 15－2

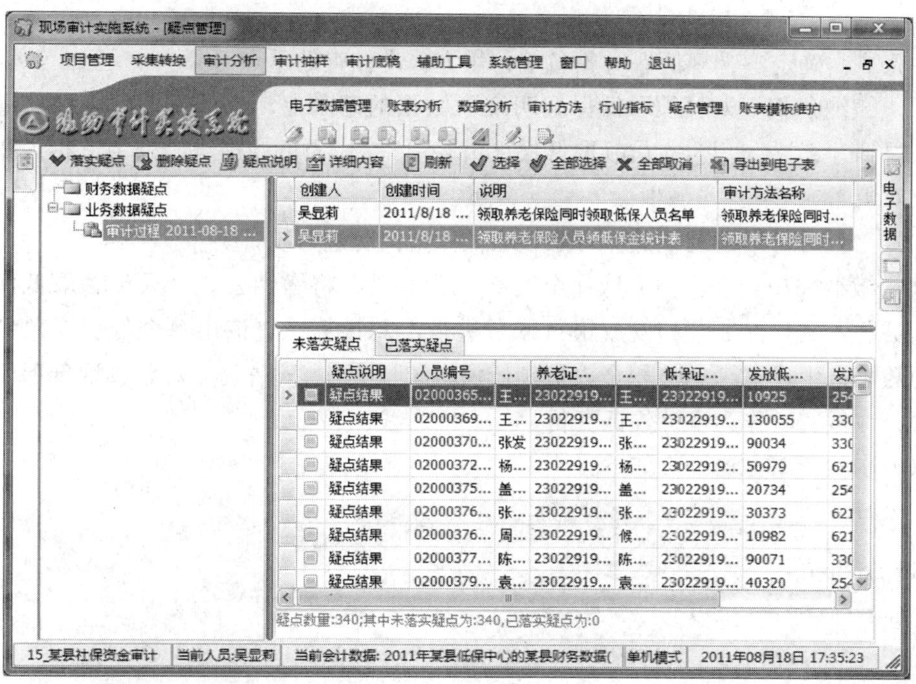

图 15－3

人是低保对象以及领取低保金的明细情况，生成“缴纳公积金人员领取低保金明细”。

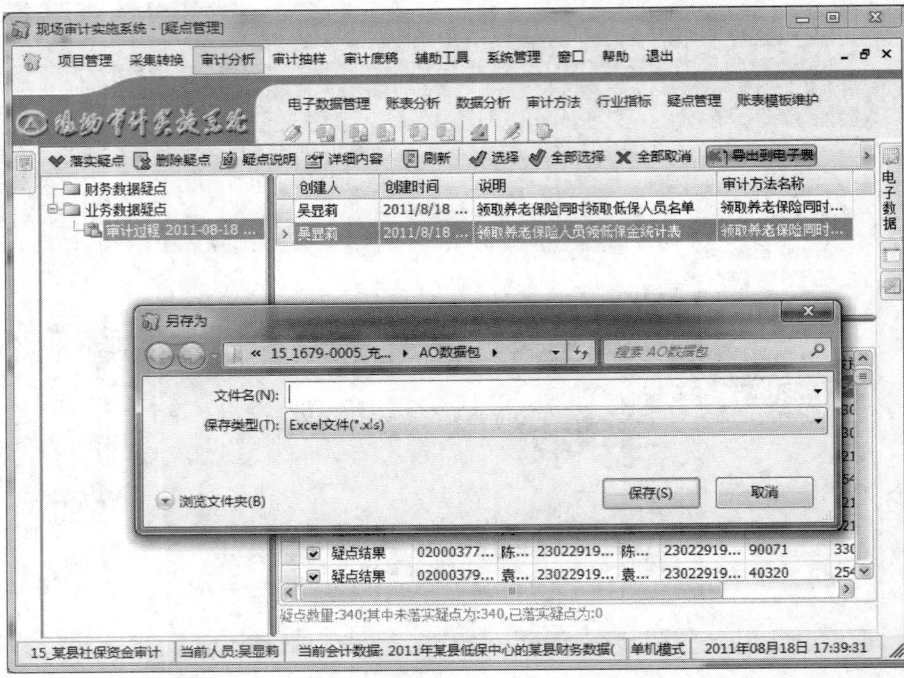

图 15－4

步骤二：确定不合规低保对象名单，作为入户核查的重点对象。

在“缴纳公积金人员领取低保金明细”数据的基础上，查询有用列，剔除重复数据后，得到“缴纳公积金人员领取低保人员名单”，作为审计疑点，列为进行入户核查的重点对象。

步骤三：对每个不合规低保对象领取低保金情况进行统计。

以“缴纳公积金人员领取低保金明细”为基础，将缴纳公积金人员领取低保金情况按人员、发放低保证号和发放银行账号进行汇总计算，查询出每个低保对象领取低保金的数额，生成“缴纳公积金人员领低保金统计表”，摸清疑点对象领取低保金的大致数额，在核实时作为审计佐证资料。

以上步骤所用方法语言如下：

```
//整理低保标准表数据,精简数据用于查询
var SqlStr;
begin
SqlStr:='Select a.[XZQHDM] as 区域编号,a.[JTBH] as 家庭编号,a.[XM_HZ] as 发放姓名,a.[SFZH_HZ] as 身份证号,a.[DBZH] as 发放低保证号,a.[YHZH] as 发放银行账号,a.[FFSJ] as 发放时间,a.[DBJ] as 低保金,a.[BTJE_QT] as 其他收入金额,b.[JTBH] as 信息家庭编号,b.[LB] as 类别,b.[XM_HZ] as 户主姓名,b.[SFZH
```

```
_HZ] as 户主身份证号,b.[DBZH] as 信息低保证号,b.[YHZH] as 信息银行账号,b.[BZRK] as 保障人口,b.[YSR] as 月收入  From [2011 低保发放明细] as a left join [低保家庭信息] as b on a.[SFZH_HZ] = b.[SFZH_HZ] and a.DBZH = b.DBZH ';
    ShowMsg('生成的 SQL 语句为:' + SqlStr);
    CreateTempTable('低保总体情况表', SqlStr);
    end.

    //查询不合规低保对象领取低保金明细情况
    var SqlStr;
    begin
    SqlStr:='Select  distinct a.职工编号,a.职工姓名,a.[身份证号] 公积金身份证号,a.单位名称,a.开户日期,a.月存金额,b.[发放姓名] 低保姓名,b.[身份证号] 低保身份证号,b.[发放低保证号],b.[发放银行账号],b.[发放时间],b.[低保金],b.[类别],b.[保障人口]  From [公积金数据] a,[低保总体情况表] b  WHERE a.[身份证号] = b.[身份证号]';
    ShowMsg('生成的 SQL 语句为:' + SqlStr);
    CreateTempTable('缴纳公积金人员领取低保金明细', SqlStr);
    end.

    //查询不合规低保对象名单,作为入户核查的重点对象
    var SqlStr,CurQuery,IsEmpty;
    begin
    SqlStr:='Select distinct 职工姓名,公积金身份证号,低保姓名,低保身份证号 From [缴纳公积金人员领取低保金明细]';
    ShowMsg('生成的 SQL 语句为:'+SqlStr);
    CurQuery:=createq(SqlStr, -1);
    IsEmpty:=qeof(CurQuery);
    if IsEmpty#1 then
    begin
    repeat
    AddTransRslt(CurQuery,'疑点结果');
    IsEmpty:=qmov(CurQuery,1);
    IsEmpty:=qeof(CurQuery);
    until IsEmpty=1;
    TransBatch(CurQuery,'缴纳公积金人员领取低保人员名单');
```

```
showmsg('缴纳公积金人员领取低保人员名单,已放入疑点库,请进一步核实');
end;
end.

//对每个不合规低保对象领取低保金情况进行统计
var SqlStr,CurQuery,IsEmpty;
begin
SqlStr:=' Select  职工姓名,公积金身份证号,低保姓名,低保身份证号,发放低保证号,发放银行账号,sum(低保金) 低保金额 From [缴纳公积金人员领取低保金明细] GROUP BY  职工姓名, 公积金身份证号,低保姓名,低保身份证号,[发放低保证号],[发放银行账号]';
ShowMsg('生成的 SQL 语句为:'+SqlStr);
CurQuery:=createq(SqlStr,-1);
IsEmpty:=qeof(CurQuery);
if IsEmpty#1 then
begin
repeat
AddTransRslt(CurQuery,'疑点结果');
IsEmpty:=qmov(CurQuery,1);
IsEmpty:=qeof(CurQuery);
until IsEmpty=1;
TransBatch(CurQuery,'缴纳公积金人员领低保金统计表');
showmsg('缴纳公积金人员领低保金统计表,已放入疑点库,请进一步核实');
end;
end.
```

执行上述方法，结果如图 15-5 所示。

步骤四：疑点查看。

打开【疑点管理】-【业务数据疑点】，对生成疑点的审计过程进行编辑，然后查看生成的疑点数据，发现有 15 条数据显示存在缴纳公积金人员领取低保金的情况。如图 15-6 所示。

步骤五：将疑点数据导出。

通过【全部选择】-【导出到电子表】功能，将疑点数据导出，进行适当整理后，作为入户核查的依据。

(3) 向工商企业法定代表人员发放低保金的审计步骤

一般情况下，注册企业需要有资本金，正常营业状态的企业会有固定的营业收入，

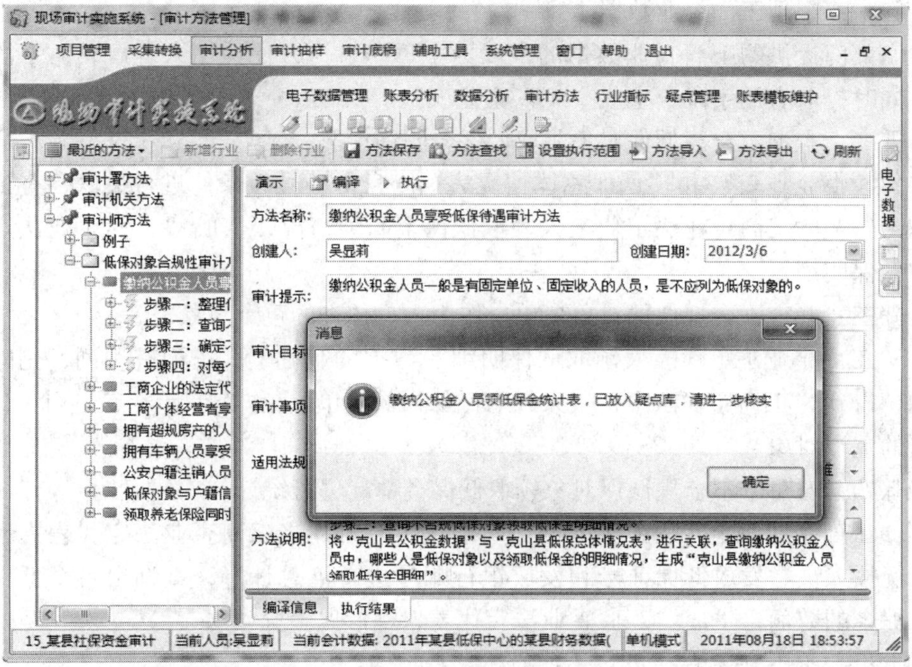

图 15－5

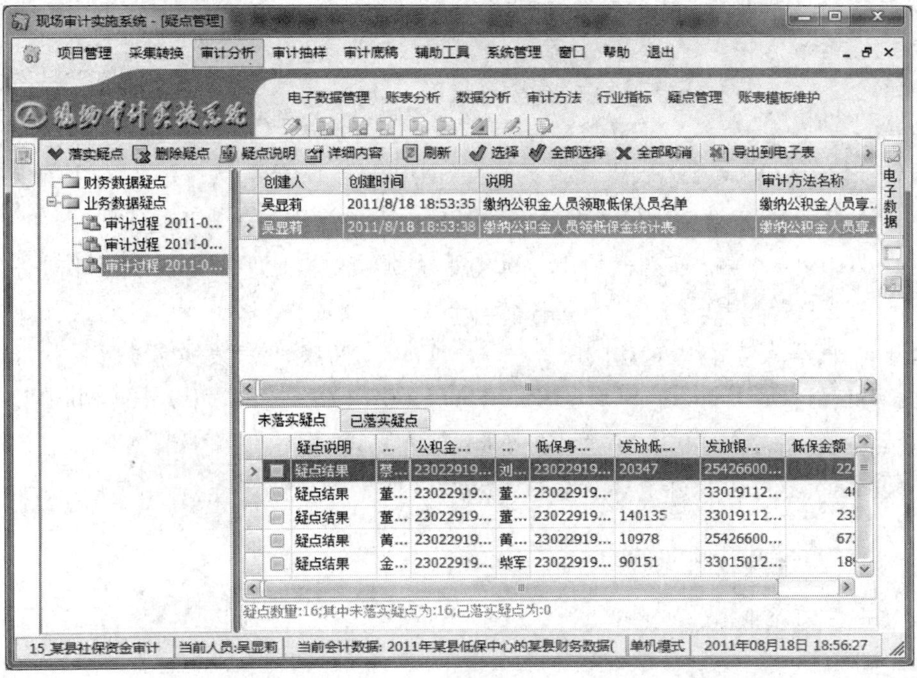

图 15－6

企业的法定代表人是不应该列入低保对象的。通过将工商企业数据与低保数据的关联，筛选出不符合条件的低保对象。

步骤一：整理工商企业数据。

工商部门提供的工商企业数据的字段为字母型，为方便使用人理解，对字段进行分析，同时提取有用字段，生成“工商企业表”。

步骤二：查询不合规低保对象领取低保金明细情况。

将“工商企业表”和“低保总体情况表”以身份证号为条件进行关联，查询出企业状态为营业的工商企业法定代表人领取低保金明细情况，生成“工商企业法定代表人领取低保明细”。

步骤三：确定不合规低保对象名单，作为入户核查的重点对象。

在“工商企业法定代表人领取低保明细”数据的基础上，查询有用列，剔除重复数据后，得到“工商企业法定代表人领取低保人员名单”，作为审计疑点，列为进行入户核查的重点对象。

步骤四：对每个不合规低保对象领取低保金情况进行统计。

以“工商企业法定代表人领取低保明细”为基础，将工商企业法定代表人领取低保金情况按人员、发放低保证号和发放银行账号进行汇总计算，查询出每个低保对象领取低保金的数额，生成“工商企业法定代表人领低保金统计表”。

以上步骤所用方法语言如下：

```
//整理低保标准表数据,精简数据用于查询
var SqlStr;
begin
SqlStr: =' Select a.[XZQHDM] as 区域编号,a.[JTBH] as 家庭编号,a.[XM_HZ] as 发放姓名,a.[SFZH_HZ] as 身份证号,a.[DBZH] as 发放低保证号,a.[YHZH] as 发放银行账号,a.[FFSJ] as 发放时间,a.[DBJ] as 低保金,a.[BTJE_QT] as 其他收入金额,b.[JTBH] as 信息家庭编号,b.[LB] as 类别,b.[XM_HZ] as 户主姓名,b.[SFZH_HZ] as 户主身份证号,b.[DBZH] as 信息低保证号,b.[YHZH] as 信息银行账号,b.[BZRK] as 保障人口,b.[YSR] as 月收入 From [2011 低保发放明细] as a left join [低保家庭信息] as b on a.[SFZH_HZ] = b.[SFZH_HZ] and a.DBZH = b.DBZH ';
ShowMsg('生成的 SQL 语句为:' + SqlStr);
CreateTempTable('低保总体情况表', SqlStr);
end.

//整理工商企业数据
var SqlStr;
begin
SqlStr: =' Select qymc 企业名称,newzch 注册号,qydz 企业地址,hzdate 核准日期,zczb 注册资本,jyfw 经营范围,jyqxsdate 经营期限自,jyqxedate 经营期限至,frdb 法定代
```

```
表人,zjhm 证件号码,gsdh 公司电话,qyzt 企业状态 From 工商企业数据';
    ShowMsg('生成的 SQL 语句为:' + SqlStr);
    CreateTempTable('工商企业表', SqlStr);
    end.

    //查询不合规低保对象领取低保金明细情况
    var SqlStr;
    begin
    SqlStr: =' Select a.[企业名称], a.[企业地址], a.[法定代表人], a.[证件号码]
as 工商证件号码, a.[注册资本], a.[公司电话], a.[企业状态], b.[发放姓名], b.
[身份证号] as 低保证件号码, b.[发放低保证号], b.[发放银行账号], b.[发放时
间], b.[低保金], b.[类别], b.[保障人口]  From [工商企业表] as a inner join [低
保总体情况表] as b on a.[证件号码] = b.[身份证号]  WHERE  a.[企业状态] =
"营业"';
    ShowMsg('生成的 SQL 语句为:'+ SqlStr);
    CreateTempTable('工商企业法定代表人领取低保明细', SqlStr);
    end.

    //查询不合规低保对象名单,作为入户核查的重点对象
    var SqlStr,CurQuery,IsEmpty;
    begin
    SqlStr: =' Select distinct [企业名称],[企业地址],法定代表人,工商证件号码,[公
司电话],发放姓名,低保证件号码 From [工商企业法定代表人领取低保明细]';
    ShowMsg('生成的 SQL 语句为: '+SqlStr);
    CurQuery: =createq(SqlStr, -1);
    IsEmpty: =qeof(CurQuery);
    if IsEmpty#1 then
    begin
    repeat
    AddTransRslt(CurQuery,'疑点结果');
    IsEmpty: =qmov(CurQuery,1);
    IsEmpty: =qeof(CurQuery);
    until IsEmpty =1;
    TransBatch(CurQuery,'工商企业法定代表人领取低保人员名单');
    showmsg('工商企业法定代表人领取低保人员名单,已放入疑点库,请进一步核实');
```

```
end;
end.

//对每个不合规低保对象领取低保金情况进行统计
var SqlStr,CurQuery,IsEmpty;
begin
SqlStr:=' Select [法定代表人],低保证件号码,[发放低保证号],[发放银行账号],sum(低保金)低保金额 From [工商企业法定代表人领取低保明细] GROUP BY [法定代表人],低保证件号码,[发放低保证号],[发放银行账号]';
ShowMsg('生成的SQL语句为:'+SqlStr);
CurQuery:=createq(SqlStr,-1);
IsEmpty:=qeof(CurQuery);
if IsEmpty#1 then
begin
repeat
AddTransRslt(CurQuery,'疑点结果');
IsEmpty:=qmov(CurQuery,1);
IsEmpty:=qeof(CurQuery);
until IsEmpty=1;
TransBatch(CurQuery,'工商企业法定代表人领低保金统计表');
showmsg('工商企业法定代表人领低保金统计表,已放入疑点库,请进一步核实');
end;
end.
```

步骤五：疑点查看。

打开【疑点管理】-【业务数据疑点】，对生成疑点的审计过程进行编辑，然后查看生成的疑点数据，发现有32条数据显示存在工商企业法定代表人享受低保待遇的情况。

步骤六：将疑点数据导出。

通过【全部选择】-【导出到电子表】功能，将疑点数据导出，进行适当整理后，作为入户核查的依据。

（4）向工商个体经营者发放低保金的审计步骤

一般情况下，注册个体商户需要有资本金，正常营业状态下会有固定的营业收入，个体工商户是不应该列入低保对象的。通过将工商个体数据与低保数据的关联，筛选出不符合条件的低保对象。

步骤一：整理工商个体数据。

工商部门提供的工商个体数据的字段为字母型，为方便使用人理解，对字段进行分析，同时提取有用字段，生成“工商个体表”。

步骤二：查询不合规低保对象领取低保金明细情况。

将“工商个体表”和“低保总体情况表”以身份证号为条件进行关联，查询出企业状态为营业的个体经营者领取低保金明细情况，生成“工商个体经营者领取低保明细”。

步骤三：确定不合规低保对象名单，作为入户核查的重点对象。

在“工商个体经营者领取低保明细”数据的基础上，查询有用列，剔除重复数据后，得到“工商个体经营者领取低保人员名单”，作为审计疑点，列为进行入户核查的重点对象。

步骤四：对每个不合规低保对象领取低保金情况进行统计。

以“工商个体经营者领取低保明细”为基础，将工商个体经营者领取低保金情况按人员、发放低保证号和发放银行账号进行汇总计算，查询出每个低保对象领取低保金的数额，生成“工商个体经营者领取低保金统计表”。

以上步骤所用方法语言如下：

```
//整理低保标准表数据,精简数据用于查询
var SqlStr;
begin
SqlStr:='Select a.[XZQHDM] as 区域编号,a.[JTBH] as 家庭编号,a.[XM_HZ] as 发放姓名,a.[SFZH_HZ] as 身份证号,a.[DBZH] as 发放低保证号,a.[YHZH] as 发放银行账号,a.[FFSJ] as 发放时间,a.[DBJ] as 低保金,a.[BTJE_QT] as 其他收入金额,b.[JTBH] as 信息家庭编号,b.[LB] as 类别,b.[XM_HZ] as 户主姓名,b.[SFZH_HZ] as 户主身份证号,b.[DBZH] as 信息低保证号,b.[YHZH] as 信息银行账号,b.[BZRK] as 保障人口,b.[YSR] as 月收入 From [2011 低保发放明细] as a left join [低保家庭信息] as b on a.[SFZH_HZ] = b.[SFZH_HZ] and a.DBZH = b.DBZH ';
ShowMsg('生成的 SQL 语句为:' + SqlStr);
CreateTempTable('低保总体情况表', SqlStr);
end.

//整理工商个体数据
var SqlStr;
begin
SqlStr:='Select qymc 企业名称,newzch 注册号,qydz 企业地址,hzdate 核准日期,zjse 资金数额,qylx 企业类型,hydm 行业代码,jyfw 经营范围,jyqxsdate 经营期限自,jyqxedate 经营期限至,jyz 经营者,zjhm 证件号码,lxdh 联系电话,qyzt 企业状态 From 工
```

```
商个体数据';
    ShowMsg('生成的 SQL 语句为:' + SqlStr);
    CreateTempTable('工商个体表', SqlStr);
    end.

    //查询不合规低保对象领取低保金明细情况
    var SqlStr;
    begin
    SqlStr:=' Select distinct a.[企业名称],a.[企业地址],a.[经营者],a.[证件号码] 经营者证件号码,a.[资金数额],a.[联系电话],a.[企业状态],b.[发放姓名],b.[身份证号] 低保证件号码,b.[发放低保证号],b.[发放银行账号],b.[发放时间],b.[低保金],b.[类别],b.[保障人口] From [工商个体表] as a inner join [低保总体情况表] as b on a.[证件号码] = b.[身份证号] WHERE a.[企业状态] = "营业"';
    ShowMsg('生成的 SQL 语句为:' + SqlStr);
    CreateTempTable('工商个体经营者领取低保明细', SqlStr);
    end.

    //查询不合规低保对象名单,作为入户核查的重点对象
    var SqlStr,CurQuery,IsEmpty;
    begin
    SqlStr:=' Select distinct [企业名称],[企业地址],[经营者], 经营者证件号码,[联系电话],发放姓名,低保证件号码 From [工商个体经营者领取低保明细]';
    ShowMsg('生成的 SQL 语句为: ' + SqlStr);
    CurQuery:=createq(SqlStr, -1);
    IsEmpty:=qeof(CurQuery);
    if IsEmpty#1 then
    begin
    repeat
    AddTransRslt(CurQuery,'疑点结果');
    IsEmpty:=qmov(CurQuery,1);
    IsEmpty:=qeof(CurQuery);
    until IsEmpty=1;
    TransBatch(CurQuery,'工商个体经营者领取低保人员名单');
    showmsg('工商个体经营者领取低保人员名单,已放入疑点库,请进一步核实');
    end;
```

```
end.

//对每个不合规低保对象领取低保金情况进行统计
var SqlStr,CurQuery,IsEmpty;
begin
SqlStr:=' Select [经营者],低保证件号码,[发放低保证号],[发放银行账号],sum(低保金) 低保金额 From [工商个体经营者领取低保明细] GROUP BY [经营者],低保证件号码,[发放低保证号],[发放银行账号]';
ShowMsg('生成的 SQL 语句为:'+SqlStr);
CurQuery:=createq(SqlStr,-1);
IsEmpty:=qeof(CurQuery);
if IsEmpty#1 then
begin
repeat
AddTransRslt(CurQuery,'疑点结果');
IsEmpty:=qmov(CurQuery,1);
IsEmpty:=qeof(CurQuery);
until IsEmpty=1;
TransBatch(CurQuery,'工商个体经营者领取低保金统计表');
showmsg('工商个体经营者领取低保金统计表,已放入疑点库,请进一步核实');
end;
end.
```

步骤五：疑点查看。

打开【疑点管理】－【业务数据疑点】，对生成疑点的审计过程进行编辑，然后查看生成的疑点数据，发现有 236 条数据显示存在工商个体经营者享受低保待遇的情况。

步骤六：将疑点数据导出。

通过【全部选择】－【导出到电子表】功能，将疑点数据导出，进行适当整理后，作为入户核查的依据。

（5）向拥有房产人员发放低保金的审计步骤

按规定，拥有商铺、两套及两套以上住房（简称超规房产）的人员是不应列为低保对象的，通过将房产数据与低保数据的关联，筛选出不符合条件的低保对象。

步骤一：整理房产信息。导入的“整理后房产信息”中，由于身份证信息不规范，需去除无意义身份信息，生成可用“可用房产数据”。

步骤二：查询房产数据中体现的所有拥有商铺的人员。

在“可用房产数据”中，查询出拥有商铺的人员信息，生成中间表“拥有商铺人员信息”，但这些人员未必都是低保对象。

步骤三：查询房产数据中体现的所有拥有住宅的人员。

在“可用房产数据”中，查询出拥有住宅的人员信息，生成中间表“拥有住宅人员信息”。

步骤四：查询房产数据中体现的所有拥有两套以上住宅的人员。

在“拥有住宅人员信息”中，查询出拥有两套以上住宅的人员信息，生成中间表“拥有两套以上住宅人员信息”，但这些人员未必都是低保对象。

步骤五：合并拥有超规房产人员信息。

将前面查询出的“拥有商铺人员信息”和“拥有两套以上住宅人员信息”进行合并，同时剔除既拥有商铺又拥有两套以上住宅的重复人员信息，生成“拥有超规房产人员信息”，但这些人员未必都是低保对象。

步骤六：查询不合规低保对象领取低保金的明细情况。

将“拥有超规房产人员信息”与“低保总体情况表”进行关联，查询这些人员中，哪些人是低保对象以及领取低保金的明细情况，生成“拥有超规房产人员领取低保金明细”。

步骤七：确定不合规低保对象名单，作为入户核查的重点对象。

以“拥有超规房产人员领取低保金明细”为基础，筛选出“拥有超规房产的低保人员名单”，作为审计疑点，列为进行入户核查的重点对象。

步骤八：对每个不合规低保对象领取低保金情况进行统计。

以“拥有超规房产人员领取低保金明细”为基础，将拥有超规房产人员领取低保金情况按人员、发放低保证号和发放银行账号进行汇总计算，查询出每个低保对象领取低保金的数额，生成“拥有超规房产人员领取低保金统计表”，在核实时作为审计证据。

步骤九：查询不合规低保对象拥有房产的明细情况。

将“拥有超规房产人员领取低保金明细”与“可用房产数据”进行关联，查询相关列、剔除重复数据后，生成“不合规低保对象拥有的房产明细情况表”。

以上步骤所用方法语言如下：

```
//整理低保标准表数据,精简数据用于查询
var SqlStr;
begin
SqlStr:='Select a.[XZQHDM] as 区域编号,a.[JTBH] as 家庭编号,a.[XM_HZ] as 发放姓名,a.[SFZH_HZ] as 身份证号,a.[DBZH] as 发放低保证号,a.[YHZH] as 发放银行账号,a.[FFSJ] as 发放时间,a.[DBJ] as 低保金,a.[BTJE_QT] as 其他收入
```

```
金额,b.[JTBH] as 信息家庭编号,b.[LB] as 类别,b.[XM_HZ] as 户主姓名,b.[SFZH_HZ] as 户主身份证号,b.[DBZH] as 信息低保证号,b.[YHZH] as 信息银行账号,b.[BZRK] as 保障人口,b.[YSR] as 月收入  From [2011 低保发放明细] as a left join [低保家庭信息] as b on a.[SFZH_HZ] = b.[SFZH_HZ] and a.DBZH = b.DBZH ';
    ShowMsg('生成的 SQL 语句为:' + SqlStr);
    CreateTempTable('低保总体情况表', SqlStr);
    end.

    //整理房产信息
    var SqlStr;
    begin
    SqlStr: = ' Select [房产身份证号],[房产姓名],[房产证号],[坐落],[面积],[用途],[整理后身份证号码] From [整理后房产信息]  WHERE  [整理后身份证号码] not like " null "';
    ShowMsg('生成的 SQL 语句为:' + SqlStr);
    CreateTempTable('可用房产数据', SqlStr);
    end.

    //查询房产数据中体现的所有拥有商铺的人员
    var SqlStr;
    begin
    SqlStr: = ' Select [整理后身份证号码],[房产姓名] From [可用房产数据] where 用途 like "%商铺%"';
    ShowMsg('生成的 SQL 语句为:' + SqlStr);
    CreateTempTable('拥有商铺人员信息', SqlStr);
    end.

    //查询房产数据中体现的所有拥有住宅的人员
    var SqlStr;
    begin
    SqlStr: = ' Select [整理后身份证号码],[房产姓名] From [可用房产数据] where 用途 like "%住%"';
    ShowMsg('生成的 SQL 语句为:' + SqlStr);
    CreateTempTable('拥有住宅人员信息', SqlStr);
    end.
```

```
//查询房产数据中体现的拥有2套以上住宅的人员
var SqlStr;
begin
SqlStr:='Select [整理后身份证号码],[房产姓名],count([整理后身份证号码]) as 重复次数 From [拥有住宅人员信息] GROUP BY [整理后身份证号码],[房产姓名] HAVING count([整理后身份证号码]) > 1';
ShowMsg('生成的SQL语句为:'+ SqlStr);
CreateTempTable('拥有2套以上住宅人员信息', SqlStr);
end.

//合并拥有超规房产的人员
var SqlStr;
begin
SqlStr:='Select [整理后身份证号码],[房产姓名] From [拥有商铺人员信息] union Select [整理后身份证号码],[房产姓名] From [拥有2套以上住宅人员信息]';
ShowMsg('生成的SQL语句为:'+ SqlStr);
CreateTempTable('拥有超规房产人员信息', SqlStr);
end.

//查询不合规低保对象领取低保金明细情况
var SqlStr;
begin
SqlStr:='Select  a.[整理后身份证号码],a.[房产姓名],b.[发放姓名],b.[身份证号]  低保身份证号,b.[发放低保证号],b.[发放银行账号],b.[发放时间],b.[低保金],b.[类别],b.[保障人口] From [拥有超规房产人员信息] a,[低保总体情况表] b WHERE substring(a.[整理后身份证号码],7,8) = substring(b.[身份证号],7,8) and a.[房产姓名] = b.[发放姓名]';
ShowMsg('生成的SQL语句为:'+ SqlStr);
CreateTempTable('拥有超规房产人员领取低保金明细', SqlStr);
end.

//查询不合规低保对象名单,作为入户核查的重点对象
var SqlStr,CurQuery,IsEmpty;
begin
```

```
SqlStr:='Select distinct [房产姓名],低保身份证号,发放低保证号,发放银行账号 From [拥有超规房产人员领取低保金明细]';
ShowMsg('生成的 SQL 语句为:'+SqlStr);
CurQuery:=createq(SqlStr,-1);
IsEmpty:=qeof(CurQuery);
if IsEmpty#1 then
begin
repeat
AddTransRslt(CurQuery,'疑点结果');
IsEmpty:=qmov(CurQuery,1);
IsEmpty:=qeof(CurQuery);
until IsEmpty=1;
TransBatch(CurQuery,'拥有超规房产的低保人员名单');
showmsg('拥有超规房产的低保人员名单,已放入疑点库,请进一步核实');
end;
end.

//对每个不合规低保对象领取低保金情况进行统计
var SqlStr,CurQuery,IsEmpty;
begin
SqlStr:='Select [房产姓名],低保身份证号,[发放低保证号],[发放银行账号],sum(低保金) 低保金额 From [拥有超规房产人员领取低保金明细] GROUP BY [房产姓名],低保身份证号,[发放低保证号],[发放银行账号]';
ShowMsg('生成的 SQL 语句为:'+SqlStr);
CurQuery:=createq(SqlStr,-1);
IsEmpty:=qeof(CurQuery);
if IsEmpty#1 then
begin
repeat
AddTransRslt(CurQuery,'疑点结果');
IsEmpty:=qmov(CurQuery,1);
IsEmpty:=qeof(CurQuery);
until IsEmpty=1;
TransBatch(CurQuery,'拥有超规房产人员领取低保金统计表');
showmsg('拥有超规房产人员领取低保金统计表,已放入疑点库,请进一步核实');
```

```
end;
end.

//查询不合规低保对象拥有房产的情况
var SqlStr,CurQuery,IsEmpty;
begin
SqlStr:='Select distinct a.[发放姓名]低保姓名,a.[低保身份证号],b.[房产证号],b.[坐落],b.[面积],b.[用途] From [拥有超规房产人员领取低保金明细] a,[可用房产数据] b WHERE a.[整理后身份证号码] = b.[整理后身份证号码]';
ShowMsg('生成的SQL语句为:'+SqlStr);
CurQuery:=createq(SqlStr,-1);
IsEmpty:=qeof(CurQuery);
if IsEmpty#1 then
begin
repeat
AddTransRslt(CurQuery,'疑点结果');
IsEmpty:=qmov(CurQuery,1);
IsEmpty:=qeof(CurQuery);
until IsEmpty=1;
TransBatch(CurQuery,'不合规低保对象拥有的房产明细情况表');
showmsg('不合规低保对象拥有的房产明细情况表,已放入疑点库,请进一步核实');
end;
end.
```

步骤十：疑点查看。

打开【疑点管理】-【业务数据疑点】，对生成疑点的审计过程进行编辑，然后查看生成的疑点数据，发现有129条数据显示存在拥有商铺或两套以上住房人员享受低保待遇的情况。

步骤十一：将疑点数据导出。

通过【全部选择】-【导出到电子表】功能，将疑点数据导出，进行适当整理后，作为入户核查的依据。

（6）向拥有车辆人员发放低保金的审计步骤

按规定，拥有车辆人员是不应列为低保对象的，通过将车管数据与低保数据的关联，筛选出不符合条件的低保对象。

步骤一：查询不合规低保对象领取低保金明细情况。

将“车辆运管数据”与“低保总体情况表”进行关联，查询有车的人员中，哪些人是低保对象以及领取低保金的明细情况，生成“拥有车辆人员领取低保金明细”。

步骤二：确定不合规低保对象名单，作为入户核查的重点对象。

在“拥有车辆人员领取低保金明细”数据的基础上，查询有用列，剔除重复数据后，得到“拥有车辆人员领取低保人员名单”，作为审计疑点，列为进行入户核查的重点对象。

步骤三：对每个不合规低保对象领取低保金情况进行统计。

以“拥有车辆人员领取低保金明细”为基础，将拥有车辆人员领取低保金情况按人员、发放低保证号和发放银行账号进行汇总计算，查询出每个低保对象领取低保金的数额，生成“拥有车辆人员领低保金统计表”，摸清疑点对象领取低保金的大致数额，在核实时作为审计佐证资料。

以上步骤所用方法语言如下：

```
//整理低保标准表数据,精简数据用于查询
var SqlStr;
begin
SqlStr:='Select a.[XZQHDM] as 区域编号,a.[JTBH] as 家庭编号,a.[XM_HZ] as 发放姓名,a.[SFZH_HZ] as 身份证号,a.[DBZH] as 发放低保证号,a.[YHZH] as 发放银行账号,a.[FFSJ] as 发放时间,a.[DBJ] as 低保金,a.[BTJE_QT] as 其他收入金额,b.[JTBH] as 信息家庭编号,b.[LB] as 类别,b.[XM_HZ] as 户主姓名,b.[SFZH_HZ] as 户主身份证号,b.[DBZH] as 信息低保证号,b.[YHZH] as 信息银行账号,b.[BZRK] as 保障人口,b.[YSR] as 月收入 From [2011 低保发放明细] as a left join [低保家庭信息] as b on a.[SFZH_HZ] = b.[SFZH_HZ] and a.DBZH = b.DBZH ';
ShowMsg('生成的 SQL 语句为:'+ SqlStr);
CreateTempTable('低保总体情况表', SqlStr);
end.

//查询不合规低保对象领取低保金明细情况
var SqlStr;
begin
SqlStr:='Select distinct a.[姓名] 车主姓名,a.[身份证号] 车主身份证号,a.[车牌号],a.[车型],a.[初次落户日期],a.[营运性质],b.[发放姓名] 低保姓名,b.[身份证号] 低保身份证号,b.[发放低保证号],b.[发放银行账号],b.[发放时间],b.[低保金],b.[类别],b.[保障人口] From [车辆运管数据] a,[低保总体情况表] b WHERE a.[身份证号] = b.[身份证号]';
ShowMsg('生成的 SQL 语句为:'+ SqlStr);
CreateTempTable('拥有车辆人员领取低保金明细', SqlStr);
```

```
end.

//查询不合规低保对象名单,作为入户核查的重点对象
var SqlStr,CurQuery,IsEmpty;
begin
SqlStr:='Select distinct [车主姓名],低保身份证号,发放低保证号,发放银行账号
From [拥有车辆人员领取低保金明细]';
ShowMsg('生成的 SQL 语句为:'+SqlStr);
CurQuery:=createq(SqlStr,-1);
IsEmpty:=qeof(CurQuery);
if IsEmpty#1 then
begin
repeat
AddTransRslt(CurQuery,'疑点结果');
IsEmpty:=qmov(CurQuery,1);
IsEmpty:=qeof(CurQuery);
until IsEmpty=1;
TransBatch(CurQuery,'拥有车辆人员领取低保人员名单');
showmsg('拥有车辆人员领取低保人员名单,已放入疑点库,请进一步核实');
end;
end.

//对每个不合规低保对象领取低保金情况进行统计
var SqlStr,CurQuery,IsEmpty;
begin
SqlStr:='Select [车主姓名],低保身份证号,[发放低保证号],[发放银行账号],
sum(低保金) 低保金额 From [拥有车辆人员领取低保金明细] GROUP BY [车主姓
名], 低保身份证号,[发放低保证号],[发放银行账号]';
ShowMsg('生成的 SQL 语句为:'+SqlStr);
CurQuery:=createq(SqlStr,-1);
IsEmpty:=qeof(CurQuery);
if IsEmpty#1 then
begin
repeat
AddTransRslt(CurQuery,'疑点结果');
```

```
IsEmpty: = qmov(CurQuery,1);
IsEmpty: = qeof(CurQuery);
until IsEmpty = 1;
TransBatch(CurQuery,'拥有车辆人员领低保金统计表');
showmsg('拥有车辆人员领低保金统计表,已放入疑点库,请进一步核实');
end;
end.
```

步骤四：疑点查看。

打开【疑点管理】-【业务数据疑点】，对生成疑点的审计过程进行编辑，然后查看生成的疑点数据，发现有2条数据显示存在拥有车辆人员享受低保待遇的情况。

步骤五：将疑点数据导出。

通过【全部选择】-【导出到电子表】功能，将疑点数据导出，进行适当整理后，作为入户核查的依据。

（7）向公安户籍注销人员发放低保金的审计步骤

公安户籍中因死亡已注销户口的低保对象不应继续享受低保待遇，因低保审核期限滞后的现象存在，本次对在2010年已经注销户籍的低保对象在2011是否继续领取低保金的情况进行抽查核实。

步骤一：查询不合规低保对象领取低保金明细情况。

将“公安户籍注销信息”与“低保总体情况表”进行关联，查询2011年领取低保金的低保对象中，哪些在2010年已经注销户籍及领取低保的明细情况，生成“户籍注销人员领取低保明细”。

步骤二：确定不合规低保对象名单，作为入户核查的重点对象。

在“户籍注销人员领取低保明细”数据的基础上，查询有用列，剔除重复数据后，得到“户籍注销人员领取低保金名单”，作为审计疑点，列为进行入户核查的重点对象。

步骤三：对每个不合规低保对象领取低保金情况进行统计。

以“户籍注销人员领取低保明细”为基础，将户籍注销人员领取低保金情况按人员、发放低保证号和发放银行账号进行汇总计算，查询出每个低保对象领取低保金的数额，生成“户籍注销人员领取低保金统计表”，摸清疑点对象领取低保金的大致数额，在核实时作为审计佐证资料。

以上步骤所用方法语言如下：

```
//整理低保标准表数据,精简数据用于查询
var SqlStr;
begin
```

```
SqlStr:='Select a.[XZQHDM] as 区域编号,a.[JTBH] as 家庭编号,a.[XM_HZ]as 发放姓名,a.[SFZH_HZ] as 身份证号,a.[DBZH] as 发放低保证号,a.[YHZH] as 发放银行账号,a.[FFSJ] as 发放时间,a.[DBJ] as 低保金,a.[BTJE_QT] as 其他收入金额,b.[JTBH] as 信息家庭编号,b.[LB] as 类别,b.[XM_HZ] as 户主姓名,b.[SFZH_HZ] as 户主身份证号,b.[DBZH] as 信息低保证号,b.[YHZH] as 信息银行账号,b.[BZRK] as 保障人口,b.[YSR] as 月收入  From[2011 低保发放明细] as a left join [低保家庭信息] as b on a.[SFZH_HZ] = b.[SFZH_HZ] and a.DBZH = b.DBZH ';
ShowMsg('生成的 SQL 语句为:'+ SqlStr);
CreateTempTable('低保总体情况表', SqlStr);
end.

//查询不合规低保对象领取低保金明细情况
var SqlStr;
begin
SqlStr:='Select * From [公安户籍注销信息] as a inner join [低保总体情况表] as b on a.公民身份号码 = b.[身份证号] WHERE b.[户主姓名] not like "null" and 注销日期 Between "20100101" And "20101231"';
ShowMsg('生成的 SQL 语句为:'+ SqlStr);
CreateTempTable('户籍注销人员领取低保明细', SqlStr);
end.

//查询不合规低保对象名单,作为入户核查的重点对象
var SqlStr,CurQuery,IsEmpty;
begin
SqlStr:='Select distinct [姓名] 公安注销姓名,[公民身份号码],[注销日期],发放姓名 低保姓名,[身份证号] From [户籍注销人员领取低保明细] WHERE 发放低保证号 not like "null"';
ShowMsg('生成的 SQL 语句为:'+SqlStr);
CurQuery:=createq(SqlStr,-1);
IsEmpty:=qeof(CurQuery);
if IsEmpty#1 then
begin
repeat
AddTransRslt(CurQuery,'疑点结果');
IsEmpty:=qmov(CurQuery,1);
```

```
IsEmpty:=qeof(CurQuery);
until IsEmpty=1;
TransBatch(CurQuery,'户籍注销人员领取低保金名单');
showmsg('户籍注销人员领取低保金名单,已放入疑点库,请进一步核实');
end;
end.

//对每个不合规低保对象领取低保金情况进行统计
var SqlStr,CurQuery,IsEmpty;
begin
SqlStr:='Select distinct [姓名] 公安注销姓名,[公民身份号码],[注销日期],发放姓名 低保姓名,[身份证号],发放低保证号,发放银行账号,sum(低保金) 低保金额 From [户籍注销人员领取低保明细] WHERE 发放低保证号 not like "null" GROUP BY [姓名],[公民身份号码],[注销日期],发放姓名,[身份证号],发放低保证号,发放银行账号';
ShowMsg('生成的SQL语句为:'+SqlStr);
CurQuery:=createq(SqlStr,-1);
IsEmpty:=qeof(CurQuery);
if IsEmpty#1 then
begin
repeat
AddTransRslt(CurQuery,'疑点结果');
IsEmpty:=qmov(CurQuery,1);
IsEmpty:=qeof(CurQuery);
until IsEmpty=1;
TransBatch(CurQuery,'户籍注销人员领取低保金统计表');
showmsg('户籍注销人员领取低保金统计表,已放入疑点库,请进一步核实');
end;
end.
```

步骤四：疑点查看。

打开【疑点管理】-【业务数据疑点】，对生成疑点的审计过程进行编辑，然后查看生成的疑点数据，发现有77条数据显示存在公安户籍注销人员享受低保待遇的情况。

步骤五：将疑点数据导出。

通过【全部选择】-【导出到电子表】功能，将疑点数据导出，进行适当整理后，作为入户核查的依据。

（8）向其他不合规人员发放低保金的审计步骤

为查询是否存在低保对象不合规的其他情况，将低保信息与户籍信息进行比对，查询低保对象是否存在无户籍信息或户籍信息不符的情况，以便进一步核实。

步骤一：查询低保对象与户籍信息不符明细情况。

将“低保总体情况表”与“公安户籍信息”进行比对，查询出低保对象中无户籍信息或户籍信息不符的情况，生成“领取低保人员户籍不符明细”。

步骤二：确定不符名单，作为入户核查的重点对象。

在“领取低保人员户籍不符明细”数据的基础上，查询有用列，剔除重复数据后，得到“低保对象户籍不符名单”，作为审计疑点，列为进行入户核查的重点对象。

步骤三：对存在不符的低保对象领取低保金情况进行统计。

以“领取低保人员户籍不符明细”为基础，按人员、发放低保证号和发放银行账号进行汇总计算，查询出每个低保对象领取低保金的数额，生成“户籍不符低保对象领取低保金统计表”，摸清疑点对象领取低保金的大致数额，在核实时作为审计佐证资料。

以上步骤所用方法语言如下：

```
//整理低保标准表数据，精简数据用于查询
var SqlStr;
begin
SqlStr:='Select a.[XZQHDM] as 区域编号,a.[JTBH] as 家庭编号,a.[XM_HZ] as 发放姓名,a.[SFZH_HZ] as 身份证号,a.[DBZH] as 发放低保证号,a.[YHZH] as 发放银行账号,a.[FFSJ] as 发放时间,a.[DBJ] as 低保金,a.[BTJE_QT] as 其他收入金额,b.[JTBH] as 信息家庭编号,b.[LB] as 类别,b.[XM_HZ] as 户主姓名,b.[SFZH_HZ] as 户主身份证号,b.[DBZH] as 信息低保证号,b.[YHZH] as 信息银行账号,b.[BZRK] as 保障人口,b.[YSR] as 月收入 From [2011 低保发放明细] as a left join [低保家庭信息] as b on a.[SFZH_HZ] = b.[SFZH_HZ] and a.DBZH = b.DBZH';
ShowMsg('生成的 SQL 语句为:' + SqlStr);
CreateTempTable('低保总体情况表', SqlStr);
end.

//查询低保对象与户籍信息不符明细情况
var SqlStr;
begin
SqlStr:=' SELECT a.[家庭编号],a.[户主姓名] 低保姓名,a.[身份证号] 低保身份证号,a.[信息低保证号] 低保证号,a.[信息银行账号] 发放银行账号,a.[低保金],
```

```
a.[发放时间],a.[类别],b.[公民身份号码],b.[姓名] as 户籍姓名 FROM [低保总体情况表] as a left join [公安户籍信息] as b on a.[身份证号] = b.公民身份号码 where b.公民身份号码 is null OR b.姓名 not like a.[户主姓名]';
    ShowMsg('生成的 SQL 语句为:' + SqlStr);
    CreateTempTable('领取低保人员户籍不符明细', SqlStr);
    end.

    //查询确定不符名单,作为入户核查的重点对象
    var SqlStr,CurQuery,IsEmpty;
    begin
    SqlStr:='Select distinct 低保姓名,低保身份证号,低保证号,[发放银行账号],[公民身份号码],[户籍姓名] FROM [领取低保人员户籍不符明细]';
    ShowMsg('生成的 SQL 语句为:'+SqlStr);
    CurQuery:=createq(SqlStr,-1);
    IsEmpty:=qeof(CurQuery);
    if IsEmpty#1 then
    begin
    repeat
    AddTransRslt(CurQuery,'疑点结果');
    IsEmpty:=qmov(CurQuery,1);
    IsEmpty:=qeof(CurQuery);
    until IsEmpty=1;
    TransBatch(CurQuery,'低保对象户籍不符名单');
    showmsg('低保对象户籍不符名单,已放入疑点库,请进一步核实');
    end;
    end.

    //对存在不符情况的低保对象领取低保金情况进行统计
    var SqlStr,CurQuery,IsEmpty;
    begin
    SqlStr:='Select distinct 户籍姓名,[公民身份号码],低保姓名,低保身份证号,低保证号,发放银行账号,sum(低保金) 低保金额 From [领取低保人员户籍不符明细] GROUP BY 户籍姓名,[公民身份号码],低保姓名,低保身份证号,低保证号,发放银行账号';
    ShowMsg('生成的 SQL 语句为:'+SqlStr);
```

```
CurQuery: = createq(SqlStr, -1);
IsEmpty: = qeof(CurQuery);
if IsEmpty#1 then
begin
repeat
AddTransRslt(CurQuery,'疑点结果');
IsEmpty: = qmov(CurQuery,1);
IsEmpty: = qeof(CurQuery);
until IsEmpty = 1;
TransBatch(CurQuery,'户籍不符低保对象领取低保金统计表');
showmsg('户籍不符低保对象领取低保金统计表,已放入疑点库,请进一步核实');
end;
end.
```

步骤四：疑点查看。

打开【疑点管理】-【业务数据疑点】，对生成疑点的审计过程进行编辑，然后查看生成的疑点数据，发现有2552条数据显示存在公安户籍信息与低保对象信息不符的情况。

步骤五：将疑点数据导出。

通过【全部选择】-【导出到电子表】功能，将疑点数据导出，进行适当整理后，作为入户核查的依据。

3. 审计结果

针对计算机查询出的审计疑点，审计人员深入存在疑点的城乡低保对象家中进行抽查核实，同时与低保局档案进行核对，并向有关人员询问核实。审计认定，2011年共有263户523人不符合城镇居民最低生活保障条件，违规享受最低生活保障补贴金额近115万元；共有95户220人不符合农村最低生活保障条件，违规领取农村最低生活保障补贴金额近20万元。

4. 应用AO功能点

本事项应用了AO审计分析/数据分析/SQL查询器；审计分析/审计方法/审计方法管理；审计分析/审计方法/自动审计；审计分析/疑点管理等功能。

三、点评

本实例利用AO强大的数据处理、查询分析功能，通过编写语句、创建审计方法、自动审计等手段将低保信息和外部数据进行比对，生成审计疑点，通过对生成的疑点进行有针对性的入户核实，确定了向不符合条件的低保对象发放低保金的问题。实践证明，低保信息与外部数据进行计算机比对，确定审计疑点，避免了抽样入户核查的盲目性，大大提高了工作效率。

（黑龙江省齐齐哈尔市审计局　吴显莉）

实例十六

某省保障性住房专项资金审计调查 AO应用实例

一、项目背景

保障性住房（以下简称保障房）是政府为中低收入住房困难家庭所提供的限定标准、限定价格或租金的住房。作为一项事关全局的惠民政策，公平、公正以及保证全覆盖至关重要，为此审计机关在某省保障性住房专项资金审计调查中将政策执行情况作为审计重点，着眼于通过多数据关联加上计算分析，采用计算机手段检查上述政策执行过程中的三个问题："非保得保""应保未保""重复保障"。审计过程中采集转换了两部分数据：一是保障房数据，即各抽查地区保障房管理和分配的相关数据，主要涉及保障人员信息和新保障情况；二是与保障人员相关的多个外部数据，主要涉及城镇户籍数据、低保数据、公积金征缴数据、养老保险数据、房产登记和住房交易数据、车辆数据。

二、审计过程

（一）运用多维数据关联分析保障执行中的"非保得保"问题

审计事项：社会保障审计/保障性安居工程审计/保障性住房分配过程。

1. 审计思路

根据当地政策，对保障对象的要求包括收入和住房面积两方面。具体来说就是要求保障家庭的人均收入低于当地的低收入标准，人均住房面积低于当地的住房困难标准。根据审计了解到的情况，由于信息不透明，基层人员在保障审核过程中往往没有渠道获得保障人员全部收入和住房信息，导致审核力度不强。此外，信息不共享还导致部分被保障人员由于家庭状况变化从而不符合保障条件、但仍继续享受保障的问题。

结合上述分析，审计人员建立了保障家庭收入、住房和财产分析模型，广泛利用外部数据，通过关联对比获得了被保障家庭人员的收入信息和住房信息，再结合法规将上述不符合保障条件的“漏网之鱼”找了出来，具体流程如图 16－1 所示。

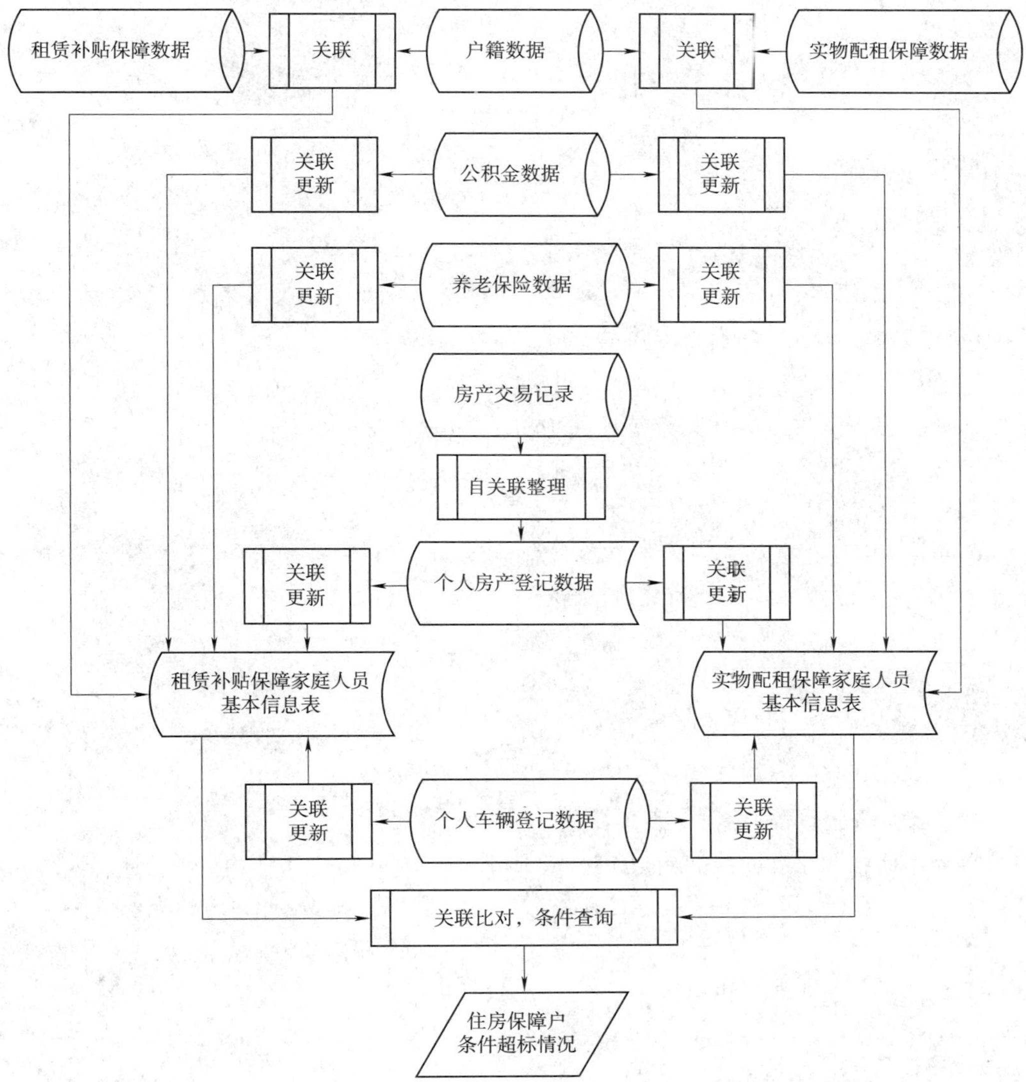

图 16－1

2. 审计步骤

步骤一：将保障数据与户籍数据进行关联，生成住房保障家庭人员基本情况表（中间表_户籍人口统计表、中间表_实物配租人员基本信息、中间表_租赁补贴人员基本信息），用来统计住房保障人员的家庭收入、房产和财产。

```
Select Distinct 内部户号, Count(*) As 户籍人口 Into 中间表_户籍人口统计表
From 低收入家庭户籍信息 Group By 内部户号;

Select Distinct d.[姓名] As 保障人员户籍姓名, d.[身份证号] As 保障人员身份证
号, d.[户主姓名],d.[户主身份证号], d.[与户主关系], c. *,0 As 户籍人口, 0.00
As 个人收入,0.00 As 住房面积, 0 As 名下车辆
Into 中间表_实物配租人员基本信息
From [低收入家庭户籍信息] d Inner Join (Select Distinct b.[内部户号], a.[申请
人姓名], a.[申请人身份证号],a.[身份证号18位] As 申请人身份证号18位,a.[家
庭人口] As 申请保障人口, a.[原住房面积(m2)], a.[配租地址], a.[配租房屋面积
(m2)], a.[配租时间(摇号时间)], a.[入住时间] From [低收入家庭户籍信息] b
Inner Join (Select * From [实物配租保障户信息]
Where [身份证号18位] Is Not Null) a
On b.[身份证号] = a.[身份证号18位]) c
On c.[内部户号] = d.[内部户号];

Update 中间表_实物配租人员基本信息 a Inner Join 中间表_户籍人口统计表 b On
a.内部户号 =b.内部户号 Set a.户籍人口 = b.户籍人口;

Select Distinct d.[姓名] As 保障人员户籍姓名, d.[身份证号] As 保障人员身份证
号, d.[户主姓名], d.[户主身份证号], d.[与户主关系], c. *, 0 As 户籍人口, 0.00
As 个人收入, 0.00 As 住房面积, 0 As 名下车辆
Into 中间表_租赁补贴人员基本信息
From [低收入家庭户籍信息] d Inner Join (Select Distinct b.[内部户号], a.[申请
人姓名], a.[申请人身份证号],a.[身份证号18位] As 申请人身份证号18位, a.[家
庭人口] As 申请保障人口, a.[现住房状况(㎡)],a.[补贴面积(㎡)],a.[领取时间]
From [低收入家庭户籍信息] b
Inner Join (Select * From [租赁补贴保障户信息]
Where [身份证号18位] Is Not Null) a
On b.[身份证号] = a.[身份证号18位]) c
On c.[内部户号] = d.[内部户号];

Update 中间表_租赁补贴人员基本信息 a Inner Join 中间表_户籍人口统计表 b On
a.内部户号 =b.内部户号 Set a.户籍人口 = b.户籍人口;
```

Update 中间表_租赁补贴人员基本信息 a Inner Join 中间表_户籍人口统计表 b On a. 内部户号 =b. 内部户号 Set a. 户籍人口 = b. 户籍人口;

其中，生成的“中间表_租赁补贴人员基本信息”如图 16－2 所示。

图 16－2

步骤二：利用公积金数据、养老保险数据来更新保障家庭人员的收入情况。具体做法是通过公积金缴纳明细和养老保险缴纳数据中的人员身份证号和缴费基数来关联更新保障人员基本信息表（中间表_实物配租人员基本信息，中间表_租赁补贴人员基本信息）中的收入情况。

```
Update [中间表_实物配租人员基本信息] a Inner Join [公积金缴存情况] b On a.[保障人员身份证号] =b.[身份证号18位] Set a.[个人收入] = b.[缴存基数];

Update [中间表_实物配租人员基本信息] a Inner Join [在职人员养老金缴纳明细] b On a.[保障人员身份证号] =b.[身份证号18位] Set a.[个人收入] = b.[缴费基数] Where a.[个人收入] < b.[缴费基数] And b.[缴费标志] = '1' And b.[缴费基数] > 1483;

Update [中间表_实物配租人员基本信息] a Inner Join [退休人员养老金发放明细] b On a.[保障人员身份证号] =b.[身份证号18位] Set a.[个人收入] = b.[养老金]
```

Where a.［个人收入］< b.［养老金］;

Update［中间表_租赁补贴人员基本信息］a Inner Join［公积金缴存情况］b On a.［保障人员身份证号］=b.［身份证号 18 位］Set a.［个人收入］= b.［缴存基数］;

Update［中间表_租赁补贴人员基本信息］a Inner Join［在职人员养老金缴纳明细］b On a.［保障人员身份证号］=b.［身份证号 18 位］Set a.［个人收入］= b.［缴费基数］Where a.［个人收入］< b.［缴费基数］And b.［缴费标志］='1' And b.［缴费基数］> 1483;

Update［中间表_租赁补贴人员基本信息］a Inner Join［退休人员养老金发放明细］b On a.［保障人员身份证号］=b.［身份证号 18 位］Set a.［个人收入］= b.［养老金］Where a.［个人收入］< b.［养老金］;

更新后的“中间表_租赁补贴人员基本信息”如图 16－3 所示。

图 16－3

步骤三：整理房屋产权交易记录获取当前房屋产权登记信息，将住房保障家庭人员与房屋产权登记信息进行身份证号关联，更新住房保障家庭成员的房产信息。

具体做法：首先根据产权交易记录的房屋编号和交易时间分组统计出房屋最近的交易记录，即房屋目前的归属状况，得到的房主目前名下的房产面积信息（中间表_房主名下房产面积信息），如图 16－4 所示。

图 16－4

然后利用上述房产登记信息对保障人员基本信息表进行关联更新，更新后的保障人员基本信息表（中间表_租赁补贴人员基本信息和中间表_实物配租人员基本信息），如图 16－5 所示。

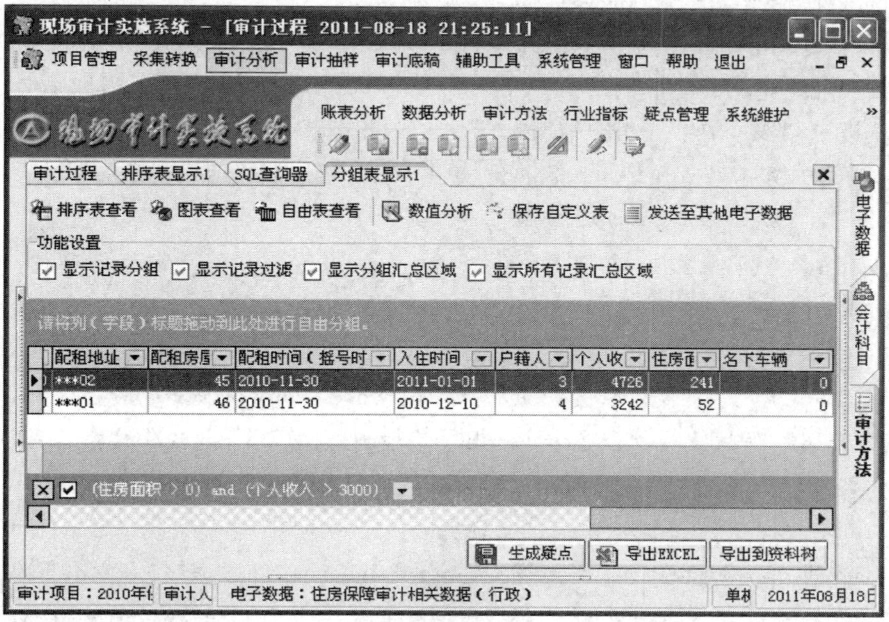

图 16－5

为实现上述流程，编写了如下的 SQL 语句。

```
Update [住宅交易记录] Set [买房人身份证号码]
= MID([买房人身份证号码],1,6) + '19'
+ MID([买房人身份证号码],7,9)
+ MID('10X98765432',(Cint(MID([买房人身份证号码], 1,1)) *7 + Cint(MID
([买房人身份证号码], 2,1)) *9 + Cint(MID([买房人身份证号码], 3,1)) *10 +
Cint(MID([买房人身份证号码], 4,1)) *5 + Cint(MID([买房人身份证号码], 5,1)) *
8 + Cint(MID([买房人身份证号码], 6,1)) *4 + 1 *2 + 9 *1 + Cint(MID([买房人
身份证号码], 7,1)) *6 + Cint(MID([买房人身份证号码], 8,1)) *3 + Cint(MID([买
房人身份证号码], 9,1)) *7 + Cint(MID([买房人身份证号码], 10,1)) *9 + Cint
(MID([买房人身份证号码], 11,1)) *10 + Cint(MID([买房人身份证号码], 12,1)) *
5 + Cint(MID([买房人身份证号码], 13,1)) *8 + Cint(MID([买房人身份证号码],
14,1)) *4 + Cint(MID([买房人身份证号码], 15,1)) *2)Mod 11 +1,1)
Where [买房人身份证号码] Is Not Null
And Len([买房人身份证号码]) =15
And [买房人身份证号码] Not Like '%[! 0 -9]%';

Select [房主身份证号], Sum([房屋面积]) As 名下房屋总面积
Into 中间表_房主名下房产面积信息
From
(Select Distinct B.[买房人姓名] As 房主姓名,B.[买房人身份证号码] As 房主身
份证号, B.[共有人姓名], B.[共有人身份证号码], B.[房屋编号], B.[房屋坐落],
B.[房屋面积], B.[产权证号码] From [住宅交易记录] B Inner Join (Select [房屋编
号], Max([产权证号码]) As 最新产权证 From [住宅交易记录] Group By [房屋编
号]) A On B.[房屋编号] = A.[房屋编号])
Where [房主身份证号] Is Not Null
And Len([房主身份证号]) =18 Group By [房主身份证号];

Update [中间表_实物配租人员基本信息] A Inner Join [中间表_房主名下房产面积
信息] B On A.[保障人员身份证号] =B.[房主身份证号] Set A.[住房面积] = B.
[名下房屋总面积];

Update [中间表_租赁补贴人员基本信息] A Inner Join [中间表_房主名下房产面积
信息] B On A.[保障人员身份证号] =B.[房主身份证号] Set A.[住房面积] = B.
[名下房屋总面积];
```

步骤四：将住房保障家庭人员与车辆登记信息进行身份证号关联，更新住房保障家庭成员的家庭财产信息。

具体做法是首先根据车辆登记信息统计车主名下的车辆情况，得到“中间表_车主名下车辆信息”如图 16－6 所示。

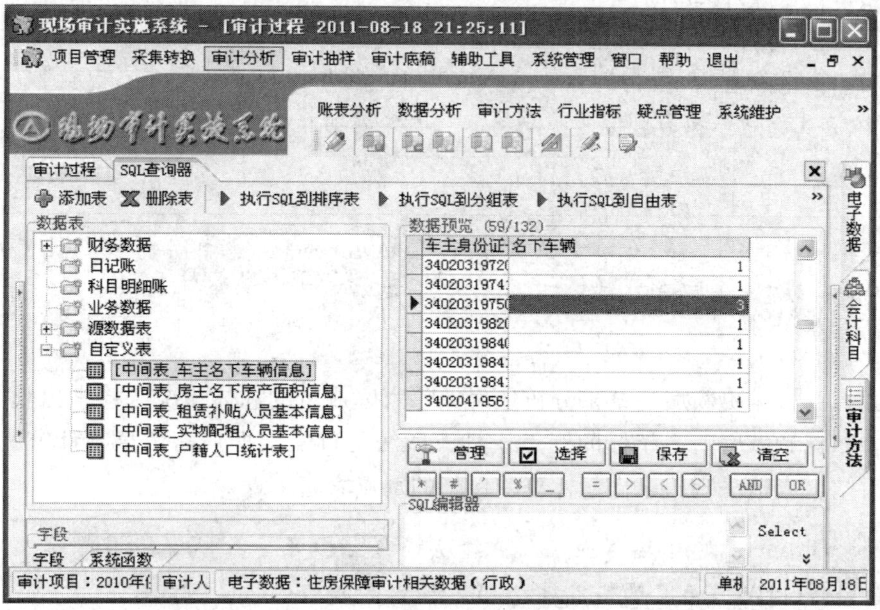

图 16－6

再利用车主名下信息表关联更新保障人员基本信息表中的车辆信息，如图 16－7 所示。

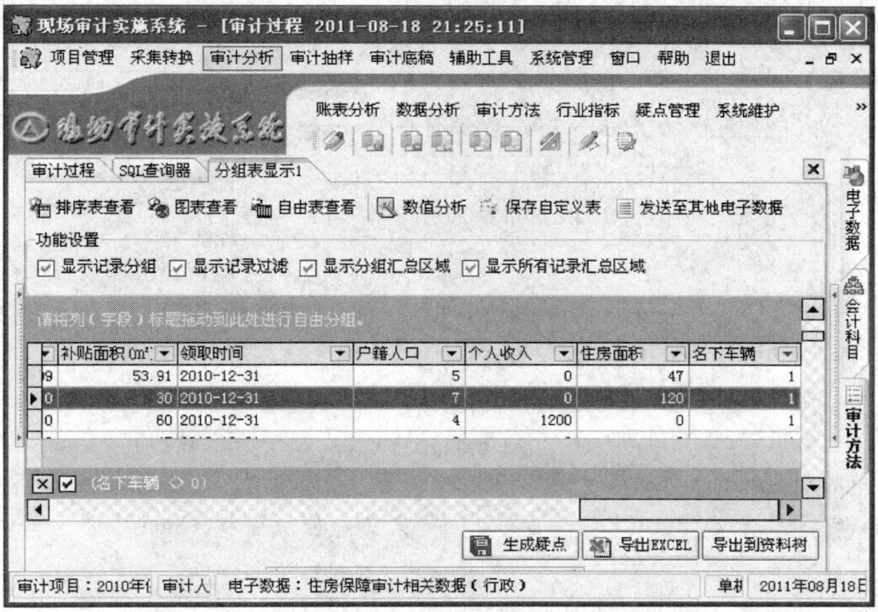

图 16－7

为实现上述流程，编写了如下的SQL语句。

```
Select [身份证号] As 车主身份证号,Count(*) As 名下车辆
Into 中间表_车主名下车辆信息
From [人员车辆登记信息] Group By [身份证号];

Update [中间表_实物配租人员基本信息] A Inner Join [中间表_车主名下车辆信息] B On A.[保障人员身份证号] =B.[车主身份证号] Set A.[名下车辆] = B.[名下车辆];

Update [中间表_租赁补贴人员基本信息] A Inner Join [中间表_车主名下车辆信息] B On A.[保障人员身份证号] =B.[车主身份证号] Set A.[名下车辆] = B.[名下车辆];
```

步骤五：根据更新后的结果分析住房保障家庭成员的总体情况，检索出收入超标、房屋面积超标和家庭财产超标的疑点。具体做法是首先根据户籍信息统计家庭人均财产，然后结合当地法规检索出超标享受保障的疑点家庭。

```
Select Distinct A.[申请人姓名],A.[申请人身份证号], A.[申请保障人口],A.[原住房面积(m2)], A.[配租地址], A.[配租房屋面积(m2)], A.[配租时间(摇号时间)], A.[入住时间], B.*
Into 中间表_实物配租家庭财产状况
From [中间表_实物配租人员基本信息] A
Inner Join
( Select [内部户号], Min([户籍人口]) As 家庭人口,Sum([个人收入]) As 家庭总收入, Sum([住房面积])As 家庭总住房面积, Sum([名下车辆]) As 家庭名下车辆
From [中间表_实物配租人员基本信息]
Group By [内部户号]) B On A.[内部户号] =B.[内部户号];

Select Distinct A.[申请人姓名],A.[申请人身份证号], A.[申请保障人口],A.[现住房状况(㎡)], A.[补贴面积(㎡)], A.[户籍人口], B.*
Into 中间表_租赁补贴家庭财产状况
From [中间表_租赁补贴人员基本信息] A
Inner Join ( Select [内部户号], Min([户籍人口]) As 家庭人口,Sum([个人收入]) As 家庭总收入, Sum([住房面积])As 家庭总住房面积, Sum([名下车辆]) As 家庭名下车辆
From [中间表_租赁补贴人员基本信息]
```

```
Group By [内部户号]) B On A.[内部户号] =B.[内部户号];

Select * From [中间表_实物配租家庭财产状况] Where [家庭人口] < =[申请保障人口] And ([家庭总收入]/[家庭人口] > 580 Or [家庭总住房面积]/[家庭人口] > 30 Or [家庭名下车辆] > 0);

Select * From [中间表_租赁补贴家庭财产状况] Where [家庭人口] < =[申请保障人口] And ([家庭总收入]/[家庭人口] > 580 Or ([家庭总住房面积] + [补贴面积(㎡)])/[家庭人口] > 40 Or [家庭名下车辆] > 0);
```

得到的疑点结果如图 16 – 8 所示。

图 16 – 8

3. 审计结果

采取上述审计步骤，结合核实结果，审计人员发现抽查的两个城市共向“非保得保”家庭多发放租赁补贴 221.21 万元。上述“非保得保”的保障户中，有 4001 户（次）家庭收入超标、637 户（次）住房面积超标、56 户（次）拥有机动车辆、264 户虚报家庭人口。此外延伸调查中发现，某居委会 5 名领导干部中有 4 名均存在以权谋私、弄虚作假、伪造申报资料为本人及其家属骗取廉租住房租赁补贴的行为。

4. 应用 AO 功能点

本事项应用了 AO 审计分析/数据分析/SQL 查询器；审计分析/数据分析/排序分组

表分析工具；审计分析/疑点管理等功能。

（二）借助低保数据和房产交易数据检查“应保未保”问题

审计事项：社会保障审计/保障性安居工程审计/保障性住房分配过程。

1. 审计思路

审计人员利用身份证号作为主要的关联字段，一是通过低保数据和户籍数据关联查找出低保住房困难户。二是将低保住房困难户数据和保障数据进行关联，查找出没有享受到保障的未保障疑点进行延伸核实。

处理流程如图 16－9 所示。

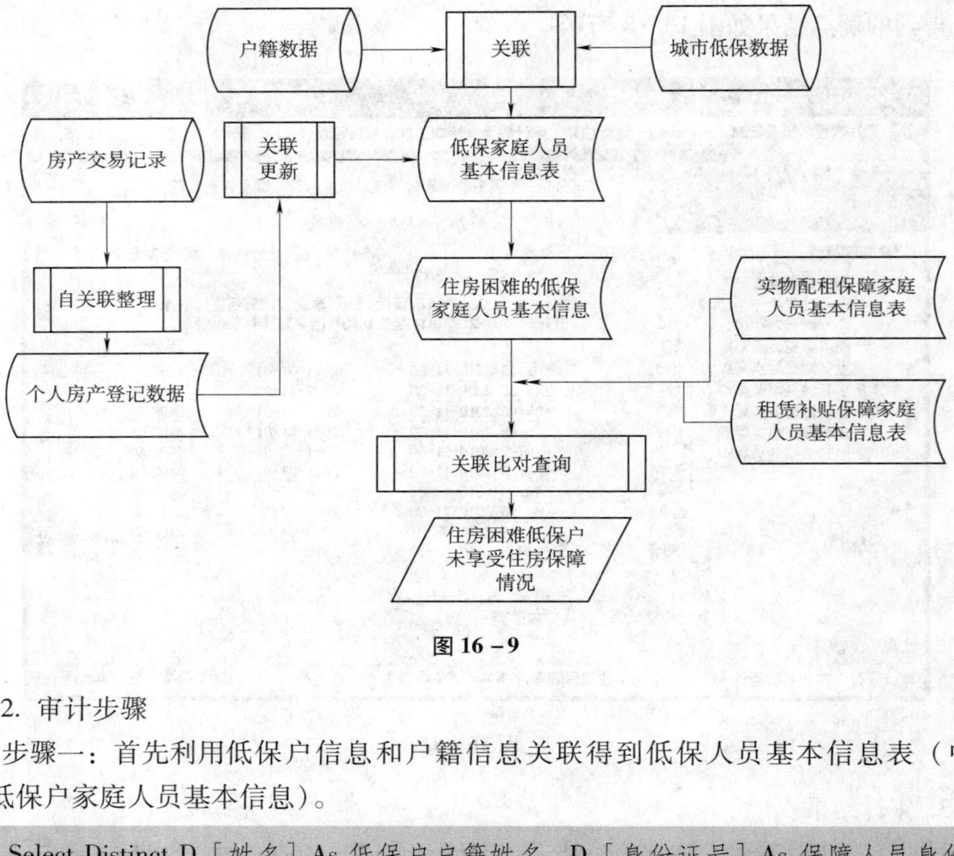

图 16－9

2. 审计步骤

步骤一：首先利用低保户信息和户籍信息关联得到低保人员基本信息表（中间表_低保户家庭人员基本信息）。

```
Select Distinct D.[姓名] As 低保户户籍姓名, D.[身份证号] As 保障人员身份证号, D.[户主姓名], D.[户主身份证号], D.[与户主关系], D.[内部户号], 0 as 户籍人口, 0.00 As 住房面积
Into 中间表_低保户家庭人员基本信息
From [低收入家庭户籍信息] D
Inner Join
```

```
(
Select Distinct B.[内部户号]
From [低收入家庭户籍信息] B
Inner Join
(Select * From [低保户信息] Where [身份证号] Is Not Null) A
On B.[身份证号] = A.[身份证号]
) C
On C.[内部户号] = D.[内部户号]
Order By D.[内部户号];

Update 中间表_低保户家庭人员基本信息 A
Inner Join
中间表_户籍人口统计表 B
On A. 内部户号 =B. 内部户号
Set A. 户籍人口 = B. 户籍人口
```

处理后得到的表如图 16－10 所示。

图 16－10

步骤二：利用案例一中得到的房主名下房屋信息表对低保人员基本信息表中的住房情况进行关联更新。

Update [中间表_低保户家庭人员基本信息] A Inner Join [中间表_房主名下房产面积信息] B On A. [保障人员身份证号] =B. [房主身份证号] Set A. [住房面积] = B. [名下房屋总面积]

步骤三:根据人均房屋面积统计出人均住房面积小于当地住房困难门槛的低保家庭,和住房保障人员进行比对,将住房困难且未享受到保障的家庭作为“应保未保”疑点进行核实。

```
Select [内部户号], [户主姓名], [户主身份证号], 人均住房面积 From
(
Select Distinct A. [内部户号], A. [户主姓名], A. [户主身份证号], A. [住房面积]/A. [户籍人口] As 人均住房面积, B. [内部户号] As 关联户号
From
(Select * From 中间表_低保户家庭人员基本信息 Where [住房面积] =0 ) A
Left Join
(
Select * From
(Select Distinct [内部户号] From 中间表_实物配租人员基本信息 Union
(Select Distinct [内部户号] From 中间表_租赁补贴人员基本信息) ) B
) B
On A. [内部户号] = B. [内部户号]
) C
Where C. 关联户号 Is Null
```

分析后得到的疑点如图 16-11 所示，将结果插入到审计疑点中。

3. 审计结果

借助于 AO 平台的帮助，审计人员采用上述分析方法，结合延伸核实发现截至 2010 年底，“应保未保” 127 户，少发放中央专项补助资金 17.22 万元。2009—2010 年，共有 127 户符合保障条件的家庭，未享受到廉租住房保障，出现应保未保现象，以相应年度的标准计算，少发放租赁补贴资金 17.22 万元。

4. 应用 AO 功能点

本事项应用了 AO 审计分析/数据分析/SQL 查询器；审计分析/疑点管理等功能。

(三) 利用保障数据分析“重复保障”问题

审计事项：社会保障审计/保障性安居工程审计/保障性住房分配结果。

1. 审计思路

重复保障类型有两种：一是时间上，即同一申请人在某一时间段享受了两种或两种以上类型的保障；二是人员上，即同一家庭通过不同的申请人享受了两种或两种以

图 16－11

上类型的保障。

沿着问题方向，审计人员利用身份证号和户号作为主要的关联字段，结合保障起始和终止时间，对重复保障问题进行了分析。

2. 审计步骤

步骤一：审计人员将住房保障家庭成员信息根据户号进行关联，检索出户籍上同为一家但保障申请人不同的家庭；结合保障人数和户籍人数分析总保障人口大于户籍人口的重复保障疑点。

```
Select Distinct A.[内部户号], A.[户主姓名], A.[户主身份证号], A.[户籍人口],  A.[申请人姓名],
A.[申请人身份证号], A.[申请保障人口], A.[与户主关系] As 申请人与户主关系,
B.[申请人姓名] As 重复申请人姓名, B.[申请人身份证号] As 重复申请人身份证号,
B.[申请保障人口] As 重复申请保障人口, B.[与户主关系] As 重复申请人与户主关系
From
(Select * From [中间表_实物配租人员基本信息] Where [申请人身份证号] = [保障人员身份证号]) A
```

```
Inner Join
(Select * From [中间表_实物配租人员基本信息] Where [申请人身份证号] =
[保障人员身份证号]) B
On A.[内部户号] = B.[内部户号] And A.[申请人身份证号] <> B.[申请人
身份证号]
And A.[申请保障人口] + B.[申请保障人口] > A.[户籍人口]
Union
(
Select Distinct A.[内部户号], A.[户主姓名], A.[户主身份证号], A.[户籍人
口], A.[申请人姓名], A.[申请人身份证号], A.[申请保障人口], A.[与户主关系]
As 申请人与户主关系, B.[申请人姓名] As 重复申请人姓名, B.[申请人身份证号]
As 重复申请人身份证号, B.[申请保障人口] As 重复申请保障人口, B.[与户主关系]
As 重复申请人与户主关系
From
(Select * From [中间表_租赁补贴人员基本信息] Where [申请人身份证号] =
[保障人员身份证号]) A
Inner Join
(Select * From [中间表_租赁补贴人员基本信息] Where [申请人身份证号] =
[保障人员身份证号]) B
On A.[内部户号] = B.[内部户号] And A.[申请人身份证号] <> B.[申请人
身份证号]
And A.[申请保障人口] + B.[申请保障人口] > A.[户籍人口]
)
Union
(
Select Distinct A.[内部户号], A.[户主姓名], A.[户主身份证号], A.[户籍人
口],
A.[申请人姓名], A.[申请人身份证号], A.[申请保障人口], A.[与户主关系]
As 申请人与户主关系,B.[申请人姓名] As 重复申请人姓名, B.[申请人身份证号] As
重复申请人身份证号, B.[申请保障人口] As 重复申请保障人口, B.[与户主关系] As
重复申请人与户主关系
From
(Select * From [中间表_实物配租人员基本信息] Where [申请人身份证号] =
[保障人员身份证号]) A
Inner Join
```

```
(Select * From [中间表_租赁补贴人员基本信息] Where [申请人身份证号] = [保障人员身份证号]) B
On A.[内部户号] = B.[内部户号]  And A.[申请人身份证号] <> B.[申请人身份证号]
And A.[申请保障人口] + B.[申请保障人口] > A.[户籍人口]
)
```

查找到的疑点情况如图 16－12 所示。

图 16－12

步骤二：审计人员将实物配租和租赁补贴的住房保障数据进行关联，检索廉租房入住时间晚于租赁补贴最后领取时间的重复保障疑点。分析保障对象在某一时间段同时享受到实物配租和租赁补贴的情况。

```
Select Distinct A.[内部户号], A.[户主姓名], A.[户主身份证号], A.[户籍人口],A.[申请人姓名] As 实物配租申请人姓名, A.[申请人身份证号] As 实物配租申请人身份证号, A.[与户主关系] As 实物配租申请人与户主关系, A.[入住时间] As 实物配租入住时间,B.[申请人姓名] As 租赁补贴申请人姓名, B.[申请人身份证号] As 租赁补贴申请人身份证号, B.[与户主关系] As 租赁补贴申请人与户主关系, B.[领取时间] As 租赁补贴保障时间
From
```

```
(Select * From [中间表_实物配租人员基本信息] Where [申请人身份证号] = [保障人员身份证号]) A
Inner Join
(Select * From [中间表_租赁补贴人员基本信息] Where [申请人身份证号] = [保障人员身份证号]) B
On A.[内部户号] = B.[内部户号]
And (YEAR(B.[领取时间]) - YEAR(A.[入住时间])) * 12 + MONTH(B.[领取时间]) - MONTH(A.[入住时间]) >0
```

分析后得到的结果如图 16 - 13 所示。

图 16 - 13

3. 审计结果

核实后发现，共重复保障 141 户，多支付中央专项补助资金 16.49 万元，其中 2009 年和 2010 年，部分地区租赁补贴资金采取按年发放的方式，部分已领取租赁补贴的住户，后转为享受实物配租，但管理部门未能及时掌握上述变化，导致 104 户享受了双重保障，多支付中央专项补助资金 5.13 万元；由于审核把关不严，廉租住房保障中有 37 户存在重复保障现象，多领取租赁补贴 11.36 万元。

4. 应用 AO 功能点

本事项应用 AO 审计分析/数据分析/SQL 查询器功能；审计分析/疑点管理等功能。

三、点评

本实例引入了保障覆盖的问题，通过房产登记数据和低保数据、户籍数据进行关联，统计出低收入住房困难人员的大致规模，对应保障基数和保障覆盖效率进行了评估，是社会保障审计的中的一次新的尝试。实例充分应用各部门关联数据，对“非保得保”“应保未保”“重复保障”等普遍性问题进行了详细阐述，思路清晰，SQL 语句运用娴熟，参考借鉴性强。

（审计署驻南京特派员办事处　汪　姬　刘云辉）

实例十七

廉租住房补贴发放审计 AO 应用实例

一、项目背景

根据上级统一安排，某县审计局2009 年对该县2007 年以来政府投资保障性住房开展了专项审计调查，重点审查了廉租住房货币补贴的申请、审核、登记过程是否符合“三道门槛，两榜定案”的规定，货币补贴的发放和被保障对象的档案建立及管理是否符合规定要求。

在审计调查过程中，审计组在相关被审计单位既没有使用会计信息管理系统，也没有廉租住房租赁补贴业务信息管理系统的情况下，将被审计单位现有的相关电子表格资料整理为电子数据，利用 AO 对数据进行分析、汇总，并根据 AO 数据分析的结果展开了进一步的调查核实，获得了较好的审计效果。

二、审计过程

（一）部分相关镇（社区）、县廉租办等经办机构对部分享受廉租住房补贴对象户审核不够严格，廉租房补贴发放清册中补助对象信息不完整、不真实

审计事项：社会保障审计/保障性安居工程审计/保障性住房租赁补贴发放情况。

1. 审计思路

按照建设部等九部委发布的《廉租住房保障办法》（建设部令第 162 号）有关组织开展廉租住房保障租赁补贴申请、审核、公示等工作，实行“三道门槛、两榜定案”，确定租赁补贴对象的规定，通过 AO 对廉租住房补助发放对象相关业务数据表中补贴家庭户主姓名、身份证号码等信息进行分析整理，审查是否存在相关部门审核把关不严、补助对象信息失真的问题。

2. 审计步骤

步骤一：执行以下查询语句到分组表。按“补贴年度”和“身份证号码长度”进行分组，在总合计栏和组合计栏分别对户主“姓名”计数、对“补贴金额”汇总。如图 17－1 所示。

```
Select *,Len([身份证号码]) AS 身份证号码长度 From [城镇居民廉租住房补贴发放表]
```

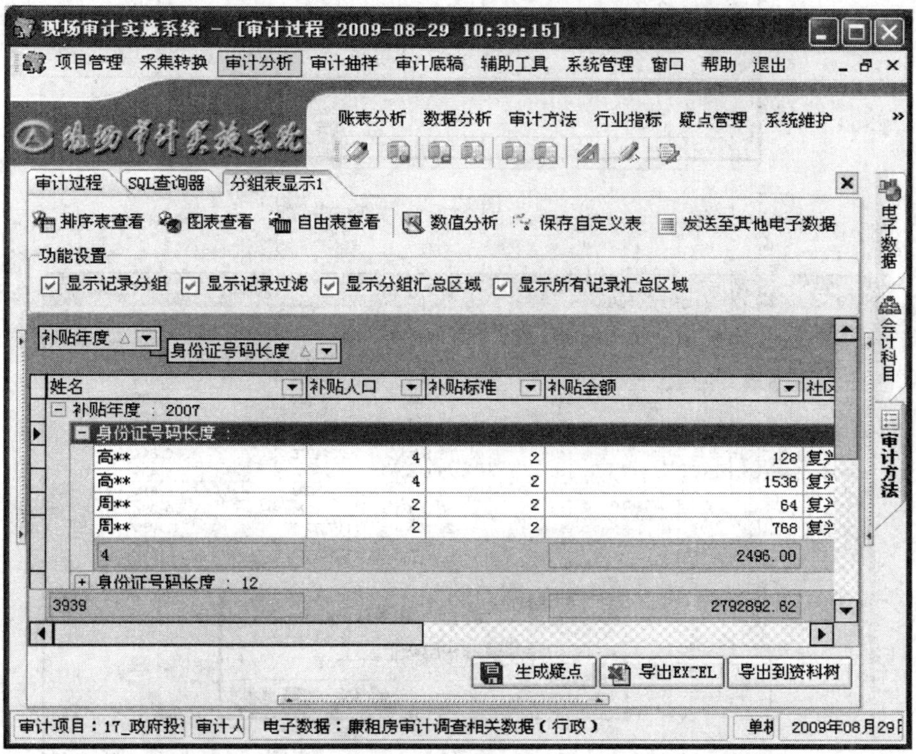

图 17－1

步骤二：数值分析－分类分析－选择“补贴金额”为参加合计的字段－选择“城镇”（或“批次”）为参加分组的字段－确定－统计。如图 17－2 所示。

步骤三：显示分析结果，查看确认当年分镇（或分批次）租赁补贴发放户数和金额，并导出到资料树生成“廉租房租赁补贴分类汇总结果”表，与财务数据进行核对确认。如图 17－3 所示。

步骤四：对“身份证号码长度”进行自定义筛选，选择条件“（身份证号码长度＜＞15）and（身份证号码长度＜＞18）”后，确定。如图 17－4 所示。

步骤五：查看分析结果，并导出到资料树生成“廉租房补贴错误户主身份证信息分年度及号码长度明细”表，交被审计单位进行核对确认。

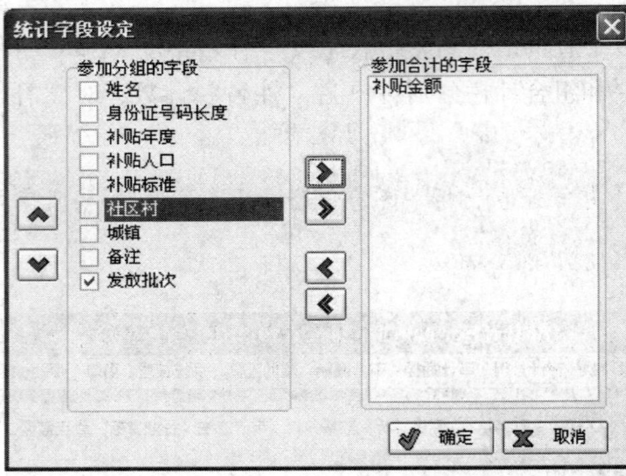

图 17 - 2

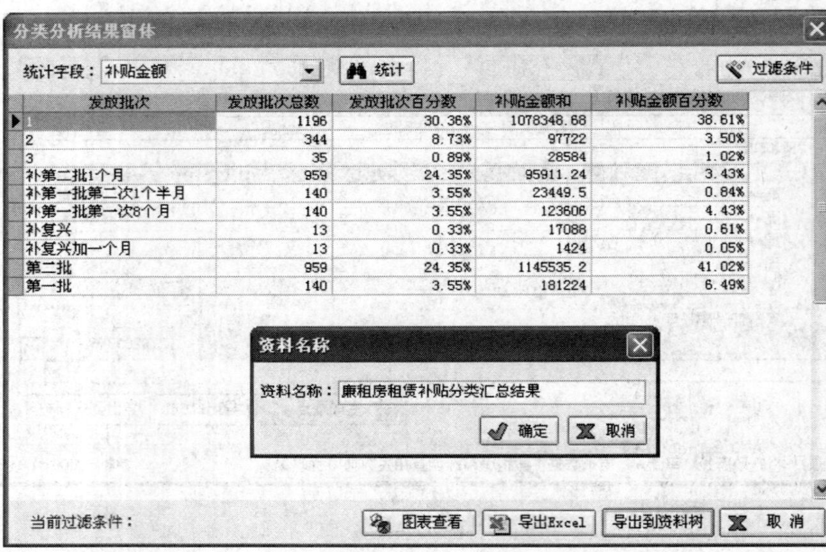

图 17 - 3

步骤六：执行以下语句到分组表，然后在数值分析 - 重号分析 - 选择“身份证号码”为统计字段 - 统计 - 导出到资料树 - 保存为“廉租房租赁补贴发放 2007 年度多名户主同一身份证号码情况”，交被审计单位进行核对确认。如图 17 - 5 所示。

```
Select Distinct [姓名],[身份证号码] From [城镇居民廉租住房补贴发放表] Where [补贴年度] =2007 And [身份证号码] In(Select [身份证号码] From [城镇居民廉租住房补贴发放表] Where  [补贴年度] = 2007 Group By [身份证号码] Having Count( * ) >1)
```

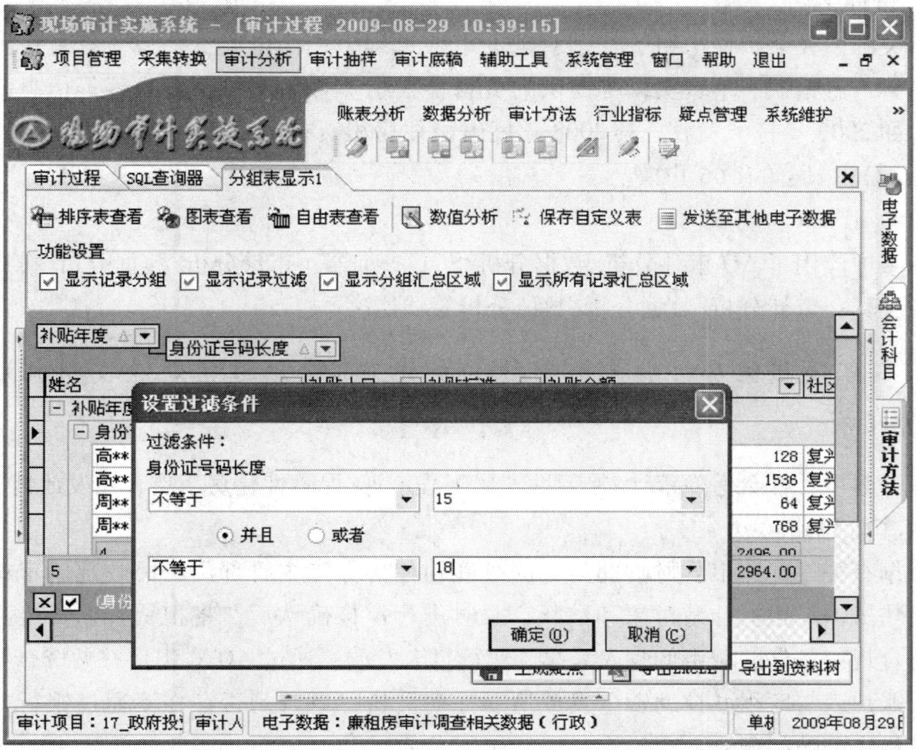

图 17－4

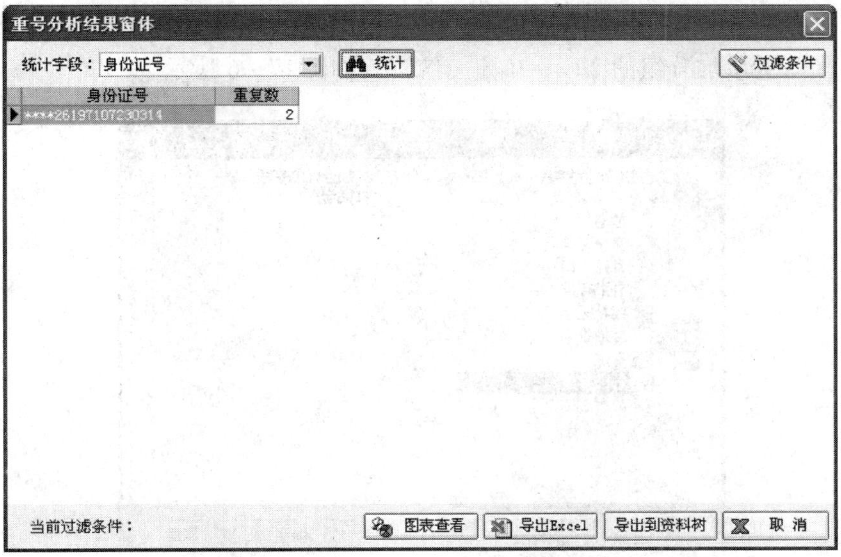

图 17－5

3. 审计结果

相关部门在廉租住房租赁补贴对象的审核过程中，存在租赁补贴对象身份证号码及姓名等信息错误、不真实，所提供的资料存在租赁补贴对象家庭收入等信息缺失的问题。如2009年打卡发放全县2008年度廉租住房租赁补贴1575户次，存在身份证信息（位数）错误的有66户次。

4. 应用AO功能点

本事项应用了AO审计分析/数据分析/SQL查询器；审计分析/数据分析/排序分组表分析工具；审计分析/数据分析/数值分析等功能。

（二）廉租住房补贴未全部打卡发放，部分通过镇财政及村（社区）以现金发放

审计事项：社会保障审计/保障性安居工程审计/保障性住房租赁补贴发放情况。

1. 审计思路

根据有关规定：市县财政部门对同级廉租住房保障主管部门、民政部门审核确认的廉租住房保障租赁补贴对象和数额，及时进行审核确认后，将租赁补贴资金直接支付给符合规定条件的城市低收入家庭，实行打卡发放。通过AO对租赁补贴资金银行打卡发放账户表与廉租办补助资金发放清册比对分析，审查是否存在不通过银行打卡直接发放租赁补贴问题。

2. 审计步骤

步骤一：以分组表查看方式打开【城镇低收入家庭廉租住房补贴打卡发放清册】，然后数值分析－分类分析－选择“补贴金额”为参加合计的字段－选择“补贴年度”和“镇社区”为参加分组的字段－确定－统计。如图17－6所示。

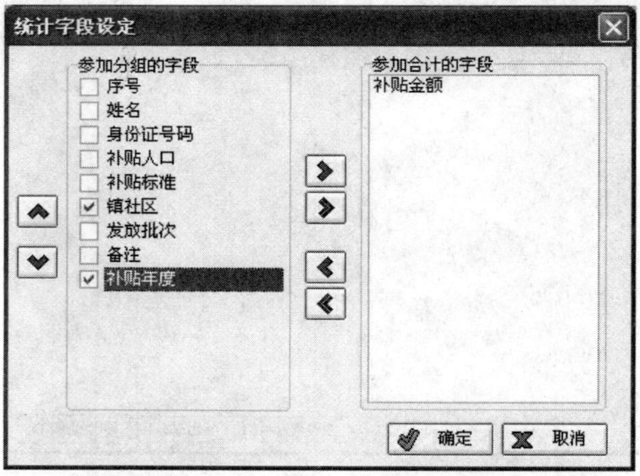

图17－6

步骤二：查看分析结果，确认当年分镇社区统计银行打卡发放租赁补贴户数和金额，并导出到资料树生成“廉租房租赁补贴银行打卡发放分类汇总结果”表，与“廉租房租赁补贴分类汇总结果”表进行比对，计算出分年度廉租房租赁补贴发放总额银行打卡发放金额的差异，交被审计单位进行核对确认。如图 17 - 7 所示。

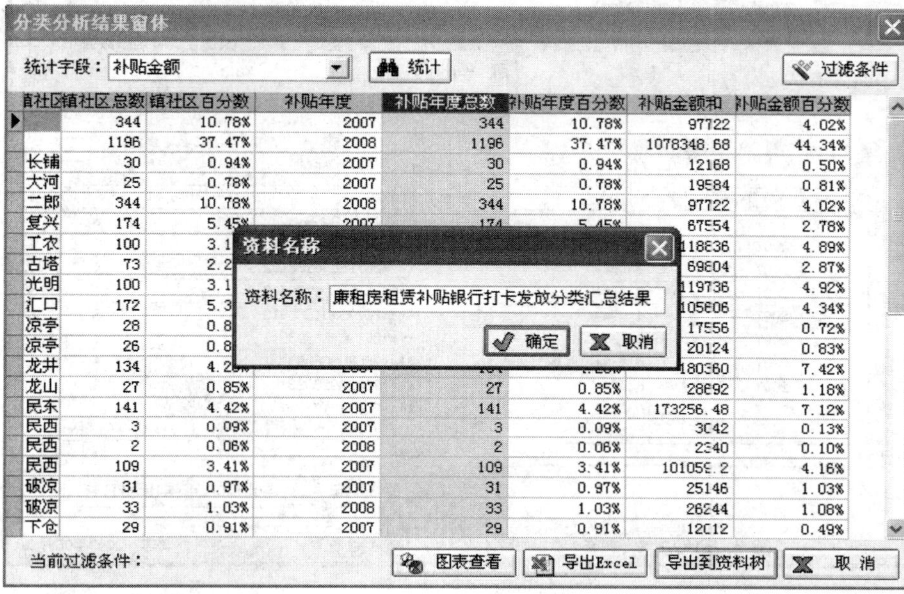

图 17 - 7

步骤三：打开 SQL 查询器，从【城镇居民廉租住房补贴发放表】中筛选出“姓名”或“身份证号码”均不在【城镇低收入家庭廉租住房补贴打卡发放清册】中的所有记录到分组表，并以“城镇”分类汇总“补贴金额”，生成“违规发放廉租住房租赁补贴疑点表”，导出到资料树，并作为入户抽查的重点，如图 17 - 8 所示。

```
Select Distinct * From [城镇居民廉租住房补贴发放表] Where [补贴年度] = 2007 And [补贴金额] Is Not Null And ([姓名] Not In(Select Distinct [姓名] From [城镇低收入家庭廉租住房补贴打卡发放清册] Where [序号] Is Not Null) And [身份证号码] Not In(Select Distinct [身份证号码] From [城镇低收入家庭廉租住房补贴打卡发放清册] Where [补贴年度] = 2007 And [序号] Is Not Null)) Order By [社区村]
```

3. 审计结果

2008 年通过银行打卡发放 2007 年度廉租房租赁补贴 1617 户 122 万余元，较廉租办全年发放廉租房租赁补贴少 747 户 36 万元。经进一步调查核实，部分单位违规扣取廉租住房租赁补贴对象户专项补助资金 10787 元。

4. 应用 AO 功能点

本事项应用了 AO 审计分析/数据分析/SQL 查询器；审计分析/数据分析/排序分组

图 17-8

表分析工具；审计分析/数据分析/数值分析等工具。

（三）重复发放廉租住房租赁补贴

审计事项：社会保障审计/保障性安居工程审计/保障性住房租赁补贴发放情况。

1. 审计思路

根据上级文件规定，“保障各项补助到人的资金及时足额发放到位，接受群众监督，杜绝暗箱操作，做到不重、不漏、不冒，努力提高管理水平和工作质量”，通过AO对廉租办补贴资金发放表进行分析，审查是否存在重复发放廉租补贴问题。

2. 审计步骤

步骤一：以分组表查看方式打开【城镇低收入家庭廉租住房补贴打卡发放清册】，然后通过数值分析-重号分析-选择“身份证号码”为统计字段-选择“补贴年度=2008”为过滤条件进行统计。查看分析结果，确认重复打卡发放租赁补贴对象身份证号。如图17-9、图17-10所示。

步骤二：打开SQL查询器，从“城镇居民廉租住房补贴发放表”中筛选出重复造册发放租赁补贴对象明细资料，验证并确认重复发放租赁补贴对象和补贴金额，导出到资料树保存为“重复发放廉租房租赁补贴明细”，交被审计单位进行核对确认。如图

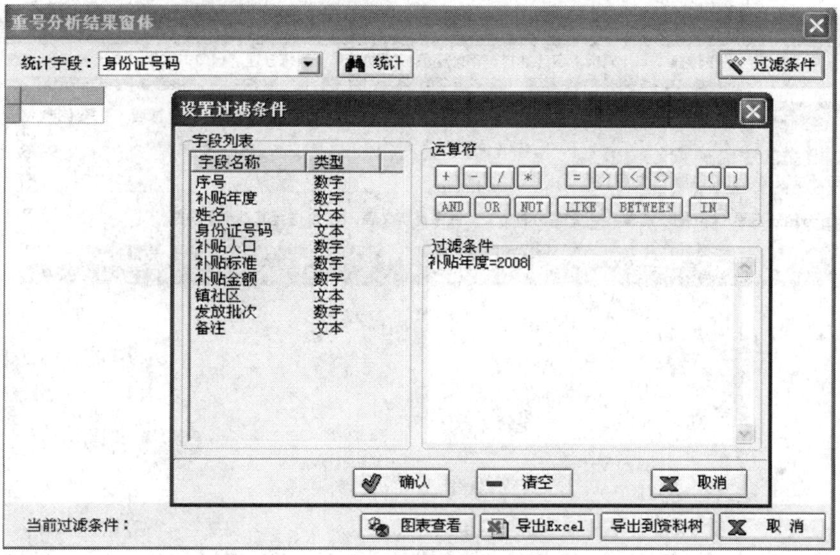

图 17 －9

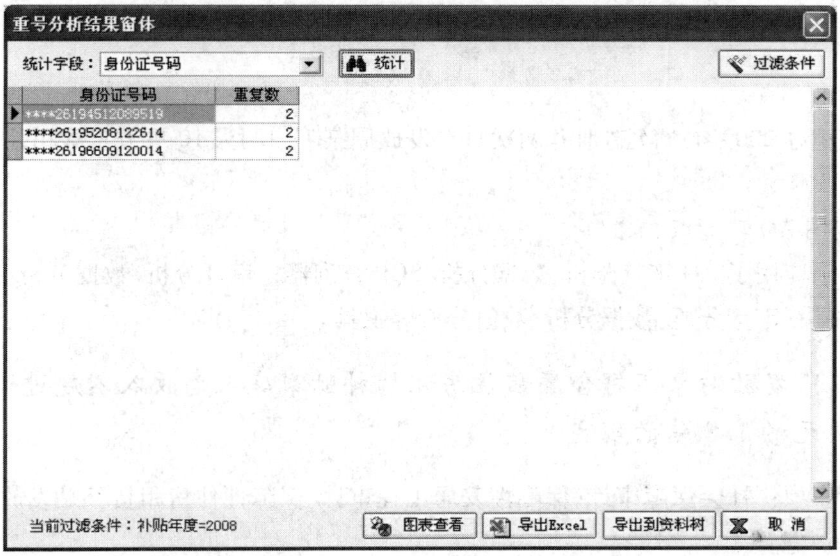

图 17 －10

17 －11 所示。

Select［姓名］,［身份证号码］,［补贴人口］,［城镇］,［社区村］,［发放批次］,Count(［补贴金额］) As 补贴次数,Sum(［补贴金额］) As 补贴金额 From［城镇居民廉租住房补贴发放表］Group By［姓名］,［身份证号码］,［补贴人口］,［城镇］,［社区村］,［发放批次］Having Count(［补贴金额］) >1

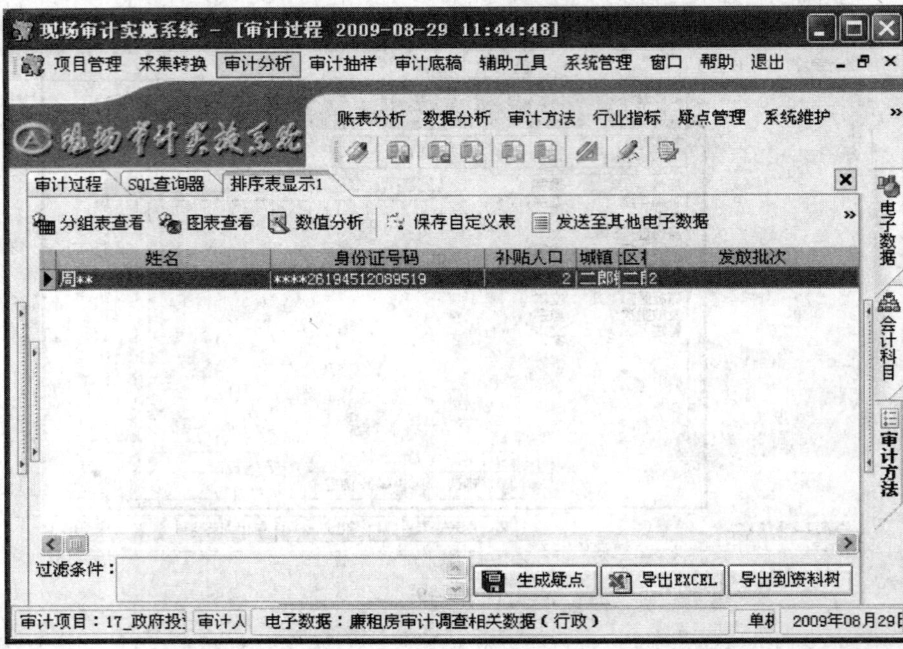

图 17－11

3. 审计结果

县廉租办2009年两次造册并两次打卡发放周某1户两人10平方米廉租住房租赁补贴款共计360元。

4. 应用AO功能点

本事项应用了AO审计分析/数据分析/SQL查询器；审计分析/数据分析/排序分组表分析工具；审计分析/数据分析/数值分析等工具。

（四）发放对象不符合廉租住房租赁补贴家庭人均收入不超过城镇低保收入180元的1.8倍的规定

审计事项：社会保障审计/保障性安居工程审计/保障性住房租赁补贴发放情况。

1. 审计思路

根据该县住房保障实施意见中“符合家庭成员月人均收入低于本县城镇居民最低生活标准的1.5～1.8倍的家庭……可以提出廉租住房保障申请”的规定，运用AO对廉租办补助资金发放清册进行分析，审查是否存在发放不符合规定问题。

2. 审计步骤

步骤一：将【城镇居民廉租住房补贴发放表】和【社保发放养老金人员资料表】以姓名和身份证号码均相同为连接条件进行内连接查询，筛选出单纯以户主所领养老金为家庭收入的租赁补贴对象家庭人均月收入超过城镇居民低保收入180元的1.5倍的记录。如图 17－12 所示。

```
Select  Distinct a. * ,b. [养老金数额],Round([养老金数额]/[补贴人口],2) As 家庭人均养老金收入,[单位名称] From [城镇居民廉租住房补贴发放表] As a Inner Join [社保发放养老金人员资料表] As b On a. [姓名] = b. [姓名] Where [补贴人口] >0 And [养老金数额]/[补贴人口] > (180 * 1.8) Union
Select a. * ,b. [养老金数额],Round([养老金数额]/[补贴人口],2) As 家庭人均养老金收入,[单位名称] From [城镇居民廉租住房补贴发放表] As a Inner Join [社保发放养老金人员资料表] As b On  a. [身份证号码] = b. [公民身份号码] Where [补贴人口] >0 And [养老金数额]/[补贴人口] > (180 * 1.8)
```

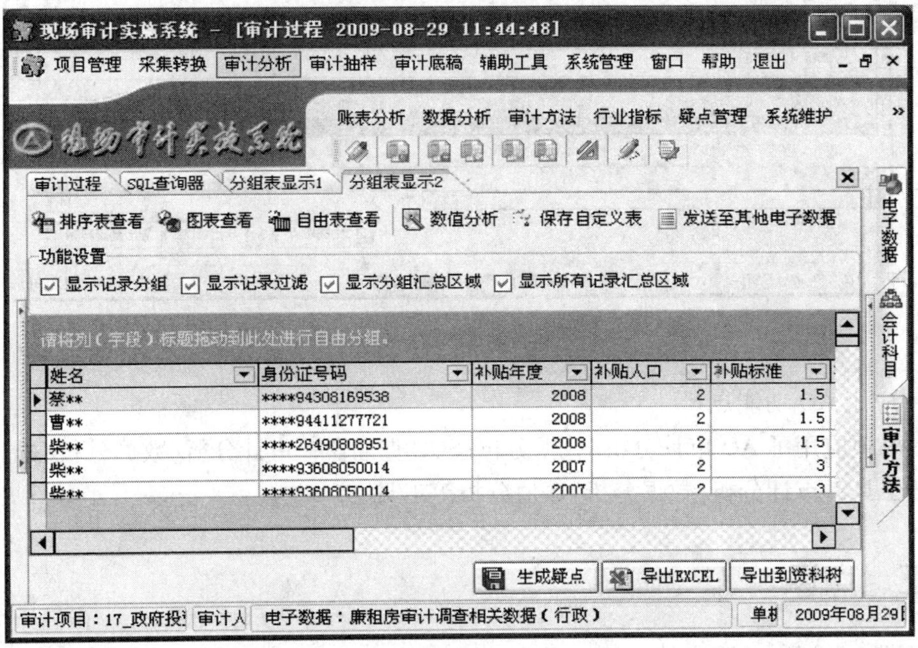

图 17－12

步骤二：对上述结果进行数值分析，按“补贴年度”和“城镇”进行分类，对“姓名”进行计数、对“补贴金额”进行汇总后，生成“廉租房租赁补贴发放对象家庭收入不符合规定疑点”表，导出到资料树，作为进一步调查的重点。如图 17－13 所示。

3. 审计结果

经核实，2009 年发放廉租房租赁补贴对象户中为社保离退休（职）人员，且家庭人均养老金收入大于城镇低保收入 180 元标准 1.8 倍（324 元/人·月）的，累计 72 户次，发放补贴款 1.8 万元；2008 年发放廉租房租赁补贴对象户中为领取社保离退休费人员，且家庭人均养老金收入大于城镇低保收入 180 元标准 1.8 倍（324 元/人·月）

的，共计38户，发放补贴款1.5万元。

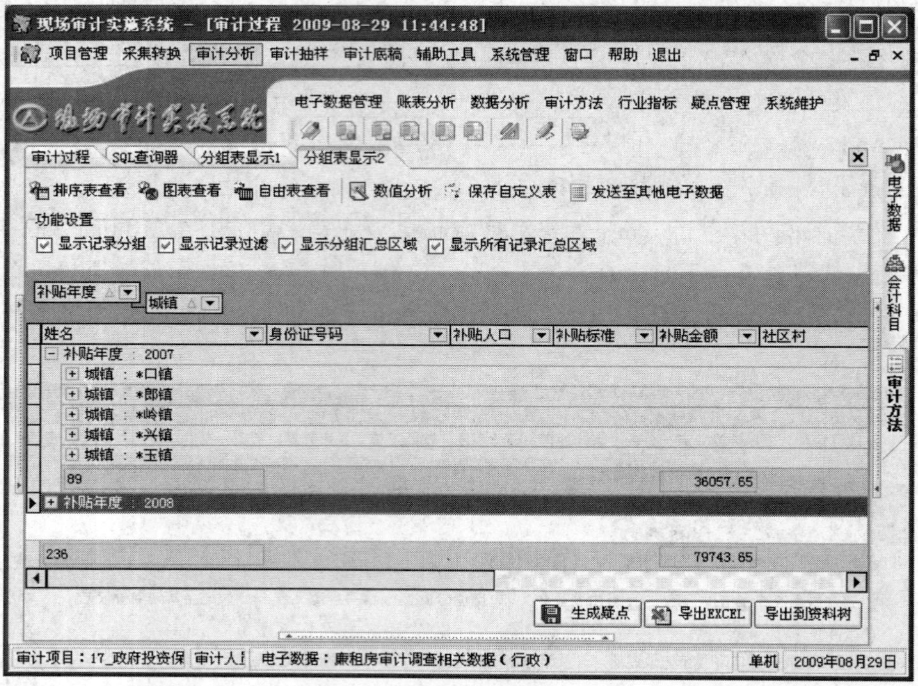

图17-13

4. 应用AO功能点

本事项应用了AO审计分析/数据分析/SQL查询器；审计分析/数据分析/排序分组表分析工具；审计分析/数据分析/数值分析等工具。

三、点评

本实例创新了在没有计算机信息系统数据环境下，利用被审计单位现有的相关电子文档资料和以往审计所获得的数据资源，整理分析成可用数据，运用AO开展审计的工作思路。在实施审计中熟练运用AO的SQL查询、数值分析等工具，进行数据筛选比对，分析出疑点，直接找出问题。

（安徽省宿松县审计局　李　键　李小舞）

实例十八

2009 年度住房公积金归集管理使用情况审计 AO 应用实例

一、项目背景

根据《中华人民共和国审计法》第二十三条的规定，某审计机关派出审计组于 2010 年对某地区 2009 年度住房公积金的归集、管理和使用情况进行了专项审计。在此次公积金审计过程中，审计组集中优势力量开展计算机审计，采集转换被审计单位数据 10GB，结合以往商业银行审计经验，建立了 8 种计算机审计方法，在审计方法、审计成果上有所突破和创新。

二、审计过程

（一）公积金贷款集中度分析

审计事项：社会保障审计/公积金使用/贷款基本情况分析。

1. 审计思路

公积金贷款为个人住房贷款，主要分为三类：一是普通个人购一手房、二手房消费贷款，一般呈现离散状态；二是新楼盘开盘，部分消费者在相对集中的时间购买房屋；三是部分单位职工集体购房。除了第三种形式，一般贷款人单位不会呈现集中趋势。因此重点审查同一单位同一时间贷款者。

审计方法和经验模型如图 18 - 1 所示。

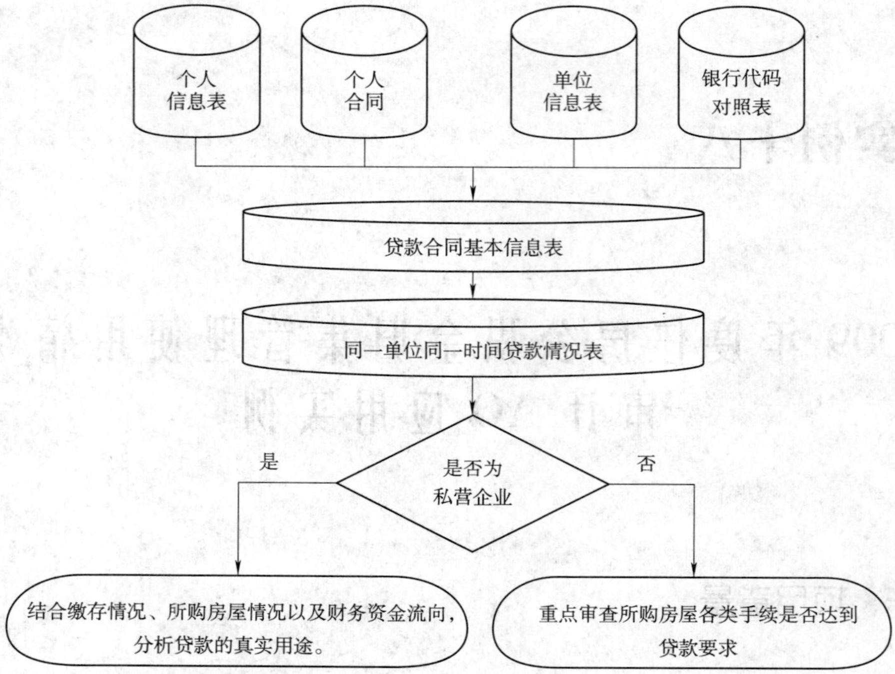

图 18－1

2. 审计步骤

步骤一：创建贷款合同基本信息表。如图 18－2 所示。

```
SELECT [业务_个人合同].htdm, [业务_个人合同].xm, [业务_单位信息表].dwname, [业务_个人信息表].sfzid, [业务_个人合同].sqje, [业务_个人合同].sqrq, [业务_个人合同].sqqx, [业务_银行代码对照表].idname
FROM (([业务_个人合同] INNER JOIN [业务_个人信息表] ON [业务_个人合同].htdm = [业务_个人信息表].htdm) INNER JOIN [业务_单位信息表] ON [业务_个人信息表].dwdm = [业务_单位信息表].dwdm) INNER JOIN [业务_银行代码对照表] ON [业务_个人合同].bankid = [业务_银行代码对照表].id
```

步骤二：查找同一单位同一时间贷款情况表。

```
Select [dwname] AS 单位名称,year([sqrq]) AS 贷款年度,month([sqrq]) AS 贷款月份,count(*) AS 总笔数,sum([sqje]) AS 总金额 From [贷款合同基本信息表1] GROUP BY [dwname],year([sqrq]),month([sqrq])  HAVING count(*) >10 or sum([sqje]) >1000000  ORDER BY count(*)  DESC
```

图 18－2

步骤三：根据单位类型，确定审计重点方向。如图 18－3 所示。

图 18－3

3. 审计结果

一是以发放个人住房公积金贷款形式挪用住房公积金 4300000 元；

二是违规向抵押物不合规的单位职工发放住房公积金贷款 25507000 元；

三是违规变相发放生产经营贷款 65600000 元；

四是违规变相向事业单位发放贷款用于事业发展 660000 元；

五是违规为既不具备房地产开发资质又不符合集资建房条件企业开发的住房发放贷款 8831000 元。

4. 应用 AO 功能点

本事项应用了 AO 审计分析/数据分析/SQL 查询器；审计分析/疑点管理等功能。

（二）公积金大额贷款分析

审计事项：社会保障审计/公积金使用/贷款发放合规性审查。

1. 审计思路

各中心对于贷款都有额度限制，此额度根据当地房地产行业实际价格所制定，对于超过这一限定的认定为违规。同时对于额度非常大的，需审查其实际用途，是否用于购买居民个人住房贷款。

2. 审计步骤

步骤一：根据当地的法规，确定公积金贷款的最高限额。

步骤二：应用已经整理完毕的“贷款合同基本信息表 1”，生成疑点，查找超额贷款并分析原因。如图 18－4 所示。

```
Select * From [贷款合同基本信息表 1] WHERE [sqje] > 300000 order by [sqje] DESC
```

图 18－4

3. 审计结果

一是违规发放超限额住房公积金贷款 154146181. 4 元；

二是以发放个人住房公积金贷款形式挪用住房公积金 5500000 元，如某单位为解决建设办公楼资金问题，以本单位职工的名义申请住房公积金贷款 5500000 元，抵押物为已经封顶的在建办公楼，贷款全部用于偿还施工单位垫付的工程款；

三是违规向购买商业用房的职工发放住房公积金贷款 4298000 元。

4. 应用 AO 功能点

本事项应用了 AO 审计分析/数据分析/SQL 查询器；审计分析/疑点管理等功能。

（三）向不符合条件的贷款人发放贷款

审计事项：社会保障审计/公积金使用/贷款审批规范性审查。

1. 审计思路

各中心在发放贷款是需要审查个人缴存情况，要求连续足额缴存 12 个月后方可使用住房公积金贷款，因此结合缴存情况，判断贷款人缴存情况是否符合规定。

审计方法和经验模型如图 18 – 5 所示。

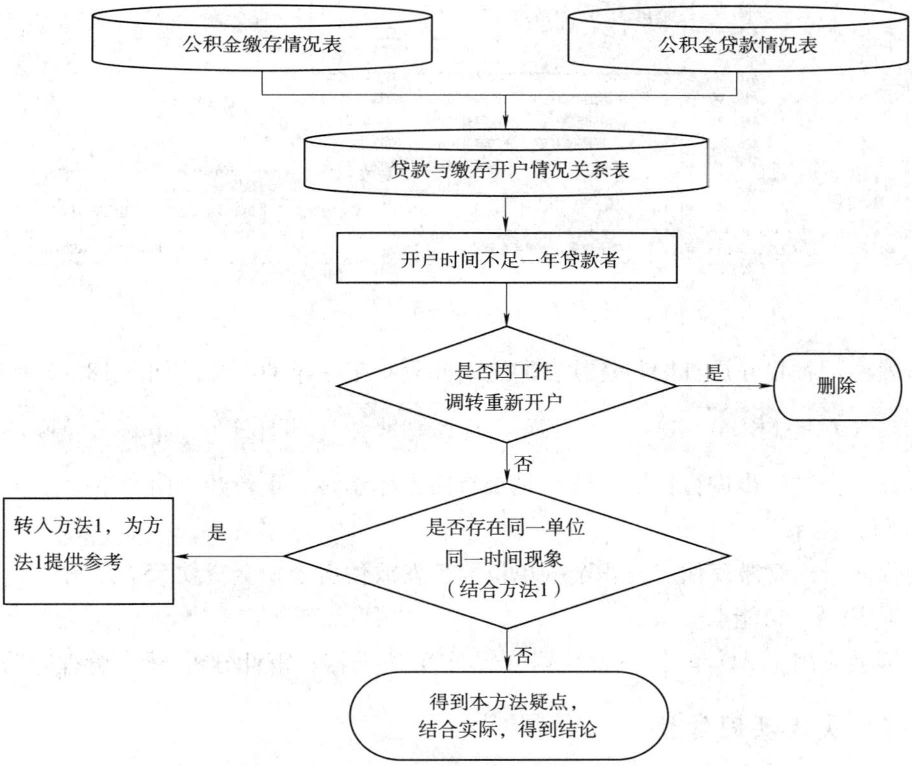

图 18 – 5

2. 审计步骤

步骤一：建立“贷款与缴存开户情况关系表”，如图 18－6 所示。

```
SELECT [业务_个人合同].htdm,[业务_个人合同].xm,[业务_单位信息表].dwname,[业务_个人合同].sqrq,[业务_个人信息表].khrq
FROM ([业务_个人合同] INNER JOIN [业务_个人信息表] ON [业务_个人合同].htdm = [业务_个人信息表].htdm) INNER JOIN [业务_单位信息表] ON [业务_个人信息表].dwdm = [业务_单位信息表].dwdm
```

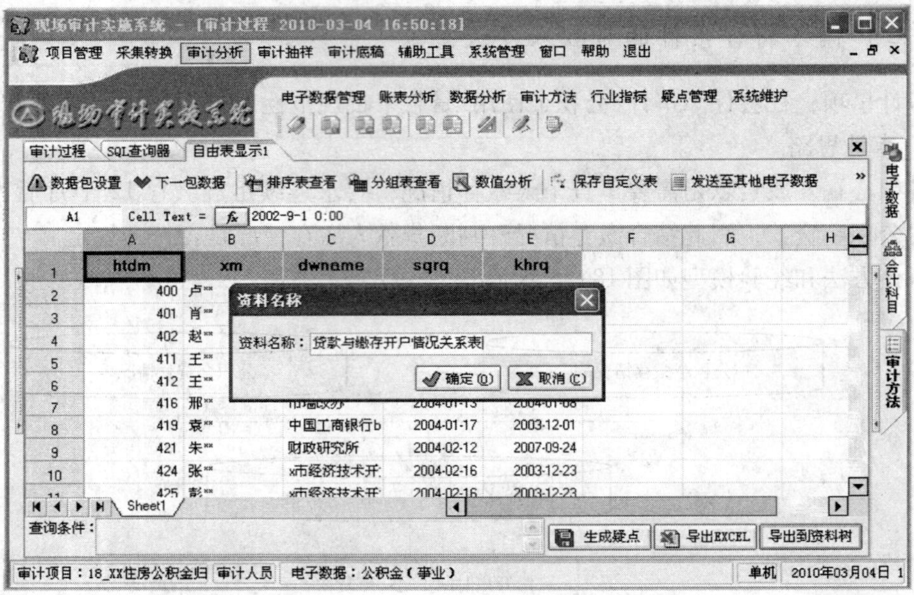

图 18－6

步骤二：查找开户日期与贷款日期之间间隔小于一年的人员。如图 18－7 所示。

```
SELECT * FROM [贷款与缴存开户情况关系表] WHERE [sqrq]-[khrq]<360
```

步骤三：进一步进行核实，确定是否有因工作调转，重新开户而产生此种现象的。

3. 审计结果

违规向未连续缴存住房公积金的单位职工发放住房公积金贷款 559 万元。

4. 应用 AO 功能点

本事项应用了 AO 审计分析/数据分析/SQL 查询器；审计分析/疑点管理等功能。

(四) 夫妻共同贷款

审计事项：社会保障审计/公积金使用/贷款发放合规性审查。

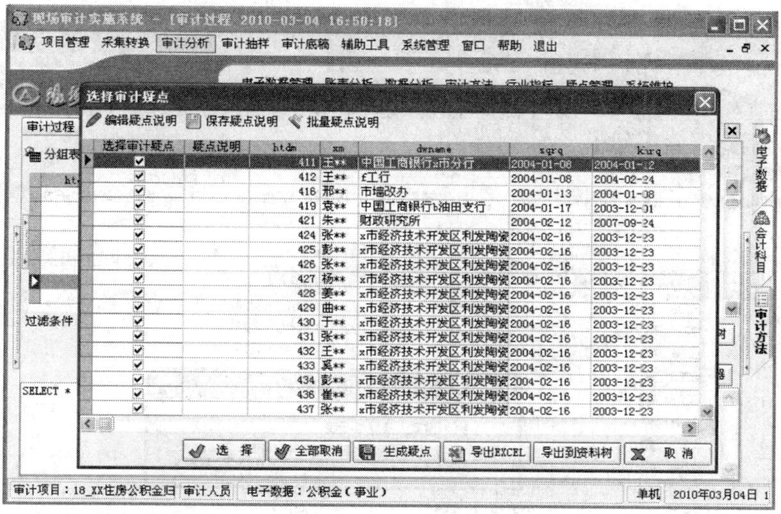

图 18－7

1. 审计思路

公积金贷款作为一项惠民政策，为家庭提供服务，每个人在进行贷款时，以家庭共有财产作为偿还能力的证明，因此规定不允许夫妻同时贷款。

2. 审计步骤

步骤一：建立借款人亲属信息表。如图 18－8 所示。

```
SELECT [业务_借款人亲属信息].htdm,[业务_个人信息表].xm,[业务_个人信息表].sfzid,[业务_借款人亲属信息].qsxm,[业务_借款人亲属信息].qssfzh
FROM [业务_借款人亲属信息] INNER JOIN [业务_个人信息表] ON [业务_借款人亲属信息].htdm = [业务_个人信息表].htdm
WHERE  [业务_借款人亲属信息].qsxm is not null
```

步骤二：筛选亲属同时有贷款的数据作为疑点数据。

```
SELECT [借款人亲属情况表_0].[htdm] AS 合同代码,[借款人亲属情况表_1].[htdm] AS 亲属借款合同代码,[借款人亲属情况表_0].[xm],[借款人亲属情况表_0].[sfzid]
FROM
([借款人亲属情况表] AS [借款人亲属情况表_0] INNER JOIN [借款人亲属情况表] AS [借款人亲属情况表_1] ON  [借款人亲属情况表_0].[sfzid]=[借款人亲属情况表_1].[qssfzh])
WHERE [借款人亲属情况表_1].[qssfzh] is not null
AND  [借款人亲属情况表_1].[htdm] <> [借款人亲属情况表_0].[htdm]
```

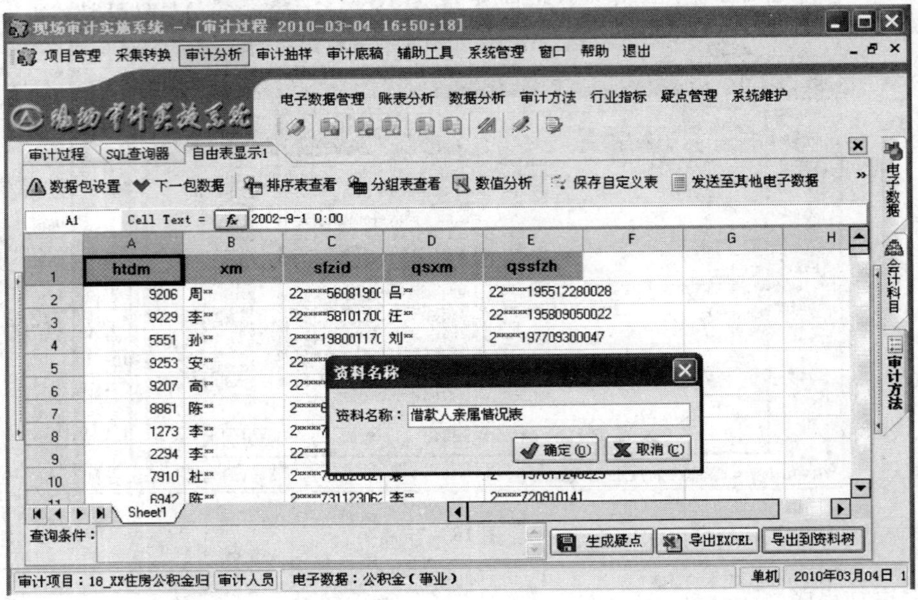

图 18－8

步骤三：对数据进行进一步分析，剔除一方已经归还后另一方进行贷款的情况。

3. 审计结果

违规向夫妻双方同时发放住房公积金贷款 12111000 元，如 2007—2009 年，某市住房公积金管理中心在借款人住房公积金贷款尚未全部结清的情况下，向其配偶违规发放住房公积金贷款，共 73 对夫妻 1097 万元。

4. 应用 AO 功能点

本事项应用了 AO 审计分析/数据分析/SQL 查询器；审计分析/数据分析/自由表分析工具等功能。

（五）一人多次贷款

审计事项：社会保障审计/公积金使用/贷款发放合规性审查。

1. 审计思路

住房公积金贷款政策作为惠民政策，每人在未结清所欠贷款时，不能再次贷款。

2. 审计步骤

步骤一：建立“贷款合同基本信息表 2”。

```
SELECT DISTINCT [业务_个人合同].htdm，[业务_个人合同].xm，[业务_个人信息表].sfzid，[业务_个人合同].sqrq，[业务_个人合同].sqje
```

```
FROM [业务_个人合同] INNER JOIN [业务_个人信息表] ON [业务_个人合同].
htdm =[业务_个人信息表].htdm
Where [业务_个人信息表].Sfzid Is Not Null
```

步骤二：查找一人多次贷款数据。如图 18－9 所示。

```
Select * From [贷款合同基本信息表 2]  WHERE [sfzid] in (Select [sfzid] From
[贷款合同基本信息表 2] group by [sfzid],[xm]  HAVING count(*)>1)  ORDER
BY [sfzid]
```

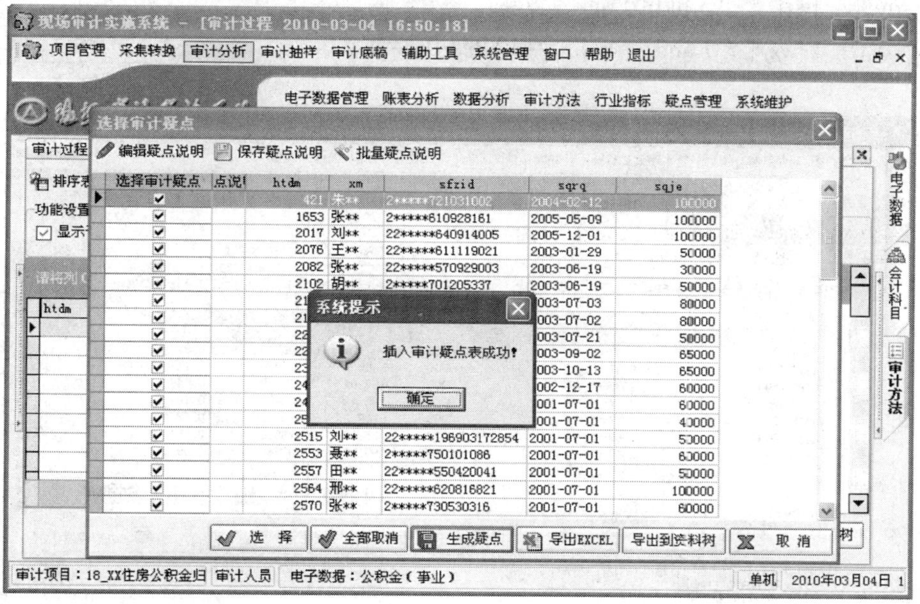

图 18－9

3. 审计结果

违规向一人多次发放住房公积金贷款 209 万元，如 2007—2009 年，某市住房公积金管理中心在借款人住房公积金贷款尚未全部结清的情况下，违规向于某等 12 人两次发放住房公积金贷款 1640000 元。

4. 应用 AO 功能点

本事项应用了 AO 审计分析/数据分析/SQL 查询器；审计分析/疑点管理等功能。

（六）超比例贷款

审计事项：社会保障审计/公积金使用/贷款发放合规性审查。

1. 审计思路

根据《国务院办公厅转发建设部等部门关于调整住房供应结构稳定住房价格意见

的通知》（国办发〔2006〕37 号），“有区别地适度调整住房消费信贷政策。为抑制房价过快上涨，从 2006 年 6 月 1 日起，个人住房按揭贷款首付款比例不得低于 30%。考虑到中低收入群众的住房需求，对购买自住住房且套型建筑面积在 90 平方米以下的仍执行首付款比例 20% 的规定”的规定。

2. 审计步骤

步骤一：根据贷款金额和房屋总价，计算贷款比例，得到贷款比例表。如图 18－10 所示。

```
Select [htdm],[xm],[sqrq], [sqje],[jzmj], [fwzj],
[sqje]/[fwzj]  AS dkbl From [业务_个人合同]
WHERE [fwzj] >0 and [sqrq] >#2006-06-01#
```

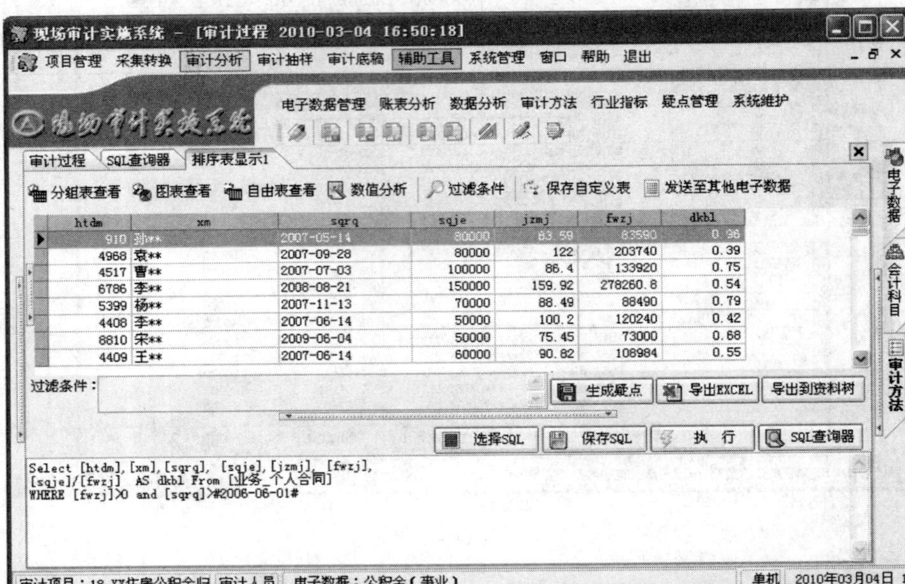

图 18－10

步骤二：查找超过限定比例的贷款。如图 18－11 所示。

```
Select DISTINCT * From [贷款比例表] WHERE [dkbl] >0.8 or ([dkbl] >
0.7 and [jzmj] >90)
```

3. 审计结果

违规发放超比例住房公积金贷款 2327 元，如 2007 年至 2010 年 2 月，某市住房公积金管理中心向张某等 39 名职工发放超过购买房屋总价 70% 的住房公积金贷款 39 笔 506 万元。

4. 应用 AO 功能点

本事项应用了 AO 审计分析/数据分析/SQL 查询器；审计分析/疑点管理等功能。

图 18－11

（七）房地产开发企业贷款

审计事项：社会保障审计/公积金使用/贷款发放合规性审查。

1. 审计思路

由于国家宏观调控的限制，根据《建设部 国家计委 财政部 国土资源部 中国人民银行 国家税务总局关于加强房地产市场宏观调控促进房地产市场健康发展的若干意见》（建住房〔2002〕217 号）有关“对未取得土地使用权证书、建设用地规划许可证、建设工程规划许可证和施工许可证（开工报告）的项目，商业银行不得发放任何形式贷款”的规定，重点审查房地产开发企业职工的贷款。

2. 审计步骤

查找房地产及相关类型企业职工贷款情况。如图 18－12 所示。

```
Select DISTINCT * From [贷款合同基本信息表1] where [dwname] like '%房地产%' OR [dwname] like '%房屋%' OR [dwname] like '%物业%' OR [dwname] like '%建筑%' ORDER BY [dwname]
```

3. 审计结果

违规变相向房地产开发企业发放贷款 579 万元，如某市住房公积金管理中心于 2004 年 1 月向某房地产开发有限公司 6 名职工发放个人住房公积金贷款 560000 元，被该房地产开发有限公司集中用于购买钢材等建筑材料。

图 18－12

4. 应用 AO 功能点

本事项应用了 AO 审计分析/数据分析/SQL 查询器；审计分析/疑点管理等功能。

三、点评

本实例结合商业银行的审计经验，从公积金贷款整体分析入手，确定审计重点，建立分析模型，充分应用 AO 各种数据分析功能，查找问题线索，大大提高了工作效率和审计质量。

（吉林省审计厅　孙为庶　闫　艳　宋成武）

实例十九

AO在某住房公积金归集管理使用审计中的应用

一、项目背景

加强住房公积金审计，对化解风险和保障资金安全，更好地实现对住房公积金的管理和审计监督具有很强的现实意义。由于受住房资金信息系统制约，县级审计机关实施审计缺乏必要的业务数据，导致住房资金审计只关注财务收支而忽视业务数据的审核，大大削弱了审计监督效果。2012年，某县审计机关对公积金管理中心某县管理部2011年财政财务收支及住房公积金归集管理使用情况进行审计时，由于被审计单位服务器在异地，不能获得数据库备份数据，审计组采取从前台逐一导出3000多个Excel格式电子表格，进行整理，形成业务数据库。经过SQL查询分析和Excel综合应用，审计查出了少计利息、违规缴存、违规放贷、利率执行不正确、缴存不公平、管理系统存在缺陷等问题，涉及问题金额近3000万元，圆满实现了审计目标，取得了显著效果。

二、审计过程

（一）住房公积金存款利息正确性审核

审计事项：社会保障审计/基本情况/管理信息系统情况。

1. 审计思路

审计过程中，为检测公积金管理系统中有关利息计算的正确性，审计组将SQL查询分析与Excel宏的使用有机结合起来，以利息结算信息中的人员为基数，使用SQL查询生成包括个人公积金期初余额、归集、提取内容的收支明细表，将收支明细表导出至Excel循环判断并计算出利息积数，再把计算结果导入AO计算利息并与利息结算信息核对，最后生成利息审核结果分类汇总表。

所需资料：利息结算信息（数据元素：单位账号、单位名称、职工账号、职工名称、身份证号、上年结转、本年补缴、本年支取、本金余额、本年利息、实存总额），公积金归集信息（数据元素：职工账号、职工名称、身份证号、缴存年月、缴存金额、补缴日期），公积金部分提取信息（数据元素：职工账号、职工名称、证件号码、提取金额、提取日期），参缴单位信息（数据元素：单位账号、单位名称、开户时间、状态、单位性质、类型）。

2. 审计步骤

步骤一：生成【个人公积金收支明细表】。从【利息结算信息】中查询获取上年结转数，从【公积金归集信息】中查询获取当年归集数，从【公积金部分提取信息】中查询获取当年提取数，以【利息结算信息】中的人员为基准，逐人生成一条空记录，同时建立归集、支取、活期余额、活期积数、定期余额、定期积数、类型、计算过程、天数等字段。将上面四个查询进行联合，并按"职工账号""日期""类型"的顺序进行排序，最终生成类似序时明细账效果的【个人公积金收支明细表】。

```
Select a. *  Into 个人公积金收支明细表 From (Select 单位账号,职工账号,职工姓名,'2010-07-01' As 日期,上年结转 As 初余,0 As 归集,0 As 支取, 0 As 活期余额, 0 As 活期积数,0 As 定期余额,0 As 定期积数,'初余' As 类型,NULL As 计算过程,0 As 天数  From [利息结算信息]
Union All
Select 单位账号,职工账号,姓名,补缴日期 As 日期,0 As 初余,合计 As 归集,0 As 支取, 0 As 活期余额, 0 As 活期积数,0 As 定期余额,0 As 定期积数,'归集' As 类型,NULL As 计算过程,0 As 天数  From [公积金归集信息]  WHERE 补缴日期 Between '2010-07-01' And '2011-06-30'
Union All
Select 单位账号,职工账号,姓名,提取日期 As 日期,0 As 初余,0 As 归集,提取金额 As 支取, 0 As 活期余额, 0 As 活期积数,0 As 定期余额,0 As 定期积数,'提取' As 类型,NULL As 计算过程,0 As 天数  From [公积金部分提取信息] WHERE 提取日期 Between '2010-07-01' And '2011-06-30'
Union All
Select 单位账号,职工账号,职工姓名,'2011-07-01' As 日期,0 As 初余,0 As 归集,0 As 支取, 0 As 活期余额, 0 As 活期积数,0 As 定期余额,0 As 定期积数,'转息' As 类型,NULL As 计算过程,0 As 天数 From [利息结算信息] ) As a
ORDER BY a. 职工账号,a. 日期,a. 类型
```

执行结果如图19-1所示。

图 19 - 1

步骤二：对生成的【个人公积金收支明细表】进行合规性校验。把【个人公积金收支明细表】和【公积金部分提取信息】内连接，检查职工公积金结余有没有为负数的现象。如果存在超支的现象，进一步询问被审计单位查明原因。

```
Select b. 姓名,a. 职工账号,b. 证件号码,b. 单位名称,b. 提取日期,a. 初余,a. 当年归集,a. 当年支取,a. 实际结余
Into 超支信息表
From ( Select 职工账号,Sum(初余) As 初余,Sum(归集) As 当年归集,Sum(支取) As 当年支取,Sum(初余)+Sum(归集)-Sum(支取) As 实际结余 From 个人公积金收支明细表 GROUP BY 职工账号 ) As a
Inner Join 公积金部分提取信息 As b On a. 职工账号=b. 职工账号 WHERE a. 实际结余<0
```

执行结果如图 19 - 2 所示。

步骤三：为了确保利息计算的准确性，在对【超支信息表】进行核实处理的基础上，从【个人公积金收支明细表】中剔除超支信息，生成【导出计算表】。

```
Select a. * Into 导出计算表
From 个人公积金收支明细表 As a Where a. 职工账号 Not in ( Select 职工账号 From 超支信息表 )
Order By a. 职工账号,a. 日期,a. 类型
```

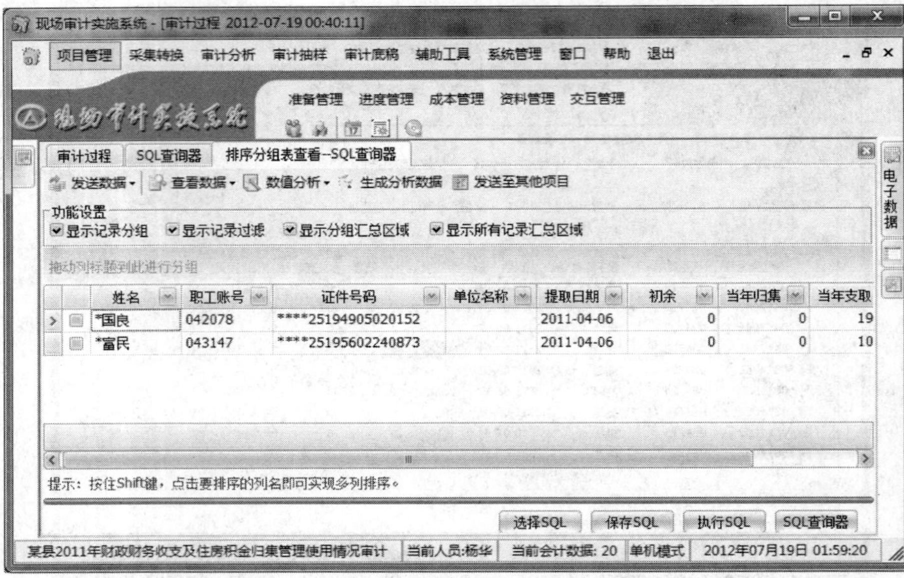

图 19 –2

执行结果如图 19 –3 所示。

图 19 –3

步骤四：把【导出计算表】导出至 Excel，编写宏代码来计算个人公积金存款利息积数。本步是实现审计事项的关键，因为 SQL Server 游标无法实现复杂的循环判断，利用 Excel 的宏来解决是一个很好的选择。宏代码的主要功能是：逐人进行循环判断，根据表中“类型”内容来确定定期、活期金额及存取变化，根据“日期”先后顺序计算计息天数。如果有支取金额，还要采取后进先出的方法，先冲减活期金额，再冲减定期金额。在此基础上，采取积数计息法计算各个时间点的计息积数。宏代码如下：

```
Private Sub js_Click()
Dim hs As Long
Dim shz As Long
Dim shzz As Long
Dim namebh As String
MsgBox "按确定按钮开始计算利息积数！", 48, "信息提示"
For hs = 2 To Sheet1.Range("A65536").End(xlUp).Row
    Select Case Sheet1.Cells(Str(hs), 12)
    Case "初余"
        shz = hs
        Sheet1.Cells(Str(hs), 8) = Sheet1.Cells(Str(hs), 6) - Sheet1.Cells
(Str(hs), 7) '首行:余额 = 归集 - 支取
    Case "归集"
        If Sheet1.Cells(Str(hs), 2) <> Sheet1.Cells(Str(shz), 2) Then '新开户
无初余
            Sheet1.Cells(Str(hs), 8) = Sheet1.Cells(Str(hs), 6)
            Sheet1.Cells(Str(hs), 9) = Sheet1.Cells(Str(hs), 6) * DateDiff
("y", Sheet1.Cells(Str(hs), 4), "6/30/2011") '计算利息积数
            Sheet1.Cells(Str(hs), 13) = Str(Sheet1.Cells(Str(hs), 8)) & "×
{[2011-06-30" & "]-[" & Sheet1.Cells(Str(hs), 4) & "]}"
            Sheet1.Cells(Str(hs), 14) = DateDiff("y", Sheet1.Cells(Str(hs),
4), "6/30/2011")
        Else
             Sheet1.Cells(Str(hs), 8) = Sheet1.Cells(Str(hs - 1), 8) +
Sheet1.Cells(Str(hs), 6) - Sheet1.Cells(Str(hs), 7)
            Sheet1.Cells(Str(hs), 9) = Sheet1.Cells(Str(hs), 8) * DateDiff
("y", Sheet1.Cells(Str(hs), 4), Sheet1.Cells(Str(hs + 1), 4))
            Sheet1.Cells(Str(hs), 13) = Str(Sheet1.Cells(Str(hs), 8)) & "×
```

```
{[" & Sheet1. Cells(Str(hs + 1), 4) & "] -[" & Sheet1. Cells(Str(hs), 4) & "]}"
                    Sheet1. Cells(Str(hs), 14) = DateDiff(" y ", Sheet1. Cells(Str(hs),
4), Sheet1. Cells(Str(hs + 1), 4))
                End If
            Case "提取"
                If Sheet1. Cells(Str(hs) - 1, 8) - Sheet1. Cells(Str(hs), 7) > = 0
Then '如果支取数不小于当期累计数
                    Sheet1. Cells(Str(hs), 8) = Sheet1. Cells(Str(hs - 1), 8) +
Sheet1. Cells(Str(hs), 6) - Sheet1. Cells(Str(hs), 7)
                    Sheet1. Cells(Str(hs), 9) = Sheet1. Cells(Str(hs), 8) * DateDiff
(" y ",Sheet1. Cells(Str(hs), 4), Sheet1. Cells(Str(hs + 1), 4))
                    Sheet1. Cells(Str(hs), 13) = Str(Sheet1. Cells(Str(hs), 8)) & " ×
{[" & Sheet1. Cells(Str(hs + 1), 4) & "] -[" & Sheet1. Cells(Str(hs), 4) & "]}"
                    Sheet1. Cells(Str(hs), 14) = DateDiff(" y ", Sheet1. Cells(Str(hs),
4), Sheet1. Cells(Str(hs + 1), 4))
                Else
                    shzz = hs
                    Sheet1. Cells(Str(hs), 8) = 0
                    Sheet1. Cells(Str(hs), 10) = Round((Sheet1. Cells(Str(shz), 5) +
Sheet1. Cells(Str(hs) - 1, 8) - Sheet1. Cells(Str(hs), 7)), 2)
                    Sheet1. Cells(Str(hs), 11) = Sheet1. Cells(Str(shz), 5) * DateDiff
(" y ", Sheet1. Cells(Str(shz), 4), Sheet1. Cells(Str(hs), 4))
                    Sheet1. Cells(Str(hs), 13) = Str(Sheet1. Cells(Str(shz), 5)) & " ×
{[" & Sheet1. Cells(Str(hs), 4) & "] -[" & Sheet1. Cells(Str(shz), 4) & "]}"
                    Sheet1. Cells(Str(hs), 14) = DateDiff(" y ", Sheet1. Cells(Str(shz),
4), Sheet1. Cells(Str(hs), 4))
                    namebh = Sheet1. Cells(Str(hs), 2)
                End If
            Case "销户", "转息"
                If shzz > 0 Then
                    If Sheet1. Cells(Str(shzz), 10) > 0 And Sheet1. Cells(Str(hs), 2) =
namebh Then '本期余额为0,说明提取了定期基数
                        Sheet1. Cells(Str(hs), 10) = Sheet1. Cells(Str(shzz), 10)
                        Sheet1. Cells(Str(hs), 11) = Sheet1. Cells(Str(shzz), 10) *
DateDiff(" y ", Sheet1. Cells(Str(shzz), 4), Sheet1. Cells(Str(hs), 4))
```

```
                Sheet1. Cells(Str(hs), 13) = Str(Sheet1. Cells(Str(shzz), 10)) &
"×{[" & Sheet1. Cells(Str(hs), 4) & "] - [" & Sheet1. Cells(Str(shzz), 4) & "]}"
                 Sheet1. Cells(Str(hs), 14) = DateDiff(" y ", Sheet1. Cells(Str
(shzz), 4), Sheet1. Cells(Str(hs), 4))
                shzz = 0 '恢复提本正常状态
              End If
           End If
           If shzz = 0 And Sheet1. Cells(Str(hs), 2) < > namebh Then '定期基数
没有改变
              Sheet1. Cells(Str(hs), 10) = Sheet1. Cells(Str(shz), 5)
              Sheet1. Cells(Str(hs), 11) = Sheet1. Cells(Str(hs), 10) * DateDiff
("y", Sheet1. Cells(Str(shz), 4), Sheet1. Cells(Str(hs), 4))
              Sheet1. Cells(Str(hs), 13) = Str(Sheet1. Cells(Str(hs), 10)) & "×
{[" & Sheet1. Cells(Str(hs), 4) & "] - [" & Sheet1. Cells(Str(shz), 4) & "]}"
              Sheet1. Cells(Str(hs), 14) = DateDiff("y", Sheet1. Cells(Str(shz),
4), Sheet1. Cells(Str(hs), 4))
           End If
       End Select
    Next
    End Sub
```

步骤五：将第四步生成的计算结果导入到 AO 2011 之中，命名为【利息积数计算表】。根据银行存款利率计算个人公积金存款利息（公积金上年结转数执行三个月定期利率，当年归集数执行活期利率，2011 年 7 月 1 日三个月定期：2.85%，活期0.5%），并与【利息结算信息】进行核对，形成【利息审核明细表】。

```
    Select b. 单位账号,b. 职工账号,b. 职工姓名,b. 上年结转 As 账面上年结转,b.
本年补缴 As 账面本年补缴,b. 本年利息 As 账面本年利息,b. 实存总额 As 账面结转金
额,a. 活期积数,a. 活期利息,a. 定期积数,a. 定期利息,a. 利息合计,a. 本年期初余
额,a. 本年实际补缴,a. 本年实际支取,a. 应结转金额,Round(a. 应结转金额 - b. 实存
总额,2) As 少转金额
    Into 利息审核明细表
    From (Select 职工账号, Sum(活期积数) As 活期积数, Round(Sum(活期积数) *
0.5/100/360,2) As 活期利息, Sum(定期积数) As 定期积数, Round(Sum(定期积数)
*2.85/100/360,2) As 定期利息, Round(Sum(活期积数) *0.5/100/360,2) + Round
(Sum(定期积数) *2.85/100/360,2) As 利息合计, Sum(初余) As 本年期初余额, Sum
```

(归集) As 本年实际补缴, Sum(支取) As 本年实际支取, Sum(初余) + Sum(归集) - Sum(支取) + Round(Sum(活期积数) * 0.5/100/360,2) + Round(Sum(定期积数) * 2.85/100/360,2) As 应结转金额 From [利息积数计算表] Group By 职工账号) As a

Inner Join [利息结算信息] As b On a. 职工账号 = b. 职工账号

Order By b. 单位账号, b. 职工账号

执行结果如图 19 - 4 所示。

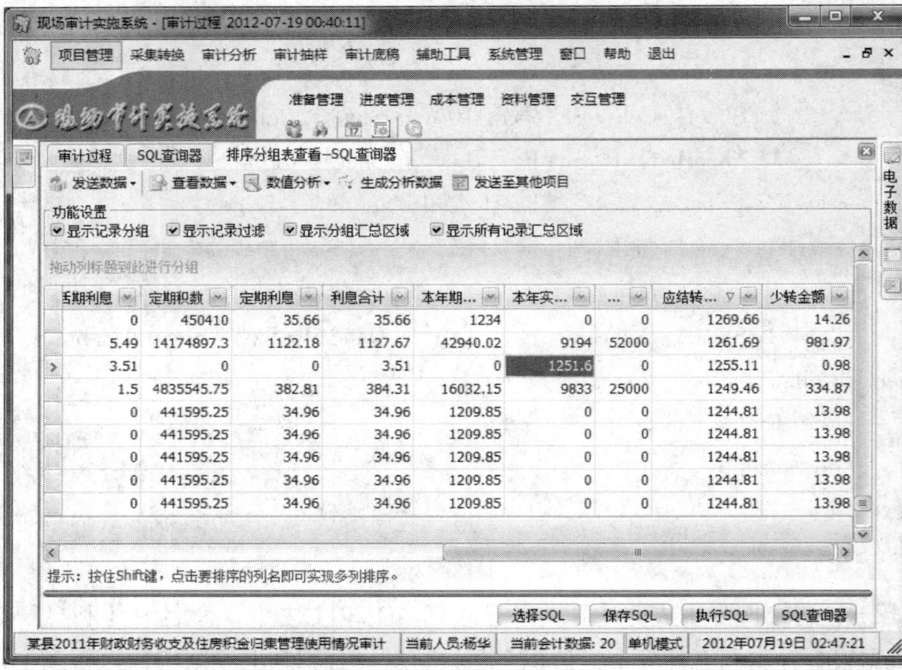

图 19 - 4

步骤六：把【利息审核明细表】按单位进行分类汇总。

Select b. 单位名称, a. *

From (Select 单位账号, Count(职工账号) As 人数, Sum(账面上年结转) As 账面上年结转, Sum(账面本年补缴) As 账面本年补缴, Sum(账面本年利息) As 账面本年利息, Sum(账面结转金额) As 账面结转金额, Sum(活期积数) As 活期积数, Sum(活期利息) As 活期利息, Sum(定期积数) As 定期积数, Sum(定期利息) As 定期利息, Sum(利息合计) As 利息合计, Sum(本年期初余额) As 本年期初余额, Sum(本年实际补缴) As 本年实际补缴, Sum(本年实际支取) As 本年实际支取, Sum(应结转金额) As 应结转金额, Sum(少转金额) As 少转金额 From 利息审核明细表 Group By 单位账号) As a Inner Join 参缴单位信息 As b On a. 单位账号 = b. 单位账号

执行结果如图 19－5 所示，将结果发送到疑点库。

图 19－5

步骤七：进一步调查、核实，得出最终结论。

3. 审计结果

通过上述步骤，查出 2011 年少计算结转公积金存款利息 727528.92 元，涉及 228 个缴存单位 9625 人。

4. 应用 AO 功能点

本事项应用了 AO 审计分析/数据分析/SQL 查询器；审计分析/疑点管理等功能。

（二）未执行二套房贷利率审核

审计事项：社会保障审计/公积金使用/贷款利息审查。

1. 审计思路

首先从个人贷款表中筛选出二套房贷记录，然后根据应执行利率 = 银行贷款利率 ×1.1 计算出正确利率，将应执行利率与实际个贷利率进行比对，筛选出二套房贷利率不正确的记录，并计算出利息损失。

所需资料：个人贷款表（包括贷款合同编号、姓名、单位账号、单位名称、身份证号、贷款期限、贷款金额、放贷日期、还款方式、贷款利率、还贷状态、购房类型、受托银行），贷款利率表（审计期间人行公布的各时间段贷款利率）。

2. 审计步骤

步骤一：从【个人贷款】表筛选出所有二套房贷款记录，生成【二套房贷款表】。

```
Select 贷款合同编号,姓名,身份证号,单位账号,单位名称,贷款年限,贷款金额,放款日期,还款方式,贷款利率,已还利息,贷款余额,还款状态, 已还本金,购房类型
Into 二套房贷款表
From 个人贷款
Where (((身份证号) In (Select [身份证号] From [个人贷款] As Tmp Where Len(身份证号)>0  Group By [身份证号] Having Count(*)>1 )))
Order By 身份证号
```

执行结果如图 19－6 所示。

图 19－6

步骤二：根据【二套房贷款表】的“放款日期”和“贷款年限”判断并计算：应执行利率＝银行贷款利率×1.1，将应执行利率与“贷款利率”进行比对，筛选出未执行二套房贷利率的贷款记录，保存为【二套房贷利率审查表】。

```
Select 贷款合同编号,姓名,单位账号,单位名称,贷款年限,贷款金额,放款日期,贷款利率,还款状态,
(Case
```

```
When 放款日期 <'2011-02-09' And 贷款年限 <=5  Then 3.75
When 放款日期 <'2011-02-09' And 贷款年限 >5  Then 4.3
When 放款日期 >='2011-02-09' And 放款日期 <'2011-04-06' And 贷款年限 <=5  Then 4
When 放款日期 >='2011-02-09' And 放款日期 <'2011-04-06' And 贷款年限 >5  Then 4.5
When 放款日期 >='2011-04-06' And 放款日期 <'2011-07-07' And 贷款年限 <=5  Then 4.2
When 放款日期 >='2011-04-06' And 放款日期 <'2011-07-07' And 贷款年限 >5  Then 4.7
When 放款日期 >='2011-07-07' And 贷款年限 <=5  Then 4.45
When 放款日期 >='2011-07-07' And 贷款年限 >5  Then 4.9
End) *1.1 As 应执行利率  Into 二套房贷利率审查表
From 二套房贷款表  Where 放款日期 >'2011-01-01'
```

执行结果图 19-7 所示。

图 19-7

步骤三：计算出未执行二套房贷利率造成的利息损失，生成【二套房贷利率损失表】。调查得知，被审计单位从 2011 年 9 月 1 日开始个人贷款实行等额本息的还款方式，以前年度实行一次还本付息的还款方式。

一次还本付息计算公式：

总利息 = 贷款金额×（年利率÷100）×贷款年限

等额本息计算公式：

总利息 = 还款月数×〔贷款本金×月利率×（1 + 月利率）^还款月数〕÷〔（1 + 月利率）^还款月数 - 1〕 - 贷款本金

```
Select 贷款合同编号,姓名,单位账号,贷款年限,贷款金额,放款日期,贷款利率,还款状态,应执行利率, Round(贷款金额*(贷款利率/100)*贷款年限,2) As 首套利息, Round(贷款金额*(应执行利率/100)*贷款年限,2) As 二套利息, Round(贷款金额*(应执行利率/100)*贷款年限,2)-Round(贷款金额*(贷款利率/100)*贷款年限,2) As 利息差额 Into 二套房贷利率损失表 From 二套房贷利率审查表 Where 放款日期<'2011-09-01'
Union All
Select 贷款合同编号,姓名,单位账号,贷款年限,贷款金额,放款日期,贷款利率,还款状态,应执行利率,贷款年限*12*Round((贷款金额*(贷款利率/12/100)*Power((1+(贷款利率/12/100)),贷款年限*12))/(Power((1+(贷款利率/12/100)),贷款年限*12)-1),2) -贷款金额 As 首套利息,贷款年限*12*Round((贷款金额*(应执行利率/12/100)*Power((1+(应执行利率/12/100)),贷款年限*12))/(Power((1+(应执行利率/12/100)),贷款年限*12)-1),2) -贷款金额 As 二套利息, Round((贷款年限*12*Round((贷款金额*(应执行利率/12/100)*Power((1+(应执行利率/12/100)),贷款年限*12))/(Power((1+(应执行利率/12/100)),贷款年限*12)-1),2) -贷款金额)-(贷款年限*12*Round((贷款金额*(贷款利率/12/100)*Power((1+(贷款利率/12/100)),贷款年限*12))/(Power((1+(贷款利率/12/100)),贷款年限*12)-1),2) -贷款金额),2) As 利息差额 From 二套房贷利率审查表 Where 放款日期>='2011-09-01' Order By 放款日期
```

执行结果如图 19-8 所示。

3. 审计结果

通过上述步骤，查出 2011 年以来共向 123 人发放二套乃至多套个人住房贷款 1430 万元，由于未执行二套房贷上浮利率，直接造成利息损失 21 万多元。

4. 应用 AO 功能点

本事项应用了 AO 审计分析/数据分析/SQL 查询器；审计分析/数据分析/排序分组表分析工具等功能。

（三）违规发放贷款

审计事项：社会保障审计/公积金使用/贷款发放合规性审查。

图 19－8

1. 审计思路

违规发放贷款包括违规发放多套房贷和超龄发放贷款两方面的内容。前者审计思路是从个人贷款表中查询出三套及以上住房贷款，并筛选出审计期间放贷金额。后者审计思路是根据某省关于“……住房公积金贷款年限可延长至职工法定退休年龄后 5 年……”之规定，在正常还贷结束之日，如果男职工年龄超过 65 岁、女职工年龄超过 60 周岁即为超龄发放贷款。由于住房公积金管理系统中未设置职工出生年月和性别指标，因此不能直接进行查询和审核。而由于系统数据中有职工身份证号码，因此可以通过字符串的运算实现超龄发放贷款的审核。

具体思路是：首先判断身份证号的位数，如果是 18 位号码，取出第 7～10 位作为出生年份，根据 15～17 位数字判断性别；如果是 15 位号码，取出第 7～8 位作为出生年份，根据 13～15 位数字判断性别。最后再用放贷日期减去出生年份加上贷款期限来判断是否超龄发放贷款。在本事项中，由于使用了 SQL 的 Case……End、When……Then 语句，减少了中间表的形成，仅用一次查询就完成了事项的审核，极大地提高了审计工作效率。

所需资料：个人贷款表（数据元素：包括贷款合同编号、姓名、单位账号、单位名称、身份证号、贷款期限、贷款金额、放贷日期、还款方式、贷款利率、还贷状态、购房类型、受托银行）。

2. 审计步骤

（1）违规发放多套住房贷款审查

步骤一：生成多套房贷明细表。

```
Select 贷款合同编号，姓名，身份证号，单位账号，单位名称，贷款年限，贷款金额，放款日期，还款方式，贷款利率，已还利息，贷款余额，还款状态，已还本金，购房类型
Into 多套房贷明细表
From 个人贷款
Where (((身份证号) In (Select [身份证号] From [个人贷款] As Tmp Where Len (身份证号) >0  Group By [身份证号] Having Count( * ) >2 ))) Order By 身份证号
```

执行结果如图 19－9 所示。

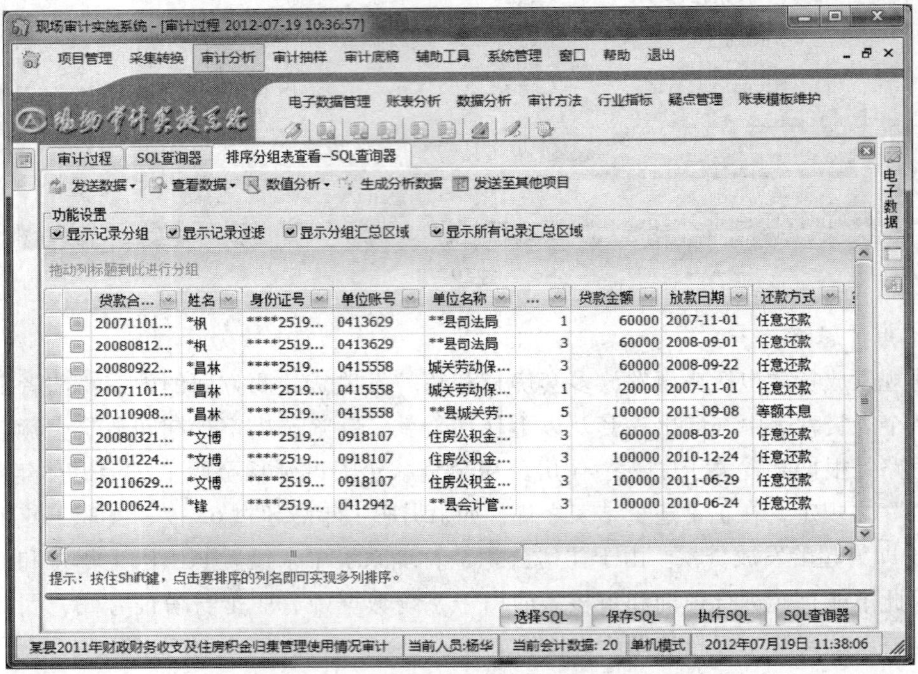

图 19－9

步骤二：筛选出审计期间发放多套房贷的记录。

```
Select 贷款合同编号，姓名，身份证号，单位账号，贷款年限，贷款金额，放款日期，还款方式，贷款利率，已还利息，贷款余额，还款状态，购房类型
From 多套房贷明细表 WHERE 放款日期 >'2011－01－01'
```

执行结果如图 19－10 所示，将结果发送到疑点。

（2）超龄发放贷款审查

通过对【个人贷款】表中的“身份证”字段进行判断和截取操作，以获取贷款人的出生年月和性别，在此基础上计算贷款还清日与出生年月之间的年限，以判断是否

图 19－10

超龄发放贷款。

```
Select a. *,Year(a. 放款日期)+a. 贷款年限 As 结清年份,Year(a. 放款日期)+a. 贷款年限-a. 出生年份 As 结清年龄
From (Select 贷款合同编号,姓名,单位账号,身份证号,贷款年限,贷款金额,放款日期,还款状态,
(Case
When Len(身份证号)=18 Then Left(Right(身份证号,12),4)
When Len(身份证号)=15 Then '19'+Left(Right(身份证号,9),2)
End) As 出生年份,
(Case
When Len(身份证号)=18 And Left(Right(身份证号,4),3) % 2=1 Then '男'
When Len(身份证号)=15 And Left(Right(身份证号,3),3) % 2=1 Then '男'
When Len(身份证号)=18 And Left(Right(身份证号,4),3) % 2=0 Then '女'
When Len(身份证号)=15 And Left(Right(身份证号,3),3) % 2=0 Then '女' End) As 性别
From 个人贷款  Where 放款日期>'2011-01-01' And Len(身份证号)>0) As aWhere (性别='男' And Year(a. 放款日期)+a. 贷款年限-a. 出生年份>65) Or
```

(性别 ='女' And Year(a. 放款日期) + a. 贷款年限 − a. 出生年份 >60)

执行结果如图 19 − 11 所示，将执行结果发送到疑点。

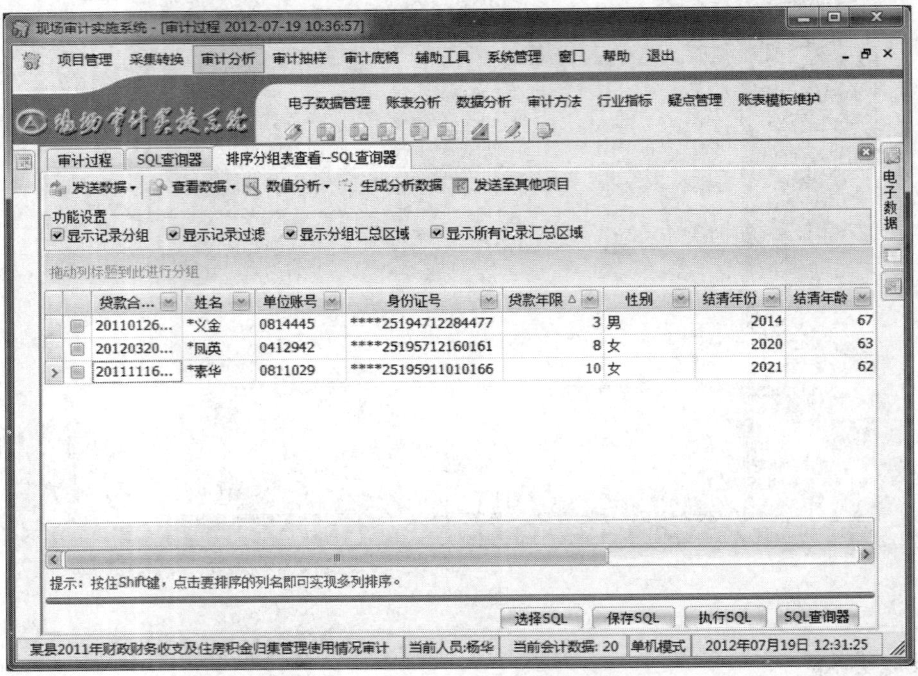

图 19 − 11

3. 审计结果

通过上述步骤，查出 2011 年以来被审计单位违规发放贷款 296.5 万元，其中发放多套房贷 260 万元，超龄贷款 36.5 万元。

4. 应用 AO 功能点

本事项应用了 AO 审计分析/数据分析/SQL 查询器；审计分析/数据分析/排序分组表分析工具等功能。

（四）违规缴存公积金

审计事项：社会保障审计/公积金归集/单位多缴、少缴情况审查；社会保障审计/公积金归集/个人多缴、少缴情况审查。

1. 审计思路

平均缴存住房公积金审查。所谓平均缴存住房公积金是指缴存单位不按职工工资基数的一定比例缴存，而采取平均数的办法缴纳公积金。审计思路：分单位分批次计算出缴存人数和平均缴存金额，从归集表中筛选出缴存金额与平均缴存金额相等而且人数也相等的记录，汇总后即为平均缴存金额。

无预算缴存住房公积金审查。所谓无预算缴存住房公积金是指财政全额拨款单位在实行单位缴存部分由财政统一预算集中代缴和个人部分代扣代缴的房改政策后，缴存单位使用各种资金继续为职工缴存的公积金。

审核思路：从归集表中关联筛选出财政全额拨款单位，利用公式：单位缴存金额=缴存总额-财政缴纳-个人缴纳，汇总后的金额即为无预算缴存的公积金。

超标准缴存公积金审查。把公积金归集信息与参缴单位信息进行关联，筛选出财政全额拨款单位缴存记录，再与工资基数表进行关联，计算出超过工资总额 12% 的记录。

所需资料：公积金归集信息表（数据元素：包括职工账号、职工姓名、身份证号、缴存年月、个人缴纳、单位缴纳、财政缴纳、合计、补缴日期、到账日期、单位账号、单位名称），参缴单位信息（数据元素：单位账号、单位名称、开户时间、状态、单位性质、类型），工资基数表（数据元素：姓名、工资基数、公积金标准、职工账号、单位账号、单位名称）。

2. 审计步骤

（1）平均缴存住房公积金审查

```
Select c.单位账号,c.补缴日期,d.人数 As 缴存总人数,c.相同金额人数,d.平均缴存金额,c.缴存总额
From ( Select a.单位账号,a.补缴日期,Count(a.姓名) As 相同金额人数,Sum(a.合计) As 缴存总额  From  (Select * From 公积金归集信息 Where 补缴日期 Between '2010-07-01' And '2011-12-31' ) As a
Inner Join ( Select 单位账号,补缴日期,Count(姓名) As 人数,Round(Sum(合计)/Count(姓名),2) As 平均缴存金额  From 公积金归集信息 Where 补缴日期 Between '2010-07-01' And '2011-12-31' Group By 补缴日期,单位账号) As b  On a.补缴日期=b.补缴日期 And a.单位账号=b.单位账号  Where a.合计=b.平均缴存金额  Group By a.单位账号,a.补缴日期  ) As c
Inner Join (Select 单位账号,补缴日期,Count(姓名) As 人数,Round(Sum(合计)/Count(姓名),2) As 平均缴存金额  From  公积金归集信息  Where 补缴日期 Between '2010-07-01' And '2011-12-31' Group By 补缴日期,单位账号 ) As d On c.补缴日期=d.补缴日期 And c.单位账号=d.单位账号  Where c.相同金额人数=d.人数  And c.相同金额人数>1
```

执行结果如图 19-12 所示。

（2）无预算缴存住房公积金审查

```
Select * From (Select a.单位账号,Count( Distinct 职工账号) As 人数, Sum(a.个
```

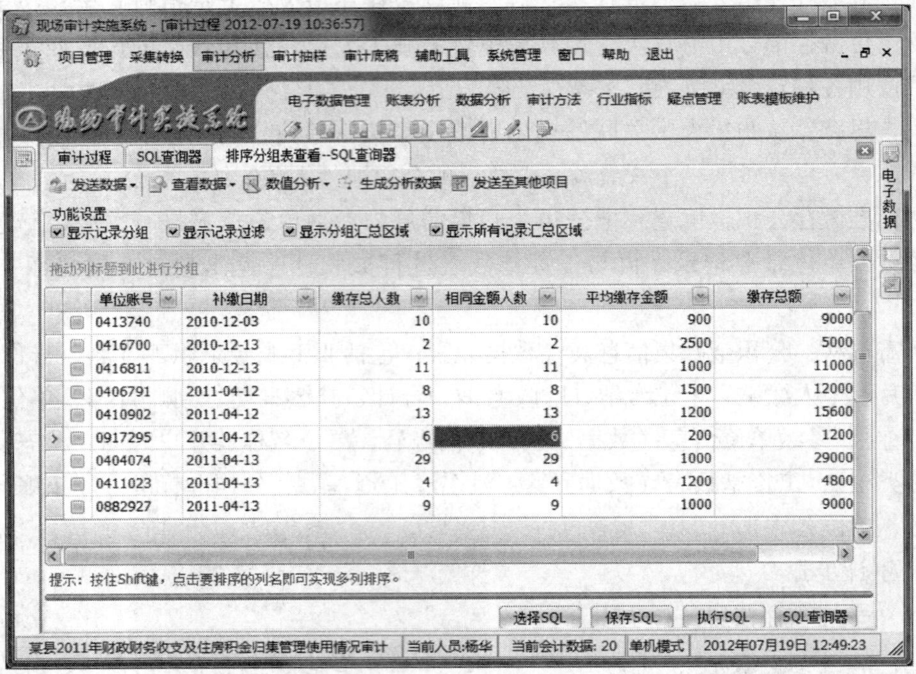

图 19－12

```
人缴纳) As 个人缴存,Sum(a. 财政缴纳) As 财政缴存,Round(Sum(a. 合计) - Sum(a. 财政缴纳) - Sum(a. 个人缴纳),2) As 单位缴存
    From (Select *  From 公积金归集信息 Where (补缴日期 Between '2011-07-01' And '2012-05-31') And Left(缴存年月,4) ='2011') As a
    Inner Join 参缴单位信息 As b  On a. 单位账号 =b. 单位账号 Where b. 类型 ='财政全额' Group By a. 单位账号 ) As c
    Where c. 单位缴存 >0  Order By 单位账号
```

执行结果图 19－13 所示。

（3）超标准缴存公积金审查

步骤一：把【公积金归集信息】表和【参缴单位信息】表进行关联，筛选出财政全额拨款单位缴存记录，并根据单位财政缴存金额＝缴存总额－个人缴纳，计算出非个人缴存公积金总额，生成【单位财政缴存表】。

```
    Select a. 单位账号,a. 职工账号,a. 姓名,Sum(a. 个人缴纳) As 个人缴存,Round(Sum(a. 合计 - a. 个人缴纳),2) As 单位财政缴存,Sum(a. 合计) As 缴存总额  Into 单位财政缴存表
    From (Select *  From 公积金归集信息  Where (补缴日期 Between '2011-07-01'
```

图 19－13

```
And '2012－05－31') And Left(缴存年月,4) ='2011') As a
    Inner Join 参缴单位信息 As b  On a. 单位账号 =b. 单位账号
    Where b. 类型 ='财政全额' Group By a. 单位账号,a. 职工账号,a. 姓名 Order By
a. 单位账号
```

执行结果如图 19－14 所示。

步骤二：把【单位财政缴存表】和【工资基数】表进行关联，筛选出“单位财政缴存”大于年工资总额 12% 的记录，生成【超标准缴存记录表】。

```
    Select a. *,b. 工资基数,b. 公积金标准,Round(a. 个人缴存/(b. 工资基数 *
12),2) * 100 As 个人缴存比例,Round(a. 单位财政缴存/(b. 工资基数 * 12),2) * 100
As 单位财政缴存比例 Into 超标准缴存记录表
    From  (Select * From 单位财政缴存表) As a
    Inner Join  工资基数 As b On a. 职工账号 =b. 职工账号
    Where Round(a. 单位财政缴存/(b. 工资基数 * 12),2) * 100 >12 Order By a. 单
位账号
```

图 19 - 14

执行结果如图 19 - 15 所示。

图 19 - 15

步骤三：计算出超标准缴存金额。根据超缴金额 = 单位财政缴存 − 工资基数 × 12 × 12%，计算出超缴金额。

```
Select a. 单位账号,Count(a. 职工账号) As 人数,Sum(a. 个人缴存) As 个人缴存合计,Sum(a. 单位财政缴存) As 单位财政缴存合计, Sum(a. 缴存总额) As 缴存总额, Sum(a. 工资基数) As 工资基数总额,Round(Sum(a. 单位财政缴存)/(Sum(a. 工资基数)*12),2)*100 As 比例, Round(Sum(a. 单位财政缴存)-Round(Sum(a. 工资基数)*12*0.12,2),2) As 超缴金额
From 超标准缴存记录表 As a
Inner Join (Select 单位账号,Count(职工账号) As 人数 From 超标准缴存记录表 Group By 单位账号) As b On a. 单位账号=b. 单位账号 Where b. 人数>1 Group By a. 单位账号
```

执行结果如图 19 − 16 所示。

图 19 − 16

3. 审计结果

通过上述步骤，查出违规缴存住房公积金 821 万元，其中 26 个单位 223 人平均缴存公积金 30 万元，116 个单位 3760 人无预算缴存公积金 614 万元，53 个单位 1149 人超标准缴存公积金 177 万元。

4. 应用 AO 功能点

本事项应用了 AO 审计分析/数据分析/SQL 查询器；审计分析/数据分析/排序分组表分析工具等功能。

（五）公积金缴存公平性审查

审计事项：社会保障审计/公积金归集/归集基本情况分析。

1. 审计思路

由于缴存单位多，因此采取抽样的办法进行。即从公积金归集表中计算出单位人均缴存金额前十名和后十名的平均缴存金额，再将两者进行比较，以判断缴存差距悬殊情况。

所需资料：公积金归集信息表（数据元素：包括职工账号、职工姓名、身份证号、缴存年月、个人缴纳、单位缴纳、财政缴纳、合计、补缴日期、到账日期、单位账号、单位名称），参缴单位信息（数据元素：单位账号、单位名称、开户时间、状态、单位性质、类型）。

2. 审计步骤

步骤一：生成全部缴存单位信息表。将【公积金归集信息】与【参缴单位信息】关联，计算出缴存单位人数、缴存总额、平均缴存数等，生成【缴存单位信息表】。

```
Select b. 单位名称,a. *  Into 缴存单位信息表
From (Select 单位账号,Count(Distinct 职工账号) As 人数,Sum(合计) As 缴存总额,Round(Sum(合计)/Count(Distinct 职工账号),2) As 人均缴存  From 公积金归集信息  Where (补缴日期 Between '2011-07-01' And '2012-05-31') And Left(缴存年月,4)='2011' Group By 单位账号 ) As a
Inner Join  参缴单位信息  As b  On a. 单位账号=b. 单位账号 Order By a. 人均缴存 Desc
```

执行结果图 19-17 所示。

步骤二：分析计算全部参缴单位缴存差距。由于涉及比值的计算，连接过于复杂，因此将两个排名汇总查询存为临时表，在此基础上，使用内连接的方法计算出两者的比值，最后联合三个查询得出审查结果。

```
Select '平均缴存前十名单位' As 类别,Sum(a. 人数) As 人数,Round(Sum(a. 缴存总额)/Sum(a. 人数),2) As 人均,Sum(a. 缴存总额) As 缴存总额  Into #Tmp1  From (Select Top 10 * From  缴存单位信息表) As a
Select '平均缴存后十名单位' As 类别,Sum(b. 人数) As 人数,Round(Sum(b. 缴存总额)/Sum(b. 人数),2) As 人均,Sum(b. 缴存总额) As 缴存总额 Into #Tmp2  From ( Select Top 10 * From  缴存单位信息表  Order By 人均缴存) As b
```

图 19 - 17

```
Select * From #Tmp1
Union All
Select * From #Tmp2
Union  All
Select '比例' As 类别, Round(Convert(Float,c. 人数)/d. 人数,2) As 人数, Round(Convert(Float,c. 人均)/d. 人均,2) As 人均,Round(Convert(Float,c. 缴存总额)/d. 缴存总额,2) As 缴存总额  From  #Tmp1 As c Inner Join #Tmp2 As d On Left(c. 类别,2) = Left(d. 类别,2)
```

执行结果图 19 - 18 所示。

步骤三：生成财政拨款单位信息表。由于财政拨款单位个人缴存的比例是固定的，因此在计算平均缴存金额时剔除了个人缴纳部分，也就是说拿非个人缴存的金额来比较，这样就能真实反映单位之间的缴存差距。从公积金归集信息表中筛选出财政全额拨款单位并进行汇总计算，生成【财政拨款单位信息表】。

```
Select b. 单位名称,a. * Into 财政拨款单位信息表 From (Select 单位账号,Count(Distinct 职工账号) As 人数,Sum(合计) - Sum(个人缴纳) As 单位及财政缴存总额,Round((Sum(合计) - Sum(个人缴纳))/Count(Distinct 职工账号),2) As 人均缴存
```

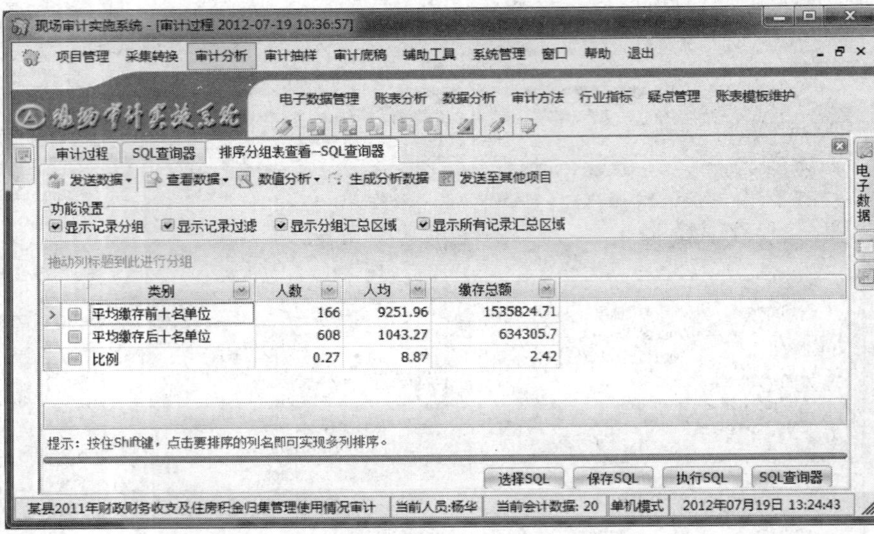

图 19－18

From 公积金归集信息 Where（补缴日期 Between '2011－07－01' And '2012－05－31'）And Left(缴存年月,4)='2011' Group By 单位账号 ）As a

Inner Join 参缴单位信息 As b On a. 单位账号＝b. 单位账号 Where b. 类型='财政全额' Order By a. 人均缴存 Desc

执行结果图 19－19 所示。

图 19－19

步骤四：分析计算财政全额拨款单位缴存差距。由于财政全额拨款单位占全部参缴单位的 86%，因此此项分析更能反映同一层次下缴存的差距悬殊性。

```
Select '平均缴存前十名单位' As 类别,Sum(a. 人数) As 人数,Round(Sum(a. 单位及财政缴存总额)/Sum(a. 人数),2) As 人均,Sum(a. 单位及财政缴存总额) As 缴存总额 Into #Tmp1 From (Select Top 10 * From 财政拨款单位信息表) As a
Select '平均缴存后十名单位' As 类别,Sum(b. 人数) As 人数,Round(Sum(b. 单位及财政缴存总额)/Sum(b. 人数),2) As 人均,Sum(b. 单位及财政缴存总额) As 缴存总额 Into #Tmp2 From ( Select Top 10 * From 财政拨款单位信息表 Order By 人均缴存) As b
Select * From #Tmp1
Union All
Select * From #Tmp2
Union All
Select '比例' As 类别, Round(Convert(Float,c. 人数)/d. 人数,2) As 人数, Round(Convert(Float,c. 人均)/d. 人均,2) As 人均,Round(Convert(Float,c. 缴存总额)/d. 缴存总额,2) As 缴存总额 From #Tmp1 As c Inner Join #Tmp2 As d On Left(c. 类别,2) = Left(d. 类别,2)
```

执行结果图 19 – 20 所示。

图 19 – 20

3. 审计结果

通过上述步骤，审计发现2011年人均缴存前十名单位人均缴存额是后十名单位的886%。在财政全额拨款单位中，前十名单位人均缴存额是后十名单位的441%，人均缴存差距悬殊，显失社会公平。

4. 应用AO功能点

本事项应用了AO审计分析/数据分析/SQL查询器；审计分析/数据分析/排序分组表分析工具等功能。

（六）基础信息管理不规范审核

审计事项：社会保障审计/公积金管理/个人身份证号规范性审查；社会保障审计/公积金管理/个人账户规范性审查。

1. 审计思路

基础信息管理不规范审核的内容较多，下面就个人身份信息是否设置校验、关键数据是否设置审核以及个贷信息是否完整的审核做一介绍。

（1）个人身份证信息未校验审核。从利息结算信息表中查询身份证号不等于15位或18位的记录，如果记录不为空，则说明个人身份证信息未经校验。

（2）关键数据未设置平衡审核。以公积金缴存业务为例，在缴存业务中，系统设置了"个人缴纳""单位缴纳""财政缴纳"和"合计"四个指标，其平衡关系是："合计" = "个人缴纳" + "单位缴纳" + "财政缴纳"。在系统设置规范的情况下，"合计"指标应为不可编辑状态，由三个字段的合计值自动填入。审核思路是：从公积金归集信息表中查询上述四个字段非0值的业务笔数，然后根据平衡关系比对，查出有无在"合计"字段中直接输入数值的问题。

（3）个贷信息不完整审核。以个贷表中配偶信息为例，查询是否存在配偶信息为空的记录，并计算出总体比例，以判断个贷信息是否完整。

（4）所需资料：利息结算信息表（数据元素：单位账号、单位名称、职工账号、职工名称、身份证号、上年结转、本年补缴、本年支取、本金余额、本年利息、实存总额），公积金归集信息表（数据元素：包括职工账号、职工姓名、身份证号、缴存年月、个人缴纳、单位缴纳、财政缴纳、合计、补缴日期、到账日期、单位账号、单位名称），个人贷款表（数据元素：包括贷款合同编号、姓名、单位账号、单位名称、身份证号、贷款期限、贷款金额、放贷日期、还款方式、贷款利率、还贷状态、购房类型、受托银行、配偶姓名、配偶账号）。

2. 审计步骤

步骤一：个人身份证信息未校验审核。查询【利息结算信息】表中"身份证号"字段是否存在非15位、18位数字的记录。

```
Select 单位账号,职工账号,职工姓名,身份证号,本年补缴 From 利息结算信息 Where 本年补缴 >0 And (Len(身份证号) < >15 And Len(身份证号) < >18)
Union All
Select '合计',Null,Str(Count(*)) +'人',Null,Null From 利息结算信息 Where 本年补缴 >0 And (Len(身份证号) < >15 And Len(身份证号) < >18) Order By 单位账号
```

执行结果如图 19－21 所示。

图 19－21

结论：管理系统未对输入的身份证号码进行合法性验证设置，导致随便输入的数字通过审核，不利于公积金的正常监督管理。

步骤二：关键数据未设置平衡审核。从【公积金归集信息】表中查询“个人缴纳”“单位缴纳”“财政缴纳”和“合计”四个字段非 0 值发生的业务笔数，再与平衡关系进行比对，发现直接从“合计”字段输入的问题。

```
Select '[财政缴纳]' As 字段类型,Count(*) As 业务笔数 From 公积金归集信息 Where (补缴日期 Between '2010-07-01' And '2011-12-31') And (个人缴纳 =0 And 单位缴纳 =0 And 财政缴纳 >0)
Union All
```

```
Select '[个人缴纳+单位缴纳]' As 字段类型,Count(*) As 业务笔数 From 公积金归集信息 Where (补缴日期 Between '2010-07-01' And '2011-12-31') And (个人缴纳>0 And 单位缴纳>0 And 财政缴纳=0)
  Union All
  Select '[个人缴纳+财政缴纳]' As 字段类型,Count(*) As 业务笔数 From 公积金归集信息 Where (补缴日期 Between '2010-07-01' And '2011-12-31') And (个人缴纳>0 And 单位缴纳=0 And 财政缴纳>0)
  Union All
  Select '[单位缴纳+财政缴纳]' As 字段类型,Count(*) As 业务笔数 From 公积金归集信息 Where (补缴日期 Between '2010-07-01' And '2011-12-31') And (个人缴纳=0 And 单位缴纳>0 And 财政缴纳>0)
  Union All
  Select '[个人缴纳+单位缴纳+财政缴纳]' As 字段类型,Count(*) As 业务笔数 From 公积金归集信息 Where (补缴日期 Between '2010-07-01' And '2011-12-31') And (个人缴纳>0 And 单位缴纳>0 And 财政缴纳>0)
Union All
  Select '[合计]' As 字段类型,Count(*) As 业务笔数 From 公积金归集信息 Where (补缴日期 Between '2010-07-01' And '2011-12-31') And (合计>0)
```

执行结果如图 19－22 所示。

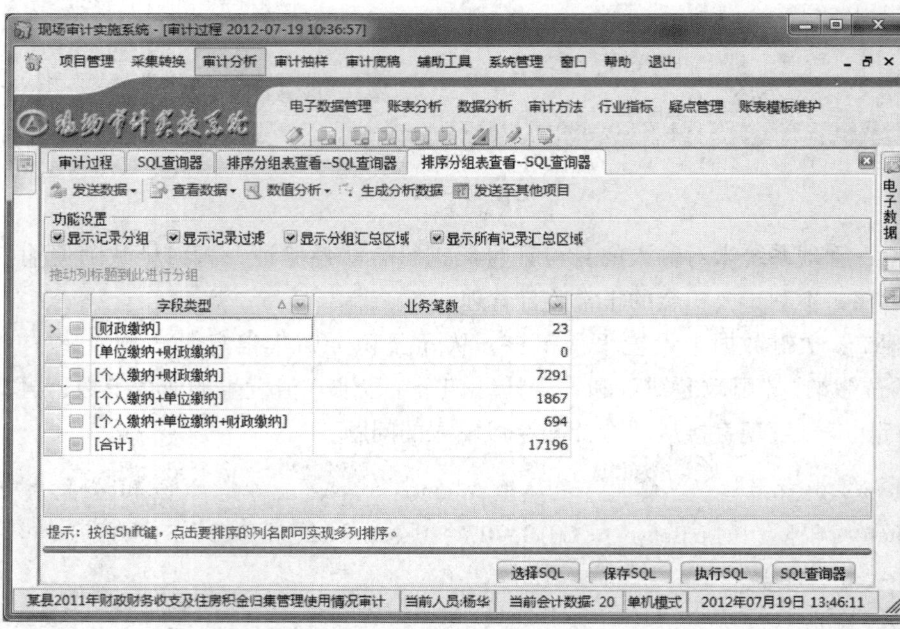

图 19－22

结论：系统未对公积金缴存的明细分类与合计值进行平衡审核，应由计算生成的“合计”指标允许手工编辑。2011 年发生缴存业务 17196 笔，其中有 5811 笔业务未在“个人缴纳”“单位缴纳”“财政缴纳”三个明细指标中录入，而直接输入在“合计”指标中，由于前三项指标均为空，无法判断和审核缴存资金的真实性和合规性。

步骤三：个贷信息完整性审核。从【个人贷款】表中查询“配偶姓名”为空的记录，并计算出占贷款业务的比例。

```
Select '无配偶信息记录' As 类别,Count(*) As 笔数 From 个人贷款 Where (放款日期 Between '2010-07-01' And '2011-12-31') And 配偶姓名=''
Union All
Select '同期贷款业务数' As 类别,Count(*) As 笔数 From 个人贷款 Where (放款日期 Between '2010-07-01' And '2011-12-31')
```

执行结果如图 19－23 所示。

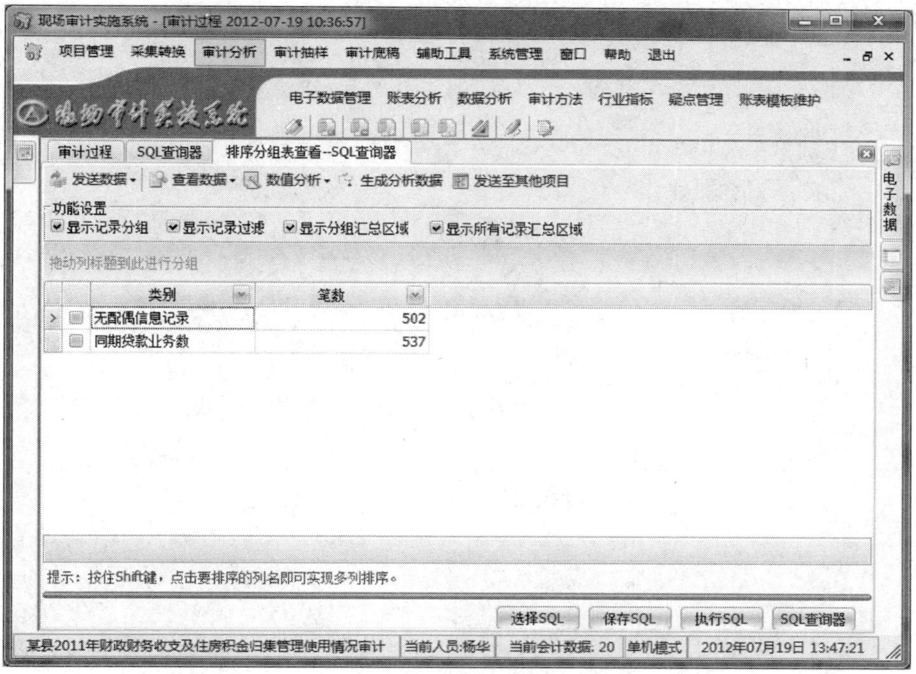

图 19－23

结论：2011 年共发放个人贷款 537 笔，其中 502 笔未填写配偶相关信息，占个贷业务的 93.4%，由于信息不完整，导致正常放贷的监管工作无法开展。

3. 审计结果

根据以上分析，被审计单位在个人身份信息设置校验、关键数据设置审核以及个贷信息完整性控制方面还存在缺陷。

4. 应用 AO 功能点

本事项应用了 AO 审计分析/数据分析/SQL 查询器；审计分析/数据分析/排序分组表分析工具等功能。

三、点评

本实例采取从被审计单位客户端导出 Excel 表的方式采集数据，实施过程中将 AO 和 Excel 巧妙结合起来，通过 VBA 编制宏来计算利息，创新了审计方法。对公积金管理、缴存、贷款等环节中可能存在的问题反映比较全面，思路清晰，语句可读性强，值得借鉴推广。

（陕西省山阳县审计局　杨　华）

实例二十

AO系统助力构建新农合绩效评价指标体系

一、项目背景

新农合是为解决农村居民看病就医困难而建立起来的一项医疗保障制度，其政策设计初衷是为了缓解农村居民因患大病而出现的因病致贫、返贫问题。随着制度推进的日渐深入，财政、卫生等主管部门先后建立了评价指标体系，考核新农合的制度运行和资金使用绩效。为深入了解新农合政策目标的实现程度，准确揭示新农合制度运行的薄弱环节和存在问题，2010年，某省审计厅立项开展全省新农合专项审计调查，项目类型为独立型绩效审计项目，并选择J市作为省厅的试点审计地区。本次审计调查涉及财政、卫生、定点医疗机构等部门，有效电子数据总量近21GB，包括财务数据和业务数据两大类，其中业务数据包括新农合经办机构管理信息系统数据和定点医疗机构HIS系统数据，新农合管理信息系统的数据量约14GB，主要有参合人员信息表、编码表（地区及定点医疗机构代码）、医保字典、结算规则表以及定点医疗机构上传的参合人员就诊补偿信息表、参合人员就诊费用清单等。

二、审计过程

（一）新农合制度覆盖绩效评价指标的构建

审计事项：社会保障审计/基金征缴/参保情况审查（包括参合情况审查）。

1. 审计思路

J市的基本医疗保障包括城镇职工医保、居民医保及新农合三大块，本次审计拟跳出新农合的单险种局限，从全民享有基本医疗保障角度出发，引入统计部门、公安部门全口径统计人口和户籍人口数，以及民政部门管理的死亡人员数据，考察新农合的参合覆盖情况。

2. 审计步骤

步骤一：计算J市3大基本医疗保障制度的总保障人口

（1）计算城镇职工医保的参保人数。

```
Select Count( * ) From [源_职工医保花名册(在保)]
```

（2）计算居民医保的参保人数。

```
Select Count( * ) From [源_居民医保参保人员信息表]
```

（3）计算新农合的参合人数。

```
Select Count( * ) From [源_参合人员信息表]
```

（4）计算J市的总参合人数 = 城镇职工医保的参保人数 + 居民医保的参保人数 + 新农合的参合人数。

（5）将上述计算结果与统计年鉴公布的本地人口及公安部门的户籍人口比较，计算出差异；比较统计年鉴和公安户籍人口差异。

步骤二：将参合人员信息表分别与职工医保花名册、居民医保参保人员信息表两两连接，查询重复参合（保）问题。

（1）查询新农合内部重复参合问题。

```
Select [医保编号],[姓名],[出生日期],[身份证号],[性别],[参合标志],[地区代码],[人员类别] From [源_参合人员信息表] Where [医保编号] In (Select [医保编号] From [源_参合人员信息表] Group By [医保编号] Having Count([医保编号]) >1 )
```

（2）查询新农合与居民医保的重复参合（保）问题，如图20－1所示。

```
Select a.[医保编号],a.[姓名],a.[身份证号],a.[性别],a.[地区代码],a.[人员类别],b.[医保编号],b.[姓名],b.[性别] From [源_参合人员信息表] a Inner Join [源_居民医保参保人员信息表] b On (a.[身份证号] = b.[身份证号]) Or (a.[姓名] = b.[姓名] And a.[地区代码] = b.[区域代码])
```

（3）查询新农合与城镇职工医保重复参合（保）问题。

```
Select a.[医保编号],a.[姓名],a.[身份证号],a.[性别],a.[地区代码],a.[人员类别],b.[个人编号],b.[姓名],b.[性别] From [源_参合人员信息表] a Inner Join [源_职工医保花名册(在保)] b On (a.[身份证号] = b.[身份证号码])
```

步骤三：查询死亡人员被保障问题，如图20－2所示。

```
Select a.[医保编号],a.[姓名],a.[身份证号],a.[性别],a.[地区代码],a.[人员类别] From [源_参合人员信息表] a Inner Join [源_死亡人员] b On (a.[身份证号] = b.[身份证号码])
```

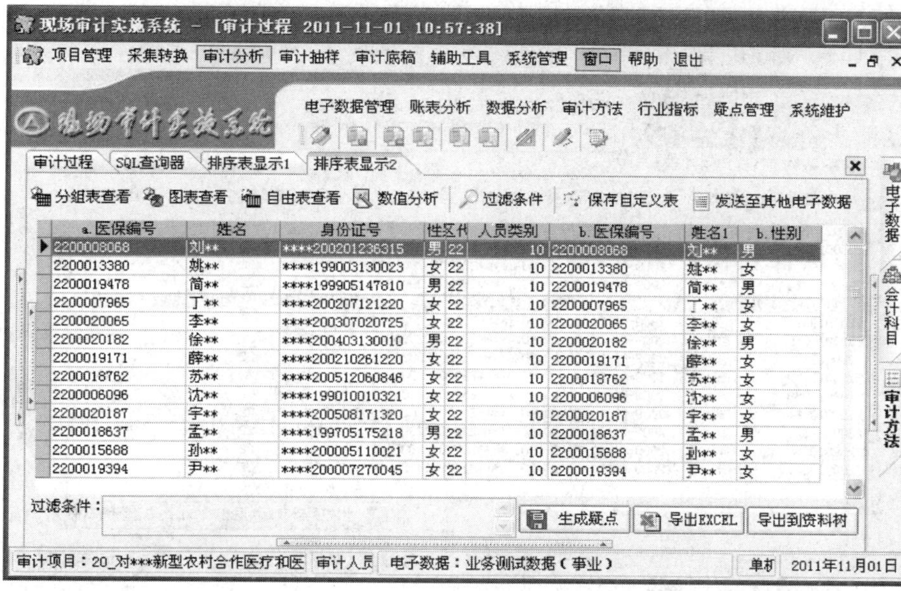

图 20－1

图 20－2

步骤四：查询新生儿参合情况，如图 20－3 所示。

```
Select [医保编号],[姓名],[出生日期],[身份证号],[性别],[地区代码],[人员类别] From [源_参合人员信息表] Where Year([出生日期]) = 2009
```

图 20－3

其他措施：结合通过 AO 查询收集的疑点数据，与合管办管理人员、经办人员座谈，调阅参合档案等资料，获取审计证据材料；根据财政补贴标准，计算重复参合导致产生的财政重复投入金额。

3. 审计结果

J 市应参合人员基数确认不合理，部分人群没有享受基本医疗保障或重复参保，主要有：以政府下达的目标任务数确认参合人员基数；有 8.15 万人未能享受基本医疗保障，其中新生儿参合没有实现；229 人重复参合（保），使财政重复投入，财政资金的使用效益受到影响。

核心指标：

参合率＝实际参合人数/应参合人数×100%

重复参合率＝重复参合（保）人数/实际参合人数×100%

4. 应用 AO 功能点

本事项应用了 AO 审计分析/数据分析/SQL 查询器功能。

（二）新农合保障能力及保障水平绩效评价指标的构建

1. 新农合基金保障能力绩效评价指标的构建

审计事项：社会保障审计/基金征缴/征缴基本情况分析。

（1）审计思路

拟从新农合的资金筹集、制度建设两方面着手，评价新农合的保障能力。资金筹集方面着重分析新农合的资金来源渠道，调查新农合是否贯彻了政府主导、农民自愿参与的原则；将筹资标准与当地农民的上年人均纯收入相比较，了解筹资标准与当地经济发展水平的适应程度，判断稳定筹资机制的建立情况；结合实际参合人员，计算当年基金的实际到位率。制度建设方面着重从参合与筹资、补偿方案，经办机构组织架构与人力资源配备，定点医疗机构监管，与其他制度的衔接，规范信息管理系统等方面进行了解。评价新农合的资金保障能力。

（2）审计步骤

步骤一：分析新农合基金来源渠道。

①查询基金收入的构成，如图20－4所示，查询科目代码以“4”开头的收入类科目余额。

图20－4

②分析基金构成，如图20－5所示，选择“图表查看”，以“科目名称”为x轴，“贷方发生额”为y轴。

步骤二：分析筹资标准与当地经济发展水平的适应程度。

连接互联网查询“2009年某省统计年鉴”，J市2008年的农民人均纯收入为8003元，2009年新农合的人均筹资标准为130元/年，2009年人均筹资标准/2008年农民人均纯收收入×100%＝1.6%。

步骤三：计算新农合基金的实际到位率。

①计算应筹集的基金金额。

应筹集基金＝当年人均筹资标准×当年实际参合人数＝130×390855＝50811150

②查询当年实际筹集的金额，如图20－6所示。

实际筹集金额＝11725650＋39301300＝51026950

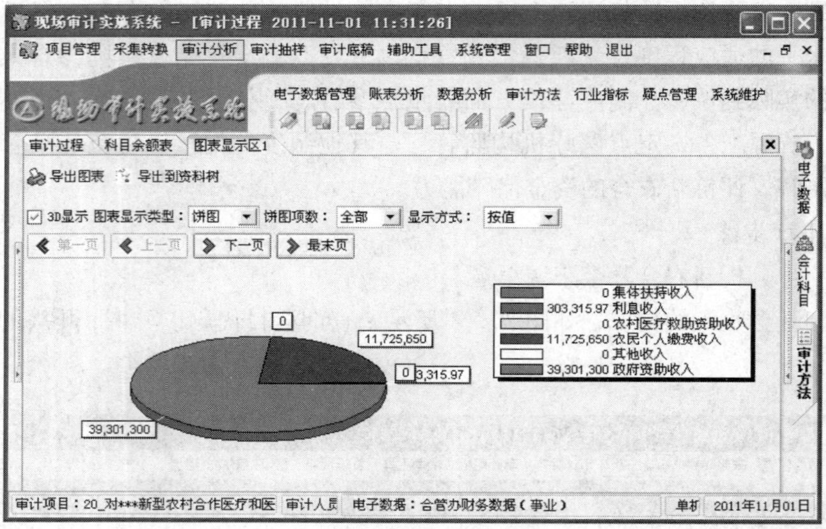

图 20－5

剔除跨年度到位资金，当年资金到位额为 50811150 元。

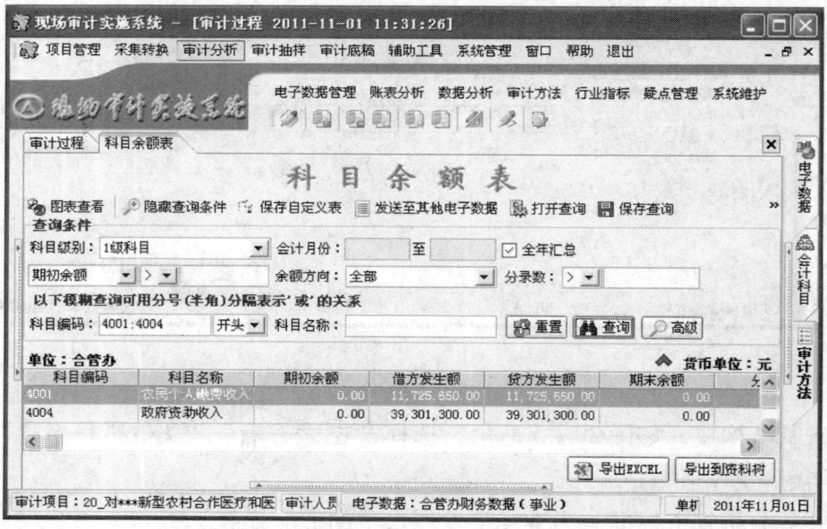

图 20－6

其他措施：新农合的制度保障能力涉及的均为非结构化数据，无法使用 AO 系统实现，具体工作由审计人员通过问卷调查、座谈问询及资料梳理等来完成。通过设置定性指标来评价相关措施的绩效，此处不作详细介绍。

（3）审计结果

新农合基金以政府资助为主导，当年基金足额到位，筹资标准已超过省定最低标准，但未能达到该省 2009 年农村卫生工作要点提出的“参照当地农民人均纯收入的

3% 确定当前和今后一个时期的筹资标准”，筹资标准与当地的经济发展水平尚有差距，稳定的筹资机制亟待强化。

核心指标：

基金到位率 = 基金实际到位额/基金应到位额 ×100%

与经济发展水平的适应度 = 当年人均筹资标准/上年农民人均纯收入 ×100%

政府资助占比 = 财政人均补助标准/人均筹资标准 ×100%

农民个人筹资占比 = 农民个人缴费标准/人均筹资标准 ×100%

（4）应用 AO 功能点

本事项应用了 AO 审计分析/账表分析/科目明细账审查；审计分析/数据分析/图表分析工具等功能。

2. 新农合保障水平绩效评价指标的构建

审计事项：社会保障审计/基金支付/支付基本情况分析。

（1）审计思路

查询新农合基金财务数据，分析基金支付构成，了解基金支付去向。在此基础上，对新农合信息管理系统中各定点医疗机构上传的报销数据进一步查询，分析各定点医疗机构的结报情况，锁定延伸审计对象。

（2）审计步骤

步骤一：查询基金支付情况，生成统筹基金支出二级科目借方合计，如图 20 -7 所示。

```
Select Left(科目编码,6) As 科目编码,Sum(借方金额)As 借方金额 From [凭证库] Where 科目编码 Like '5001%' Group By Left(科目编码,6)
```

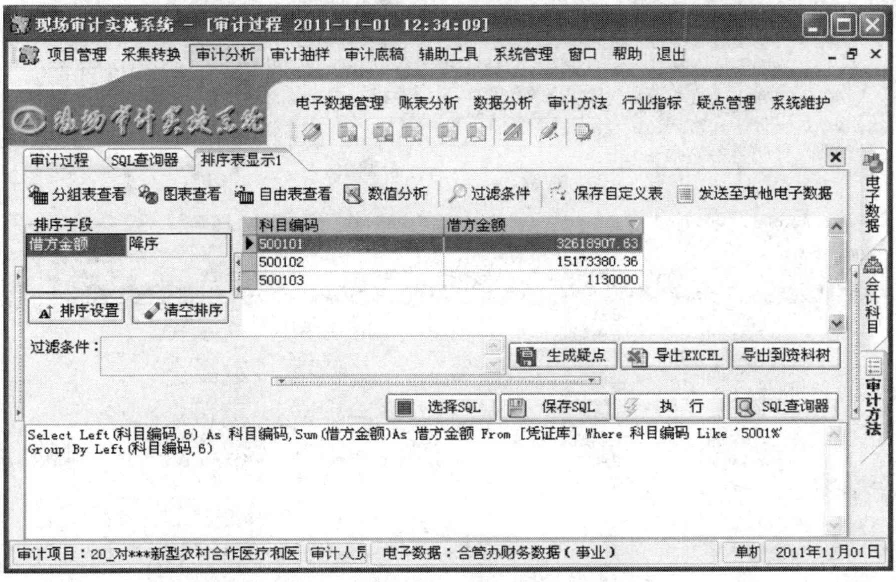

图 20 -7

步骤二：用柱状图列示统筹基金支出的分布情况，如图 20－8 所示。

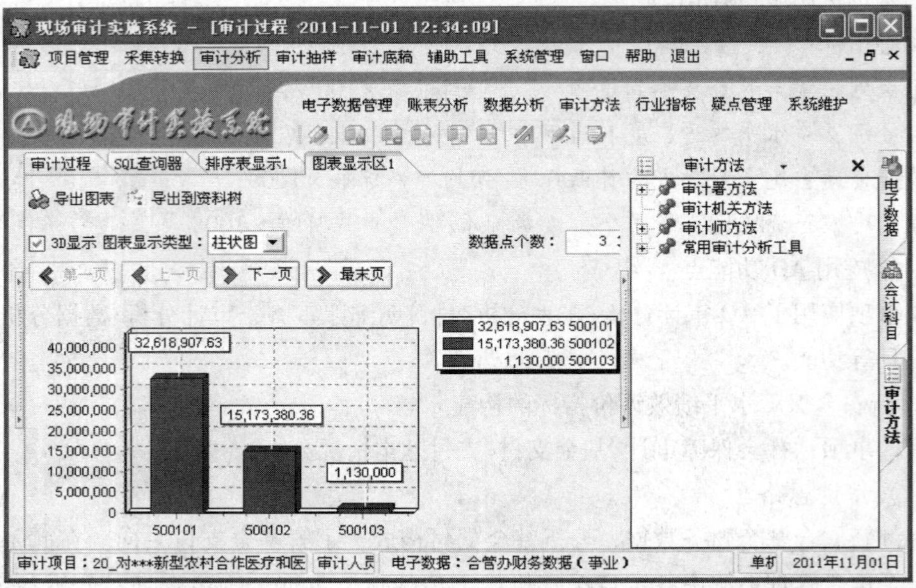

图 20－8

从上图可以看出，“500101” 支出占比最高，也就是出院支出占比较高，将作为下一步审计的重点内容。

步骤三：查询住院支出并分析支出趋势（即住院支出的集中度），如图 20－9、图 20－10 所示。

图 20－9

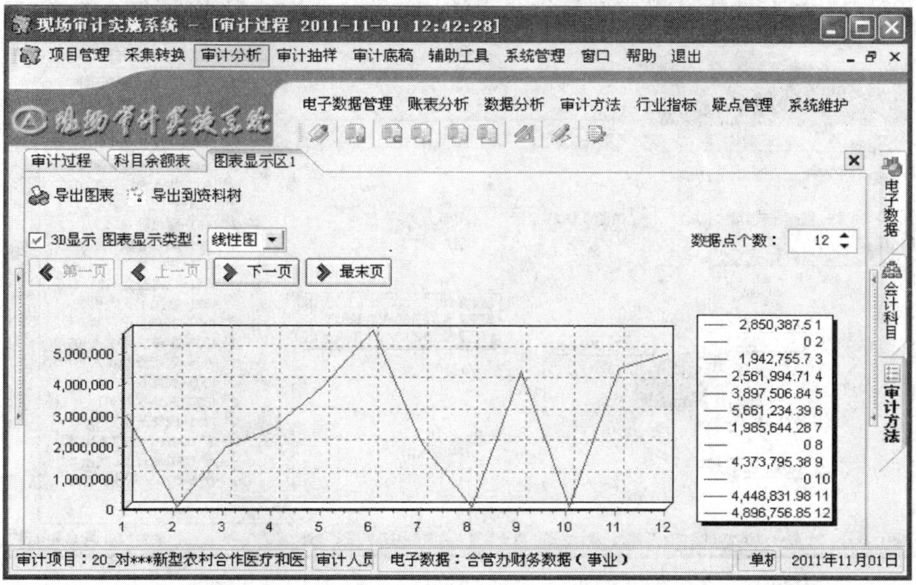

图 20 - 10

从上图可以看出，2 月及 10 月份对住院补偿支出进行结算，其中 6 月份结算额最高。

步骤四：调阅基金支出业务数据，查询定点医疗机构报销支出分布。

（3）审计结果

基金支付符合新农合的政策设计原则，以大病补偿为主，兼顾门诊；基金支付的审计将以住院补偿支出审计为重点。通过对定点医疗机构补偿结算数据的分析，决定将“0002”（县人民医院）、“0011”（乡镇医院）作为下一步“定点医疗机构监管”审计内容的延伸审计对象。

（4）应用 AO 功能点

本事项应用了 AO 审计分析/账表分析/科目明细账审查；审计分析/数据分析/图表分析工具等功能。

3. 补偿政策执行及实际补偿水平

审计事项：社会保障审计/基金支付/支付基本情况分析。

（1）审计思路

从 J 市的补偿方案着手，在与省有关文件对照，了解当地补偿政策省定要求的差异的基础上，逐一检查当地补偿方案的落实、省定目标任务的完成及参合人员的实际受益水平。评价省定目标的实现程度。

（2）审计步骤

步骤一：审查基金管理绩效。

①分析基金使用比，如图 20 - 11 所示。

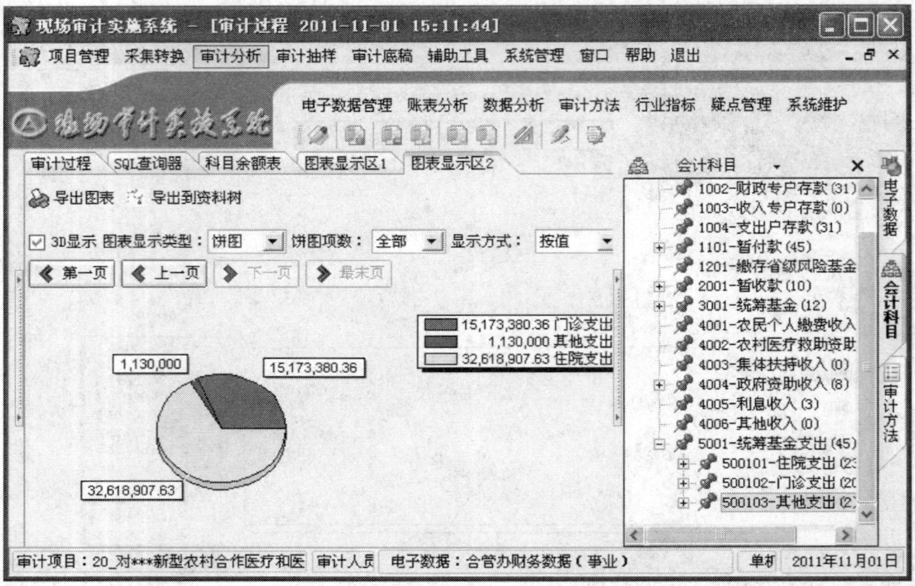

图 20－11

上图显示，J市新农合基金的使用比例（即住院基金、门诊基金支出比）大体符合省定的7：3的比例结构。

②分析基金结余控制情况。

当年基金结余比＝（当年基金收入－当年基金支出）/当年基金收入×100%＝（5081－4892）/5081×100%＝3.72%；

累计基金结余比＝累计基金结余/当年基金收入×100%＝1166/5081×100%＝22.94%

（注：金额单位为万元）

步骤二：检查J市各定点医疗机构报销比例的执行情况。

①分别生成市级医疗机构就诊、镇级医疗机构就诊和村级医疗机构就诊表。

生成转外就诊表。

```
Select * Into 转外就诊 From [源_新农合就诊费用表] Where 补偿类别 Not In (1,2) Order By 医院编号
```

生成本地就诊表。

```
Select * Into 本地就诊 From [源_新农合就诊费用表] Where 补偿类别 In (1,2) Order By 医院编号
```

生成市级医疗机构就诊表。

```
Select * Into 市级医疗机构就诊 From 本地就诊 Where 医院编号 In ('0002','0003','0004')
```

生成镇级医疗机构就诊表。

```
Select * Into 镇级医疗机构就诊 From  本地就诊 Where 医院编号 Not In ('0002',
'0003','0004') And (卫生室编码 Is Null Or Right(卫生室编码,2) ='00')
```

生成村级医疗机构就诊表。

```
Select * Into 村级医疗机构就诊 From  本地就诊 Where 医院编号 Not In ('0002',
'0003','0004') And (卫生室编码 Is Not Null And Right(卫生室编码,2) < >'00')
Order By医院编号
```

②验证不同级别定点医疗机构报销比例的执行情况。

生成市级定点医疗机构应补偿记录。

```
Select 医院编号,姓名,性别,年龄,医保编号,就诊类别,住院费用,就诊可报费用,
本次医保实付,Switch(就诊可报费用 < =1000,就诊可报费用 *0.2,
    就诊可报费用 Between 1001 And 10000,200 +(就诊可报费用 -1000) *0.5,
    就诊可报费用 >10000,4700 +(就诊可报费用 -10000) *0.6) As 新农合应补偿
    Into 市级医疗机构就诊应补偿
    From 市级医疗机构就诊
```

查询市级医疗机构实际补偿与应补偿金额不一致的人员，如图 20－12 所示。

```
Select  医院编号,姓名,性别,年龄,医保编号,本次医保实付,新农合应补偿,(本
次医保实付 -新农合应补偿) As 实补与应补差额
    From 市级医疗机构就诊应补偿
    Where (本次医保实付 -新农合应补偿) < >0
```

图 20－12

生成镇级医疗机构应补偿记录。

```
Select 医院编号,姓名,性别,年龄,医保编号,就诊类别,住院费用,就诊可报费用,本次医保实付,Switch(就诊可报费用 < =1000,就诊可报费用 *0.3,
就诊可报费用 Between 1001 And 10000,300 +(就诊可报费用 -1000) *0.6,
就诊可报费用 >10000,5700 +(就诊可报费用 -10000) *0.7) As 新农合应补偿
Into 镇级医疗机构就诊应补偿
From 镇级医疗机构就诊
```

查询镇级医疗机构实际补偿与应补偿金额不一致的人员，如图 20 - 13 所示。

```
Select  医院编号,姓名,性别,年龄,医保编号,本次医保实付,新农合应补偿,(本次医保实付 -新农合应补偿) As 实补与应补差额
From 镇级医疗机构就诊应补偿
Where (本次医保实付 -新农合应补偿) < >0
```

图 20 - 13

生成村级医疗机构就诊应补偿记录。

```
Select 医院编号,姓名,性别,年龄,医保编号,就诊类别,住院费用,就诊可报费用,本次医保实付,Switch(
就诊可报费用 < =1000,就诊可报费用 *0.3,
就诊可报费用 Between 1001 And 10000,300 +(就诊可报费用 -1000) *0.6,
就诊可报费用 >10000,5700 +(就诊可报费用 -10000) *0.7) As 新农合应补偿
```

```
Into 村级医疗机构就诊应补偿
    From 村级医疗机构就诊
```

查询村级医疗机构实际补偿与应补偿金额不一致的人员，如图 20－14 所示。

```
    Select  医院编号,姓名,性别,年龄,医保编号,本次医保实付,新农合应补偿,(本次医保实付－新农合应补偿) As 实补与应补差额
    From 村级医疗机构就诊应补偿
    Where (本次医保实付－新农合应补偿) < >0
```

图 20－14

生成转外就诊的应补偿记录。

```
    Select 医院编号,姓名,性别,年龄,医保编号,就诊类别,住院费用,就诊可报费用,本次医保实付,Switch(
    就诊可报费用 < =1000,就诊可报费用＊0.1,
    就诊可报费用 Between 1001 And 10000,100 +(就诊可报费用 －1000)＊0.4,
    就诊可报费用 >10000,3700 +(就诊可报费用 －10000)＊0.5) As 新农合应补偿
    Into 转外就诊应补偿
    From 转外就诊
```

查询转外就诊实际补偿与应补偿金额不一致的人员，如图 20－15 所示。

```
    Select  医院编号,姓名,性别,年龄,医保编号,本次医保实付,新农合应补偿,(本次医保实付－新农合应补偿) As 实补与应补差额
```

```
From 转外就诊应补偿
Where (本次医保实付 - 新农合应补偿) < >0
```

图 20－15

步骤三：计算 J 市的补偿水平。

①计算受益面。

计算总的受益人次。

```
Select Count( * ) From [源_新农合就诊费用表]
```

（注：可在此基础上进一步分别计算门诊受益人次、住院受益人次）

计算总受益人数。

```
Select Count( * )From (Select Distinct [医保编号] From [源_新农合就诊费用表])
```

②计算受益水平。

计算实际补偿比。

计算住院实际补偿比。

```
Select Sum([住院费用]) As 总费用,Sum([本次医保应付]) As 获得补偿总额,Sum([本次医保应付])/Sum([住院费用]) As 住院实际补偿比 From [源_新农合就诊费用表] Where [就诊类别] =2
```

计算门诊实际补偿比。

```
Select Sum([住院费用]) As 总费用,Sum([本次医保应付]) As 获得补偿总额,Sum([本次医保应付])/Sum([住院费用]) As 住院实际补偿比 From 源_新农合就诊费用表] Where [就诊类别]=2
```

③计算获得补偿金额超过 1 万元的人数。

查询获得补偿金额超过 1 万元的人员，执行到排序分组表，统计人数。如图 20－16 所示。

```
Select [医保编号],Sum([本次医保应付]) From [源_新农合就诊费用表] Group By [医保编号] Having Sum([本次医保应付])>10000
```

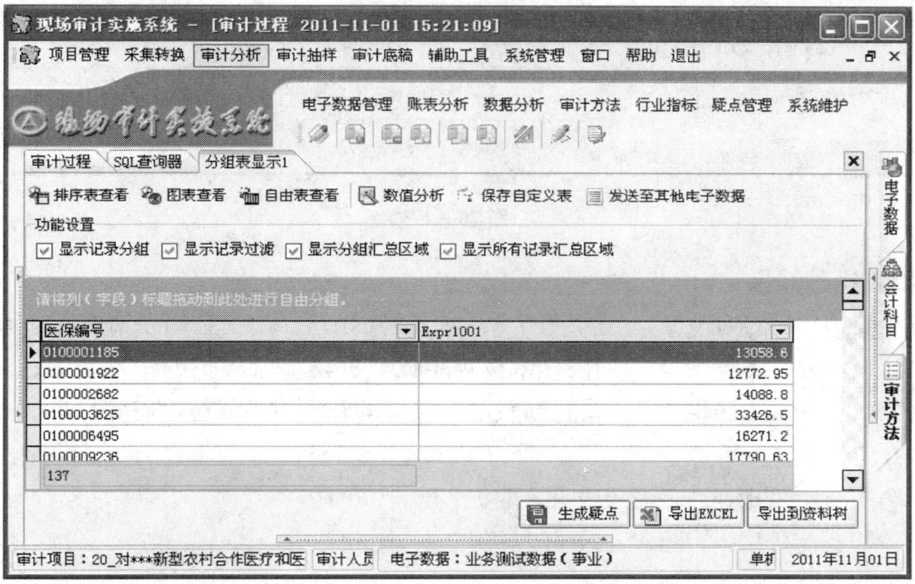

图 20－16

④计算补偿额达封顶线的人数。

```
Select Count(*) From(Select [医保编号],Sum([本次医保应付]) From [源_新农合就诊费用表] Group By [医保编号] Having Sum([本次医保应付])=100000)
```

⑤计算补偿封顶线与上年农民人均纯收入的倍数。

100000÷8003=12.5

⑥计算次均住院费用，如图 20－17 所示。

```
Select Count(*),Sum([住院费用]),Sum([住院费用])/Count(*) As 次均住院费用 From [源_新农合就诊费用表] Where [就诊类别]=2
```

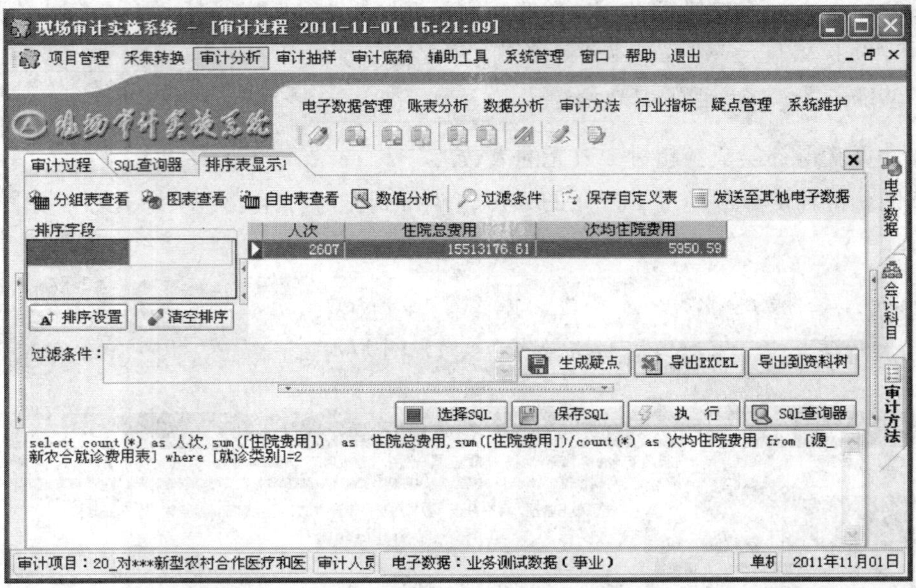

图 20－17

（3）审计结果

基金使用比例符合规定，当年基金结余控制较好，累计基金结余有待进一步加强控制；当地的补偿方案执行不到位，未按规定比例补偿参合人员的医疗费用；实际的受益人数仅占参合人员的1/3，受益面较小；设定的补偿封顶线超过省定标准。

核心指标：

住院基金使用比＝住院基金支出/基金支出×100%

门诊基金使用比＝门诊基金支出/基金支出×100%

当年基金结余比＝当年基金结余/当年基金收入×100%

累计基金结余比＝累计基金结余/当年基金收入×100%

次均住院费用＝总住院费用/总住院人次×100%

住院实际补偿比＝实际获得的住院补偿额/发生的总住院费用×100%

报销比例到位率＝按规定比例获得补偿的人数/当年获得补偿的总人数×100%

实际受益面＝受益总人数/参合人数×100%

大额补偿人员比＝获得超过1万元补偿的人数/总受益人数×100%

补偿封顶线与上年农民人均纯收入的倍数＝补偿封顶线/上年农民人均纯收入

（4）应用AO功能点

本事项应用了AO审计分析/数据分析/SQL查询器；审计分析/账表分析/科目明细账审查；审计分析/数据分析/图表分析工具等功能。

4. 扩大支出范围和标准审查

审计事项：社会保障审计/基金支付/扩大支出范围及标准。

（1）审计思路

实施时从新农合就诊补偿表着手，连接参合人员信息表、死亡人员信息表等查询未参合人员受益、死亡人员受益、重复参合人员受益等问题；结合补偿方案的落实，审核补偿基数的计算是否一致，评价政策执行的公平性。

（2）审计步骤

步骤一：查询未参合人员获得补偿的问题，如图 20－18 所示。

```
Select a.[医院编号],a.[姓名],a.[性别],a.[住院费用],a.[本次医保实付],a.[报销类别]
From [源_新农合就诊费用表] a Left Join [源_参合人员信息表] b On a.[医保编号] = b.[医保编号] Where b.[医保编号] Is Null
```

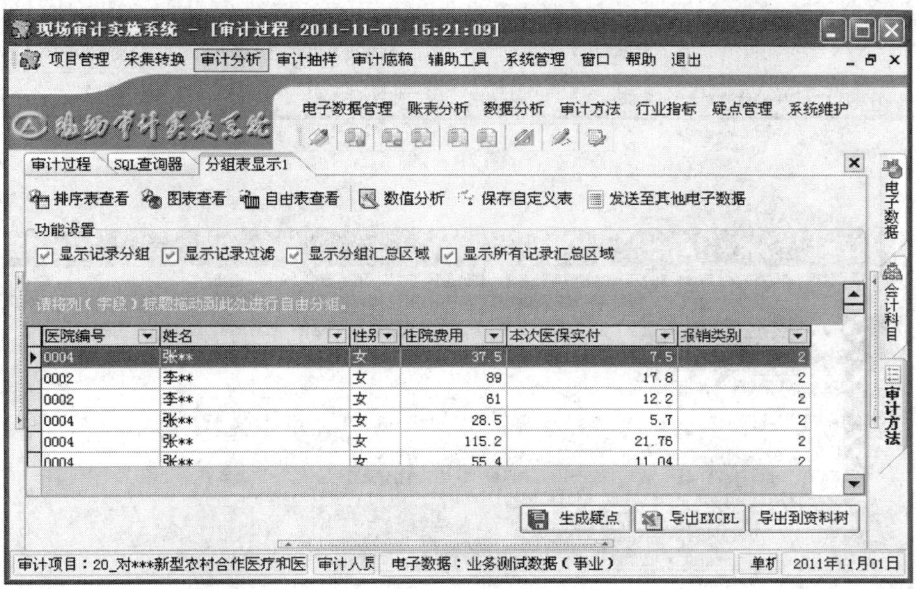

图 20－18

步骤二：查询男性就诊妇科病的问题，如图 20－19 所示。

```
Select * From [源_新农合就诊费用表] Where [住院科室] Like '妇科' And [医保编号] In(Select [医保编号] From [源_新农合就诊费用表] Where [性别] ='男')
```

步骤三：查询死亡人员获得补偿的问题，如图 20－20 所示。

```
Select [医院编号],[姓名],[性别],[医保编号],[住院费用],[本次医保实付],[报销类别] From [源_新农合就诊费用表] Where [医保编号] In (Select [医保编号] From [源_死亡人员] a Inner Join [源_参合人员信息表] b On a.[身份证号码] = b.[身份证号])
```

图 20－19

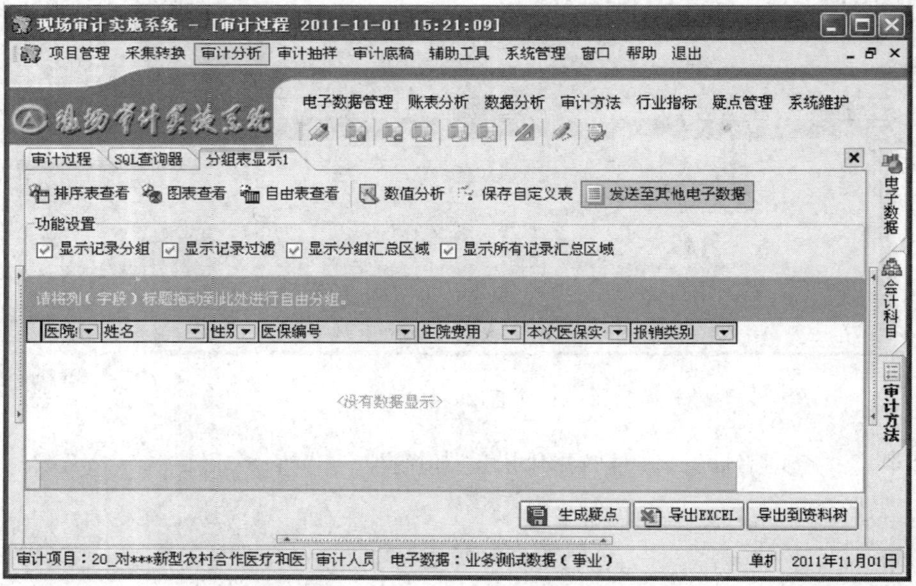

图 20－20

步骤四：查询重复参合（保）人员获得补偿的问题，如图 20－21 所示。

Select [医院编号],[姓名],[性别],[医保编号],[住院费用],[本次医保实付],[报销类别] From [源_新农合就诊费用表] Where [医保编号] In (Select [医保编号]

From [源_参合人员信息表] a Inner Join [源_职工医保花名册(在保)] b On a. [身份证号] = b. [身份证号码]

Select [医院编号],[姓名],[性别],[医保编号],[住院费用],[本次医保实付],[报销类别] From [源_新农合就诊费用表] Where [医保编号] In (Select [a. 医保编号] From [源_参合人员信息表] a Inner Join [源_居民医保参保人员信息表] b On a. [身份证号] = b. [身份证号])

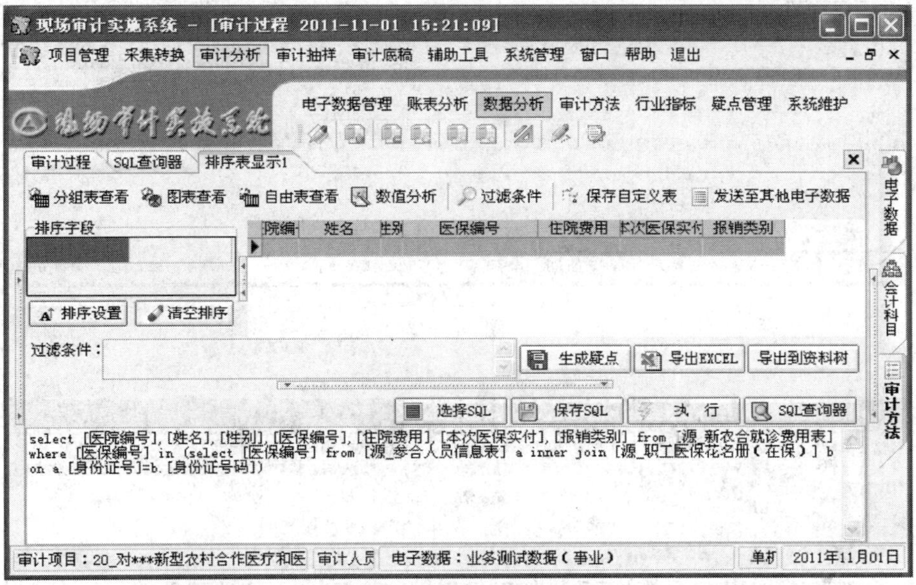

图 20－21

步骤五：查询获得补偿总额超过封顶线的人员，如图 20－22 所示。

Select [医保编号],Sum([本次医保应付]) From [源_新农合就诊费用表] Group By [医保编号] Having Sum([本次医保应付]) >100000

步骤六：查询计算补偿额的基数的一致性，如图 20－23 所示。

Select * From [源_新农合就诊费用表] Where [就诊可报费用] < >([甲类药品] + [乙类药品] + [检验费用] + [其他费用] + [特检费用] + [床位费用] + [手术费用])

(3) 审计结果

部分就诊人员补偿受益不均等。一是部分未参合人员获得补偿；二是少量男性就诊妇科获得补偿；三是部分人员的补偿基数和标准不统一。上述问题涉及的违规金额计 169 万元，涉及的人次有 415 人次。

核心指标：

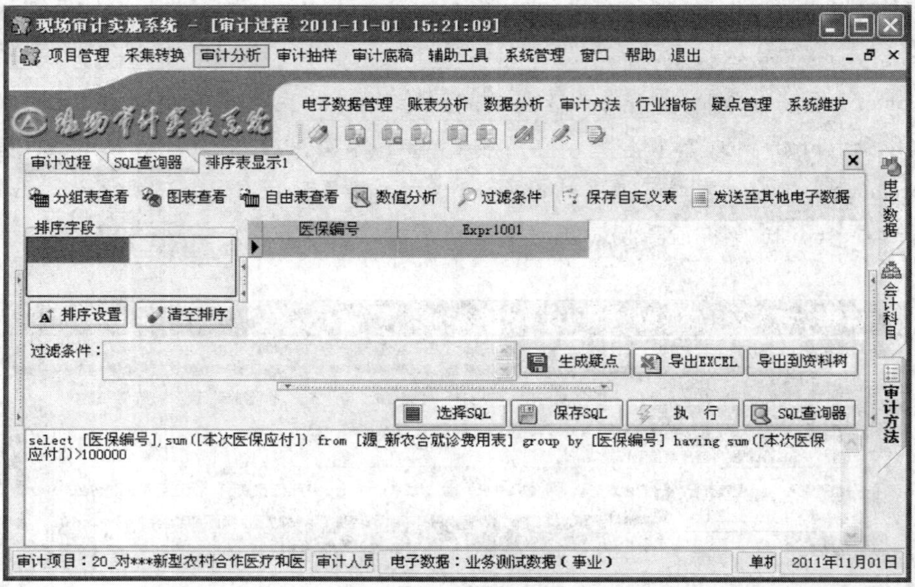

图 20－22

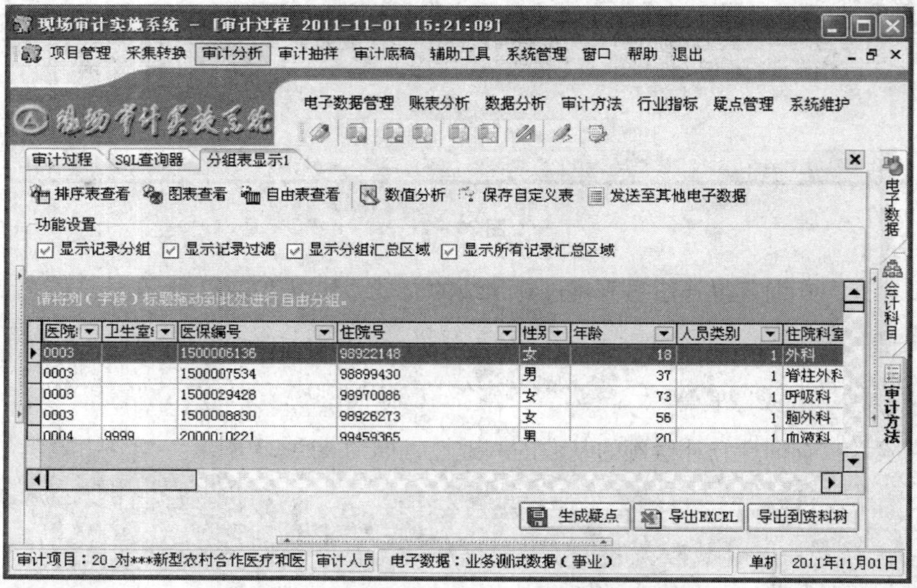

图 20－23

违规补偿率＝违规补偿人次/总受益人次×100%

(4) 应用 AO 功能点

本事项应用了 AO 审计分析/数据分析/SQL 查询器功能。

（三）经办机构管理能力绩效评价指标的构建

1. 定点医疗机构监管绩效评价指标的构建

审计事项：社会保障审计/基金支付/定点医疗机构结算分析。

（1）审计思路

以卫生行政主管部门的处方限额规定为基准，调查各定点医疗机构处方限额政策的执行情况、参合人员医疗费用结报审核等；选择县级定点医疗机构、镇级定点医疗机构各1家，通过重点调查2家定点医疗机构新农合目录内用药以及结报数据上传质量等，揭示定点医疗机构监管方面存在的问题，评价“看病贵”问题的缓解程度。

（2）审计步骤

步骤一：检查各定点医疗机构处方限额政策的执行情况。

①市级定点医疗机构处方限额政策执行情况。

门诊次均处方限额执行，如图20－24所示。

```
Select Count(*) As 超限总人次,Sum([住院费用]) As 超限处方总费用 From (Select * From 市级医疗机构就诊 Where 就诊类别=1 And 住院费用>100)
```

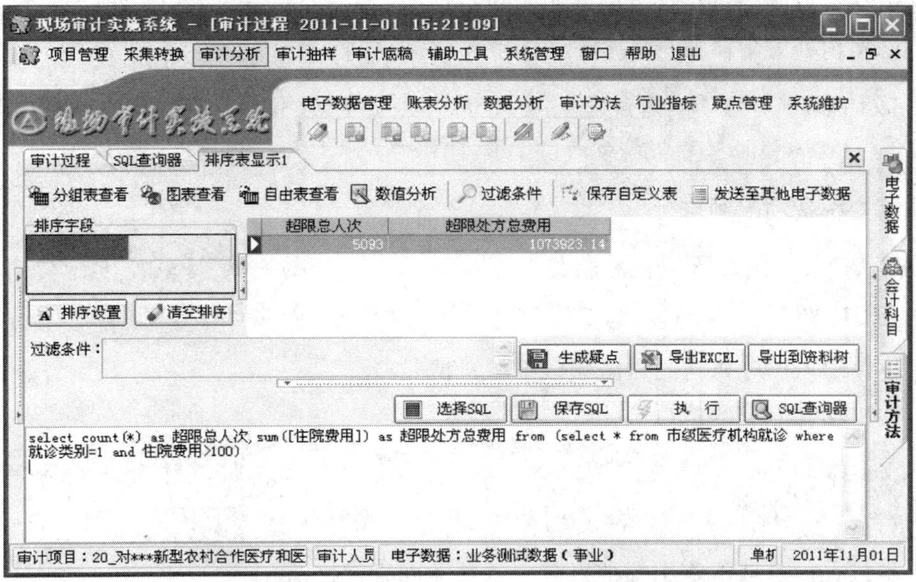

图20－24

住院均次费用限额执行，如图20－25所示。

```
Select Count(*) As 超限总人次,Sum([住院费用]) As 超限处方总费用 From (Select * From 市级医疗机构就诊 Where 就诊类别=2 And 住院费用>5000)
```

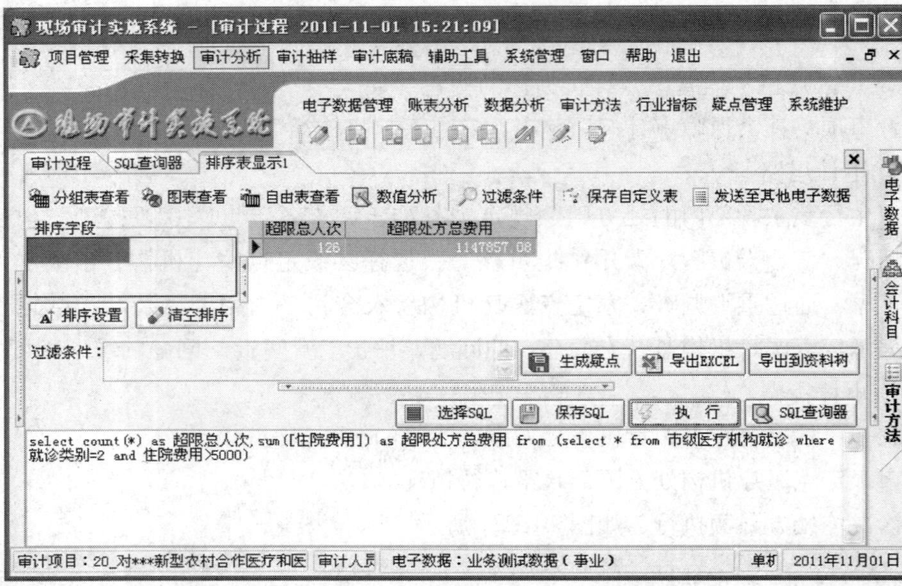

图 20－25

②镇级定点医疗机构处方限额政策执行情况。

门诊次均处方限额执行。

```
Select Count( * ) As 超限总人次,Sum([住院费用]) As 超限处方总费用 From (Select * From 镇级医疗机构就诊 Where 就诊类别 =1 And 住院费用 >80)
```

住院均次费用限额执行。

```
Select Count( * ) As 超限总人次,Sum([住院费用]) As 超限处方总费用 From (Select * From 镇级医疗机构就诊 Where 就诊类别 =2 And 住院费用 >3000)
```

③村级定点医疗机构处方限额政策执行情况。

门诊次均处方限额执行。

```
Select Count( * ) As 超限总人次,Sum([住院费用]) As 超限处方总费用 From (Select * From 村级医疗机构就诊 Where 就诊类别 =1 And 住院费用 >50)
```

步骤二：检查补偿费用的结报审核质量（即异常报销）。

①住院天数异常人员获得补偿。

出院日期小于入院日期，如图 20－26 所示。

```
Select [医院编号],[卫生室编码],[住院号],[姓名],[性别],[医保编号],[入院日期],[出院日期],[住院费用],[本次医保实付],[社会救助],[个人现金支付] From [源_新农合就诊费用表] Where [入院日期] >[出院日期]
```

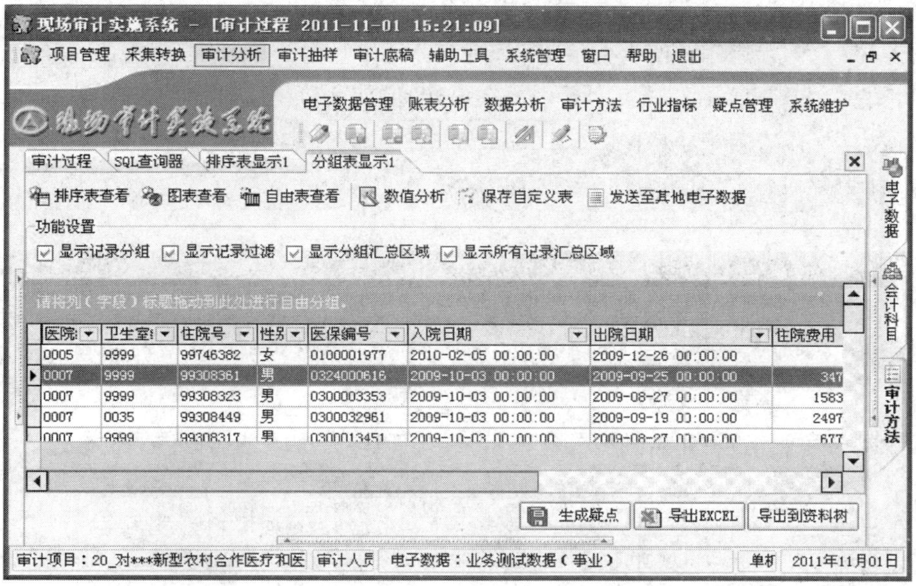

图 20－26

当天入院即出院，如图 20－27 所示。

```
Select [医院编号],[卫生室编码],[住院号],[姓名],[性别],[医保编号],[入院日期],[出院日期],[住院费用],[本次医保实付],[社会救助],[个人现金支付] From [源_新农合就诊费用表] Where [入院日期]=[出院日期]
```

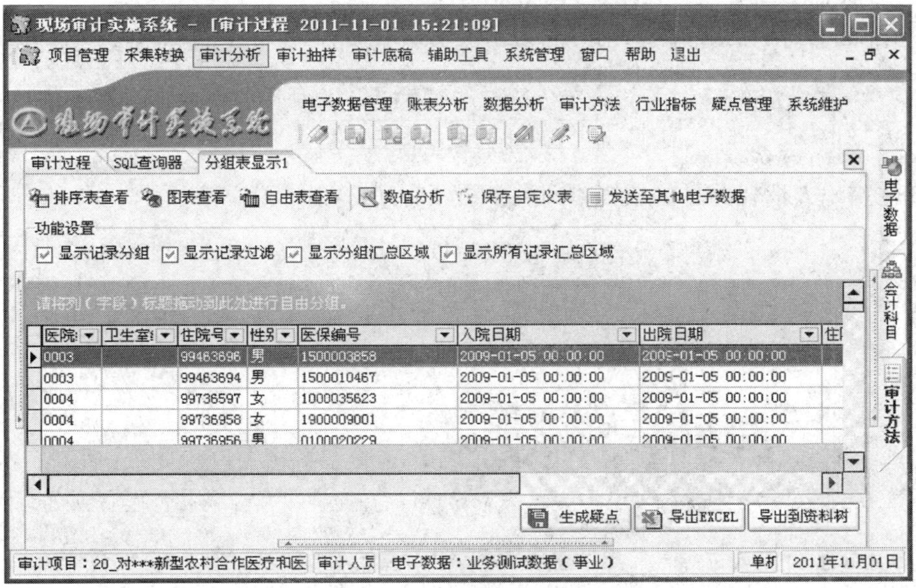

图 20－27

连续住院在30天以上，如图20－28所示。

Select [医院编号],[卫生室编码],[住院号],[姓名],[性别],[医保编号],[入院日期],[出院日期],[住院费用],[本次医保实付],[社会救助],[个人现金支付] From [源_新农合就诊费用表] Where ((Month([出院日期])*30+Day([出院日期]))－(Month([入院日期])*30+Day([入院日期])))>30

图20－28

②住院病人消耗药品的核销时间为系统初始时间（套保），如图20－29所示。

Select * From [源_乡镇定点医院住院收费明细] Where Year([Hxrq])=1990

③住院病人消耗药品的核销时间大于结算时间，如图20－30所示。

Select * From [源_乡镇定点医院住院收费明细] Where [Hxrq]>[Jsrq]

④就诊人员性别与参合人员姓名、性别不一致人员获得补偿，如图20－31所示。

Select a.[医院编号],[卫生室编码],[住院号],a.[姓名],b.[姓名],a.[性别],b.[性别],a.[住院费用],a.[本次医保实付],a.[社会救助] From [源_新农合就诊费用表] a Inner Join [源_参合人员信息表] b On a.[医保编号]=b.[医保编号] Where a.[性别]<>b.[性别] Or a.[姓名]<>b.[姓名]

现场审计实施系统 - [审计过程 2011-11-01 15:21:09]
项目管理 采集转换 审计分析 审计抽样 审计底稿 辅助工具 系统管理 窗口 帮助 退出
电子数据管理 账表分析 数据分析 审计方法 行业指标 疑点管理 系统维护
审计过程 SQL查询器 排序表显示1
分组表查看 图表查看 自由表查看 数值分析 过滤条件 保存自定义表 发送至其他电子数据
XMJG XMJE XMSL WCKS JZKS BXSX HXBH HXRQ MLDH
53.5 53.5 1 35891 35891 1213 1990-01-01 1:01:01 108
31.5 126 4 35891 35891 14598 1990-01-01 1:01:01 108
6.5 6.5 1 35891 35891 1212 1990-01-01 1:01:01 108
15 15 1 35891 35891 1 1990-01-01 1:01:01 108
7.5 15 2 35891 35891 1212 1990-01-01 1:01:01 108
1.3 5.2 4 35891 35891 1212 1990-01-01 1:01:01 108
1 2 2 35891 35891 1212 1990-01-01 1:01:01 108
1 4 4 35891 35891 1212 1990-01-01 1:01:01 108
31.5 252 8 35891 35891 14598 1990-01-01 1:01:01 108
53.5 214 4 35891 35891 1213 1990-01-01 1:01:01 108
4.5 4.5 1 35891 35891 1214 1990-01-01 1:01:01 108
35 420 12 35891 35891 1213 1990-01-01 1:01:01 108
过滤条件：
生成疑点 导出EXCEL 导出到资料树
电子数据
会计科目
审计方法
审计项目：20_对***新型农村合作医疗和医 审计人员 电子数据：业务测试数据（事业） 单机 2011年11月01日

图 20－29

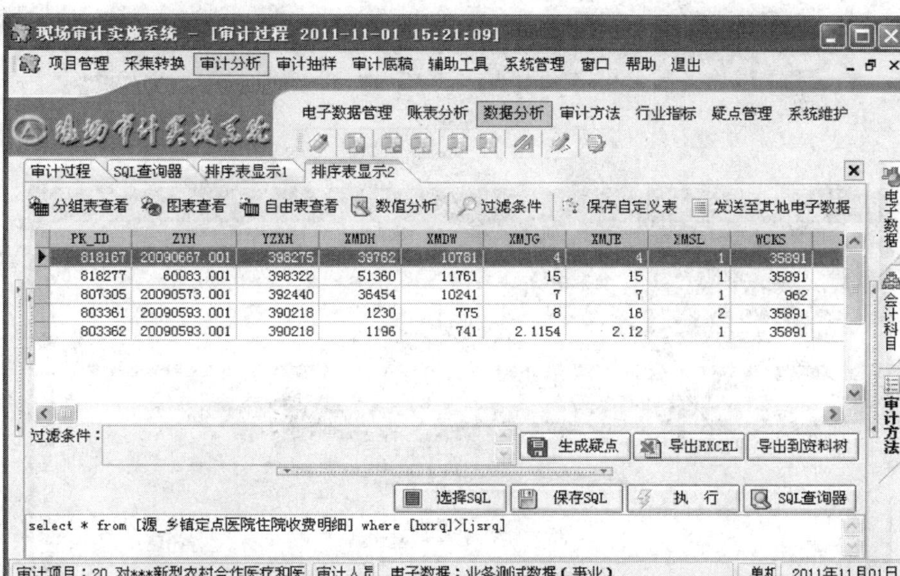
现场审计实施系统 - [审计过程 2011-11-01 15:21:09]
项目管理 采集转换 审计分析 审计抽样 审计底稿 辅助工具 系统管理 窗口 帮助 退出
电子数据管理 账表分析 数据分析 审计方法 行业指标 疑点管理 系统维护
审计过程 SQL查询器 排序表显示1 排序表显示2
分组表查看 图表查看 自由表查看 数值分析 过滤条件 保存自定义表 发送至其他电子数据
PK_ID ZYH YZXH XMDH XMDW XMJG XMJE XMSL WCKS
818167 20090667.001 398275 39762 10781 4 4 1 35891
818277 60083.001 398322 51360 11761 15 15 1 35891
807305 20090573.001 392440 36454 10241 7 7 1 962
803361 20090593.001 390218 1230 775 8 16 2 35891
803362 20090593.001 390218 1196 741 2.1154 2.12 1 35891
过滤条件：
生成疑点 导出EXCEL 导出到资料树
选择SQL 保存SQL 执行 SQL查询器
select * from [源_乡镇定点医院住院收费明细] where [hxrq]>[jsrq]
电子数据
会计科目
审计方法
审计项目：20_对***新型农村合作医疗和医 审计人员 电子数据：业务测试数据（事业） 单机 2011年11月01日

图 20－30

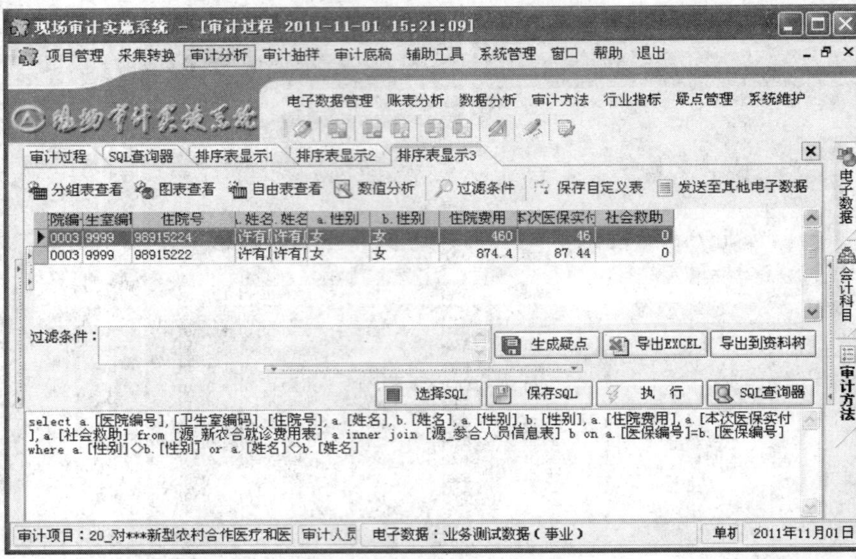

图 20－31

步骤三：检查新农合药品目录执行情况。

县医院可报药品目录超过合管办规定范围的情况，如图 20－32 所示。

```
Select a.[项目代码],a.[项目名称] From [源_人民医院新农合可报药品目录] a Left Join [源_可报药品字典] b On a.[项目名称] = b.[项目名称] Where b.[项目名称] Is Null
```

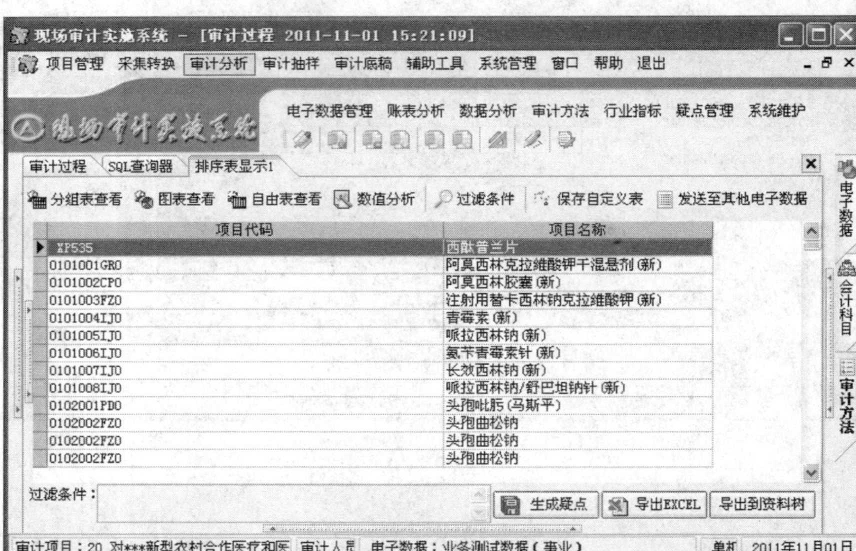

图 20－32

合管办可报药品目录未被县医院使用，如图 20－33 所示。

Select b.[项目代码],b.[项目名称] From [源_人民医院新农合可报药品目录] a Right Join [源_可报药品字典] b On a.[项目名称]=b.[项目名称] Where a.[项目名称] Is Null

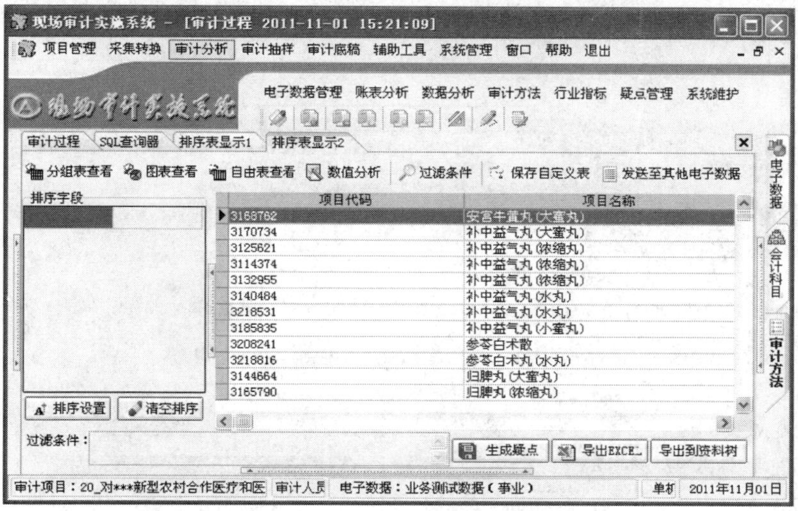

图 20－33

步骤四：查询合管办系统接受的补偿结算数据与定点医疗机构诊疗数据的一致性。门诊记录中不一致的，如图 20－34 所示。

Select a.[住院号],a.[姓名],a.[性别],a.[医保编号],a.[人员类别],a.[入院日期],a.[住院费用],a.[本次医保实付] From [源_新农合就诊费用表] a Left Join [源_县定点医院新农合门诊收费记录] b On a.[住院号]=b.[收据号] Where b.[收据号] Is Null

图 20－34

住院记录中不一致的，如图 20－35 所示。

Select a.［住院号］,a.［姓名］,a.［性别］,a.［医保编号］,a.［人员类别］,a.［入院日期］,a.［住院费用］,a.［本次医保实付］From［源_新农合就诊费用表］a Left Join［源_县定点医院新农合住院结算记录］b On a.［住院号］= b.［病人标识］Where b.［病人标识］Is Null

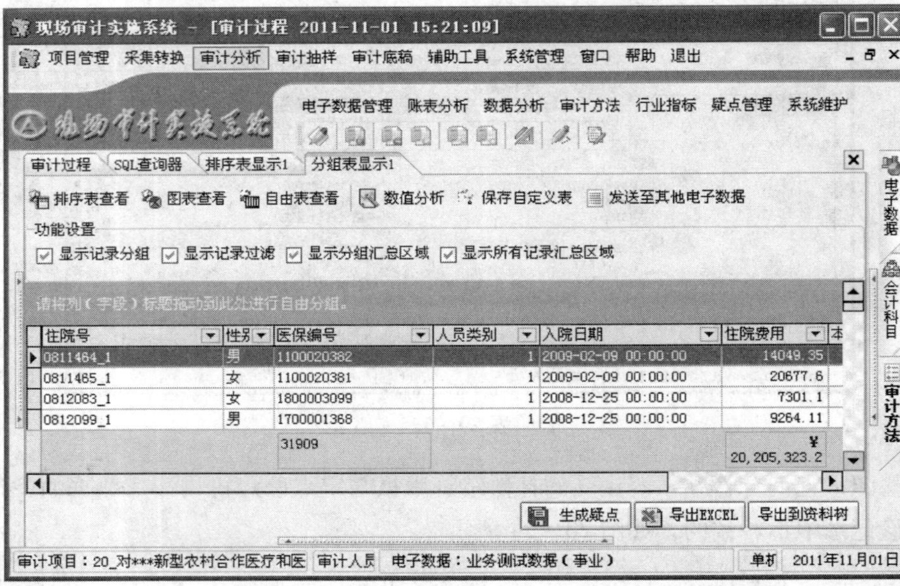

图 20－35

（3）审计结果

一是处方限额政策执行不到位，超限处方的总金额 9723.84 万元，超过限值的费用为 4980.95 万元。其中，市、镇、村级医疗机构超限值的次均门诊处方分别为总处方数的 49.1%、43.8%、40.9%；市、镇级医疗机构超限值次均住院费用分别为总处方数的 33.7%、49.1%。二是结报审核不严格，违规结报患者医疗纠纷补偿款 1.86 万元；结报少数敬老院住院病人未消耗药品的农合补偿及医疗救助款 5.59 万元。三是药品目录执行不到位，定点医疗机构自定目录过高，达合管办预设目录的 2.54 倍。四是抽查的定点医疗机构的上传数据与本院 HIS 系统数据不一致：其中 2599 人次的门诊报销中没有挂号记录；82 人次住院补偿人员中就诊姓名与接受农合补偿时的姓名不一致；837 人次在医院 HIS 系统中没有对应的收费记录；273 人次的住院号上传前被修改过，与医院 HIS 中的原始记录不一致。

核心指标：

结报审核异常率 = 异常结报人次/总结报人次 ×100%

目录内用药比例 = 选用的目录内药品品种/药品目录总品种 ×100%

处方限额政策执行到位率 = 限额内处方总额/总的处方金额 ×100%

异常数据上报率 = 异常人次/总人次 ×100%

上述指标选用时要综合考虑违规金额和具体审计目标。

（4）应用 AO 功能点

本事项应用了 AO 审计分析/数据分析/SQL 查询器功能。

2. 支付方式改革绩效评价指标的构建

审计事项：社会保障审计/基金支付/支付基本情况分析。

（1）审计思路

该省目前支付方式改革主推按病种结算付费方式，2009 年 6 月 1 日起，J 市选取 12 种常见病实行住院按病种结算。本次从 J 市的按病种结算方案着手，对 10 项病种 426 个病例从结算标准、病种范围等方面调查此结算方式的实际执行率，结算标准执行的到位率以及在控制诊疗费用中实际产生的作用等。

（2）审计步骤

步骤一：以胆囊炎伴结石病种为例，计算单病种付费的执行率和次均费用。

①生成“医院分级就诊”表。

```
Select * ,Switch(
医院编号 In ('0002','0003','0004'),3,
医院编号 Not In ('0002','0003','0004') And (卫生室编码 Is Null Or Right(卫生室编码,2) ='00'),2,
医院编号 Not In ('0002','0003','0004') And (卫生室编码 Is Not Null And Right(卫生室编码,2) < >'00') ,1) As 医院分级 Into 本地医院分级就诊表 From 本地就诊
```

②生成胆囊炎伴结石病例表，如图 20－36 所示。

```
Select * Into 胆囊炎伴结石 From 本地医院分级就诊表 Where ([入院诊断] Like '%胆囊炎%' Or 单病种编码 =2 ) And [就诊类别] =2 And (报销类别 =2 And 补偿医院编号 = 医院编号)
```

③计算住院单病种付费的执行率和次均住院费用。

检查执行住院单病种付费的人次和次均住院费用，如图 20－37 所示。

```
Select [医院分级],Count( * ) As 人次,Sum([住院费用])/Count( * ) As 次均费用 From 胆囊炎伴结石 Where [单病种编码] =2 Group By [医院分级]
```

检查未执行住院单病种付费的人次和次均住院费用，如图 20－38 所示。

```
Select[医院分级],Count( * ) As 人次,Sum([住院费用])/Count( * ) As 次均费用 From [胆囊炎伴结石] Where [单病种编码] =0  Or  [单病种编码] Is Null Group By [医院分级]
```

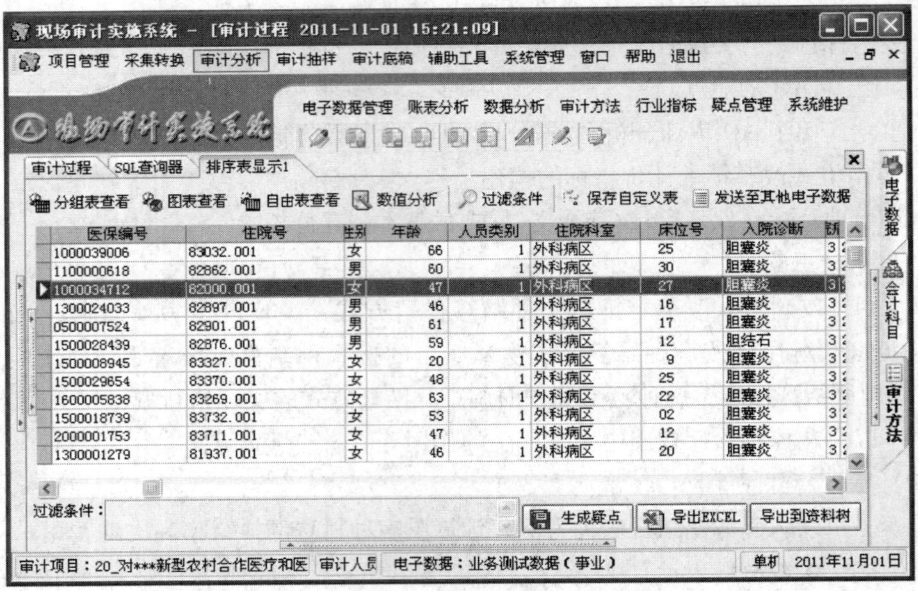

图 20－36

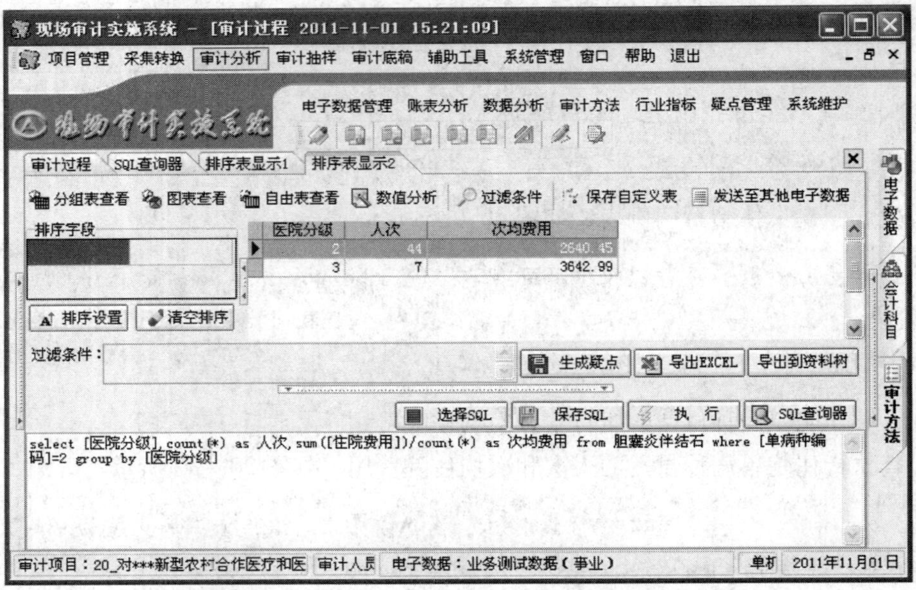

图 20－37

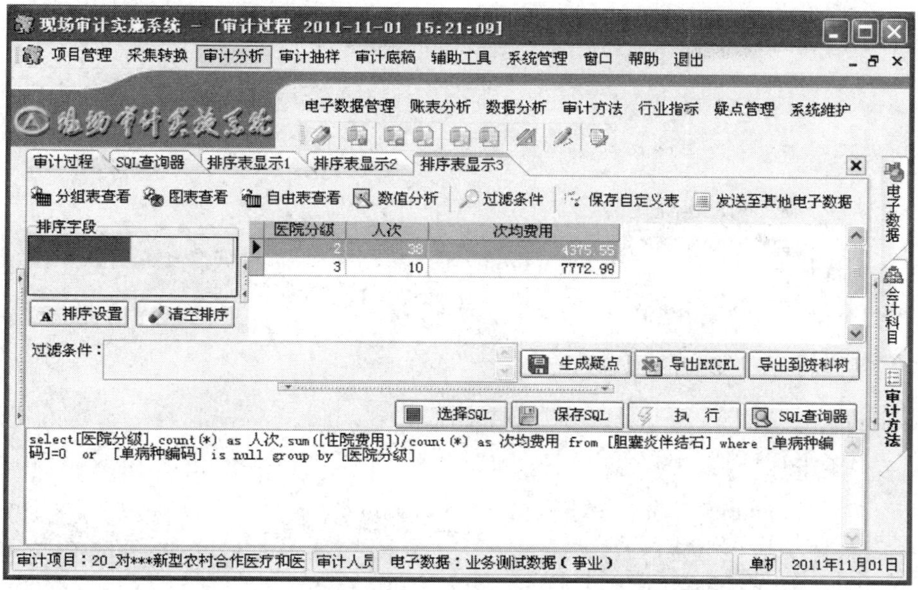

图 20－38

步骤二：以胆囊炎伴结石病种为例，计算住院同期门诊费用、住院同期门诊人次，查找住院单病种付费病人住院同期门诊费用支出。

①生成“胆囊炎伴结石病人门诊费用”表。

```
Select b. * Into 胆囊炎伴结石病人门诊费用 From [胆囊炎伴结石] a Inner Join [源_就诊记录医院分级] b On a. 医保编号 = b. 医保编号 Where  a. 单病种编码 = 2 And b. 就诊类别 = 1
```

②生成“胆囊炎伴结石病人住院同期门诊费用”表。

```
Select b. * Into 胆囊炎伴结石病人住院同期门诊费用 From [胆囊炎伴结石] a Inner Join [胆囊炎伴结石病人门诊费用] b On a. 医保编号 = b. 医保编号 Where b. 入院日期 Between a. 入院日期 And a. 出院日期
```

③计算住院同期门诊费用及门诊人次。

```
Select Count( * ) As 住院同期门诊人次,Sum(住院费用)  As 住院同期费用总和 From 胆囊炎伴结石病人住院同期门诊费用
```

④计算住院同期因同一病种看门诊人员的费用。

```
Select [医保编号],Sum([住院费用]) As 门诊费用 From [胆囊炎伴结石病人住院同期门诊费用] Group By [医保编号]
```

步骤三：以胃癌病种为例，查找已出院病人两周内在本院或其他医疗机构再次住

院情况（治愈率）。

①生成“胃癌病例表”。

```
Select * Into 胃癌病例表 From 本地医院分级就诊表 Where [入院诊断] Like '%胃癌%' Or [单病种编码] =5
```

②生成“胃癌多次住院记录”。

```
Select * Into 胃癌多次住院记录 From 胃癌病例表 Where 医保编号 In (Select 医保编号 From 胃癌病例表 Group By 医保编号 Having Count( * ) >1)
```

③生成“胃癌重复住院记录”。

```
Select a. 医保编号,a. 入院日期,a. 出院日期,
Abs(Datediff('d',a. 入院日期,b. 出院日期)) As 与前次入院间隔天数 Into 胃癌重复住院记录 From [胃癌多次住院记录] a Inner Join [胃癌多次住院记录] b On a. 医保编号=b. 医保编号 Where a. 入院日期>b. 出院日期 And Abs(Datediff('d',a. 入院日期,b. 出院日期)) <14
```

④计算重复住院次数。

```
Select Count(医保编号) As 胃癌多次住院次数 1 From [胃癌重复住院记录]
Select Count(医保编号) As 胃癌多次住院次数 2 From 胃癌病例表
```

（3）审计结果

按病种结算实际执行比率不高，为59.62%；人为规避按病种付费限制，抽查胆囊结石伴胆囊炎病种结算发现，实行按病种结算的50人中，有26人在住院同期支付了同一病症的门诊费用，达总费用的15%。按病种结算有一定的降低诊疗费用的作用，但因病种范围过小，对控制基金总支出规模效果不明显。

核心指标：

费用节约率 =（未执行单病种的病例费用 - 已实行的病例费用）/未执行单病种的病例费用 ×100%

转移费用比率 = 住院同期门诊费用/就诊总费用 ×100%

转移费用人次比率 = 住院同期门诊人次/就诊总人次 ×100%

重复住院率 = 多次住院人次/住院总人次 ×100%

（4）应用AO功能点

本事项应用了AO审计分析/数据分析/SQL查询器功能。

3. 群众就医方便性绩效评价指标的构建

审计事项：社会保障审计/基金管理/基础管理规范性审查。

（1）审计思路

基于现行新农合信息管理系统，调查辖区内结报系统的联通性，了解相关功能的

使用情况，计算县以下就诊人次及自动结报比例；审核参合人员、补偿记录基础信息质量，提出审计整改建议，提高基础信息的准确性、有效性，促进提高参合群众就医、补偿的方便性。

（2）审计步骤

步骤一：计算县级以下定点医疗机构的就诊人次占比。

①计算县级以下定点医疗机构的就诊人次。

```
Select Count( * ) From 本地医院分级就诊表 Where 医院分级 <3
```

②计算总就诊人次。

```
Select Count( * ) From [源_新农合就诊费用表]
```

③计算县以下就诊人次占比。

县以下就诊人次占比 = 县以下就诊人次/总就诊人次 ×100%

步骤二：计算自动结报比。

①计算自动结报的人次。

```
Select Count( * ) From [源_新农合就诊费用表] Where [报销类别] =2
```

②自动结报比 = 自动结报的人次/总结报人次（即总就诊人次） ×100%

步骤三：审核参合人员、补偿记录基础信息质量。

①参合人员基础信息质量。

（本案例仅以身份证号码长度为检索条件，未考虑编码规则。）

查询参合人员身份证号码空白或不规范的记录。

```
Select * Into 身份证号码长度符合规范的参合人员 From [源_参合人员信息表]
Where Len([身份证号]) =15 Or Len([身份证号]) =18
```

计算总人数。

```
Select Count( * ) From 身份证号码长度符合规范的参合人员
```

查询参合人员身份证号码空白或不规范的记录。

```
Select * Into 身份证号码长度不规范的参合人员 From [源_参合人员信息表]
Where (Len([身份证号]) < >15 And Len([身份证号]) < >18) Or [身份证号]
Is Null
```

计算总人数。

```
Select Count( * ) From 身份证号码长度不规范的参合人员
```

分别计算身份证号空白或长度不规范的人数。

计算身份证号码空白的人数。

```
Select Count(*) From 身份证号码长度不规范的参合人员 Where [身份证号] Is Null
```

计算身份证号码长度不规范的人数。

```
Select Count(*) From 身份证号码长度不规范的参合人员 Where Len([身份证号])<>15 And Len([身份证号])<>18
```

②补偿记录基础信息质量。

本案例仅以“入院诊断”字段为检索条件。

```
Select Count(*) From [源_新农合就诊费用表] Where [入院诊断] Is Null Or [入院诊断] In('0','1','2','3','4','5','6','7','8','9')
```

（3）审计结果

一是参合人员信息表中身份证号码等信息缺失，与户主关系没有填列，部分人员身份的真实性难以确定。其中没有登记身份证号码或登记号码不符合编码规范的占总参合人数的91%，造成14.17%的应获医疗救助人员身份无法得到及时验证；二是参合人员就诊补偿信息中，入院诊断等字段填列不完整，当年908451条就诊补偿记录中入院诊断输入不规范的5221条、病种编码为空值的851003条、疾病代码为空值的518989条，结报费用的审核受到限制，给参合人员就诊、补偿带来不便。

核心指标：

县以下就诊人次占比＝县以下就诊人次/总就诊人次×100%

自动结报比＝自动结报的人次/总结报人次（即总就诊人次）×100%

基础信息的规范率＝规范的记录数/总记录数×100%

此外，将问卷调查的群众参合、补偿满意度也纳入评价体系。

（4）应用AO功能点

本事项应用了AO审计分析/数据分析/SQL查询器功能。

三、点评

本实例实现了绩效审计与信息系统审计的有机结合，充分利用AO的分析功能，以构建各类评价指标为目的，收集基础数据，进行各方位对比展示，揭示了新农合实施过程中存在的各种问题。实例对审计人员更新理念、创新思路以及创新组织方式有很大的启示作用和参考意义。

（江苏省审计厅　叶兴翠）

实例二十一

新农合绩效审计中的制度分析 AO 应用实例

一、项目背景

新农合覆盖人口数量超过其他险种的总和，其重要性以及管理的复杂性决定了必须遵循“民本审计”的理念实施绩效审计。某市审计局在 2011 年对该市新型农村合作医疗制度绩效审计调查中，以经济学作为绩效审计的基本理论工具，指导审计人员在传统效益审计的基础上，对新农合投入的经济性、制度运作效率、实际效果进行检查和评价。深入剖析体制性、制度性问题，对新农合的运行环境进行综合分析评价，实现“五 E”审计的目标。审计组在制订审计方案时首先确定审计调查目标和重点内容，然后根据内容充分考虑计算机审计的现实条件和实现成本，进行计算机审计需求分析，并在审计实施过程中及时调整计算机审计思路。

审计组多方搜集数据，运用计算机审计方法对新农合数据、医院 HIS 数据、药品购销数据、统计数据和社保数据等进行综合分析处理。在经济学理论的指导下对医疗卫生体制、新农合制度和运行环境建立分析模型，一方面利用审计软件的数据分析功能，结合其他方面审计调查获得的证据资料，逐步解析制度运行存在的问题，评价新农合运行效果；另一方面，通过图表分析功能使问题清晰展现，从而给具体审计步骤的实施指明路径，实现这两方面的互动。

二、审计过程

（一）医疗卫生供求状况分析

审计事项：社会保障审计/基金管理/基本情况分析。

1. 审计思路

通过供求关系的分析，剖析“看病难、看病贵”的根本原因，评价新农合的出现是否能够消除问题因素，然后通过审计做进一步的解析。通过对统计数据的分析，了解医疗资源近些年的变动趋势，与民众收入和医疗消费的变动趋势进行对比，分析供求关系的紧张状况。为具体的审计调查步骤寻求方向。

2. 审计步骤

步骤一：医疗资源供给变动分析。

调查获得相关统计数据，选择医疗资源的主要指标，对各项医疗资源数据进行处理后导入 AO，如图 21 -1 所示。

图 21 -1

利用 AO 的数据分析功能，获得各项医疗资源变动趋势图表如图 21 -2 所示。

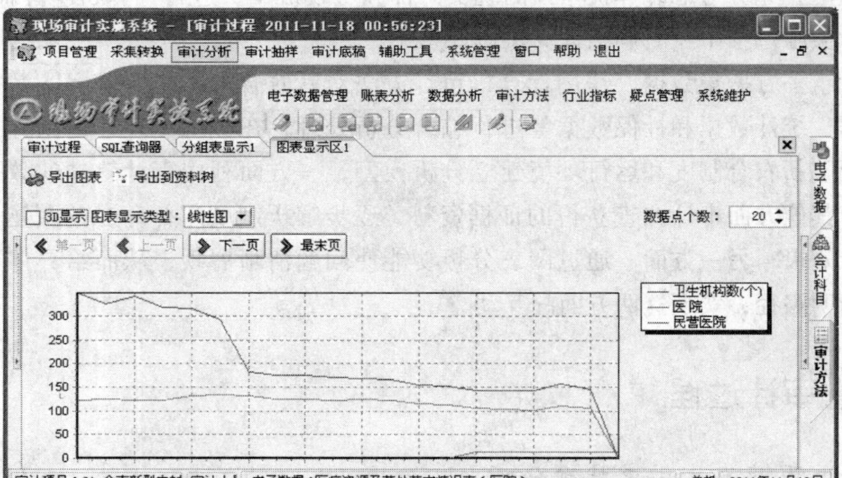

图 21 -2

为得到更清晰的图表，用 Excel 的图表功能进一步整理并引入审计报告，如图 21 -3 所示。

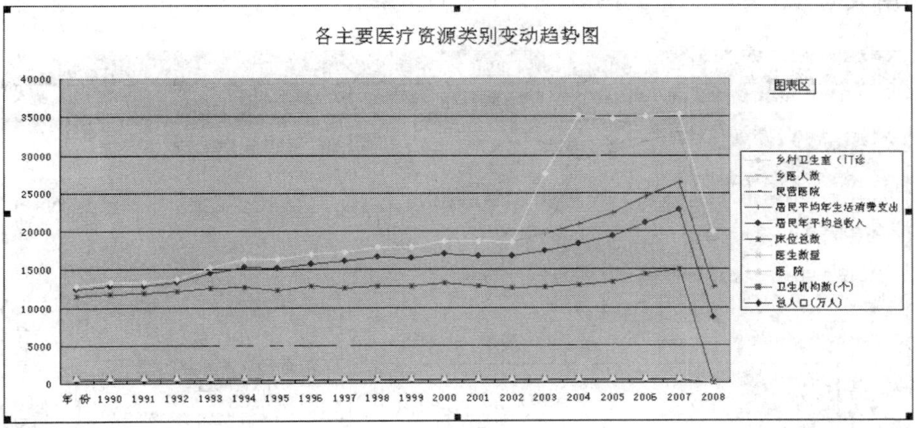

图 21 - 3

上图表明：1990—2009 年全市人口增加了 8%，居民年平均总收入增加了 8.77 倍，生活消费支出增加了 8.56 倍。1990—2008 年各主要医疗资源变动如下：医疗机构减少了 58%，其中医院数目减少了 14%，床位增加了 36%，卫生技术人员增加了 33%，医生增加了 30%，民营医疗机构数量自 2004 年没有增加，而 2004—2009 年，农村卫生室数量减少了 70%，乡医数量减少了 24%。

相对于居民收入和消费能力的增长，近年来该市医疗卫生供给方面增长缓慢甚至减少，农村地区有大幅度的萎缩，民营医院审批数量几乎为零。

步骤二：供求关系对照分析。

对比 1990 年以后的居民消费能力和医疗资源供给的变动趋势，用图表显示医疗行业供求关系的背离程度。对数据进行处理后导入 AO，如图 21 - 4 所示。

图 21 - 4

利用数据分析功能，得到图 21－5 所示的结果。

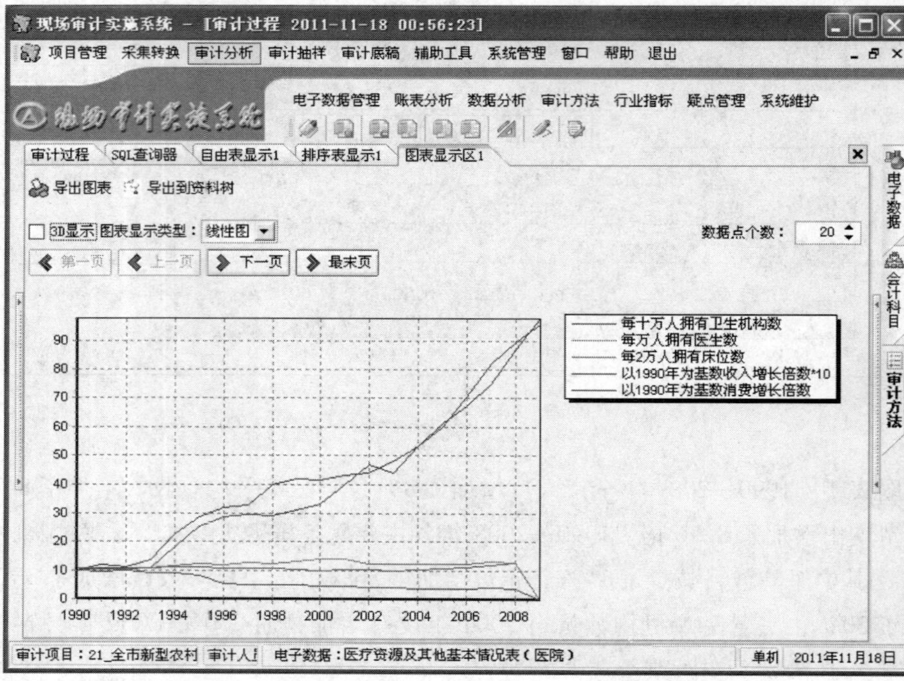

图 21－5

两束曲线之间的垂直距离代表了供求矛盾的紧张程度，上图已经用居民生活消费支出代表医疗消费支出的变动，据《2010 中国卫生统计年鉴》反映，2009 年全国卫生总费用比 1978 年增长了 155 倍；其中，个人卫生支出增加了 291 倍，远高于同期 GDP（增长 92 倍）和城乡居民家庭人均可支配收入（城镇居民 49 倍、农民 38 倍）的增长幅度，表明居民医疗费用增长幅度远高于收入和生活消费支出。即便如此，也显示出 1990 年以来医疗行业供应不足的状况不断加剧。

步骤三：“看病贵”的具体表现分析。

分析该市两所三级公立医院历年的收入及医疗指标数据，与医疗资源供求变动趋势进行对照。调查两家三级医院有关财务和业务数据导入 AO，如图 21－6、图 21－7 所示。

利用 AO 2008 的 SQL 查询功能与数据分析、图表查看等功能分析以上数据。

（1）收入情况分析。对××附院与人民医院近几年医疗资源数据－收入情况进行关联查询分析，并用图表查看。如图 21－8、图 21－9 所示。

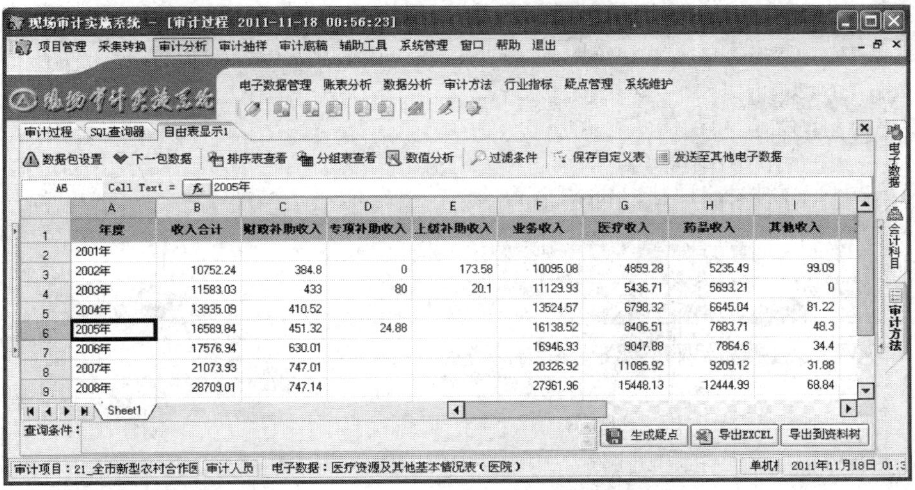

图 21－6

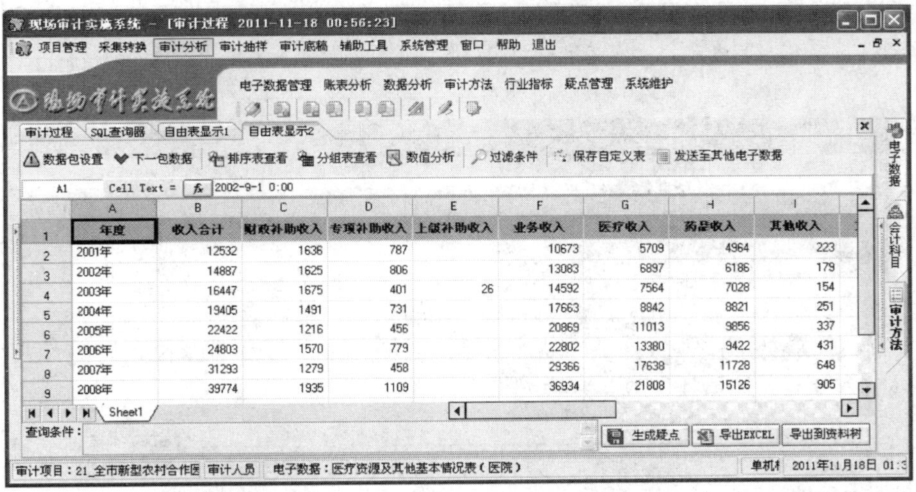

图 21－7

```
Select a.[年度],a.[收入合计] as ××附院,b.[收入合计] as 人民医院
From [源_ao××附院 MYM] as a,[源_ao 人民医院 MYM] as b
where a.[年度]=b.[年度]
```

以下图表说明两家医院收入呈明显增长趋势。

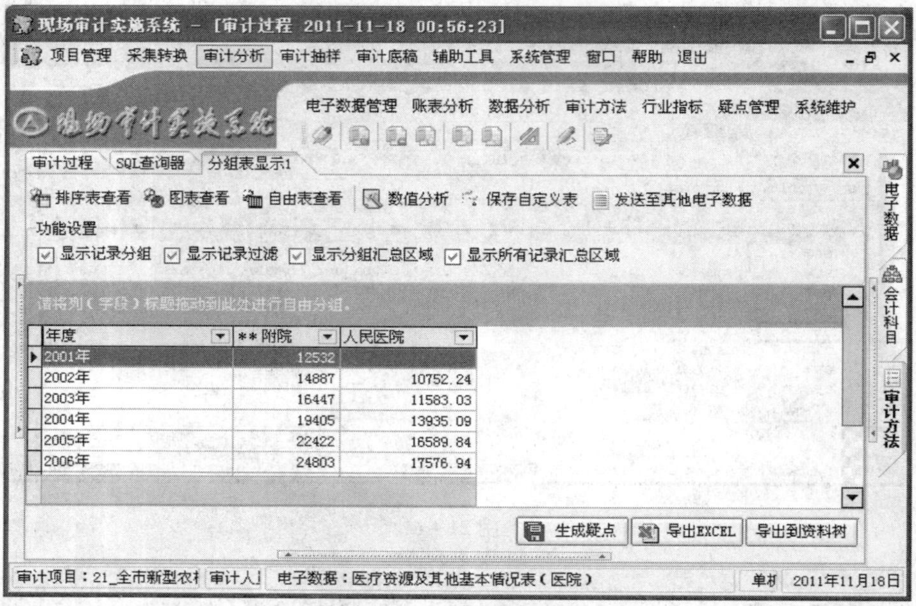

图 21－8

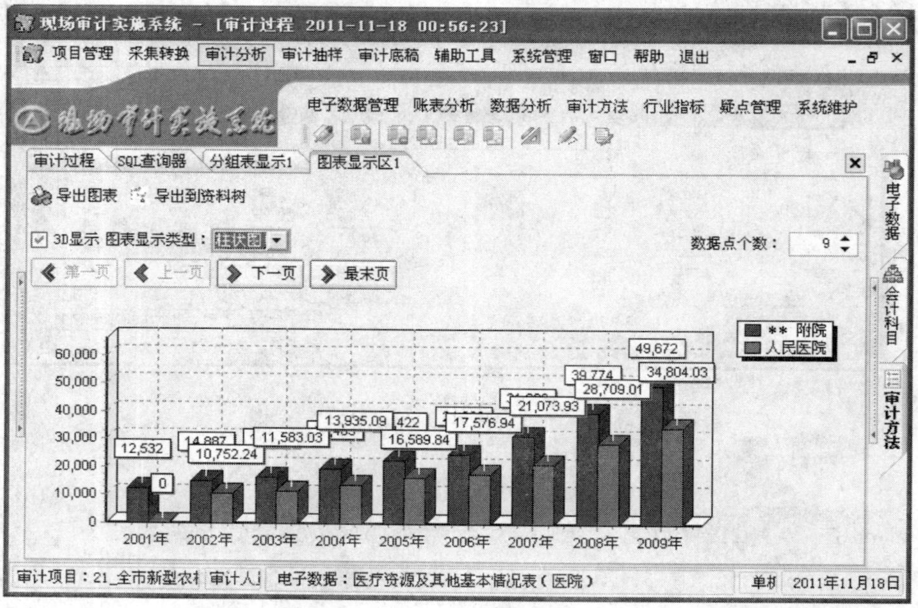

图 21－9

（2）门诊病人数分析。对××附院与人民医院近几年医疗资源数据——门诊病人数进行关联查询分析，如图 21－10、图 21－11 所示。

```
Select a. [年度],a. [门诊病人数] as ××附院,b. [门诊病人数(万人)]  as 人民医院
From [源_ao××附院 MYM] as a,[源_ao 人民医院 MYM] as b
where a. [年度] = b. [年度]
and a. [门诊病人数] is not null
and b. [门诊病人数(万人)] is not null
```

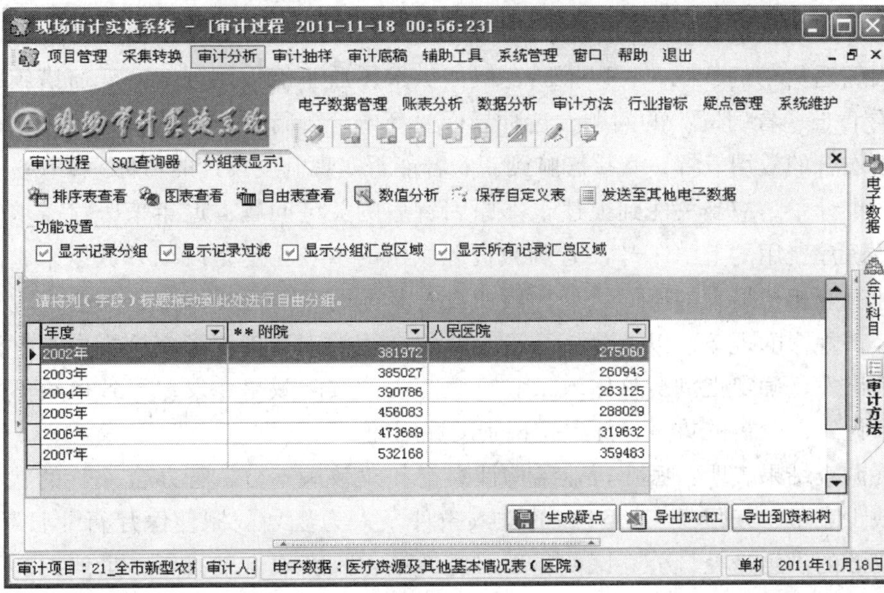

图 21－10

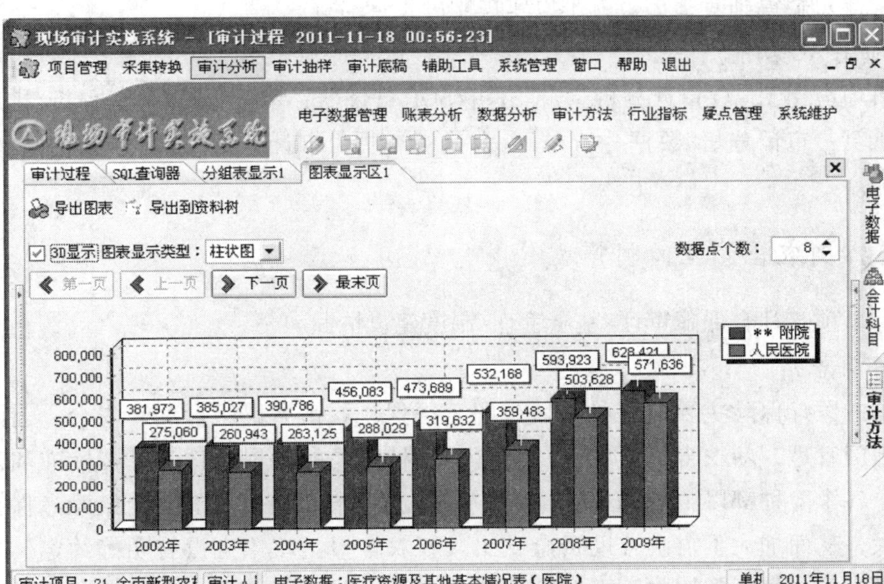

图 21－11

从以上图表可以看出两家医院就诊人数呈明显增长趋势，反映出民众医疗需求的不断增长趋势。

参照以上分析方法，分别对两家医院的门诊人次收费情况、出院病人数情况、每床日收费水平情况、出院病人平均费用情况等进行分析。

3. 审计结果

审计分析情况表明，1990 年以来民众的医疗消费需求日益增大，而医疗行业供应严重不足，导致供求矛盾不断加剧，从而出现“看病难、看病贵”和农村家庭“因病致贫、因病返贫”的状况。可以推断，假如供求矛盾不能得到缓解，任何措施都难以解决“看病难、看病贵”的问题，这种局面是新农合施行最重要的背景，并从根本上制约了新农合的效用发挥，直接影响到新农合能否实现制度设计的目标。

绩效审计中，应当关注到上述根本原因背后的关键问题：近年来医疗需求的大幅增加导致医疗费用的上涨，却没有刺激资源供给的增长！这是改革开放以来，医疗行业与其他行业相比最大的不同之处。假如没有其他的重要影响因素，不会出现这种似乎违背经济规律的现象。以上分析结论为新农合绩效审计确定了实施方向。审计组从理论推断出发，确定把剖析具体政策和行政行为的实际效果、发现导致供给不足的因素作为审计实证分析的重点，深入挖掘制度性问题。

最终调查结果表明：医疗行业结构性失衡和“政医不分、管办合一”的状况，导致行业缺少竞争、发展缓慢；过高的准入条件及人为规划限制使医疗行业日趋封闭，阻断了资源的供给途径，公立医院得以维持垄断等。新农合的推行，虽然提高了农民的医疗消费能力，但使管理部门的控制手段大大加强，加剧了农村医疗市场的垄断，因此并未使短缺得到改善，也就难以实现制度设计目标。

4. 应用 AO 功能点

本事项应用了 AO 审计分析/数据分析/SQL 查询器；审计分析/数据分析/排序分组表分析工具；审计分析/数据分析/自由表分析工具；审计分析/数据分析/图表分析工具等功能。

（二）新农合管理体制弊端

审计事项：社会保障审计/基金管理/制度建设情况。

1. 审计思路

我国的医疗保险主要有三种：城镇职工医保、城镇居民医保和新农合，前两项属于社保部门管理，新农合由卫生部门主管。三种保险的参保条件、筹资标准和待遇均不相同。各个险种都以“参保率”、参加人数作为考核的指标，客观上鼓励参保范围的无序扩大，从而加大了财政补助资金支出。新农合报销政策也没有明确约定，缺乏严格的控制措施，实际操作中不可避免的造成混乱。对重复参保、重复报销情况进行筛查，有助于把握新农合制度的组织运作状况，从而进一步判断新农合运行、管理体制是否合理。

2. 审计步骤

步骤一：提取社保数据参保记录。

分析所需要的社保数据，将社保数据中的城镇居民医疗保险与城镇职工医疗保险数据导入 AO 中进行数据整理。

步骤二：查询重复参保情况。

将新农合参合人员数据表与城镇居民医疗保险参保数据表、城镇职工医疗保险参保数据用“身份证号”进行对比分析查询，分别得出新农合与两项保险重复人员条数。

查询新农合参合与城镇居民医疗保险参保重复情况，结果如图 21－12 所示。

```
Select Count( * )
From   Ao 农户信息 2009
Where ( 身份证号 In ( Select Grbh   From Ao 城镇居民 2009   Where Cbzt In ('1')))
```

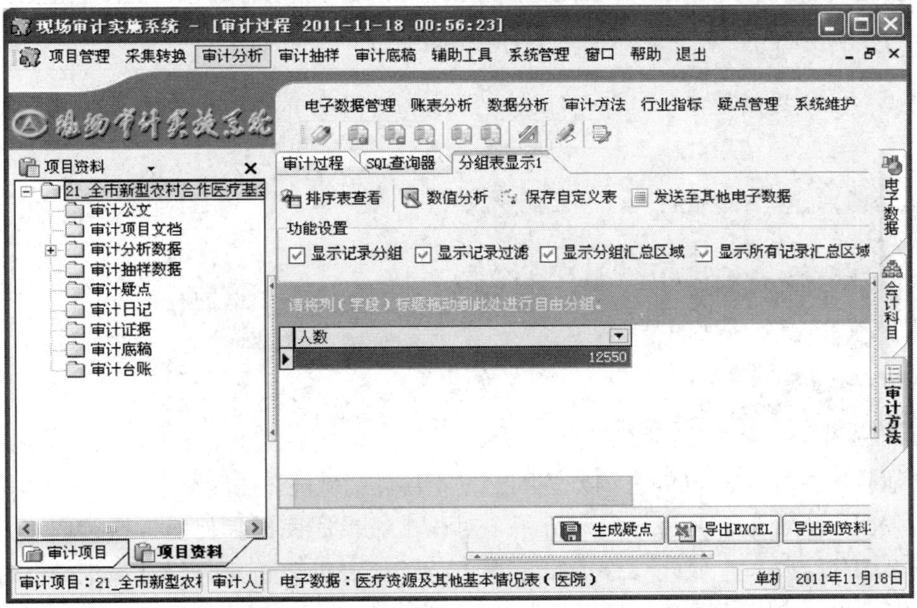

图 21－12

查询新农合参合与城镇职工医疗保险参保重复情况，结果如图 21－13 所示。

```
Select Count( * )
From   Ao 农户信息 2009
Where ( 身份证号 In  (Select Grbh From Ao 城镇职工 2009   Where Xzbz = 'c' And Cbzt In ('1')))
```

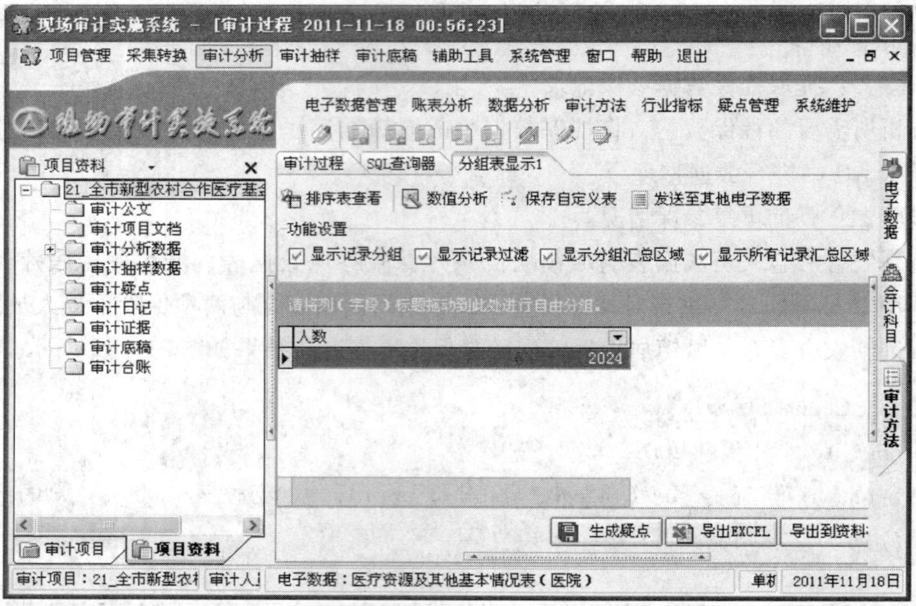

图 21 – 13

步骤三：比较两个重复参保中间表中“身份证号”重复人员，得出同时参加三项保险的人员数据，结果如图 21 – 14 所示。

```
Select Count( * ) From Ao 农户信息
Where (身份证号 In
(Select Grbh From Ao 城镇职工 Where Xzbz ='c'
And Cbzt ='1'))
And (身份证号 In
(Select Grbh From Ao 城镇居民 Where Cbzt ='1'))
```

其他县区重复参保 SQL 查询方式同上，不再详细叙述。

步骤四：生成结果并进行图表分析。对该市城镇居民医疗保险、城镇职工医疗保险、新型农村合作医疗保险参保人员信息进行综合查询分析后，将结果汇总，并生成“2009 年、2010 年度重复参合情况表”，如图 21 – 15 所示。

步骤五：查询重复报销情况。

进一步综合查询新农合报销数据、城镇职工医保报销数据、城镇居民医保报销数据，审计重复报销情况。

（1）提取社保数据中的两张住院费用有关系的数据表（结算表、基本信息表）和新农合报销的住院数据，导入 AO。

（2）对导入的社保数据与新农合数据进行关联查询分析。使用社保数据中的城镇居民、城镇职工住院信息的住院号、入院日期、出院日期、总费用与新农合住院信息

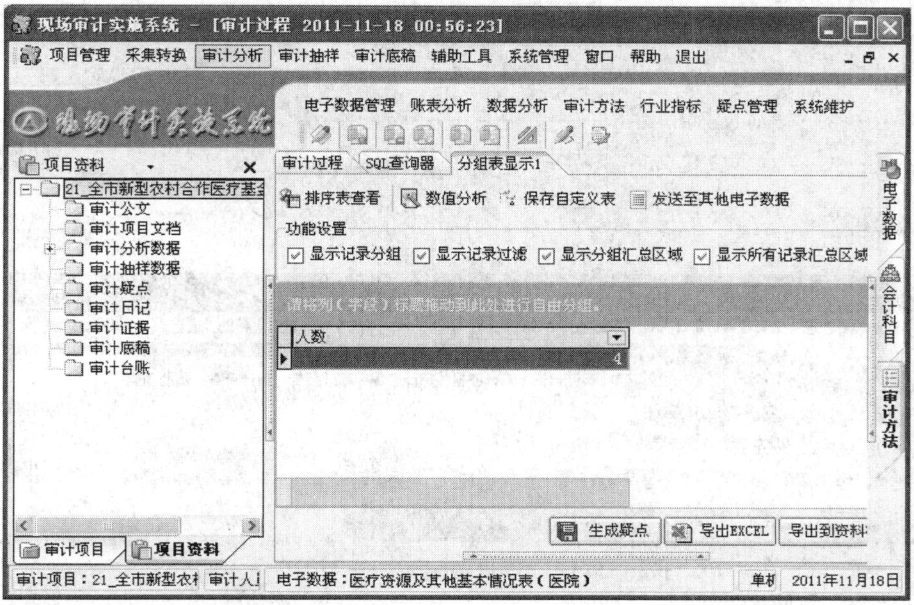

图 21－14

县区	年度	筹集标准	财政补贴金额	新农合、城镇职	重复补贴金	新农合、城镇	重复补助金	者同时参加人数
**区	2009	100	80	6421	513680	24497	1959760	13
**区	2010	130	110	5948	654280	19940	2193400	7
**县	2009	100	80	2616	209280	3574	285920	4
**县	2010	130	110	2856	314160	3975	437250	4
**县	2009	100	80	3039	243120	6240	499200	8
**县	2010	130	110	3433	377630	8371	920810	15
**县	2009	100	80	9356	748480	8603	688240	2
**县	2010	130	110	9359	1029490	8746	962060	2
**县	2009	100	80	2024	161920	12550	1004000	4
**县	2010	130	110	2306	253660	14460	1590600	6
**县	2009	100	80	28727	2298160	8703	696240	5
**县	2010	140	110	30349	3338390	9364	1030040	5
**县	2009	100	80	3524	281920	2975	238000	1
**县	2010	130	110	3229	355190	3168	348480	2

图 21－15

对应字段进行关联匹配。并按照参保类型（a. 城镇职工医疗保险，b. 城镇居民医疗保险）进行分类求和汇总。

查询重复报销人员住院发生的总费用，如图 21－16 所示。

```
Select Sbjglx,Sum(a. 总费用) As 住院总费用
From [源_Aobzsbzy] As b Inner Join [源_Aozpxnh09] As a
On a. 住院号 = b. Zyh   And a. 总费用 = b. Sjfsfyze
And a. 入院日期 = b. Zyrq And a. 出院日期 = b. Cyrq
Group By   Sbjglx
```

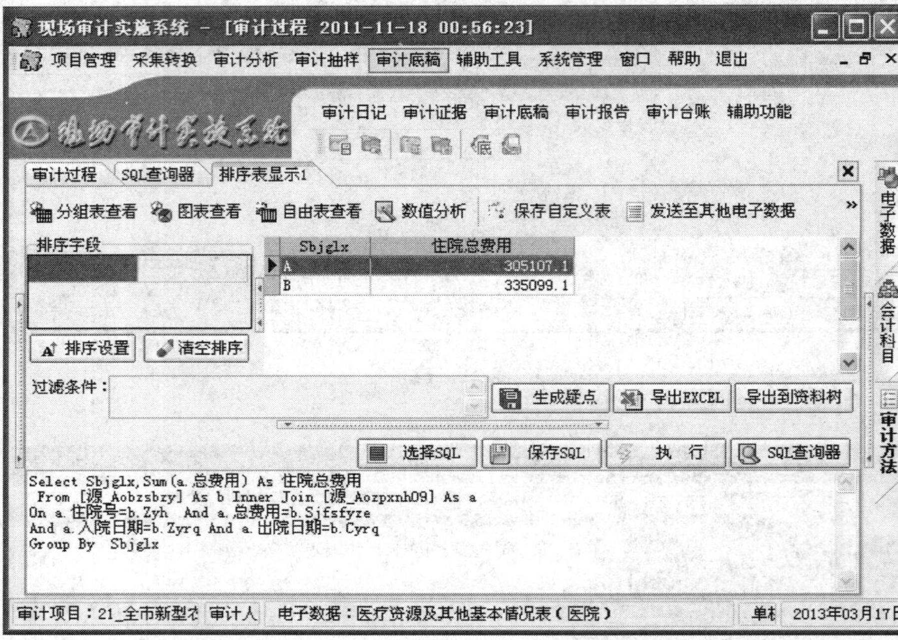

图 21-16

查询新农合与其他两项保险重复报销情况，如图 21-17 所示。

```
Select Sbjglx,Sum(a. 报销金额) As 新农合,Sum(b. s) As 城镇,Count(1) As 次数
From [源_Aobzsbzy] As b Inner Join [源_Aozpxnh09] As a On a. 住院号 = b. Zyh
And a. 总费用 = b. Sjfsfyze And a. 入院日期 = b. Zyrq And a. 出院日期 = b. Cyrq   Group
By   Sbjglx
```

步骤六：将所有地区重复情况汇总，生成结果并进行图表分析，如图 21-18、图 21-19 所示。

3. 审计结果

综合分析新农合数据和社保数据发现，各县、区普遍存在重复参保现象，大量人员既参加城镇职工保险或城镇居民保险又参加新农合，有的甚至同时参加三项保险，导致财政补助资金损失 2432 万元。重复参保者多数为农村户口的高、中、小学生以及“城中村”人口等。有的重复参保者使用单据复印件在不同险种重复报销，其中 2009

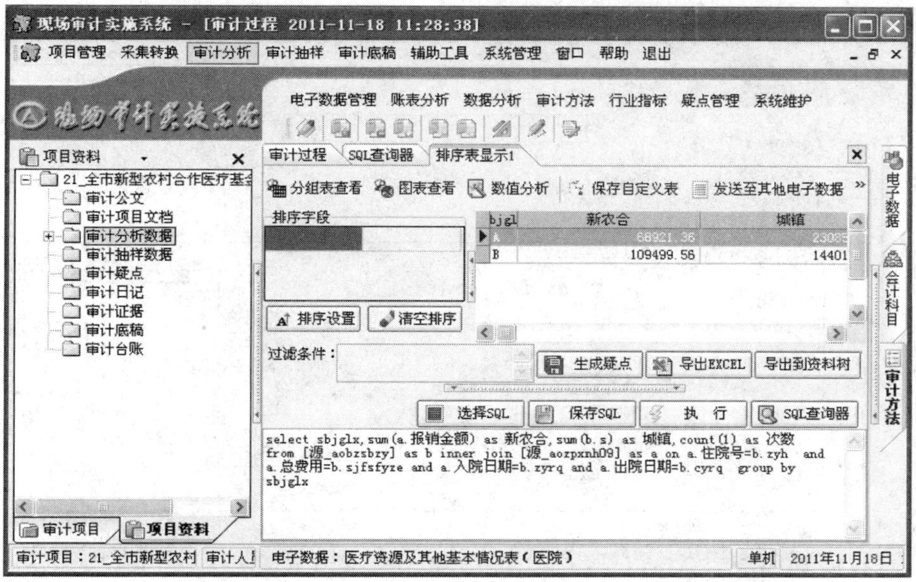

图 21－17

图 21－18

年度新农合资金重复报销 600303. 47 元。

由此可见医保体系缺乏整体性、条块分割的状况，一方面反映了国民待遇不平等的现状；另一方面使不同险种的运作缺乏协调性，各参保人群之间缺乏明确界限，导致管理混乱和各级财政新农合补助资金、新农合基金的损失。

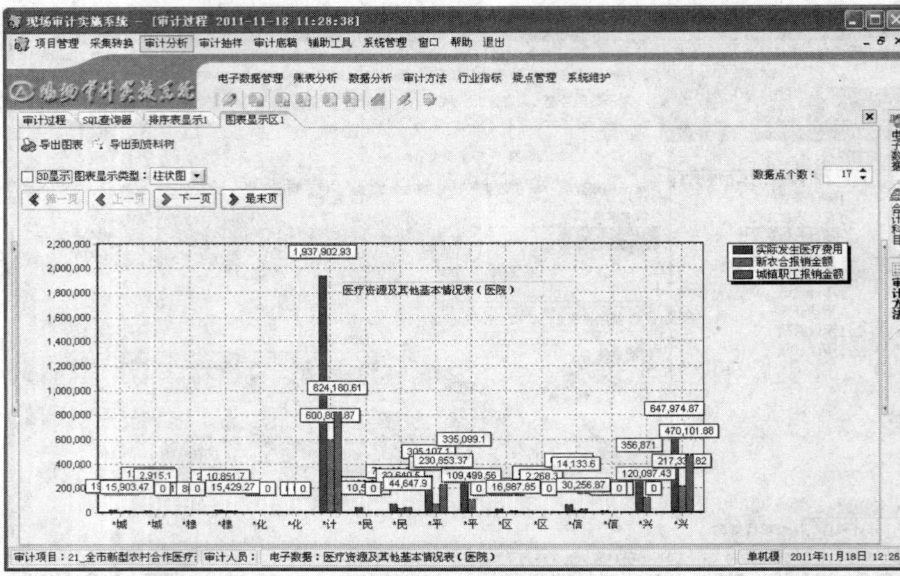

图 21－19

从体制方面看，新农合能否顺利建立并有效运行，实现制度设立的初衷，应当属于社会保障管理的范畴。而目前新农合从制度建立到组织运行、政策制定、日常监督管理等，均由卫生行政部门负责，社保部门没有参与。调查显示，各级新农合管理机构均隶属于地方卫生行政部门，基层乡镇新农合管理机构一般由乡镇卫生院人员兼职。同时，占据医疗市场主体地位的公立医院，也直接由卫生部门管理。而最贴近农民的乡镇卫生院又兼具新农合管理职能和公共卫生职能，并管理村级卫生室。卫生部门的“双重身份”造成新农合制度的推动和运行管理缺乏独立性，这是新农合管理主体的明显错位和制度设计上的缺失。

最终审计调查结果表明，基层卫生部门利用管理权垄断农村医疗市场，通过报销权、审批权、药品统一采购等控制新农合资金流入自身，并导致一系列问题，从而使新农合的社会保障性质异化，这是制度设计的明显错位，也是新农合制度设计上的根本缺陷之一。

4. 应用 AO 功能点

本事项应用了 AO 审计分析/数据分析/SQL 查询器功能。

（三）医院体系的组成结构分析

审计事项：社会保障审计/基金支付/定点医疗机构结算分析。

1. 审计思路

目前的管理政策把医疗机构按其功能、规模和“任务”不同划分为一、二、三级，按经营性质划分为“营利性”和“非营利性”。分析医疗机构（医院）分布情况以及组成结构，并对有代表性的不同性质医疗机构的部分病种治疗价格以及医疗材料的价格进行对比分析，了解医疗行业存在的结构性问题。

2. 审计步骤

步骤一：获取数据信息。

调查获得 2010 年全市医疗机构基本数据，并导入 AO 中。进一步进行分析：

（1）按医院的性质划分，分析该市公立医院和民营医院的组成结构，在 AO 中生成如图 21 –20 所示的饼图。

```
Select * From [源_Ao78—08 卫生情况转置 MYM] Where [年 份] Like '%医院%'
```

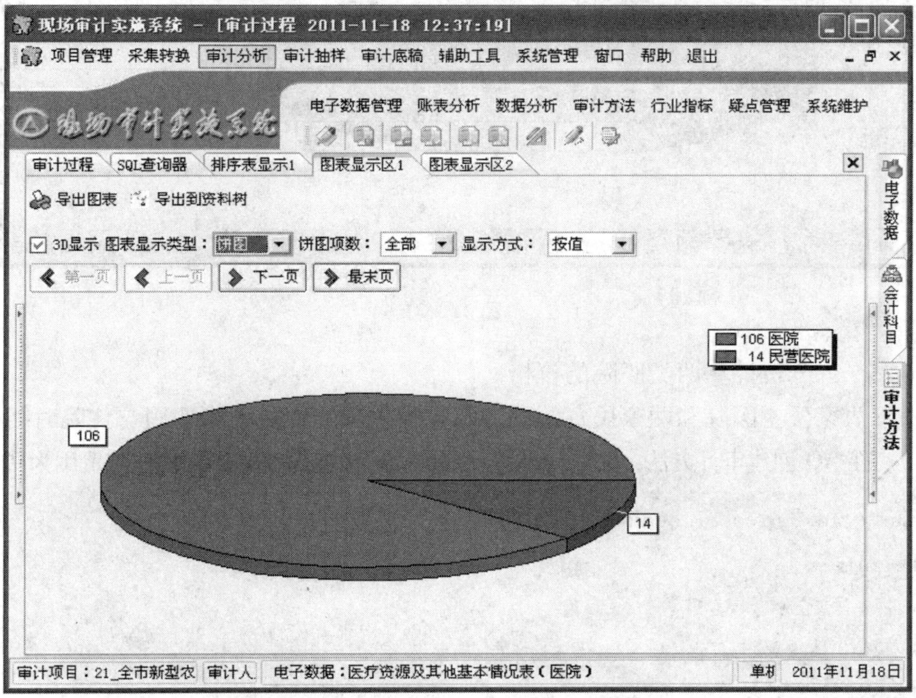

图 21 –20

说明：民营医院多年来所占比例一直没有增加，医疗行业数十年来维持政府主办公立医院主导的局面。

（2）按医院分级管理的级别划分，分析该市一级、二级、三级医院数量分布情况，在 AO 中生成如图 21 –21 所示的饼图。

```
Select * From [源_Ao 一二三级医院数量 MYM]
```

说明：医疗机构的分布结构多年来基本没有发生变化。市区两家三级医院、二级医院多分布在县城，一级医院在乡镇政府驻地。

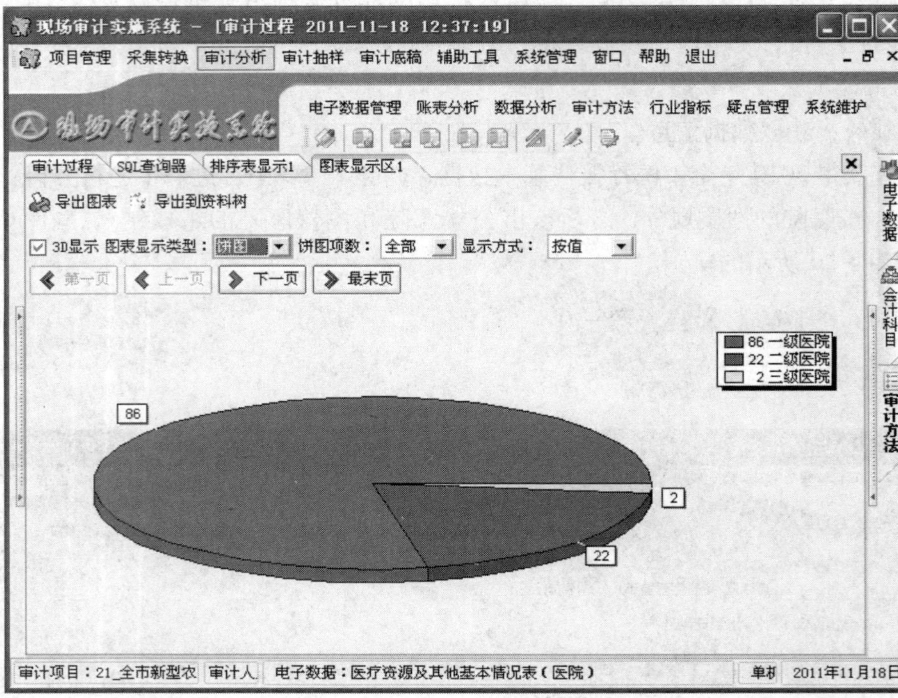

图 21－21

步骤二：分析计算两类医院的价格。

分析两家公立医院和两家民营医院的眼科手术及妇产科手术费用与住院时间。

（1）在 AO 创建审计方法，使用自动审计功能，得出该医院顺产平均住院费用为 930 元。

```
Var  Str,Current,a,Fenjie;//定义变量
Begin

//Fenjie 变量用于分割 Sql 语句中字符型变量。
Fenjie:="";
//Sql 语句赋值给变量
Str:=' Select Round(Avg(Jiezhangrq - Ryrq)) As 平均住院天数 From Zy_Cydj Where (Cyjbmc Like '+ Fenjie +'%单胎%'+ Fenjie +') And (Ryrq > #2009-01-01#)';
//将查询结果赋值给变量
Current:=Createq(Str,-1);
a:=Qfdvalue(Current,'平均住院天数');
Showmsg(a); //显示计算出来的平均住院天数
End.
```

（2）使用审计方法自动审计功能，得出该医院顺产平均住院天数为 3 天。

其他医院审计过程同上，不再赘述。得到如下数据：

民营医院部分收费项目与公立医院比较情况表

表 21－1

名称	白内障手术住院费用	住院天数
××眼科	单眼 1510 元	2～3 天
××附院	单眼 3000～5500 元	5～8 天
人民医院	单眼 3000～5000 元	5～7 天

表 21－2

名称	顺产住院费用	剖宫产平均费用	住院天数
××妇产	930 元	2580 元	3～5 天
××附院	3500 元左右	5000 左右	4～7 天
人民医院	2000 元左右	5000 左右	4～6 天

表 21－3

名称	55 种国产骨科材料均价	7 种进口材料均价
××医院	5444 元	14450 元
某公立医院	6654 元	17661 元

步骤三：得出数据对比分析结论。

经以上审计分析步骤，得出不同性质医疗机构价格及其他指标数据。将不同医疗机构的部分病种和医疗材料价格数据导入 AO 中，进行图表分析。

对三所医院的眼科手术平均住院天数加以图表分析如图 21－22 所示。

```
Select * From [源_Ao 费用比较 1MYM]
```

图中可看出某民营眼科医院的平均住院天数明显少于两家公立医院。

三所医院的眼科手术平均治疗费用图表分析如图 21－23 所示。

图中可看出某民营眼科医院的平均治疗费用明显低于两家公立医院。

3. 审计结果

由以上分析可见：一是目前按区域划分的公立医院占据医疗市场的主体地位，民营医院数量很少，且大都分布在市区内和部分县城。二是标榜“非营利”的公立医院盈利巨大，民营医院收费价格明显低于公立医院。

经济分析表明，“公立医院”自身有着无法克服的弊病：产权不明晰、非职业化管理（行政化）、缺乏竞争激励机制、缺少经营自主性、用人机制不合理等，并形成“政医不分、管办合一”的状况。同时，拥有政府事业单位的身份，既享受各种优惠政策，也难以受到真正严格的监管，导致医疗市场的不公平。医疗资源供应的严重短缺和缺乏市场竞争的状况，使公立医院有很强的盈利能力，而公立的性质决定其缺乏降低运

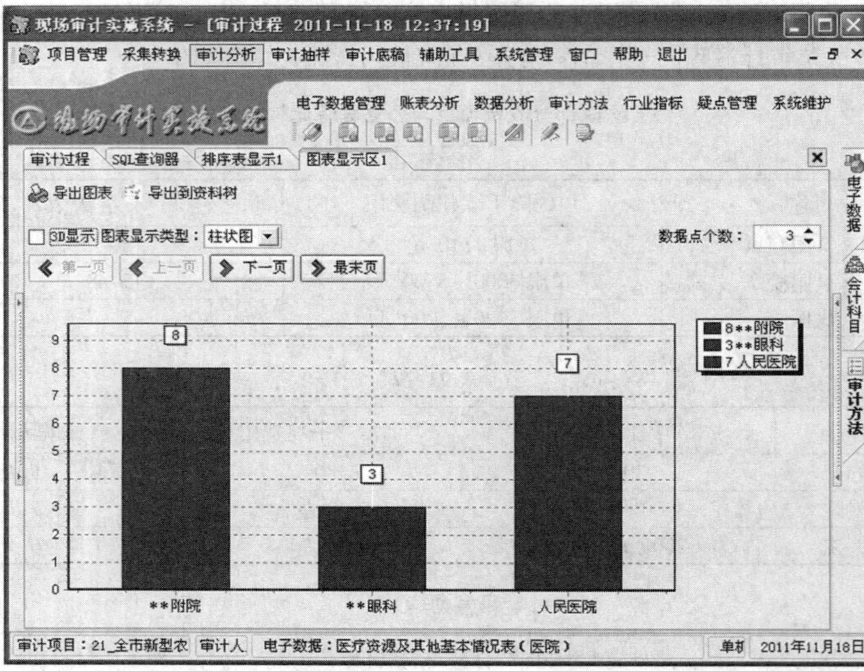

图 21－22

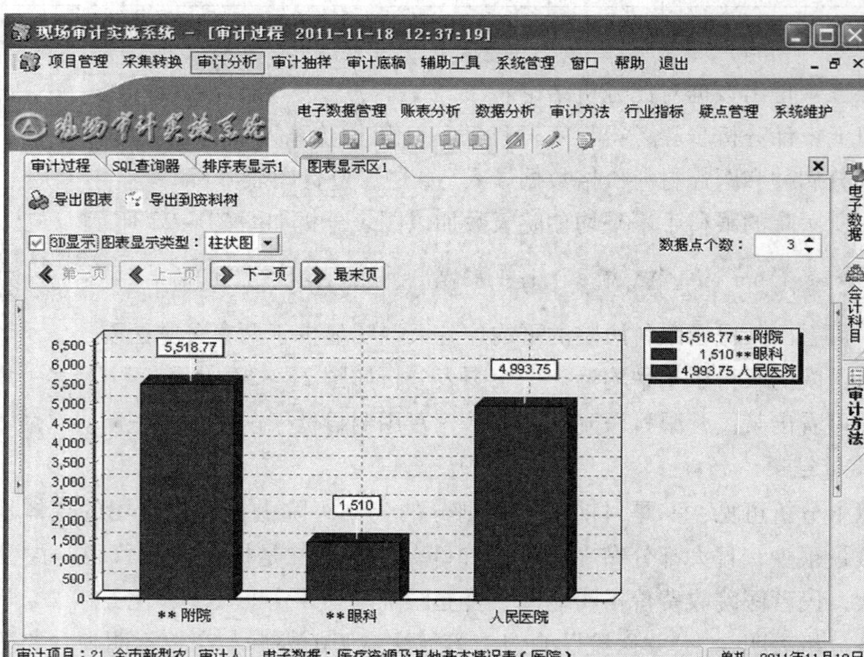

图 21－23

营和管理成本的动力，难以提高管理效率。民营医疗机构产权清晰、自负盈亏，又面临较大的竞争压力和违规风险，因此能为患者提供性价比较高的医疗服务。

医疗市场的结构性失衡，造成医疗行业总体缺少竞争压力，无法形成机构、人员优胜劣汰的机制，从而发展缓慢，大大限制了民众就医的选择余地，难以适应民众日益增长的医疗服务需求，必然导致“看病难、看病贵”和“看不起病、看不好病”。“看病贵”是因为医疗资源的稀缺性相对加重，不可能通过行政命令或贴上“非营利”标签的方式解决。

4. 应用 AO 功能点

本事项应用了 AO 审计分析/数据分析/SQL 查询器；审计分析/审计方法/自动审计；审计分析/审计方法/审计方法管理；审计分析/数据分析/图表分析工具等功能。

（四）“政府主导”的投资效益分析

审计事项：社会保障审计/基金支付/定点医疗机构分析。

1. 审计思路

“政府投入不足”普遍被认为是导致“看病难、看病贵”的原因之一，加大政府投入也是“新医改”的主要政策方向。对新农合数据进行分析，了解参合民众医疗需求状况；通过考察基层医疗从业人员水平的状况，与近年来对基层卫生医疗机构的投入情况进行比较，分析政府投入和医疗水平的相关性。结合审计调查发现的其他情况，综合评价政府医疗投入资金的效益。

2. 审计步骤

步骤一：基层医疗从业人员专业素质分析。

分析基层医疗从业人员专业素质统计数据，分析基层医疗水平状况。将全市乡医情况统计数据导入 AO，如图 21－24 所示。

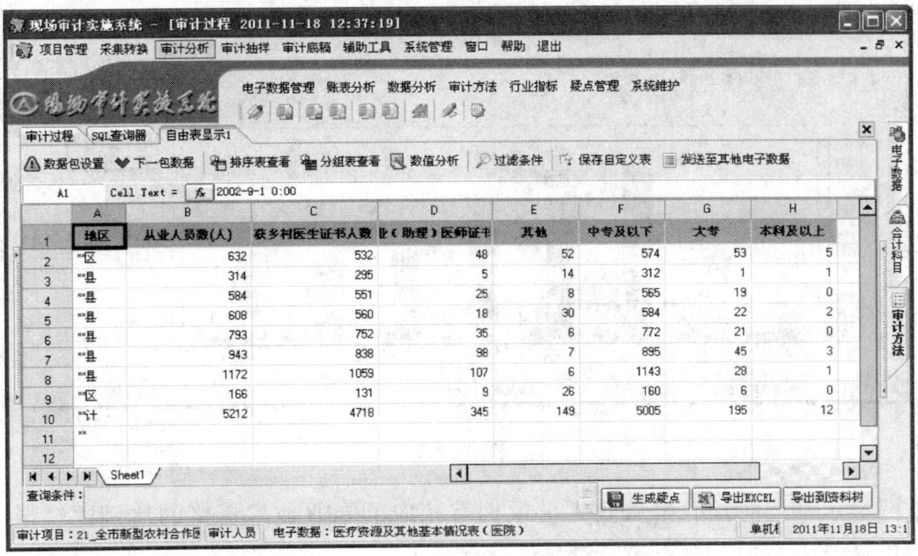

地区	从业人员数(人)	获乡村医生证书人数	业（助理）医师证书	其他	中专及以下	大专	本科及以上
××区	632	532	48	52	574	53	5
××县	314	295	5	14	312	1	1
××县	584	551	25	8	565	19	0
××县	608	560	18	30	584	22	2
××县	793	752	35	6	772	21	0
××县	943	838	98	7	895	45	3
××县	1172	1059	107	6	1143	28	1
××区	166	131	9	26	160	6	0
××计	5212	4718	345	149	5005	195	12

图 21－24

按不同指标进行图表分析。

乡村医生基本情况调查按执业资格显示如图 21－25 所示。

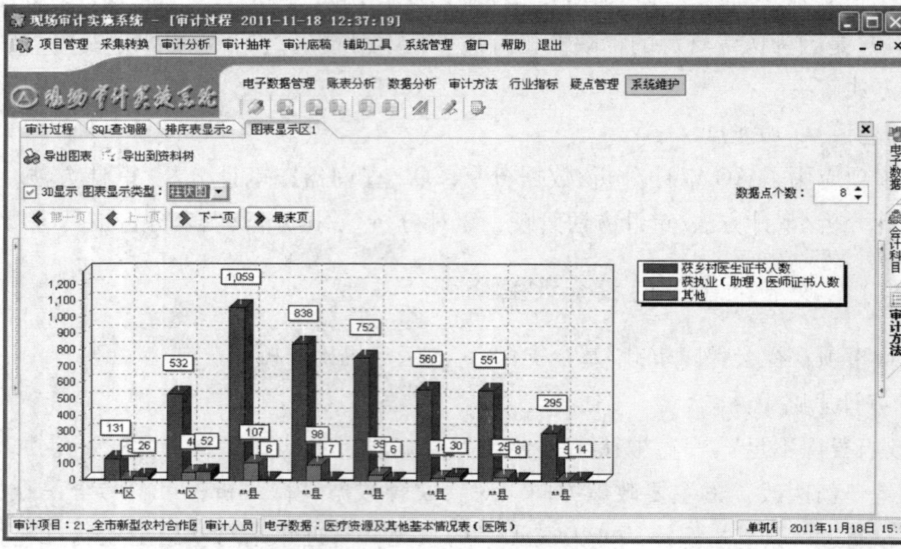

图 21－25

乡村医生基本情况调查按学历显示如图 21－26 所示。

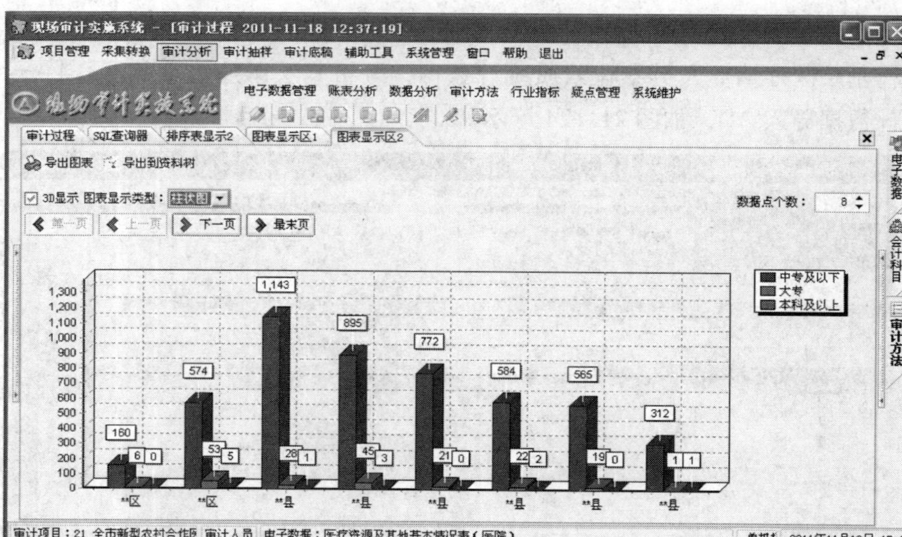

图 21－26

上图显示基层医疗卫生从业人员中拥有相应的专业技术资格的比例比较低，基层医疗卫生从业人员中，具有较高学历的比例偏低。

步骤二：基础设施建设与民众需求的关系。

以某乡镇卫生院为例，分析乡镇卫生院接受省级专款投入资金，建成医院诊疗大楼之后，诊疗人次的变化状况，如图 21－27 所示。

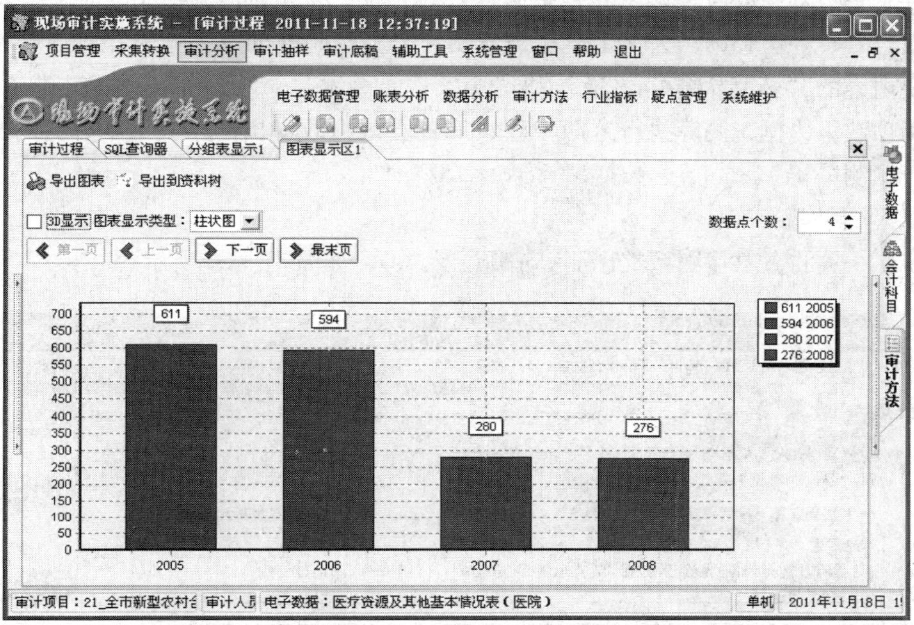

图 21－27

上图表明新诊疗大楼建成后，诊疗人次反而下降，说明基础设施资金投入没有迎合民众需求，其他地区情况类似。

3. 审计结果

乡镇卫生院的成立目标就是以提供公共卫生服务为主，并不倾向于基本医疗服务。目前各级政府均对乡镇卫生院投入巨额资金，均建成超过 2000 平方米的诊疗大楼，使乡镇卫生院向一般医院方向发展，这是违背国家政策的。乡镇卫生院虽然得到大量投入，但是基层医疗卫生人才薄弱的状况短时间内改变不了，医疗水平仍然很低。政府投入资金浪费严重。

从经济学的角度看，政府投入资金缺乏真正能对资金使用效益负责的人。医疗行业的复杂性决定了投资难有明确的效益考核标准，于是只能以“看得见”的硬件建设情况来“考核”，从而沦为“政绩工程”。

4. 应用 AO 功能点

本事项应用了 AO 审计分析/数据分析/图表分析工具；审计分析/数据分析/数值分析等功能。

（五）“加大政府投入”的困难

审计事项：社会保障审计/基金征缴/地方财政补助资金情况分析。

1. 审计思路

加大政府卫生投入，建立公立医疗机构主导的医疗服务体系，是“新医改”的重要指导思想。其中政府投入主要包括医保政府补助、基本药物制度政府补偿、人才队伍建设经费、乡医补助、公共卫生服务支出、公立医院补助等。作为“加大投入”政策重要内容的“药品销售零差价”和“国家药品基本目录”政策正在该市强力推进。以这两项政策为例，测算执行这两项政策后各县区财政支出的增大数额，并对相关效应进行预测分析。

2. 审计步骤

步骤一：将各县区财政支出测算情况导入 AO，如图 21－28 所示。

图 21－28

步骤二：对测算收支差额图表分析如图 21－29 所示。

对图 21－29 进行分析可以看出以上两项政策的推行面临诸多困难。首先，在技术和实际操作上难以准确核定药品“零差率”政策财政“合理”补偿金额；其次，将直接导致地方财政负担持续大幅增加，甚至超过县区财政承受能力。

3. 审计结果

新医改政策的“加大政府投入”，是建立在“财政有足够的钱”的假设之上的，但市级和县区财力根本无力承担这样长期的刚性支出压力，长远看必然导致税费增加，还要负担整个过程的种种耗费。

该市财政测算，2010 年预计各级政府对医改项目补助资金约 47500 万元。各项投入除医保政府补助外，都是直接“补供方”，而医保资金也由政府部门管理使用，资金

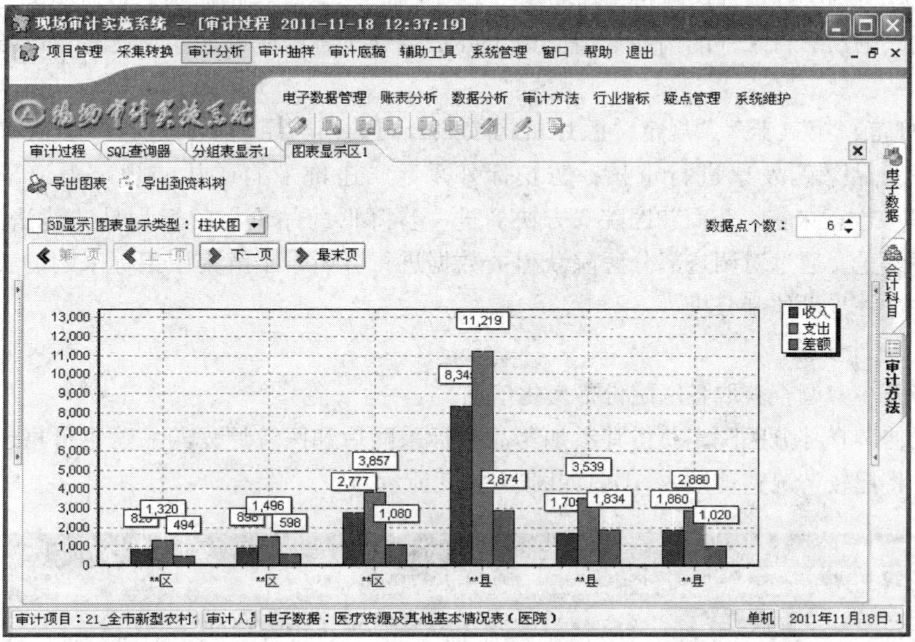

图 21－29

使用效益在目前的约束条件下难以保证。而“零差率”无法真正降低基层医疗机构药价；“加大投入”的理由与实际做法不符；乡村医疗卫生服务群体将难以维系。

加大政府投入，建立公立为主导的医疗体系，是“新医改”的重要指导思想。其中政府投入内容除医保补助外，都是直接“补供方”。“政府主导、加大投入”的政策混淆了公共卫生服务和一般医疗服务的界限，目标脱离财政实际负担能力，实际操作中重视部门权力而忽视行政责任，在当前的“公共财政”体制尚未建立、缺乏有效监督的情况下，必将加剧垄断，进一步削弱医疗资源动员能力，使得供求矛盾更加紧张，价格也就无法降低。医疗服务供给脱离了需求的引导，真正降低的只能是服务效率和质量。这种做法不但理论上无法成立，也与地方实际严重脱节，而且必将使得医疗卫生行业的局面更加复杂难解。加大“政府投入”，解决不了卫生系统的效率问题。

4. 应用 AO 功能点

本事项应用了 AO 审计分析/数据分析/图表分析工具功能。

（六）集中招标采购的药价分析

审计事项：社会保障审计/基金管理/制度建设情况。

1. 审计思路

目前以省为单位的“网上药品集中采购”办法正在强力推行。卫生部出台的《医疗机构药品集中采购工作规范》（简称《规范》）规定，“县级及县级以上……的非营利性医疗机构必须参加医疗机构药品集中采购工作”“医疗机构原则上不得购买药品集中采购入围药品目录外的药品”等。以上办法剥夺了各医院的药品、耗材、设备的采购权。

《规范》第三十六条规定“医疗机构按照合同购销药品，不得进行‘二次议价’。严格对药品采购发票进行审核，防止标外采购、违价采购或从非规定渠道采购药品”——这意味着，药商和医院双方协商进一步降低药品价格的行为是“违法”的！被严厉禁止。通过对调查部分医院获得的数据进行分析，了解集中招标采购的实际效果，并进一步做体制分析。

2. 审计步骤

步骤一：调查获取各医院价格变化信息。

延伸调查部分医院，获得其参加药品招标采购后和医院原先药品购进价格进行比较，并将比较情况整理导入 AO，如图 21－30 所示。

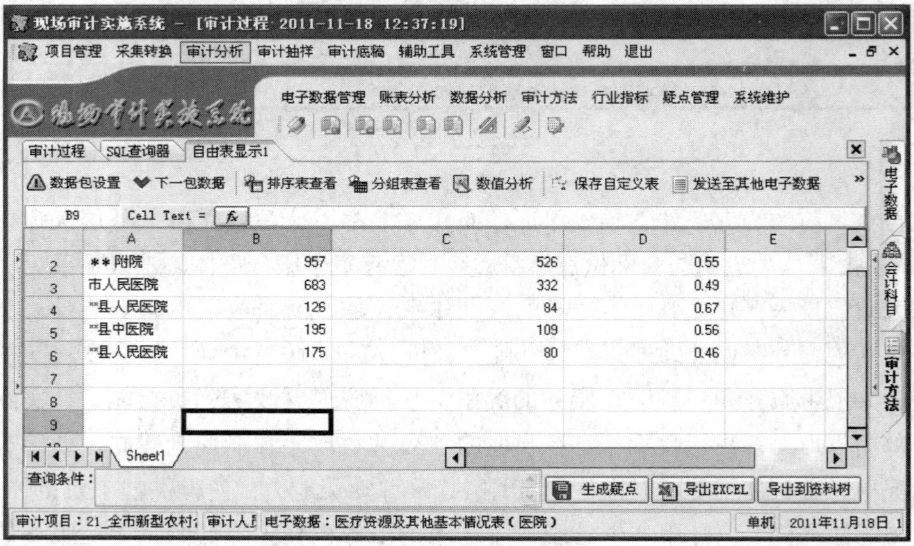

图 21－30

从上图可看出××附院 957 个品种的药品实行挂网采购，有 526 个品种的价格高于医院历史采购价；某县人民医院 126 种药品，其中 84 种高于本院进价；市人民医院 332 种、某县中医院 109 种、某县人民医院 80 种药品挂网价高于本院购进价。

步骤二：对上述分析结果进行图表分析，如图 21－31 所示。

3. 审计结果

目前的“网上药品集中采购”办法，以“发挥规模效益，降低采购价格、降低采购成本”的理由剥夺了各医院的药品、耗材、设备的采购权。调查情况表明，药价不但没有有效降低，反而大部分高于原先医院实际进价。尤为值得关注的是，有关文件

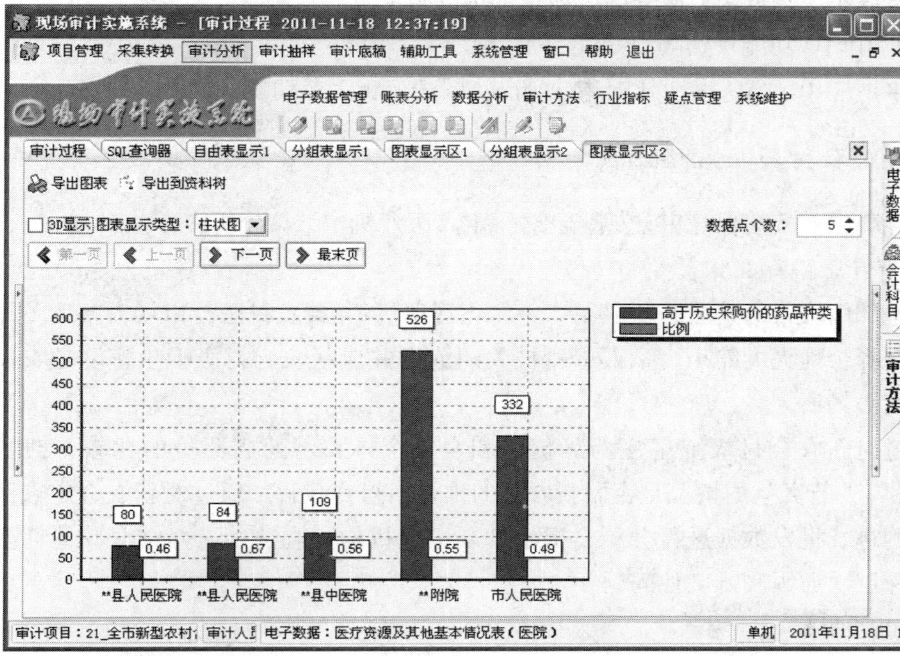

图 21－31

把医院“二次议价”定义为非法行为——不允许医院和厂商通过再次议价降价。

调查发现，近些年来药品管理的政策如最高限价、政府定价、15%加价率限制、市县级集中采购，再到现在的省级挂网采购、零差价政策、基本药物目录等，实践中都难以令人满意。医院为规避这些不切实际的政策，不断变换方式应对，促使医院财务行为复杂化、隐蔽化。更为严重的是，这种情况随着“零差价”政策的推行，有向基层医疗机构蔓延的趋势，届时可能出现药品零售价并没有降低，但“零差价”却已经不折不扣实现了的怪诞局面，同时诱发大量隐蔽性很强的违法违规行为。

根据经济学原理可以推断，“集中采购”是一种“替别人花钱”的行为，“花别人的钱”永远不如“花自己的钱”谨慎，而且权力集中必然增加寻租机会。对医院的经营自主权进行干涉，可以在良好愿望的支持下不顾现实状况强力推进，也可能是各种冠冕堂皇的理由掩盖下的利益驱使。在部门“看得见的手”的指挥下，干预政策频出，不但解决不了医药卫生体制的问题，反而使问题日益复杂化，逐渐形成“双边垄断”的格局。

价格是反映供求关系状况的信号，并引导资源的优化配置。过多的价格管制政策使得医疗行业供给短缺的状况不能直接通过医疗产品和服务的价格反映出来，使局面复杂化。价格信号的扭曲，使资源配置无法得到价格的引导，进一步削弱了医疗资源的动员能力。医疗是高度依赖品质的服务，而医疗服务的品质是难以检测的，管得住“价”，却管不住“质”，更严重的是无法充分调动服务的供给，现有的缺少积极性，潜在的资源不愿意进来，服务的质和量都难以满足人们越来越高的需求。

4. 应用AO功能点

本事项应用了AO审计分析/数据分析/图表分析工具功能。

（七）农村药品价格比较分析

审计事项：社会保障审计/基金支付/定点医疗机构结算分析。

1. 审计思路

卫生部门推行的基层医药卫生“一体化管理”，导致农村医疗市场大幅度萎缩，农民就医选择余地大大缩小。私人诊所被关闭或合并成新农合村级卫生室，是农民主要的门诊就医场所。

通过对新农合村级卫生室药品价格和乡镇个体私营药店药价的比较，剖析农民“看病贵、买药贵”的情况是否因新农合的推行而得到缓解。通过对新农合定点医疗机构药品购进、批发数据进行分析，揭示基层医疗机构盈利途径，并结合其他情况进一步剖析深层次原因和制度性问题。

2. 审计步骤

步骤一：调查获取基层药品数据。

选择一部分常用药品，调查这些药品在两个县区农村私人药店的价格和乡镇卫生院、新农合村级卫生院的价格，并计算新农合报销后的价格，整理后导入AO，如图21－32所示。

	药品名称	生产厂家	规格	卫生院村卫生室价格	药店价格	新农合报销后价格
2	头孢噻肟钠	齐鲁制药	1.0g	5	2	3.75
3	左氧氟沙星氯化钠	四川科伦	2.0g	2	1.5	1.5
4	头孢氨苄胶囊	淄博新达	0.25g*24粒	1.8	1.3	1.35
5	左氧氟沙星片	山东鲁抗	0.1g*6片	3.5	1.5	2.625
6	头孢曲松钠	齐鲁制药	1g	5	2.3	3.75
7	新康泰克	天津史克	10粒/盒	15	10.5	11.25
8	大青叶片	威海人生	24片	1.5	1	1.125
9	秦苏	江苏扬子江	5mg×12片	15	10	11.25
10	尼莫地平	山东健康	30mg*100片	6	4.2	4.5
11	阿司匹林	鲁抗辰欣	25mg*100片	2	1	1.5
12	脉络宁	南京金陵	10ml*10支	130	85	97.5
13	脑心通胶囊	咸阳步长	0.4g*36粒	32	24	24

图21－32

步骤二：对药品价格进行比较分析。

对照新农合村级卫生室的零售价格和报销后的价格，并生成如图 21－33 所示的图表。

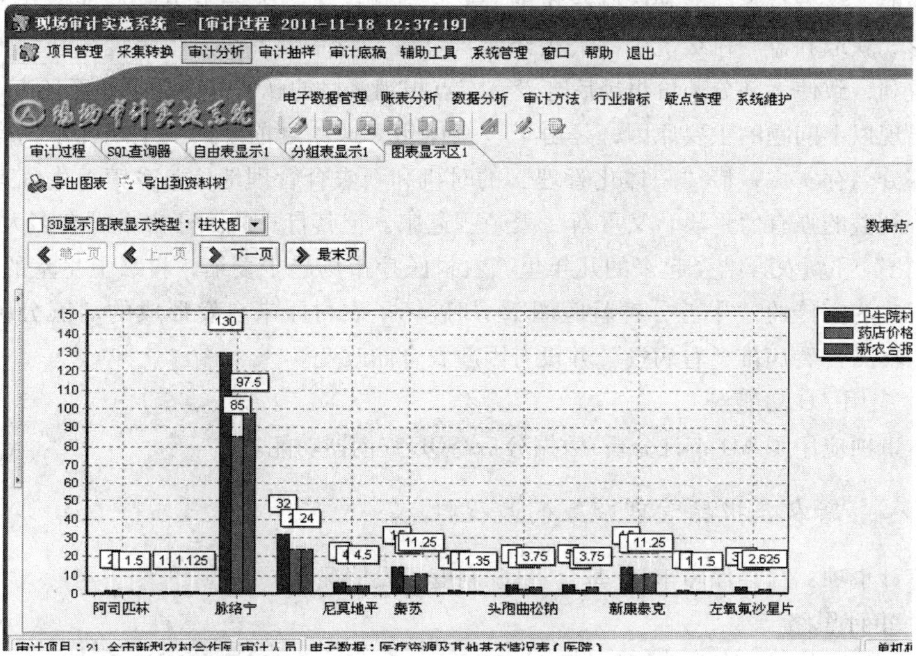

图 21－33

从图表上可看出新农合村级卫生室药品价格普遍高于私人药店，报销后基本与私人药店持平。

步骤三：基层药品统一采购盈利情况分析。

目前新农合村级卫生室没有药品采购权，必须由乡镇卫生院统一采购。获取乡镇卫生院药品批发数据，计算药品批发加成率。

```
Select  Avg((Diaobojia - Jinjia)/Jinjia) As 算数平均加价率
From 卫生院药品出库表
Where Chukudh In (Select Chukudh From 出库表
Where  Danweibm In (Select Keshibm From 字典表
Where Keshimc Like '% 卫生室%' Or Keshimc Like '% 服务站%')) And Serialno >
'2009-01-01' And Serialno <'2010-01-01'
```

经计算，加价率为 23%。

3. 审计结果

审计发现，目前各县、区村级卫生室药品普遍由乡镇卫生院统一代购分发，卫生院按照药品进价加成一定比例作为村卫生室的进价，从中获利，导致卫生室药价提高。2009 年至 2010 上半年全市乡镇卫生院仅这部分盈利就在 9500 万元左右。

乡镇“一体化办公室”“新农合办公室”普遍设在卫生院，同时还有一定的行政执法职能。这种行政职能和医院身份的一体化，偏离了“公共卫生”职能，并采用垄断的形式获取利益。村级卫生室失去经营自主权，药品由乡镇卫生院统一强制采购并加成盈利，致使大部分药价报销后与没有定点报销资格的私营药店持平甚至还高。

出现以上问题的主要原因，是由于“一体化管理”之前乡镇卫生院在市场竞争中已大部分名存实亡，借“一体化管理”的时机和新农合管理地位，乡镇卫生院有了追逐经济利益的强有力手段，又重新“繁荣”起来。但其自身的医疗水平没有多大发展。“一体化”和新农合结合起来的几年里，农村医疗市场趋于萎缩，村级卫生室的建成，形成了广为宣传的“十五分钟就医圈”，却破坏了农村原来自发形成的“五分钟就医圈”，农民“看病难、看病贵”并没有因新农合而改变。

4. 应用 AO 功能点

本事项应用了 AO 审计分析/数据分析/SQL 查询器功能。

（八）新农合报销管理政策的歧视性

审计事项：社会保障审计/基金管理/制度建设情况。

1. 审计思路

《中共中央、国务院关于进一步加强农村卫生工作的决定》（中发〔2002〕13 号）要求相关部门在政策制定时对符合条件的医疗机构，应一视同仁。这个要求一方面为了维护医疗市场的公平性，另一方面维护就医者自主选择权。通过考察县区新农合政策的具体条款设置，分析新农合报销政策的歧视性。

2. 审计步骤

以某县新农合报销政策为例，假设病人在不同医院住院，住院费用 5000 元，根据 2010 年办法测算得到如下数据，导入 AO，并进行图表查看，如图 21－34、图 21－35 所示。

由图表可见，同样的住院费用在报销“政策”的影响下，报销比例不同，自负比例越来越高。

3. 审计结果

各县区报销办法对医疗机构的限制主要有：一是定点准入制，二是行政区域限制，三是报销额度限制。差别大体是：公立医院高于民营医院，按医院级别递减，本县高于外县，本市高于市外，定点高于非定点（报销比例很低或不报销）。报销比例由最低 15% 到最高 70% 左右。而起付线的级差正相反，分别是 100 元到 800 元、1000 元不等，歧视性非常明显。

歧视性政策不符合“以人为本”的理念，导致群众自主就医权受到限制。基层

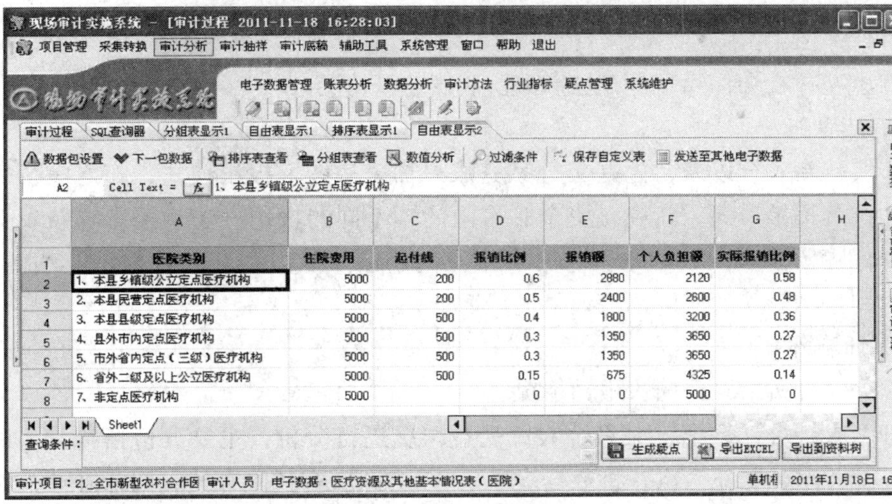

图 21 – 34

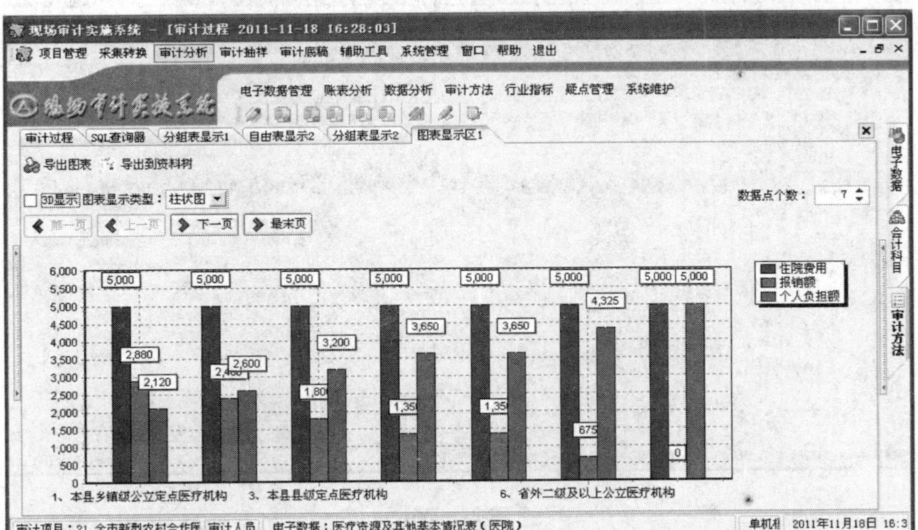

图 21 – 35

管理部门站在部门利益角度，制定倾向性、保护性的报销政策，通过垄断报销渠道阻止本辖区的病人外流，而不是靠提供质优价廉的服务，迎合参合农民的就医需求来获益。

4. 应用 AO 功能点

本事项应用了 AO 审计分析/数据分析/自由表分析工具；审计分析/数据分析/图表分析工具等功能。

（九）门诊报销政策合理性分析

审计事项：社会保障审计/基金管理/制度建设情况。

1. 审计思路

该市实行新农合以来，先是实行家庭账户加大病统筹报销模式，随之实行门诊统筹加大病统筹报销模式。新农合资金是有限的，不同的报销办法直接影响新农合资金的流向和保障效果。通过考察新农合资金流向、保障能力和新农合报销办法的关系，对门诊费用报销政策的实际保障效果进行评价。

2. 审计步骤

步骤一：分析新农合门诊报销情况。

整理新农合统计数据，对参合农民受益情况进行分析，主要分析指标：门诊受益率、住院受益率、受益人次。将数据表导入AO。新农合住院补偿、门诊补偿人次情况如图21－36所示。

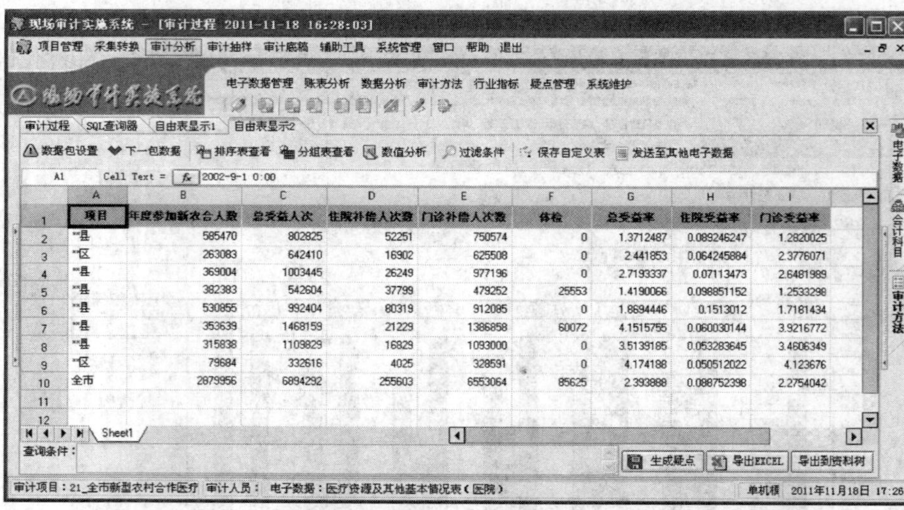

图21－36

以图表查看各地区差异情况，如图21－37所示。

从图21－37可看出门诊受益面很高，分散了新农合资金。说明了新农合处于一种“低水平、广受益”的状态。

步骤二：分析新农合资金大病报销情况。分析新农合住院统计数据，了解参合农民住院分布情况，判断参合农民医疗需求的选择方向。将相关数据导入AO。

新农合参合农民住院分布情况如图21－38所示。

图表查看新农合参合农民住院分布情况，如图21－39所示。

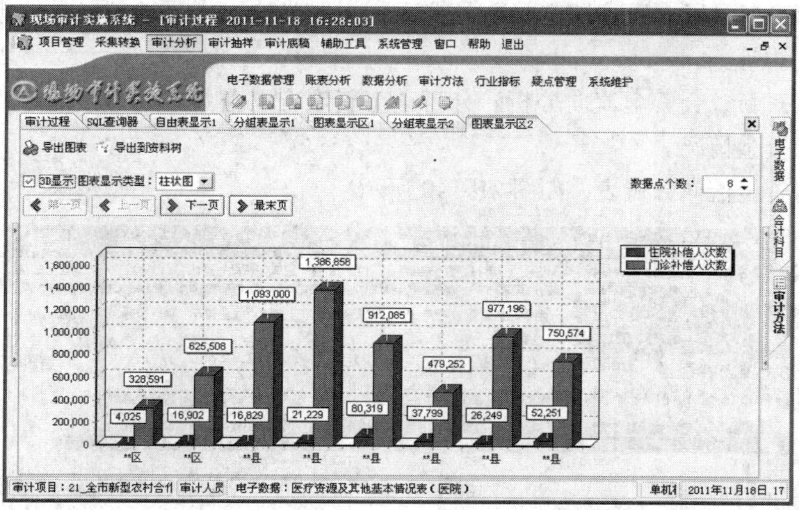

图 21－37

项目	住院补偿人次数	一级医疗机构	一级医疗机构1	县级医疗机构	县级医疗机构1	县外医疗机构	县外医疗机构1
**县	50196	27946	0.556737558652482	14472	0.288309825484102	7778	0.154952585863415
**区	15320	4371	0.285313315926893	3729	0.243407310704961	7220	0.471279373368146
**县	26249	8417	0.320659834660368	11458	0.436511867118747	6374	0.242828298220885
**县	37466	13712	0.36598515987829	13997	0.373592056798164	9757	0.260422783323547
**县	76609	34211	0.446566330326724	26475	0.345586027751309	15923	0.207847641921967
**县	19576	6275	0.320545565999183	7041	0.359675112382509	6260	0.319779321618308
**县	16829	1903	0.11307861429675	9074	0.539188305900529	5852	0.347733079802721
**区	3429	571	0.166520851560222	893	0.260425780110819	1965	0.573053368328959

图 21－38

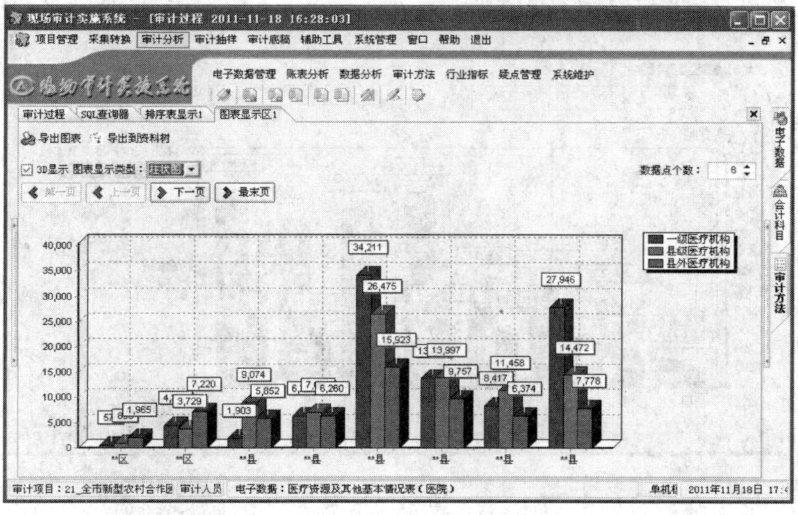

图 21－39

以上可见各县区农民住院选择差异严重，主要影响因素是地域、具体报销政策限制、转诊制约等。

步骤三：新农合资金流向分析。分析全市新农合财务数据，得出门诊、住院报销消耗新农合资金情况。

新农合资金流向分析表，如图 21－40 所示。

图 21－40

图表查看新农合资金流向分析，如图 21－41 所示。

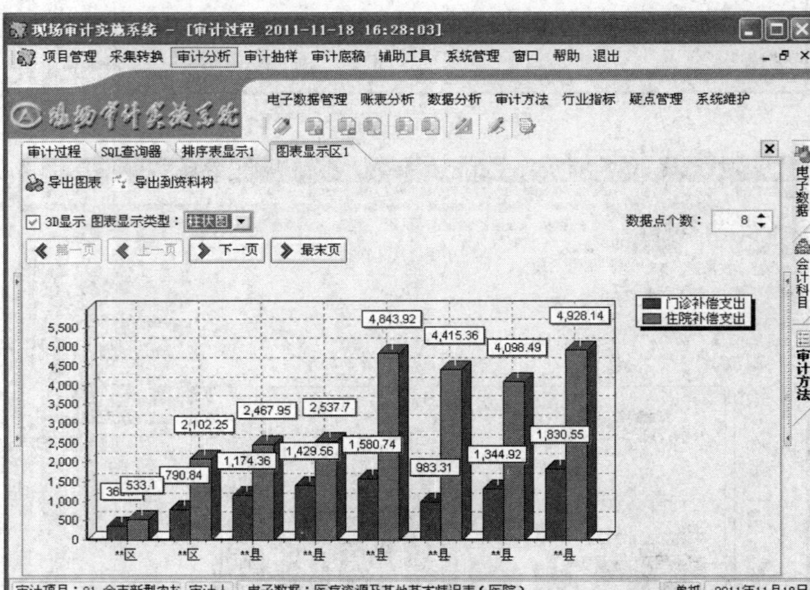

图 21－41

步骤四：取消门诊报销保障能力测算。根据 2009 年度、2010 年上半年住院、门诊报销资金情况，测算全市门诊报销资金加入到住院报销，对于住院报销比例的影响。测算情况如图 21－42 所示。

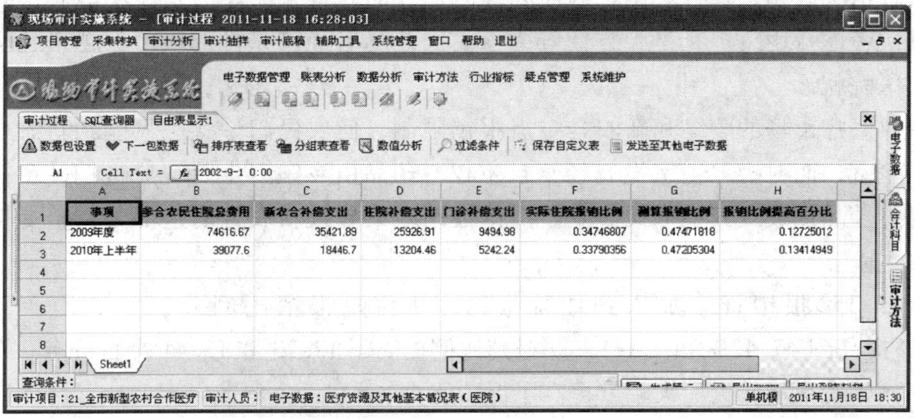

图 21－42

用图表查看如图 21－43 所示。

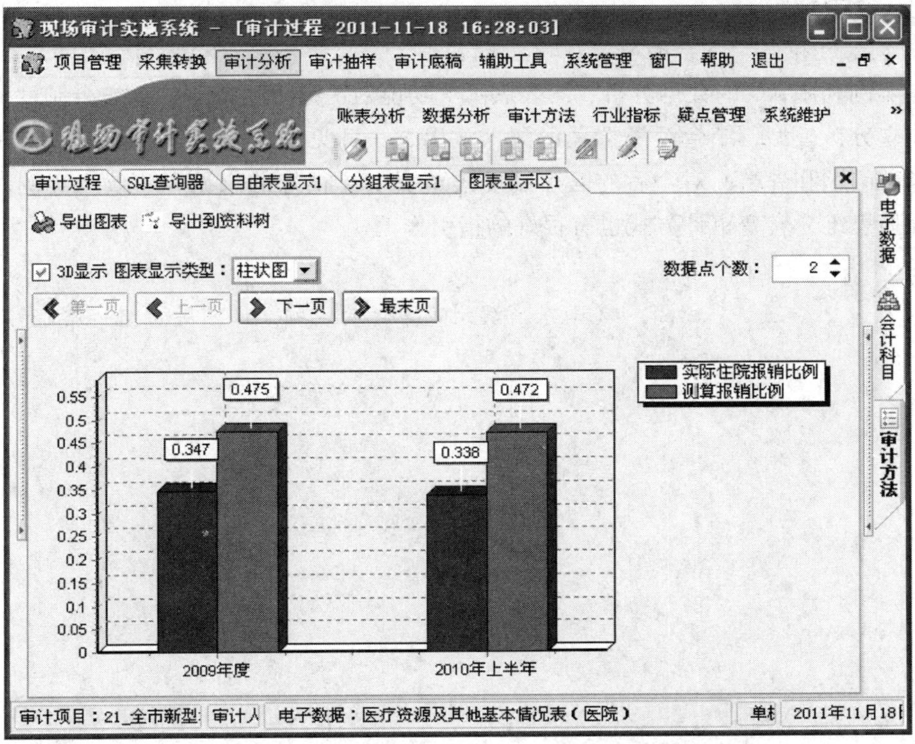

图 21－43

3. 审计结果

相对于农民的收入增加状况，对农村家庭威胁最大的首先是“看不起病、看不好病”，其次才是家庭成员患大病后的大额医疗费“因病致贫”，而不是小额门诊费用负担。审计情况表明，参合农民患病需要住院治疗时，首先关注的是能不能获得有效治疗，其次考虑费用负担和是否方便等因素。因此随着经济条件的改善，越来越倾向于选择大医院就诊。

农村医疗市场的萎缩和新农合定点报销限制，使农民门诊就医只能到新农合定点村级卫生室，而村级卫生室没有经营自主权，药品由乡镇卫生院统一进销，乡镇卫生院再通过药品加成或其他形式盈利。门诊报销政策导致新农合的这部分资金受控流向乡镇卫生院。

全市门诊报销资金加入到住院报销，使住院报销比例分别由平均 34.86%、33.79% 提高到 47.47% 和 47.21%。报销比例提高了 12.73 和 13.41 个百分点。在不增加筹资额的情况下，无疑大幅度提高了保障能力。

4. 应用 AO 功能点

本事项应用了 AO 审计分析/数据分析/图表分析工具功能。

三、点评

本实例利用 AO 的数据分析、图表展示等功能对医疗卫生体制、新农合制度和运行环境建立分析模型，结合经济学理论深入浅出、一针见血地指出了当前新农合制度存在的各种问题和弊端，对今后的医疗制度改革提出了很好的意见和建议。实例对审计人员开拓思维、转变审计方式也有很好的指引作用。

（山东省滨州市审计局　顾　山　吴占魁　蔡晓林）

实例二十二

国家基本药物制度执行情况审计 AO 应用实例

一、项目背景

某区户籍人口 81 万，流动人口 83 万，户籍人口中农民约占 60%。全区 22 个镇（乡、街道）共设置 23 家社区卫生服务中心，下辖 282 家社区卫生服务站。全区所有的社区卫生服务中心和社区卫生服务站于 2010 年 2 月 25 日全部实施国家基本药物制度。目前，该区可供基层医疗机构选择配备的有 307 种国家基本药物 846 个品规，省增补的 150 种非基本药物 352 个品规，在过渡阶段该区选了 43 种 50 个品规非基本药物，30 张及以上住院床位的基层医疗机构针对住院病人使用的共 18 种 19 个品规。为有效监控基本药物采购、使用情况，区卫生局运用计算机技术开发了一套药品监管系统，对全区基层医疗机构的基本药物使用、采购以及处方情况进行监管。同时，区卫生局筛选出 1000 多种作为某区基本药物品规目录，并在药品监管平台中建立药品目录匹配中心，要求下属各单位采购药品的种类必须与中心目录相匹配，否则无法入库，这一措施从源头上有效预防了基层医疗机构擅自配备非基本药物的现象。2010 年 3 月至 12 月，基层医疗卫生机构急诊、门诊次均药品费用由去年同期的 47. 37 元下降到 29. 94 元，下降了 36. 80%；住院次均药品费用由去年同期的 1523. 17 元下降到 757. 40 元，下降 50. 27%，有效减轻了老百姓的基本用药负担。同时，基层医疗机构急诊、门诊人次由去年同期的 655. 15 万人次增加到 725. 46 万人次，增长了 10. 73%。

二、审计过程

（一）多基层医疗机构药品价格横向比对

审计事项：社会保障审计/基金支付/定点医疗机构结算分析。

1. 审计思路

由于不同基层医疗机构的内部药品编码不一致，无法横向对药品进行比对。因此有必要对基层医疗机构药品编码进行统一标准化（本实例不重点描述药品标准编码统一的过程）。

在药品编码统一标准化的基础上，审计人员将处方明细信息表关联出每个药品对应的药品标准编码。即可实现多个基层医疗机构药品价格横向的比对，查看是否存在同一天不同基层医疗机构药品价格不一致的情况。

2. 审计步骤

步骤一：借用采购平台数据作为桥梁，统一基层医疗机构药品编码的标准化。

通过 AO SQL 查询器编写 SQL 语句。采用卫生局基本药物品规目录中的药品编码作为标准编码，将其更新到各基层医疗机构采购平台订单明细表中。再借用采购平台订单明细数据与基层医疗机构的药库入库表关联，实现基层医疗机构药品编码的统一。如图 22－1 所示。

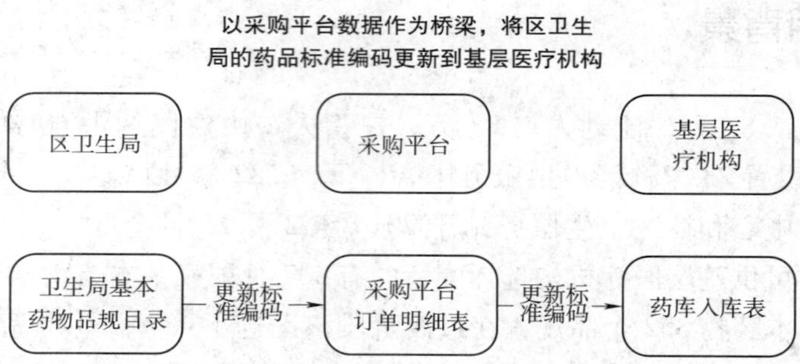

图 22－1

步骤二：筛选出基本药物制度实施后，所有基层医疗机构的处方用药明细，并关联出每个药品所对应的药品标准编码。

```
Select  a.[医疗机构编码],a.[药房编码],a.[处方编号],a.[处方序号],a.[药品编码]
        ,a.[配药数量],a.[零售价],a.[零售价金额],Left(a.[处方编号],8) As 日期
        ,b.[药品标准编码]
From [处方明细信息表] As a
Inner Join [药品目录表] As b
On a.[医疗机构编码] = b.[医疗机构编码]
And a.[药品编码] = b.[药品编码]
Where Left(a.[处方编号],8) >'20100225'
```

单击【执行到 SQL 排序表】功能，查看执行结果并将其保存为自定义中间表，如图 22－2 所示。

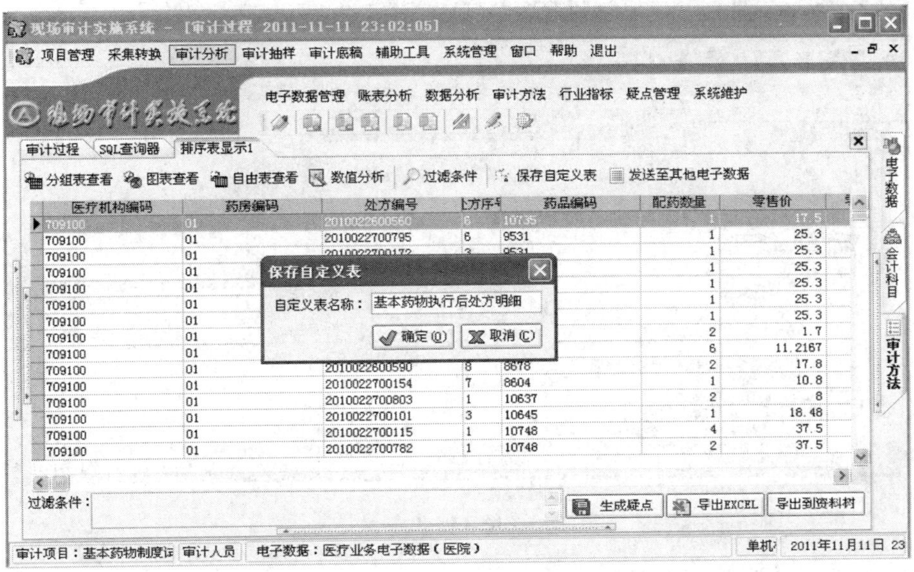

图 22－2

步骤三：在自定义表的基础上，按药品标准编码、处方日期进行分组。查看同一天同种药品不同基层医疗机构价格是否存在两个以上。如图 22－3 所示。

```
Select [药品标准编码],[日期],Count(*) As 价格不同个数
From (
Select Distinct [药品标准编码],[日期],[零售价]
From [基本药物执行后处方明细]
    ) As a
Group By  [药品标准编码],[日期]
Having Count(*) >1
```

步骤四：进一步分析不同基层医疗机构药品价格不一致的，并对具体某个药品价格进行横向比对。

通过同一天同种药品不同基层医疗机构价格存在两个以上的，发现药品标准编码为“12005001”存在同一天两个价格的情况。右键单击【基本药物执行后处方明细】自定义表，选择【多层分组表查看】功能，弹出查询向导窗口，增加查询条件，如图 22－4 所示。

单击“确定”按钮后，产生药品标准编码“12005001”在 2010 年 02 月 26 日所有处方用药明细。并对查询结果按医疗机构编码进行分组，如图 22－5 所示。

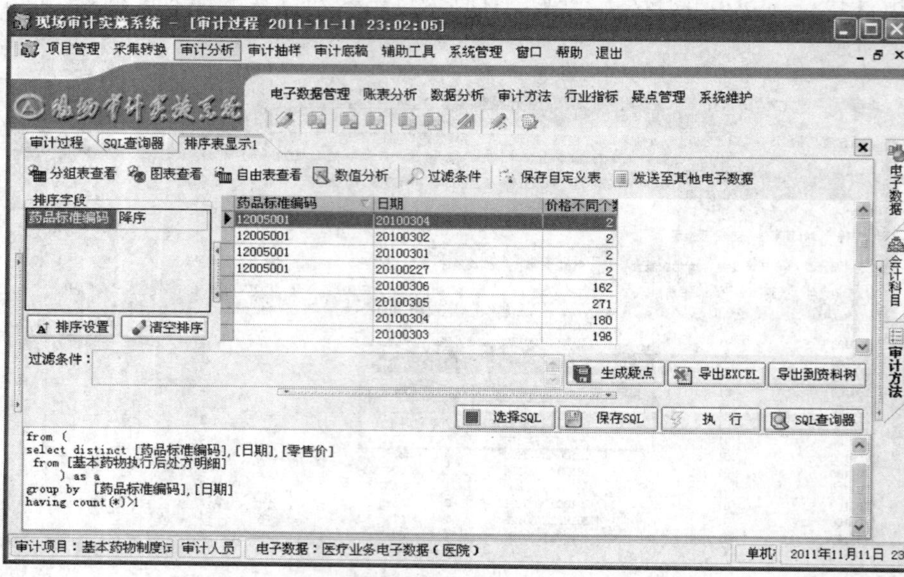

图 22-3

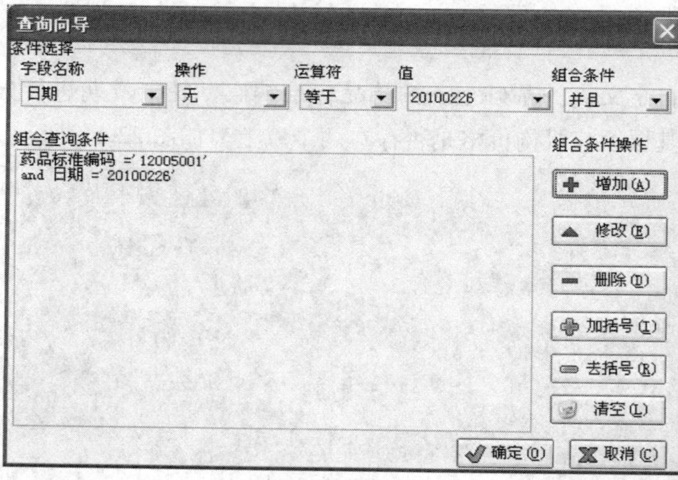

图 22-4

再借用【图表查看】功能，用图形的方式展现该药品在不同基层医疗机构的价格情况，以“医疗机构编码”作为X轴，“零售价”作为Y轴，图表显示类型选择“柱状图”，如图22-6所示。

3. 审计结果

通过疑点的进一步落实，发现个别基层医疗机构确实存在同一天同种药品价格与其他医疗机构不一致的问题。主要原因：

（1）个别卫生院截至2010年12底部分药品未执行药品零差价制度。

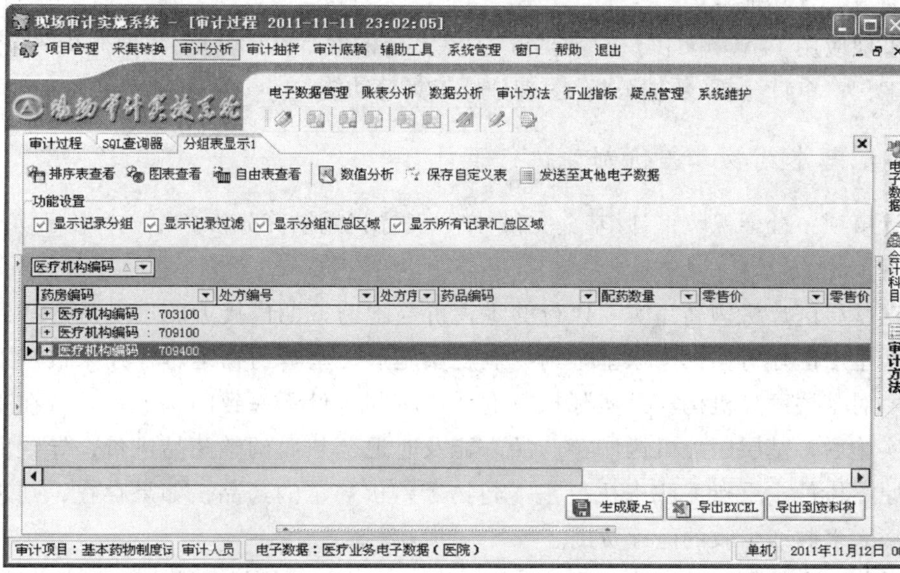

图 22－5

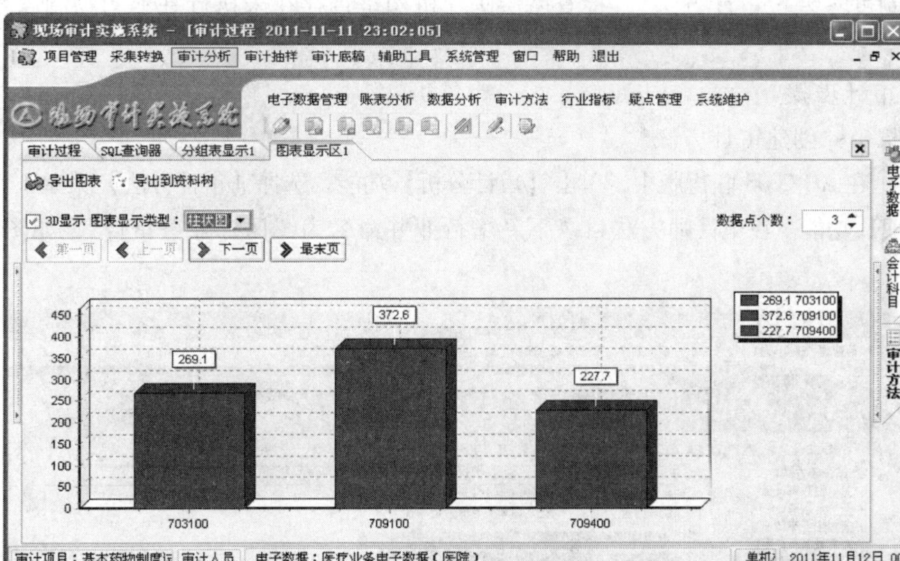

图 22－6

（2）在基本药物制度实施后，卫生院库存药品未能及时退药，从而调整药品进价，导致库存药品执行原零售价。

（3）在部分入库药品录入过程中未仔细核对，原来价格与现进货价格差异，未及时发现。

（4）部分库存药品因调价信息延后未及时操作 。

4. 应用 AO 功能点

本事项应用了 AO 审计分析/数据分析/SQL 查询器；审计分析/数据分析/排序分组表分析工具；审计分析/数据分析/图表分析工具等功能。

（二）基本药物零差价制度执行审计

审计事项：社会保障审计/基金支付/定点医疗机构结算分析。

1. 审计思路

根据基层医疗机构药品实际执行的零售价与配药日期最接近的进价是否一致的分析，判断基层医疗机构在国家基本药物制度实施后，基本药物是否存在未按零差价制度执行。对基层医疗机构药品实际执行的零售价与进价不一致的，审查是否在基本药物制度实施后，基层医疗机构库存药品未能及时退药从而调整药品进价，导致库存药品执行原零售价。重点关注未执行基本药物零差价规定的药品，如果存在，则进一步统计对病人多收、少收的医疗费用。

最后创建和编写审计方法，通过【自动审计】功能，执行审计方法生成审计疑点，从而实现审计目标。基本药物零差价制度执行审计主要使用“基层医疗机构未执行基本药物制度零差价审计方法”，检查基层医疗机构是否存在未执行基本药物制度零差价规定的情况

2. 审计步骤

步骤一：创建审计方法。

（1）在 AO 2008 联机版中，单击【审计分析】功能，选择【审计方法】菜单下【审计方法管理】功能。在审计师方法目录下新增行业并命名为“医疗业务审计”，如图 22－7 所示。

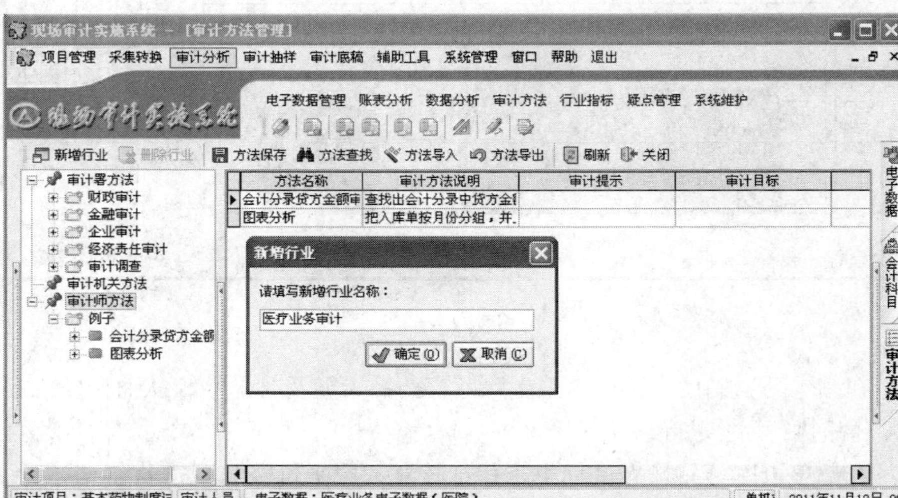

图 22－7

（2）在“医疗业务审计”行业文件夹下，创建审计方法目录及审计方法步骤。

编写审计方法的审计步骤，每个审计步骤由 ASL 和 SQL 语言组成，最终编译通过后，形成一个完整的审计方法。ASL 语言如下：

```
BEGIN
//生成汇总年药品采购中间表
EXECUTEUPDATE(
'SELECT A.[医疗机构编码]'+
'       ,B.[药品标准编码]'+
'       ,A.[药库入库类型]'+
'       ,A.[药品编码]'+
'       ,LEFT(A.[入库日期],10) AS [入库日期]'+
'       ,SUM(A.[数量]) AS [入库数量]'+
'       ,A.[进价]'+
'       ,A.[零售价]'+
'INTO 药品入库明细'+
'FROM 药库入库表 AS A'+
'INNER JOIN 药品目录表 AS B'+
'  ON A. 医疗机构编码=B. 医疗机构编码'+
'  AND A.[药品编码]=B.[药品编码]'+
'GROUP BY A.[医疗机构编码]'+
'       ,B.[药品标准编码]'+
'       ,A.[药库入库类型]'+
'       ,A.[药品编码]'+
'       ,LEFT(A.[入库日期],10)  '+
'       ,A.[进价]'+
'       ,A.[零售价]');

//生成将药品采购数据中排除所有冲红的数据
EXECUTEUPDATE(
'SELECT B. *  '+
'  INTO 药品入库明细_排除冲红入库'+
'  FROM 药品入库明细 AS A'+
'INNER JOIN 药品入库明细 AS B'+
'    ON A.[医疗机构编码]=B.[医疗机构编码]'+
```

```
'   AND A.[药库入库类型]=B.[药库入库类型]'+
'   AND A.[药品编码]=B.[药品编码]'+
'   AND LEFT(A.[入库日期],10) =LEFT(B.[入库日期],10)'+
'   AND A.[进价]=B.[进价]'+
'   AND A.[零售价]=B.[零售价]'+
'  WHERE A.[入库数量] >0');
//生成中间表_药品最后发生时间临时表
EXECUTEUPDATE(
'SELECT  A.[医疗机构编码]'+
'          ,D.医疗机构名称'+
'  ,B.生产企业名称'+
'  ,B.[药品名称]'+
'  ,B.[药品规格]'+
'  ,A.[入库日期]'+
'  ,A.[入库数量],A.[进价]'+
'  ,A.[零售价]'+
'  ,A.[药品标准编码]'+
'  ,A.[药品编码]  '+
'  INTO 未执行零差价'+
'  FROM 药品入库明细_排除冲红入库 AS A'+
'INNER JOIN 药品目录表 AS B'+
'     ON A.医疗机构编码=B.医疗机构编码'+
'   AND A.药品编码=B.药品编码'+
'INNER JOIN 医疗机构信息表 AS  D'+
'     ON A.医疗机构编码=D.医疗机构编码'+
'WHERE LEFT(入库日期,10)>="2010-02-25"'+
'  AND ABS(A.进价-A.零售价)>0'+
'  AND 入库数量>0'+
'  AND A.进价>0'+
'  and 药品类型=1'+
'ORDER BY A.[医疗机构编码],A.药品编码');

//汇总基层医疗机构有销售过的药品数据
EXECUTEUPDATE(
'SELECT DISTINCT A.医疗机构编码'+
```

```
'        ,LEFT(处方编号,8) AS 日期'+
'        ,A. 药品编码'+
'        ,A. 零售价'+
'        ,A. 零售价*药房装量 AS 转换后零售价'+
'  INTO 处方销售过的药品'+
'FROM 处方明细信息表 AS A'+
'INNER JOIN 药品目录表 AS B'+
'     ON A. 医疗机构编码=B. 医疗机构编码'+
'   AND A. 药品编码=B. 药品编码');

//药品入库后处方明细真正未执行零差价的药品情况
EXECUTEUPDATE(
'SELECT DISTINCT A.*   '+
'INTO 真正未执行零差价'+
'FROM 未执行零差价 AS A'+
'INNER JOIN   处方销售过的药品 AS B'+
'     ON A. 医疗机构编码=B. 医疗机构编码'+
'   AND A. 药品编码=B. 药品编码'+
'   AND (A. 零售价=B. 零售价 OR A. 零售价=B. 转换后零售价)'+
'   AND LEFT(A. 入库日期,10)<=LEFT(B. 日期,4)+"-"+SUBSTRING (B.
日期,5,2)+"-"+SUBSTRING(B. 日期,7,2)');

//汇总整合成一条记录药品基本药物执行进价和零售价情况
EXECUTEUPDATE(
'SELECT [医疗机构编码]'+
'        ,[医疗机构名称]'+
'        ,[药品名称]'+
'        ,[药品规格]'+
'        ,生产企业名称'+
'        ,MIN([入库日期]) AS [最初入库日期]'+
'        ,SUM([入库数量]) AS [入库数量]'+
'        ,[进价],[零售价]'+
'        ,[药品标准编码]'+
'        ,[药品编码]'+
'INTO 整合成一条记录'+
```

```
'FROM 真正未执行零差价'+
'GROUP BY [医疗机构编码],[医疗机构名称]'+
'        ,[药品名称],[药品规格]'+
'        ,生产企业名称,[进价],[零售价]'+
'        ,[药品标准编码],[药品编码]');

//汇总药品数量
EXECUTEUPDATE(
'SELECT   A.[医疗机构编码]'+
'  ,A.[医疗机构名称]'+
'  ,A. 生产企业名称'+
'  ,A.[药品名称]'+
'  ,A.[药品规格]'+
'  ,A.[最初入库日期]'+
'  ,A.[入库数量]'+
'  ,A.[进价],A.[零售价]'+
'  ,A.[药品标准编码],A.[药品编码]'+
'  ,SUM(B. 配药数量/C. 药房装量) AS 数量'+
'  ,B.[零售价]*C. 药房装量 AS 处方零售价'+
'INTO 中间结果'+
'FROM ((select * from 整合成一条记录 where [医疗机构编码]="709400"))
AS A'+
'INNER JOIN 药品目录表 AS C'+
'ON A. 医疗机构编码=C. 医疗机构编码'+
'AND A. 药品编码=C. 药品编码'+
'INNER JOIN 处方明细信息表 AS B'+
'ON A. 医疗机构编码=B. 医疗机构编码'+
'AND A. 药品编码=B. 药品编码'+
'AND LEFT(A.[最初入库日期],10)<=LEFT(CAST(B. 处方编号 AS VARCHAR
(64)),4)+"-"+SUBSTRING(CAST(B. 处方编号 AS VARCHAR(64)),5,2)+"-"
+SUBSTRING(CAST(B. 处方编号  AS VARCHAR(64)),7,2)'+
'AND (A. 零售价=B. 零售价 OR A. 零售价=B. 零售价*C. 药房装量)'+
'GROUP BY  A.[医疗机构编码]'+
'  ,A.[医疗机构名称]'+
'  ,A. 生产企业名称'+
```

```
'    ,A.[药品名称]'+
'    ,A.[药品规格]'+
'    ,A.[最初入库日期]'+
'    ,A.[入库数量]'+
'    ,A.[进价],A.[零售价]'+
'    ,A.[药品标准编码]'+
'    ,A.[药品编码]'+
'    ,B.[零售价]'+
'    ,C. 药房装量'+
'ORDER BY A. 医疗机构编码,A. 药品编码,A.[最初入库日期]');
end.

VAR
  SQLSTR,BZ; //定义变量 CX:查询,BZ:标志
BEGIN
//SQL 语句赋值给变量
SQLSTR:=CREATEQ(
'SELECT  [医疗机构编码]'+
'         ,[医疗机构名称]'+
'         ,生产企业名称'+
'    ,[药品名称]'+
'    ,[药品规格]'+
'    ,[最初入库日期]'+
'    ,[入库数量]'+
'    ,[进价]'+
'    ,[零售价]'+
'    ,数量 AS 处方数量'+
'    ,CASE WHEN 数量>入库数量'+
'         THEN  入库数量*([零售价]-进价)  '+
'         ELSE 数量*([零售价]-进价)  END 多收金额'+
'    ,[药品标准编码]'+
'    ,[药品编码]'+
'FROM 中间结果',-1);

//循环将查询结果放入业务疑点临时库
```

```
  BZ:=QEOF(SQLSTR);                              //判断是否为空
  WHILE BZ<>1 DO                    //循环开始直到 BZ=1 结束
  BEGIN
        ADDTRANSRSLT(SQLSTR,'未执行基本药物制度零差价疑点');
    BZ:=QMOV(SQLSTR,1);                     //下移一行
    BZ:=QEOF(SQLSTR);                 //判断是否为空
  END;
//将临时库结果集放入疑点库
TRANSBATCH(SQLSTR,'未执行基本药物制度零差价疑点');
//SQL 语句赋值给变量
//删除临时表
EXECUTEUPDATE(
'DROP TABLE 药品入库明细 '+
'DROP TABLE 药品入库明细_排除冲红入库'+
'DROP TABLE 未执行零差价'+
'DROP TABLE 处方销售过的药品'+
'DROP TABLE 整合成一条记录'+
'DROP TABLE 中间结果'+
'DROP TABLE 真正未执行零差价');
END.
```

步骤二：通过【自动审计】功能，勾选需要执行审计方法，单击【确定】，执行自动审计，如图 22－8 所示。

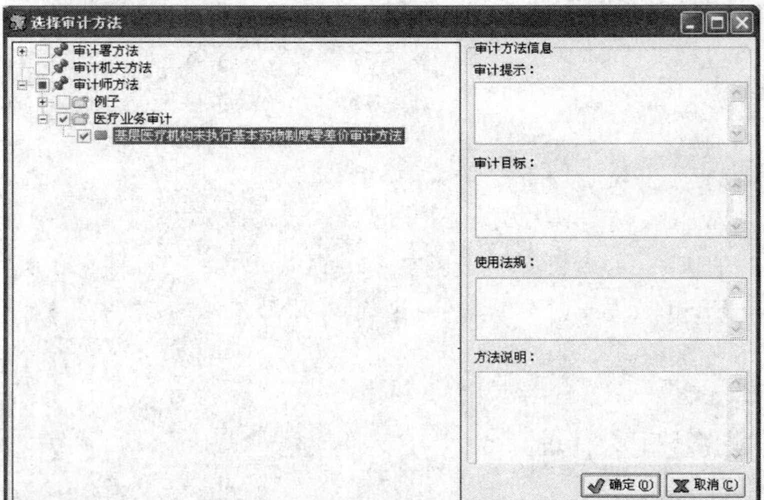

图 22－8

步骤三：通过【疑点管理】功能，查看并分析执行审计方法后生成的审计疑点。落实未执行基本药物零差价制度相关基层医疗机构及相应的药品。

步骤四：导出审计疑点后，经过审计人员整理 Excel 格式，将未执行基本药物零差价的审计疑点发布给被审计单位，并得到反馈情况。

3. 审计结果

通过疑点的进一步落实，发现个别基层医疗机构确实存在未执行基本药物零差价的问题。

4. 应用 AO 功能点

本事项应用了 AO 审计分析/审计方法/审计方法管理；审计分析/审计方法/自动审计等功能。

（三）基本药物品规目录外采购审计

审计事项：社会保障审计/基金支付/定点医疗机构结算分析。

1. 审计思路

以采购平台药品订单明细表为桥梁，通过关联基层医疗机构药物品规目录与药品采购入库明细信息，审查基层医疗机构是否存在基本药物品规目录外采购的情况，并创建基本药物品规目录外采购审计方法，自动审计基层医疗机构是否存在基本药物品规目录外采购的情况。

2. 审计步骤

步骤一：制作审计方法。

通过审计方法管理功能，创建审计方法目录，编写 ASL 语言。最终形成审计方法 ASL 语言如下。

```
步骤 1:创建中间表
BEGIN
//生成汇总年药品采购中间表
EXECUTEUPDATE(
'SELECT A.[医疗机构编码]'+
'        ,B.[药品标准编码]'+
'        ,A.[药库入库类型]'+
'        ,A.[药品编码]'+
'        ,LEFT(A.[入库日期],10) AS [入库日期]'+
'        ,SUM(A.[数量]) AS [入库数量]'+
'        ,A.[进价]'+
'        ,A.[零售价]'+
'INTO 卫生院药品入库明细'+
```

```
'FROM  药库入库表 AS A'+
'  INNER JOIN 药品目录表 AS B'+
'   ON A.[医疗机构编码]=B.[医疗机构编码]'+
'   AND A.[药品编码]=B.[药品编码]'+
'GROUP BY A.[医疗机构编码]'+
'        ,B.[药品标准编码]'+
'        ,A.[药库入库类型]'+
'        ,A.[药品编码]'+
'        ,LEFT(A.[入库日期],10)  '+
'        ,A.[进价]'+
'        ,A.[零售价]');

//将药品采购数据中排除所有冲红的数据
EXECUTEUPDATE(
'SELECT B. *   '+
'INTO 卫生院药品入库明细BAK  '+
'FROM 卫生院药品入库明细 AS A  '+
'INNER JOIN 卫生院药品入库明细 AS B  '+
'ON A.[医疗机构编码]=B.[医疗机构编码]  '+
'AND A.[药库入库类型]=B.[药库入库类型]  '+
'AND A.[药品编码]=B.[药品编码]  '+
'AND LEFT(A.[入库日期],10) =LEFT(B.[入库日期],10)  '+
'AND A.[进价]=B.[进价]  '+
'AND A.[零售价]=B.[零售价]  '+
'WHERE A.[入库数量] >0');
end.
```

步骤2:插入疑点到疑点库

```
VAR
  SQLSTR,BZ; //定义变量CX:查询,BZ:标志
BEGIN
//SQL语句赋值给变量
SQLSTR:=CREATEQ(
'SELECT DISTINCT'+
'     E.[医疗机构编码],F.[医疗机构名称],E.[药品编码],E.[药品名称]'+
```

```
'    ,E.[通用名],E.[药品规格],E. 生产企业名称,E.[入库日期],E.[入库数量],E.[进价],E.[零售价]'+
'FROM  '+
'('+
'SELECT D.[医疗机构编码],D.[药品编码],C.[药品名称],C.[通用名]'+
'      ,C.[药品规格],C. 生产企业名称,D.[入库日期],D.[入库数量],D.[进价],D.[零售价]'+
'FROM('+
'  SELECTN.[医疗机构编码],N.[药品编码],M.[药品名称],M.[通用名],M.[药品规格],M. 生产企业名称,MAX([入库日期]) AS [入库日期]'+
'   FROM 卫生院药品入库明细 BAK AS N'+
'     INNER JOIN   药品目录表 AS M'+
'   ON N.[医疗机构编码]=M.[医疗机构编码]'+
'  AND N.[药品编码]=M.[药品编码]'+
'   WHERE N.[药品标准编码] IS NULL'+
'              AND N.[入库数量]>0   '+
'               AND 药品类型=1'+
'  GROUP BY N.[医疗机构编码],N.[药品编码],M.[药品名称],M.[通用名],M.[药品规格],M. 生产企业名称'+
'  ) AS C'+
'  INNER JOIN 卫生院药品入库明细 BAK AS D'+
'   O C.[医疗机构编码]=D.[医疗机构编码]'+
'  AND C.[药品编码]=D.[药品编码]'+
'  AND C.[入库日期]=D.[入库日期]'+
'   WHERE D.[入库数量]>0'+
'     AND LEFT(C.[入库日期],10)>="2010-02-25"'+
'  ) AS E'+
'INNER JOIN [医疗机构信息表] AS F'+
'ON E.[医疗机构编码]=F.[医疗机构编码]',-1);

//循环将查询结果放入业务疑点临时库
  BZ:=QEOF(SQLSTR);                              //判断是否为空
  WHILE BZ<>1 DO                             //循环开始直到 BZ=1 结束
  BEGIN
          ADDTRANSRSLT(SQLSTR,'基本药物品规目录外采购疑点');
```

```
    BZ:=QMOV(SQLSTR,1);                    //下移一行
    BZ:=QEOF(SQLSTR);                  //判断是否为空
  END;
//将临时库结果集放入疑点库
TRANSBATCH(SQLSTR,'基本药物品规目录外采购疑点');
//SQL语句赋值给变量
//删除临时表
EXECUTEUPDATE(
'DROP TABLE 卫生院药品入库明细'+
'DROP TABLE 卫生院药品入库明细bak');
END.
```

步骤二：通过AO自动审计功能，运行审计方法。

步骤三：通过“疑点管理”功能，查看运行自动审计后的审计疑点。

步骤四：查看并分析审计疑点后，选择疑点导出到Excel文件，由被审计单位进行落实。

3. 审计结果

通过对全区23家基层医疗机构是否存在基本药物目录外采购的审计，发现区卫生局批复同意个别基层医疗机构增加特色专科用药（“合理不合规”），上报信息引起市领导高度重视。

4. 应用AO功能点

本事项应用了AO审计分析/审计方法/审计方法管理；审计分析/审计方法/自动审计等功能。

三、点评

本实例充分运用AO模板和审计方法来处理分析多套相同结构数据，如运用AO 2008现场审计实施系统管理控制台“业务数据预处理”功能生成采集模板，实现多家基层医疗机构药品价格的横向比对；在梳理基本药物制度执行的关键业务控制点基础上，创建“基本药物零差价制度执行审计方法”“基本药物品规目录外采购审计方法”等，在数据分析中反复使用和分享他人使用，大大提高了审计工作效率。

（浙江省宁波市鄞州区审计局　徐源忠　王国新　孙尧全　王维娜）

实例二十三

机关事业单位社会养老保险基金信息系统审计 AO 应用实例

一、项目背景

2008 年，某市审计机关按照计划对该市机关事业单位社会养老保险基金信息系统开展审计。审计中，审计组从业务数据的源头开始纳入审计的视野，以信息流动为主线，通过对业务数据异常变动的分析，从系统功能、内部控制权限、法规政策等几个方面进行重点分析，查找问题的根源，进一步提升了审计质量，提高了审计监督效率和水平，使审计的视野得到拓展，提出的审计建议更加具有针对性、建设性，对完善风险监督机制，保证基金的安全与完整，防范利用计算机系统进行欺诈与舞弊起到了极大的促进作用。

二、审计过程

（一）信息系统功能、业务数据流程设置存在缺陷

审计事项：社会保障审计/基金管理/社保信息系统审查。

1. 审计思路

机关事业保险基金核算的模式是“全额结算，差额缴拨的结算方式”，即每月参保单位都通过征缴、支付环节，以缴拨差额方式进行收取（支付）参保单位基金，审计时：（1）以参保单位征缴、结算的业务数据为主线，进行总体测算，从中筛选出结算数据异常的单位；（2）对这部分数据异常单位进行二次筛选，按照单位代码、结算年月、结算单流水号码分类，具体将异常数据落实到各个月份；（3）以参保单位所处缴费状态将上述异常数据分为三种类别：中止缴费单位异常数据、未中止缴费单位异常

数据、注销单位异常数据；（4）审计人员逐类逐月逐单位进行差异分析，找出问题出现的原因，为完善、修改系统功能提出针对性的改进建议。

2. 审计步骤

步骤一：通过【源_JB_ZJJS】（征缴结算）表以单位代码分类汇总计算每个参保单位正常征缴、补征缴基金数额。

（1）分类汇总参保单位基金数额，生成【正常征缴】表。

```
Select Dwdm,Sum(Zjje)  As 正常缴纳  Into 征缴_1  From [源_Jb_Zjjs]
Group By Dwdm
```

（2）分类汇总参保单位基金数额，生成【补征缴】表。

```
Select Dwdm,Sum(Hdzj)As 补征缴  Into 征缴_2  From [源_Jb_Zjjs]  Where Zjje =0
Group By Dwdm
Order By Sum(Hdzj)
```

（3）将参保单位【正常征缴】、【补征缴】表连接，生成【征缴结算】表，如图23 –1所示。

```
Select [征缴_1]. * ,补征缴  Into 征缴结算 From [征缴_1] Left  Join [征缴_2]
On [征缴_1]. Dwdm = [征缴_2]. Dwdm
Order By [征缴_1]. Dwdm
```

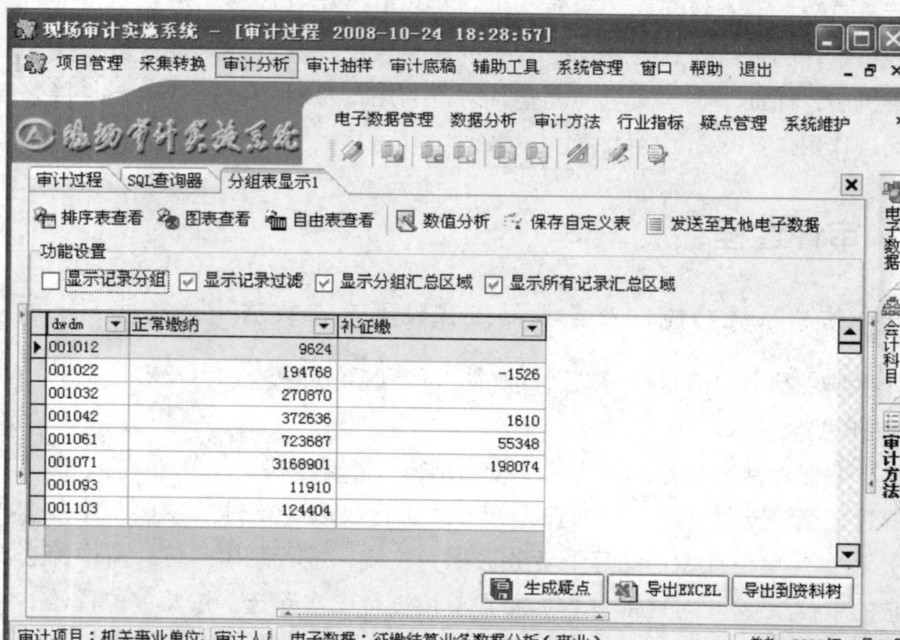

图 23 –1

步骤二：通过【源_JB_ZFJS】（支付结算）表以单位代码分类汇总每个参保单位正常支付、补支付基金数额，生成【支付结算】表。

（1）数据清理——空值替换。

```
Update [源_Jb_Zfjs] Set [Hdzf] = 0
Where [Hdzf] Is Null
```

（2）参保单位支付金额汇总，生成【支付结算】表，如图 23－2 所示。

```
Select Dwdm, Sum(Hdzf) As 核定支付 Into 支付结算 From [源_Jb_Zfjs]
Group By Dwdm
```

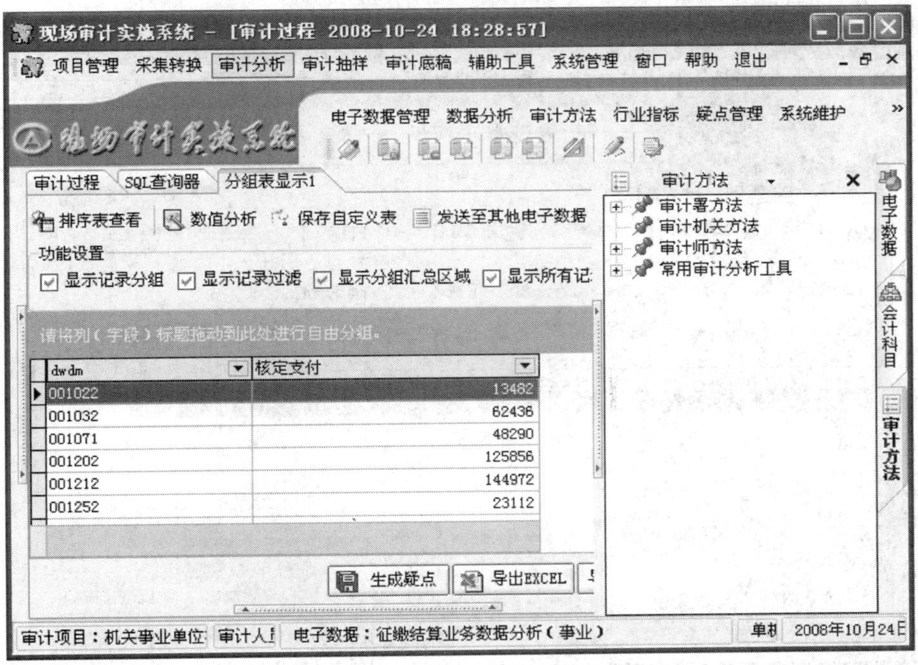

图 23－2

步骤三：将【征缴结算】表与【支付结算】表连接，生成【征缴_支付】表。

（1）将【征缴结算】表与【支付结算】表以“dwdm”（单位代码）字段进行左连接，生成【征缴_支付_1】表。

```
Select [征缴结算].*, 核定支付 Into 征缴_支付_1 From [征缴结算] Left Join
[支付结算] On [征缴结算].Dwdm = [支付结算].Dwdm
```

（2）将【支付结算】表与【征缴结算】表以“dwdm”（单位代码）字段进行左连接，生成【征缴_支付_2】表。

```
Select [支付结算].Dwdm, [正常缴纳],[补征缴],[核定支付] Into 征缴_支付_2
From [支付结算] Left Join [征缴结算] On [支付结算].Dwdm = [征缴结 算].Dwdm
Where [征缴结算].Dwdm Is Null
```

(3) 将【征缴_支付_1】和【征缴_支付_2】通过保存自定义表的方式进行连接，生成【征缴_支付】表，如图 23－3 所示。

```
Select *  From [征缴_支付_1]
Union
Select *  From [征缴_支付_2]
```

图 23－3

(4) 将【征缴_支付】表中部分字段数据清理，空值替换。

```
Update [征缴_支付] Set [正常缴纳] =0
Where [正常缴纳] Is Null
Update [征缴_支付] Set [补征缴] =0
Where [补征缴] Is Null
Update [征缴_支付] Set [核定支付] =0
Where [核定支付] Is Null
```

(5) 通过【征缴_支付】表，计算基金应结算金额，生成【征缴_支付_应结算金额】表。

```
Select Dwdm,[正常缴纳],[补征缴],[正常缴纳]+[补征缴] As 征缴金额合计,[核定支付],[正常缴纳]+[补征缴]-[核定支付] As 应结算金额 Into 征缴_支付_应结算金额
From [征缴_支付]
```

步骤四：以【源_JB_ZJJS_JSD】（征缴结算_结算单）表为基础，通过单位代码汇总各参保单位实际结算单金额。

（1）以“dwdm”（单位代码）字段分类汇总参保单位实际结算数据，生成【结算金额】表，如图 23－4 所示。

```
Select Dwdm,Sum(Hdzj) As 结算金额 Into 原结算 From [源_Jb_Zjjs_Jsd]
Group By Dwdm
```

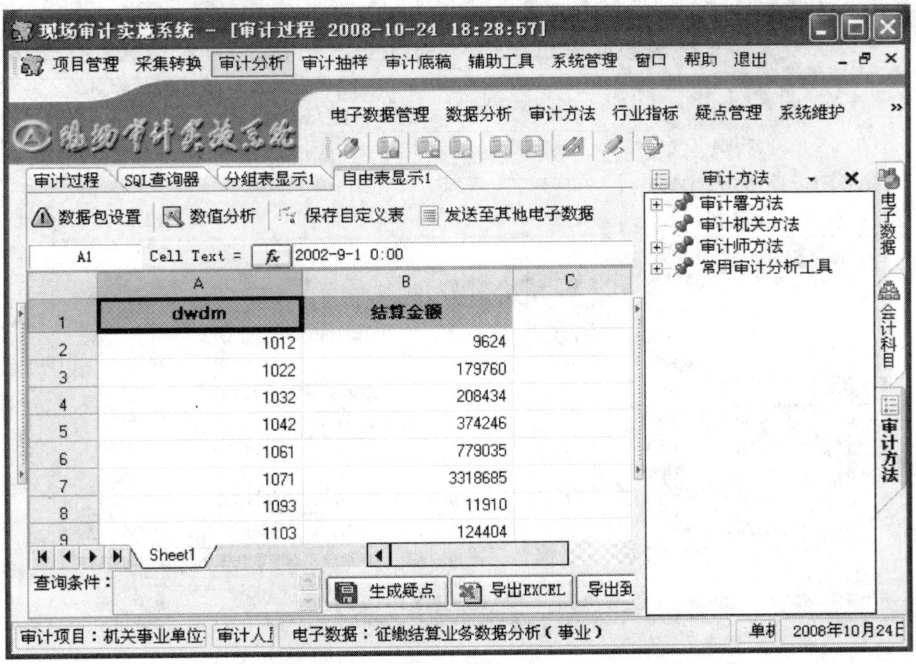

图 23－4

（2）将【征缴_支付_应结算金额】表与【结算金额】表进行连接，生成【参保单位结算比较】表，为数据分析做好准备。

```
Select [征缴_支付_应结算金额].*,[结算金额] Into 参保单位结算比较 From [征缴_支付_应结算金额] Left Join [原结算] On [征缴_支付_应结算金额].Dwdm=[原结算].Dwdm
```

（3）对【参保单位结算比较】表中“结算金额”字段进行空值替换。

```
Update [参保单位结算比较] Set [结算金额] =0
Where [结算金额] Is Null
```

（4）分析“应结算金额”字段与“结算金额”字段比较无差异单位。

```
Select * From [参保单位结算比较]
Where [应结算金额] = [结算金额]
```

（5）分析“应结算金额”字段与“结算金额”字段比较有差异单位。

```
Select * Into 结算有差异单位 From [参保单位结算比较] Where [应结算金额] < > [结算金额]
```

如图 23－5 所示。

图 23－5

通过分析得到 128 个单位有 379 条结算数据差异的详细资料，如图 23－6 所示。

步骤五：将以上 128 个单位的 379 条结算数据资料与参保单位信息进行关联，以参保单位缴费状态进行分类，对差异数据进行分类分析。

（1）128 个未中止缴费的参保单位记录，生成【未中止单位缴费记录_128】表。

```
Select [结算差异_128]. * ,[Sfzz] As 是否中止,[Zzrq] As 中止日期 Into 未中止单位缴费记录_128 From [结算差异_128] Left Join [源_Jb_Dwxx]
```

图 23 – 6

```
On [源_Jb_Dwxx].[Dwdm] = [结算差异_128].[单位代码]
Where [Sfzz] Is Null Or [Sfzz] = '0'
```

（2）128 个单位中已中止缴费参保单位结算差异记录。

```
Select [结算差异_128].*, [Sfzz] As 是否中止, [Zzrq]  As 中止日期 From [结算差异_128]  Left  Join [源_Jb_Dwxx]  On [源_Jb_Dwxx].[Dwdm] = [结算差异_128].[单位代码]
Where  [Sfzz] = '1'
```

（3）128 个单位中已注销单位结算差异记录，如图 23 – 7 所示。

```
Select [结算差异_128].*, [源_Jb_Dwxx_Del].[Bglx] As 参保状态  , [Zzrq] As 中止日期 From  [结算差异_128] Inner Join  [源_Jb_Dwxx_Del] On [源_Jb_Dwxx_Del].Dwdm = [结算差异_128].[单位代码]
```

3. 审计结果

通过数据计算、分析以及与相关会计凭证核对、业务资料比对，结果表明：信息系统功能存在缺陷，未对“支付结算”表中“结算年月”字段做出必须为日期格式 datetime 的约束，使用人员可以输入非法日期，造成重复支付基金 26 万元；已经中止缴费或者注销单位，系统依然自动生成支付记录，形成高达 1800 多万元的冗余数据；部分已结算参保单位业务数据缺失涉及金额 83 万元；业务数据流程设置存在缺陷，支付退休费用总额与明细不符涉及金额 46 万元。

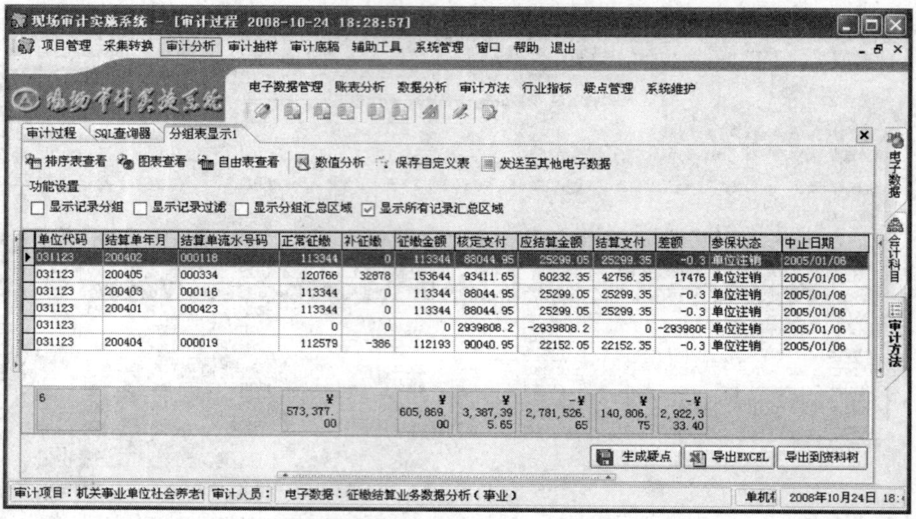

图 23－7

4. 应用 AO 功能点

本事项应用了 AO 审计分析/数据分析/SQL 查询器；审计分析/数据分析/排序分组表分析工具；审计分析/数据分析/自由表分析工具等功能。

（二）信息系统“浮动比例”功能控制不足，不能有效地控制参保单位缴费比例

审计事项：社会保障审计/基金管理/社保信息系统审查。

1. 审计思路

事业单位养老基金征缴比例是随着参保单位人员变动、工资的调整随时进行调整，在信息系统基金征缴模块中设置“浮动比例”功能，根据参保单位性质，专门用于人员变动、工资调整时调整参保单位征缴率，在对差额拨款、自收自支的事业单位征缴比例审查时，审计人员首先通过“征缴结算明细”“支付结算明细”筛选出参保单位每月在职人员缴费工资总数、离退休人员工资总数，计算出单位自然负担率，再根据有关基金缴费比例的规定调整为适用的比例，审计计算出的比例与实际征缴比例对比、分析，找出比例不符的参保单位，并计算出对基金的影响，并进一步分析问题产生的原因。

2. 审计步骤

步骤一：通过【业务_源_JB_DWXX】表、【业务－源－jb－ZJJSMX】表的分析、计算，生成【在职工资表】。

（1）将【业务_源_JB_DWXX】表中【DWMC】、【JFLY】字段嵌入到【业务－源－jb－ZJJSMX】，生成【征缴结算明细分析表】。

```
Select a. * ,b. Dwmc,b. Jfly Into 征缴结算明细分析表 From [业务_源_Jb_Zjjsmx] a
```

```
Inner Join [业务_源_Jb_Dwxx] b On a. Dwdm = b. Dwdm
```

（2）通过“征缴结算明细分析表”筛选正常缴费记录，生成【差额事业单位和自收自支事业单位】表。

```
Select * Into 差额事业和自收自支事业正常缴费记录表  From [征缴结算明细分析表]    Where Jfly In ('03','04') And Jslx = '0'
```

（3）通过【差额事业单位和自收自支事业单位】表，计算每个单位每个月在职人员缴费工资总数，生成【在职工资表】，如图 23 - 8 所示。

```
Select Jsyf, Dwdm, Dwmc, Dwbl, Grbl, Sum(Jfgz) As 在职人员缴费工资总数 Into 在职工资表 From [差额事业和自收自支事业正常缴费记录表]
Group By Dwdm, Jsyf, Dwmc, Dwbl, Grbl
Order By Jsyf
```

图 23 - 8

步骤二：根据【业务_源_JB_ZFJSMX】表计算每个单位每个月离退休人员工资总数，生成【离退工资表】。

```
Select Jsyf, Dwdm, Sum(Hdzf) As 离退人员支付工资总数 Into 离退工资表 From [业务_源_Jb_Zfjsmx]   Where Jsfs = '单位结算' And Zflx = '0'
Group By Jsyf, Dwdm
```

步骤三：（1）将【在职工资表】和【离退工资表】两表左连接，生成【单位自然负担率计算分析表】。

```
Select a. *,b. 离退人员支付工资总数 Into 单位自然负担率计算分析表 From [在职工资表] a Left Join [离退工资表] b On a. Jsyf = b. Jsyf And a. Dwdm = b. Dwdm
```

（2）对单位自然负担率计算分析表中支付工资总数为 NULL 进行转换。

```
Update 单位自然负担率计算分析表 Set 离退人员支付工资总数 =0
Where 离退人员支付工资总数 Is Null
```

（3）计算每一个参保单位计算的单位自然负担率，生成【单位自然负担率表】。

```
Select Jsyf As 结算月份,Dwdm As 单位代码,Dwmc As 单位名称,Dwbl As 单位比例,Grbl As 个人比例,在职人员缴费工资总数,离退人员支付工资总数,Val(离退人员支付工资总数/(离退人员支付工资总数 + 在职人员缴费工资总数)) As 单位自然负担率
Into 单位自然负担率表 From 单位自然负担率计算分析表
```

（4）根据【单位自然负担率】表中的单位自然负担率计算单位应征缴比例，生成【单位实际征缴比例与应征缴比例对照表】。

```
Select 结算月份,单位代码,单位名称,单位自然负担率,单位比例,个人比例,在职人员缴费工资总数,离退人员支付工资总数,
Iif(单位自然负担率 < =0. 0500,0. 2000,
Iif((单位自然负担率 >0. 0500 And 单位自然负担率 < =0. 3000),0. 2700,
Iif(单位自然负担率 >0. 3000,单位自然负担率 -0. 0300,0))) As 计算出的单位应征缴比例    Into 单位实际征缴比例与应征缴比例对照表    From [单位自然负担率表]
```

步骤四：（1）筛选单位比例与计算出的单位应征缴比例不同的参保单位，生成【v1】表。

```
Select 结算月份,单位代码,单位名称,在职人员缴费工资总数,离退人员支付工资总数,单位自然负担率,单位比例,个人比例,计算出的单位应征缴比例,单位比例 - 计算出的单位应征缴比例 As 差额 Into v1 From [单位实际征缴比例与应征缴比例对照表]    Where 单位比例 < > 计算出的单位应征缴比例。
```

（2）"计算出的单位应征缴比例"进位即为单位比例，筛选差额大的记录，生成【v2】表。

```
Select * Into v2 From v1
Where 差额 >0. 01 Or 差额 < -0. 01
```

v2 中某些记录离退人员支付工资总数这个字段为 0，但是系统结算单上有支付数，

这些记录的自然负担率需要手工调整。将 v2 导入到 Excel 中进行手工筛选，将“离退人员支付工资总数”字段值需要修改、修改后比例仍然不对的生成新表【比例计算不对的】，将新的 Excel 表导入到 AO 中【业务_源__比例计算不对的】。

（3）对以上业务数据初步审查，将实际不属于按浮动比例计算的省属单位剔出。

```
Delete From [业务_源_比例计算不对的]
Where 单位代码 In (1042,2133)
```

步骤五：计算参保单位多征缴或少征缴的基金 ，生成【单位缴纳比例不正确的记录】表。

```
Select [结算月份],[单位代码],[单位名称],[在职人员缴费_工资总数],[离退人员支付_工资总数],[单位_自然负担率],[单位比例],[个人比例],[计算出的单位_应征缴比例],[差额],[在职人员缴费_工资总数]*[差额] As 多收或少收的钱数 Into 单位缴纳比例不正确的记录 From [业务_源_比例计算不对的]
```

3. 审计结果

经以上分析发现被审计单位系统功能控制不足，不能有效地调整参保单位的征缴比例，直接影响到对基金征缴的准确性，截至2007 年底，共计有 37 家差额拨款和自收自支的事业单位养老保险基金征缴比例与有关规定不符，其中 29 家单位累计少征收养老基金 15. 50 万元，8 家单位累计多征收养老基金 16. 02 万元。

4. 应用 AO 功能点

本事项应用了 AO 审计分析/数据分析/SQL 查询器功能。

（三）部分参保单位缴费不足

审计事项：社会保障审计/基金征缴/多征、少征、欠缴保险费。

1. 审计思路

参保单位及时、足额缴纳基金是参保单位的义务，此部分基金是由参保单位以及参保个人共同负担，而信息系统未启动欠费模块的功能，欠费台账也不能全面反映参保单位欠费情况，因此，是否存在缴费不足或不缴费的情况成为审计的重点，审计人员通过对【业务 - 源 - jb - ZJJSMX】中参保单位缴纳基金情况的总体分析，发现有部分单位在补缴基金时个人补缴而单位未补缴情况。

2. 审计步骤

步骤一：利用（二）生成的【征缴结算明细分析表】，将该表中个人补缴比例不为 3% 的记录挑出来（个人补交比例最高为 3%），生成【个人补交比例不是百分之三的记录】表。

```
Select * Into 个人补交比例不是百分之三的记录 From 征缴结算明细分析表 Where Jslx ='1'  And Grbl < >0.03
Order By Jsyf
```

步骤二：将单位补缴比例为0、个人补缴比例为1%的记录筛选出来，生成【单位不补缴的记录】表。

```
Select * Into 单位不补缴的记录 From 个人补交比例不是百分之三的记录 Where Dwbl =0 And Grbl =0.0100
```

步骤三：通过【单位不补缴的记录】表，计算单位应补交数，生成【各个单位应补缴数】表，通过SQL到分组排序表，进行汇总。

```
Select[Jsny],[Lshm],[Jsyf],[Grdm],[Jslx],[Zjks],[Yjsny],[Ylshm],[Clbz],[Szsj],[Szhm],[Dwdm],[Ryxz],[Ygxz],[Jfgz],[Dwbl],[Dwjn],[Grbl],[Grjn],[Qssj],[Zzbj],[Lrbz],[Lrsj],[Bhbz],[Dwmc],[Jfly],[Jfgz] *0.22 As 单位应补交数 Into 各个单位应补缴数  From [单位不补缴的记录]
```

3. 审计结果

通过以上分析发现，机关和全额事业单位在补缴2004年之前的事业单位养老金时个人按照1%补交，而单位没有补缴，造成参保单位少补缴基金121万元。

4. 应用AO功能点

本事项应用了AO审计分析/数据分析/SQL查询器；审计分析/数据分析/排序分组表分析工具等功能。

（四）信息系统涵盖参保单位信息不全，少部分参保单位在信息系统外征缴结算

审计事项：社会保障审计/基金管理/社保信息系统审查。

1. 审计思路

信息系统中业务数据应具有全面反映参保单位征缴、支付、结算社保基金的功能，审计调查中发现，该单位信息系统部分功能未启动，如参保单位欠费模块、基金结算财务核算模块等。针对这种情况下，审计还需要借助其他审计资料的配合，查找异常情况。一是利用财务账套与信息系统结合进行分析；二是利用单位欠费台账与信息系统结合比较；三是利用单位其他资料，如在本次审计中审计人员对手工开票结算记录与信息系统进行分析。

2. 审计步骤

步骤一：选择“机保处2007年账套”，在数据分析SQL编辑器中通过“ Select * From【辅助余额表】”点击“发送至其他电子数据”，在“请选择审计项目”选择本项

目，“下一步”选择“台账/手工缴费数据”，“保存自定义表”，如图 23 - 9 所示。

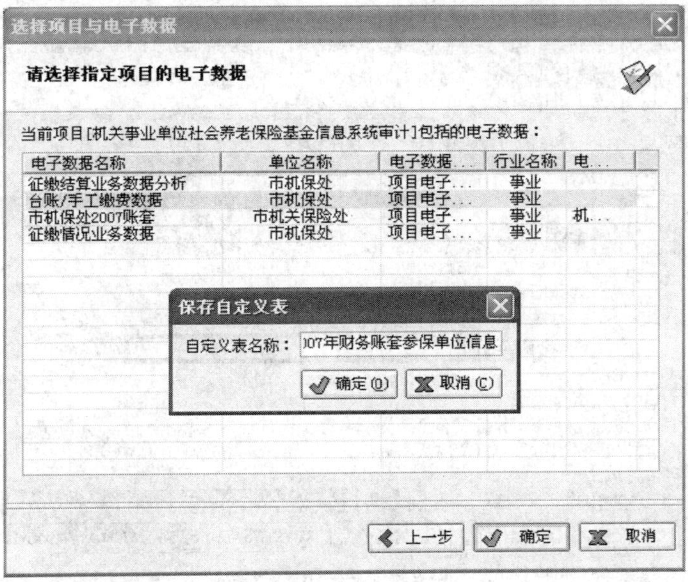

图 23 - 9

步骤二：通过“电子数据管理”选择“台账/手工缴费数据”进入“数据分析”状态。

（1）将【2007 年财务账套参保单位信息】表与【源_JB_DWXX】比较，得到财务账套有而信息系统中没有的参保单位【ZT_1】表。

```
Select　Distinct [客户编码],[客户名称]　Into　Zt_1 From [2007 年财务账套参保单位信息] Left　Join [源_Jb_Dwxx] On　[源_Jb_Dwxx].[Dwdm] = [2007 年财务账套参保单位信息].[客户编码] Where [源_Jb_Dwxx].[Dwdm] Is Null
```

（2）将【2007 年财务账套参保单位信息】表与【源_JB_DWXX_DEL】比较，得到财务账套有而信息系统中注销单位也有的【ZT_2】表。

```
Select　Distinct [客户编码],[客户名称] Into Zt_2　From [2007 年财务账套参保单位信息]　Inner　Join [源_Jb_Dwxx_Del] On　[源_Jb_Dwxx_Del].[Dwdm] = [2007 年财务账套参保单位信息].[客户编码]
```

（3）将【ZT_1】表与【ZT_2】表连接，剔出已注销的单位，得到财务账套有而信息系统无的参保单位【ZT_3】表，如图 23 - 10 所示。

```
Select *　Into Zt_3 From [Zt_1] Left Join [Zt_2] On [Zt_2].[客户编码] = [Zt_1].[客户编码]
Where [Zt_2].[客户编码] Is Null
```

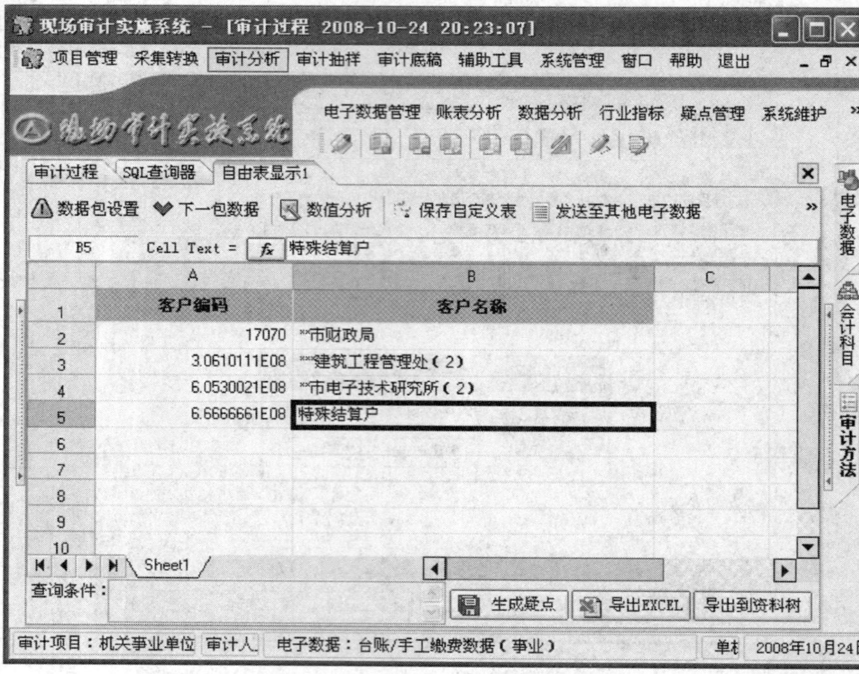

图 23－10

步骤三：查询未进入系统，直接在财务账套征缴支付结算的单位明细情况，如图 23－11 所示。

```
Select [Zt_3].[客户编码],[Zt_3].[客户名称],[科目编码],[科目名称],[摘要],[借方金额],[贷方金额] From [2007 年财务账套参保单位信息] Inner Join [Zt_3] On [Zt_3].[客户编码]=[2007 年财务账套参保单位信息].[客户编码]
Where [科目编码] Like '4%' Or [科目编码] Like '5%'
```

步骤四：【源_JB_DWXX】（单位信息）与【源_台账资料】（参保单位欠费）对比分析，查出有 5 家参保单位未进入信息系统，如图 23－12 所示。

```
Select * From [源_台账资料] Left Join [源_Jb_Dwxx] On [源_Jb_Dwxx].[Dwdm]=[源_台账资料].[编码] Where [源_Jb_Dwxx].[Dwdm] Is Null
```

步骤五：通过【源_JB_DWXX】与【源_手工开单征缴支出信息】连接，查出信息系统中已参保单位有 35 家单位部分结算采用手工开票，并且事后也未补录入信息系统，致使信息系统部分参保单位结算数据不全，如图 23－13 所示。

```
Select [源_手工开单征缴支出信息].* Into 手工开票 From [源_手工开单征缴支出信息] Left Join [源_Jb_Dwxx] On [源_Jb_Dwxx].[Dwdm]=[源_手工开单征缴支出信息].[编码]
Where [源_Jb_Dwxx].[Dwdm] Is Not Null
```

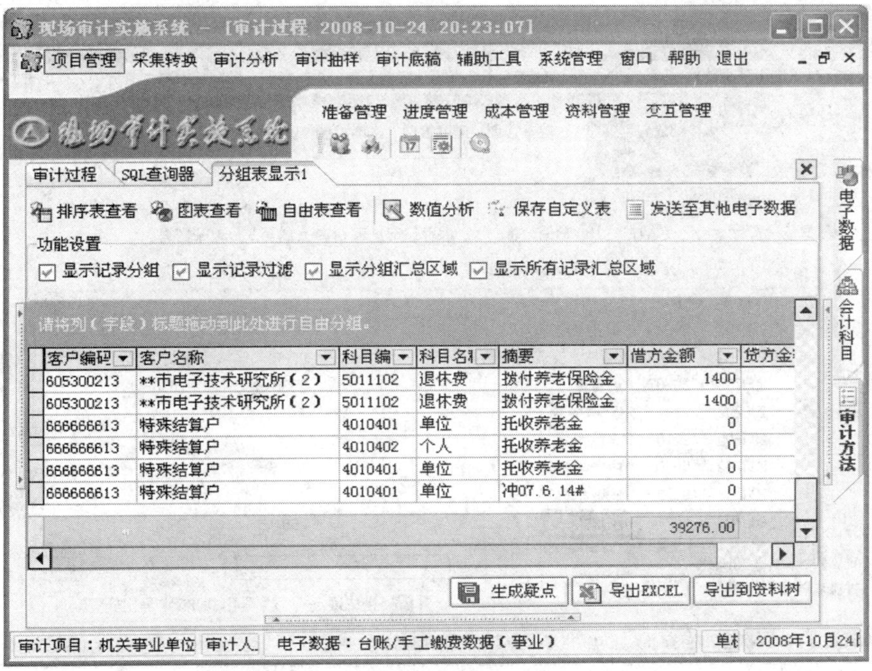

图 23 – 11

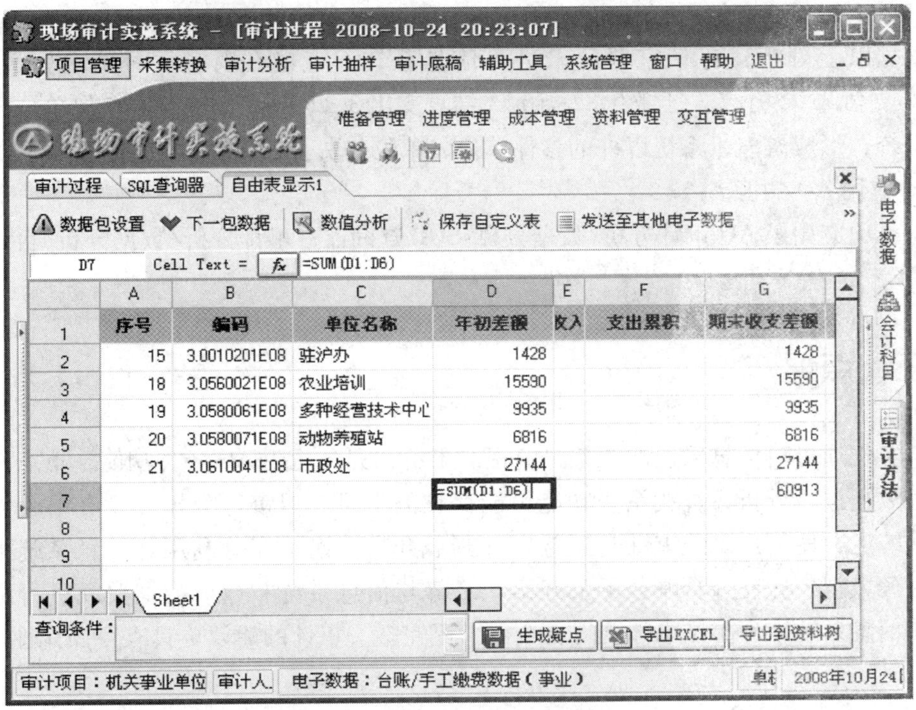

图 23 – 12

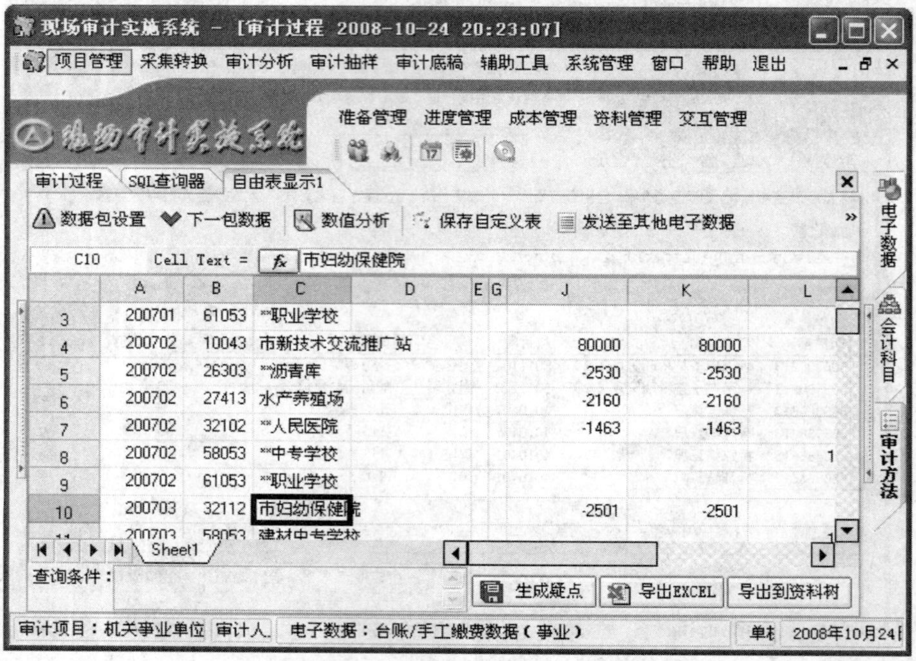

图 23－13

3. 审计结果

根据以上分析，有 3 家单位未进入信息系统，直接在财务账征缴/支付/结算，2007 年支付 3.92 万元，征缴 0.82 万元，结算支出 3.11 万元。有 5 家参保单位未进入信息系统，形成游离于系统以外的参保单位，单位欠费合计 6.09 万元。

4. 应用 AO 功能点

本事项应用了 AO 审计分析/数据分析/SQL 查询器；审计分析/数据分析/自由表分析工具等功能。

三、点评

本实例通过对信息系统的构架、流程的了解，充分运用 AO 各种功能，重点围绕主要业务数据进行分析，查找系统功能可能存在的不足，但审计分析并没有单纯停留在信息系统上，使信息系统审计与财务审计割裂开来，而是充分利用与信息系统密切相关的财务数据、凭证、台账、手工开票记录等与信息系统非数值数据关联进行综合分析，使信息系统审计的结果体现得更全面、更完整，审计的建议更具有可操作性。

（江苏省徐州市审计局　李淑静　陈　颖　卢　浩）

实例二十四

住房公积金信息系统审计 AO 应用实例

一、项目背景

2011 年，某县审计局在对某公积金管理中心分中心进行审计时派出审计组对其信息系统也进行了审计。本次审计主要对住房公积金信息系统的业务控制进行审计，业务控制审计包括审批控制、数据输入控制、数据处理逻辑、数据输出控制和对业务参数、界面接口及应用接口的审计。通过计算机对系统和数据的查询分析，为审计组提供了审计线索，提高了审计效率，较好地完成了审计任务。

二、审计过程

（一）数据输入缺少控制

审计事项：社会保障审计/公积金管理/个人身份证号规范性审查。

1. 审计思路

业务系统中的人员基础信息是做好公积金信息系统管理的基础，而作为人员唯一标志的身份证号码尤为重要，因此审计主要通过 AO 对住房公积金信息系统中的缴存人员基础数据、贷款人员基础数据进行了审查。

2. 审计步骤

步骤一：缴存人员基本信息分析。

（1）对 2010 年度缴存人员基本信息进行分析，审计主要对身份证情况进行分析，通过 AO 中的重号分析，对缴存人员身份证位数进行审查，以验证缴存人员的身份证情况，如图 24 - 1 所示。

```
Select Len(身份证号码) As 位数
```

```
From [2010 年度缴存人员基本信息库]
Where 缴存状态类别 ='a'
```

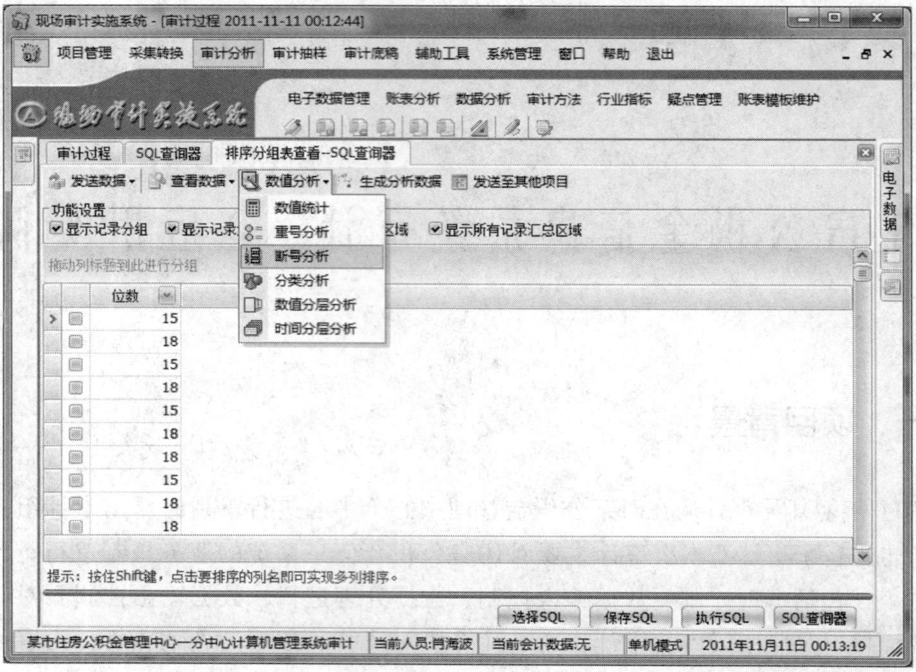

图 24 - 1

（2）利用 AO 的重号分析对缴存人员身份证位数进行审查，以“身份证位数”为统计字段进行重号分析。如图 24 - 2 所示。

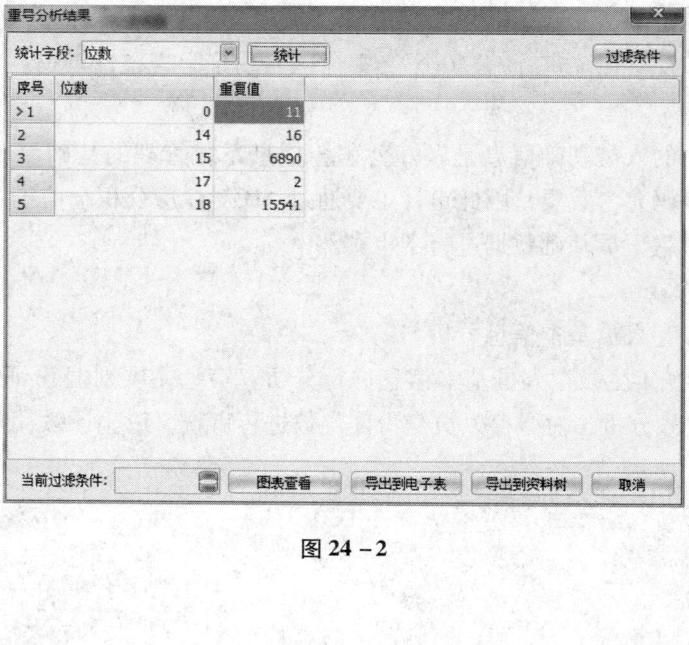

图 24 - 2

（3）利用 AO 的图表分析对重号分析结果进行查看，以“位数”为 X 轴，“重号值”为 Y 轴，进行图形查看，如图 24－3 所示。

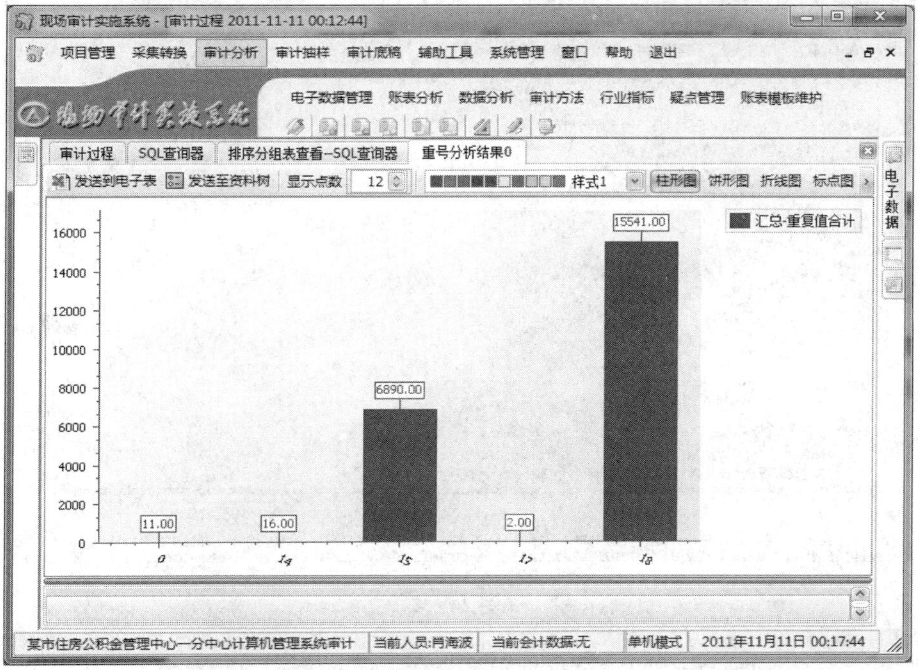

图 24－3

从上图明显可知，缴存人员中主要以 18 位身份证为主，其次为 15 位身份证号码。其中缴存人员身份证为空的有 11 人，身份证位数为 14 位的有 16 人，身份证位数为 17 位的有 2 人，得出身份证位数不符的总计 29 人。

步骤二：贷款人员基本信息分析。

（1）对 2010 年度贷款人员基本信息进行分析，审计主要对身份证情况进行分析，通过 AO 中的数值分层分析，对贷款人员身份证位数进行审查，以验证贷款人员的身份证情况。通过 SQL 执行到分组表，如图 24－4 所示。

```
Select Len(Rtrim(身份证号码)) As 位数
From [贷款人员基本资料库]
```

（2）将上述数据通过数值分层分析进行分析，以“位数”为分层字段，“位数”为分层字段，由于身份证位数一般在 20 位以内，因此设置数值“5”为间隔字段。如图 24－5、图 24－6 所示。

3. 审计结果

步骤一的结果是缴存人员中主要以 18 位身份证为主，其次为 15 位身份证号码。其中缴存人员身份证为空的有 11 人，身份证位数为 14 位的有 16 人，身份证位数为 17 位

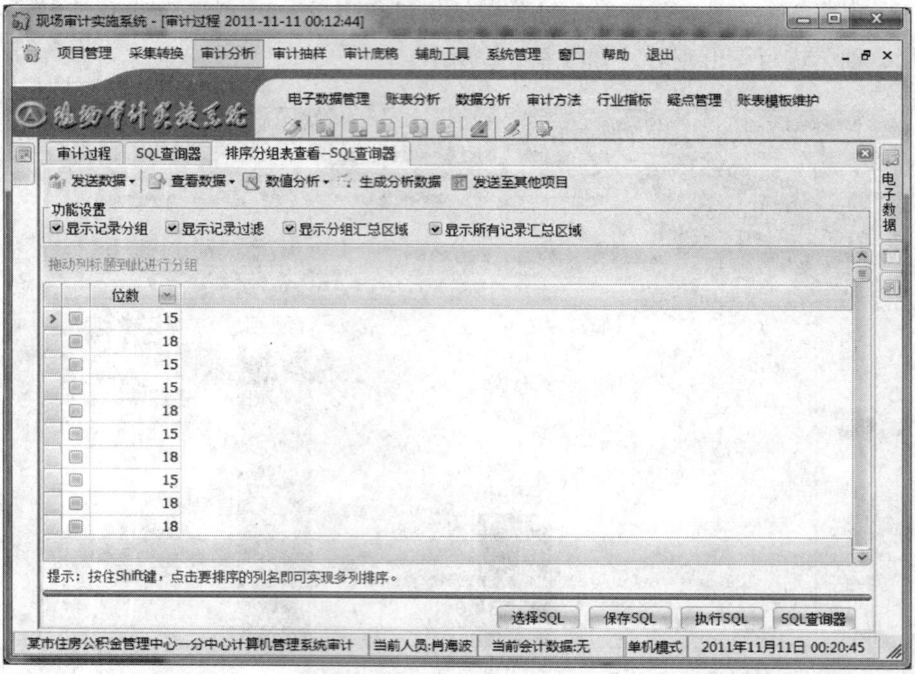

图 24－4

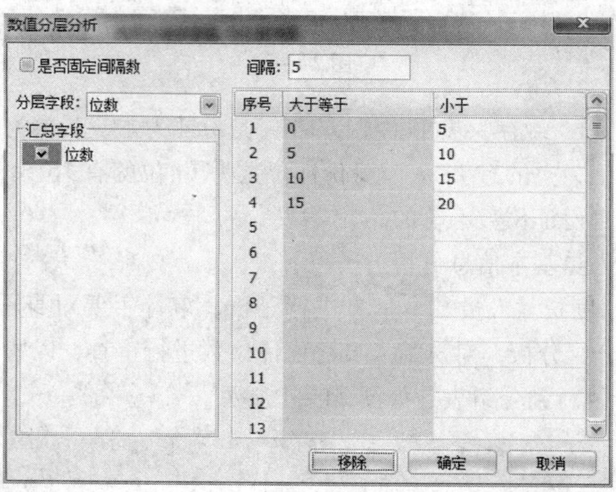

图 24－5

的有 2 人，得出身份证位数不符的总计 29 人。步骤二的结果是贷款人员中身份证位数在 0～5 位之间的有 1 人，点击展开显示该人员的身份证位数为 0；其余全部分布在 15～20位之间，展开显示人员身份证位数为 15 位和 18 位。

根据上述审计结果审计组作如下测试：

（1）在缴存客户端中输入身份证位数为 17 或 14 位的，系统未做任何提示，显示

图 24-6

新增人员成功；

（2）在客户端未输入身份证号码的，系统未做任何提示，显示新增人员成功；

（3）在客户端输入不符身份证编码规则 330225196911261215 的人员，系统未做任何提示，显示新增人员成功。

由测试得知，信息系统缺少对输入的身份证信息实行空值校验、位数校验和校验位校验。

4. 应用 AO 功能点

本事项应用了 AO 审计分析/数据分析/SQL 查询器；审计分析/数据分析/图表分析工具；审计分析/数据分析/数值分析等功能。

（二）缴费基数控制不足

审计事项：社会保障审计/基本情况/管理信息系统情况。

1. 审计思路

通过缴存人员缴费基数审计，对住房公积金信息系统中缴费基数控制情况进行审计。依据有关文件规定对缴费比例和基数进行审查，其中缴存比例 2010 年由原来的 20% 调整为 24%（单位、个人各 12%）；缴存基数：政府性投资企业单位人员按 2009 年度城镇集体以上单位在岗职工月社会平均工资（3262 元，即“社评工资”）的 60% ×24%（单位、个人各 12%）缴存；其他企业单位（含外商投资企业）人员缴存比例为 10% ~24%，单位和个人各 5% ~12%；但缴费基数最高不超过“社平工资”的 5 倍。职工工资在 2010 年最低工资标准每月 980 元及以上的，可按实缴存。

2. 审计步骤

步骤一：缴费比例审查。

（1）从【2009 年度缴存明细库】中提取缴费年份为 2010 年的缴存明细，从【2010 年度缴存明细库】中提取缴费年为 2010 年份的缴存明细，然后将两者信息合并，生成 2010 年的缴费明细表【缴存明细表】。

```
Select *
Into 缴存明细表
From (
Select 年度,年份,月份,凭证序号,缴存日期,单位账号,个人编号,个人识别码,缴存额,提取额,公积金类别,公积金类别名称,类别,类别名称,缴费年月
From [2009 年度缴存明细库]
Where 年份 ='2010'
Union
Select 年度,年份,月份,凭证序号,缴存日期,单位账号,个人编号,个人识别码,缴存额,提取额,公积金类别,公积金类别名称,类别,类别名称,缴存年月 As 缴费年月
From [2010 年度缴存明细库]
Where 年份 ='2010') b
```

（2）对2010年缴费比例执行情况进行审查，查看缴存类别状态为“汇缴”的缴存人员的缴费比例，如图24－7所示。

```
Select  Round(个人月缴存额/月工资,2) As 个人缴存比例 ,
Round(单位月缴存额/月工资,2) As 单位缴存比例
From [2010 年度缴存人员基本信息库]
Where 月工资 >0 And 缴存状态类别 ='a'
```

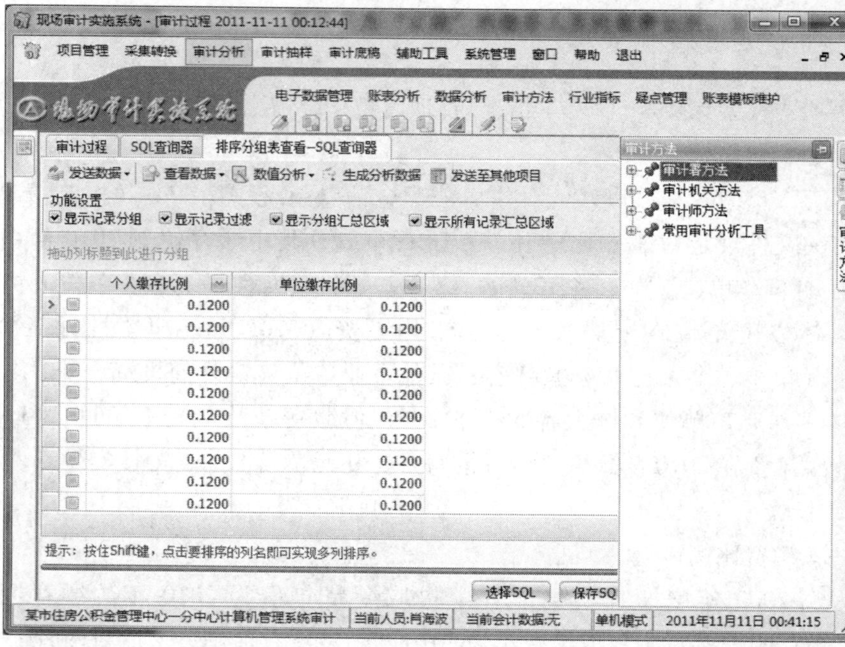

图24－7

（3）将 2010 年缴费比例执行结果，通过重号分析进行查看，以“个人缴存比例”或“单位缴存比例”为统计字段，如图 24－8 所示。

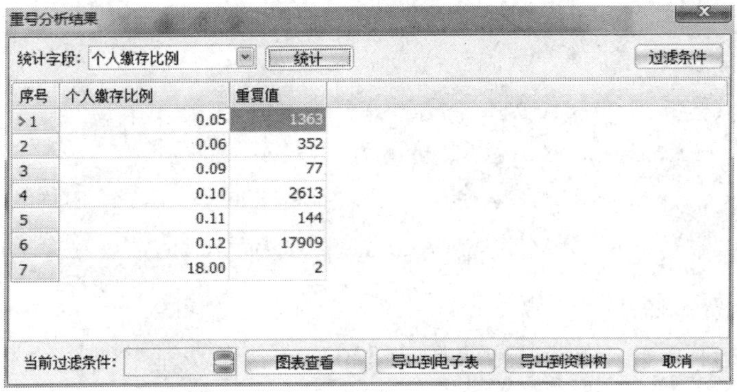

图 24－8

（4）选择图表查看，以“个人缴存比例”为 X 轴，“重复值的合计”为 Y 轴，通过饼形图查看，如图 24－9 所示。

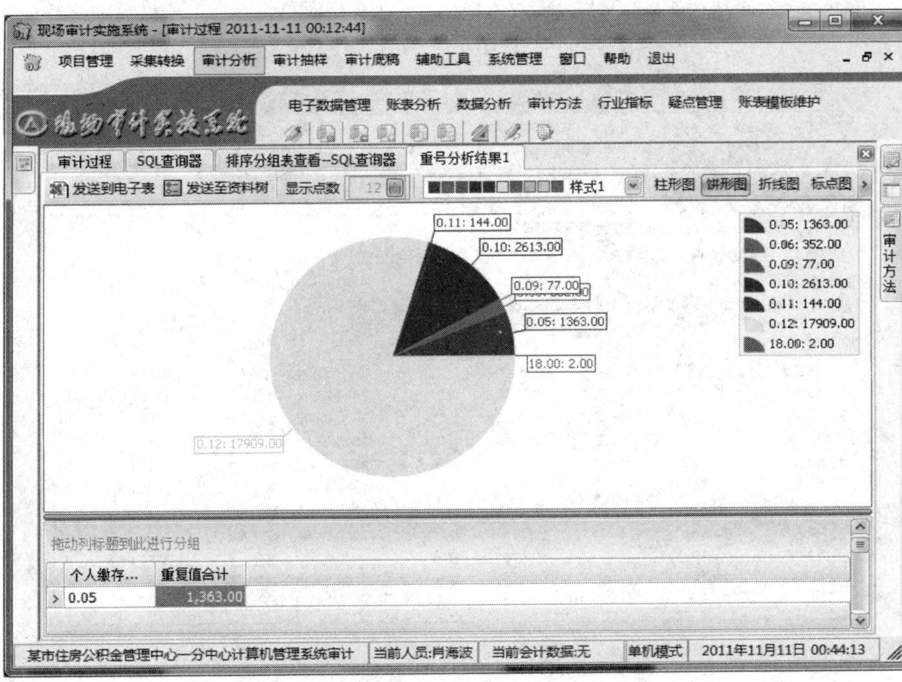

图 24－9

从图 24－9 可以明确得知，缴存比例为 12% 的占 80%，缴存比例为 10% 的占 12%，其他分别为 11%、5%、6% 和 1800%。

（5）对缴存比例为1800%的缴存人员作为审计疑点进行审查，根据单位账号和个人账号将【2010年度缴存人员基本信息库】和【缴存明细表】进行关联，查找缴存比例为1800%的人员。

```
Select *
From [2010年度缴存人员基本信息库] a, [缴存明细表]  b
Where a.月工资 >0 And a.缴存状态类别 ='a'
And Round(a.个人月缴存额/a.月工资,2) =18
And a.单位账号 =b.单位账号  And a.个人编号 =b.个人编号
```

步骤二：缴费基数审查。

（1）根据文件可知，缴费基数上限为3262×5，缴费基数下限为980，从2010年度缴存人员基本信息库中筛选缴存状态类别为“A”即缴存状态为“正常缴存”的人员，将查询结果执行到排序分组表。如图24-10所示：

```
Select *
From [2010年度缴存人员基本信息库]
Where 缴存状态类别 ='a'
```

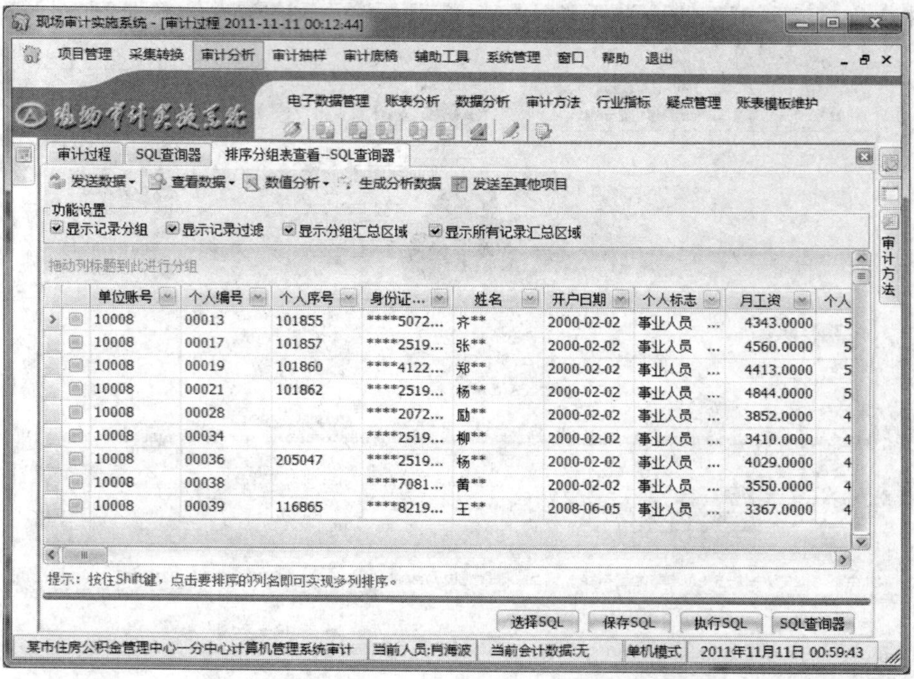

图24-10

（2）通过“数据分层分析”对缴费基数进行分析，由缴费基数上限为 3262 ×5 = 16310，下限为 980，将间隔设置为 980，分层字段选择“月工资”，汇总字段选择“月工资”，如图 24 -11、图 24 -12 所示。

图 24 -11

图 24 -12

（3）在上图的数值分层分析结果中点击左边的放大镜分别展开缴费基数不足 980 和缴费基数超出上限 17920，且将其保存为数据分析表缴费基数不足疑点和缴费基数超出上限疑点，如图 24 -13、图 24 -14 所示。

图 24 – 13

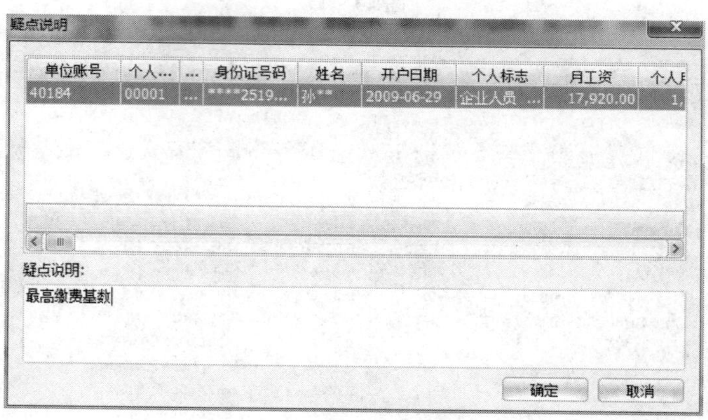

图 24 – 14

3. 审计结果

根据上述审计结果审计组作如下测试：

（1）任意选择一家单位，新增一个缴存人员，输入该缴存人员的缴费基数为 20000 元，系统未作任何提示，显示增加成功；

（2）继续增加一个缴存人员，输入该缴存人员的缴费基数为 100 元，系统也未作任何提示。

由测试得出，信息系统未对缴费基数进行有效控制，导致缴费基数超过上限或低于下限的情况。

4. 应用 AO 功能点

本事项应用了 AO 审计分析/数据分析/SQL 查询器；审计分析/数据分析/排序分组表分析工具；审计分析/数据分析/图表分析工具；审计分析/数据分析/数值分析；审计分析/疑点管理等功能。

（三）个人账户控制不到位

审计事项：社会保障审计/基本情况/管理信息系统情况。

1. 审计思路

依据中华人民共和国国务院令第 350 号《住房公积金管理条例》第十三条“住房公积金管理中心应当在受委托银行设立住房公积金专户。每个职工只能有一个住房公积金账户”的规定。审查住房公积金缴存人员中是否存在一个职工多个住房公积金账户，从而审查公积金信息系统中个人账户控制情况。

2. 审计步骤

对缴存类别进行分析。

对【缴存明细表】中的缴存类别进行分析。列出缴存明细表中所有缴费类别，如图 24－15 所示。

```
Select Distinct 类别,类别名称
From [缴存明细表]
```

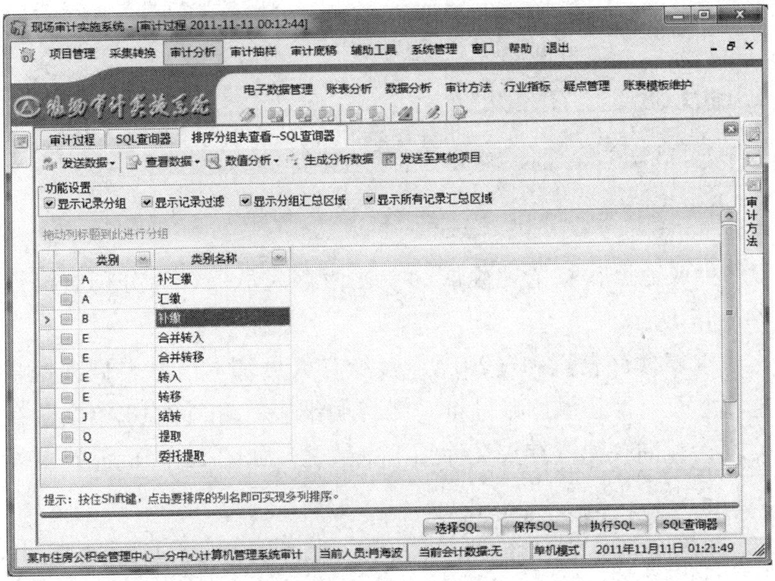

图 24－15

由上图可知，对于重复缴存人员应为缴存类别为“A”且类别名称为“汇缴”的

人员。将【缴存明细表】和【2010 年度缴存人员基本信息库】根据个人编号和单位账号进行关联，然后根据姓名、身份证号码和月份进行分组统计，查询类别名称为“汇缴”的月缴存次数在两次及以上的人员，如图 24－16 所示。

```
Select b. 姓名,b. 身份证号码,a. 月份,Count( * ) As 缴费次数
From [缴存明细表] a,[2010 年度缴存人员基本信息库] b
Where a. 个人编号 =b. 个人编号  And a. 单位账号 =b. 单位账号
And a. 类别名称 ='汇缴'
Group By  b. 姓名,b. 身份证号码,a. 月份
Having Count( * ) >1
```

图 24－16

选择所有的生成数据，将上述生成的重复缴存人员保存为分析数据，重复缴存人员表，如图 24－17 所示。

将生成的【重复缴存表】和【2010 年度缴存人员基本信息表】根据身份证号码和月份关联，通过个人编号和单位账号将【缴存明细表】和【2010 年度缴存人员基本信息表】进行关联，查询获得缴存人员详细信息情况。如图 24－18 所示 .

```
Select a. * ,c. 姓名,c. 身份证号码,c. 缴费次数
From [缴存明细表] a,[2010 年度缴存人员基本信息库] b,[重复缴存人员表] c
Where a. 个人编号 =b. 个人编号  And a. 单位账号 =b. 单位账号
And a. 类别 ='a'  And b. 身份证号码 =c. 身份证号码
And a. 月份 =c. 月份
```

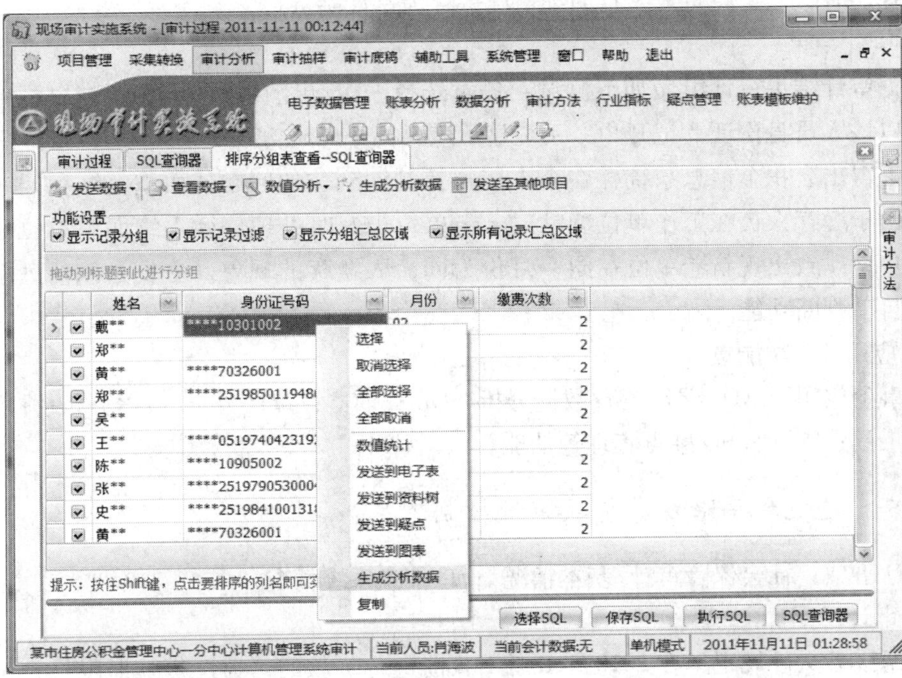

图 24－17

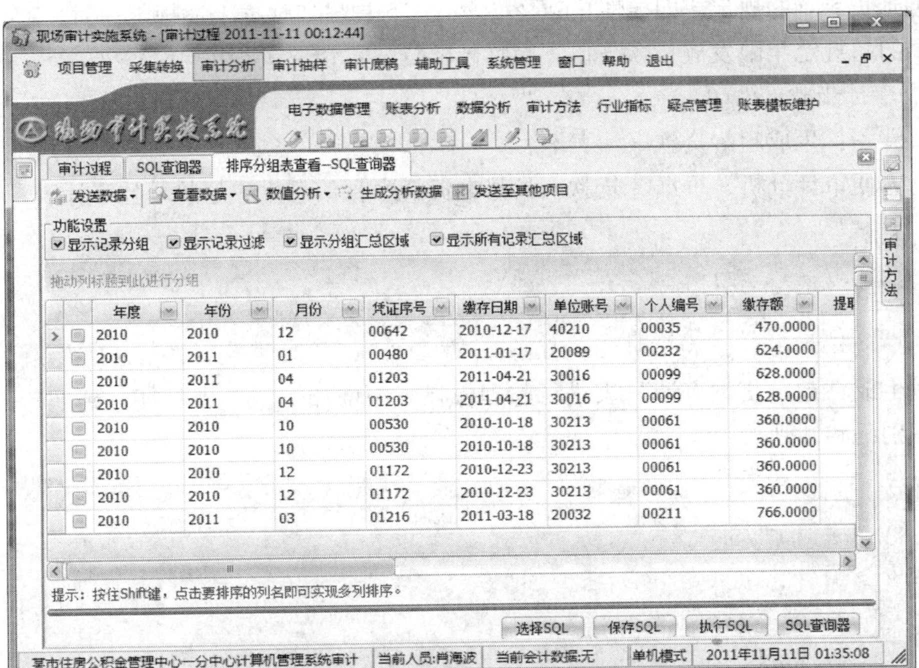

图 24－18

选择所有数据，将重复缴存明细情况保存为审计疑点。

3. 审计结果

根据审计结果审计组做如下测试：任意选择一个已经在缴的人员，在公积金信息系统中以该人员身份证登记开户，系统显示该人员开户成功。

由上得出公积金信息系统存在个人账户控制不到位的问题，而重复缴存问题的产生，是由于缴存人员在工作单位变动时，老单位未及时办理停缴手续而新单位又开启了新账户，以致出现新老单位在同一月份为同一人缴存的现象。主要是该信息系统没有这一自动判断功能。

4. 应用 AO 功能点

本事项应用了 AO 审计分析/数据分析/SQL 查询器；审计分析/数据分析/排序分组表分析工具；审计分析/疑点管理等功能。

（四）超规定年限发放贷款审批控制不足

审计事项：社会保障审计/基本情况/管理信息系统情况。

1. 审计思路

根据该县文件规定，在 2010 年 8 月 1 日前进行贷款的，男性贷款期限最长可延至 65 周岁，女性最长可延至 60 周岁；自 2010 年 8 月 1 日后，取消了借款人至法定退休年龄再延长 5 年的规定，即男性 60 周岁，女性 55 周岁。根据上述规定，对公积金信息系统中的超规定年限发放贷款（以下简称超龄贷款）情况进行审计。

2. 审计步骤

步骤一：生成超龄贷款审计表。

为方便审计分析，根据【贷款人员基本资料库】信息生成超龄贷款审计表。

```
Select *
Into 超龄贷款审计
From [贷款人员基本资料库]
```

对生成“超龄贷款审计”表进行整理，在表中增加字段出生日期、到期年龄、身份证识别码和性别。

```
Alter Table [超龄贷款审计]
Add 出生日期 Char(8),
到期年龄 Tinyint,
身份证性别识别码 Char(1),
性别 Char(2)
```

步骤二：对新增字段进行赋值。

（1）通过贷款人员的身份证号码，提取贷款人员的身份证信息中的出生日期，将获得的值存入新字段出生日期中。

```
Update [超龄贷款审计]
Set [出生日期] = Right(Left(身份证号码,14),8)
Where Len(身份证号码) = 18;
Update [超龄贷款审计]
Set [出生日期] = '19' + Right(Left(身份证号码,12),6)
Where Len(身份证号码) = 15
```

（2）更新到期年龄。根据贷款人员贷款开始日期、贷款期限和贷款人员出生日期计算贷款人员到期年龄。

```
Update [超龄贷款审计]
Set [到期年龄] = (Left([开始日期],4)) + [贷款期限]/12 - (Left([出生日期],
4))
```

（3）更新身份证识别码。根据身份证辨别身份证识别码，18 位身份证的倒数第二位为身份证识别码，15 位身份证的最后一位为身份证识别码。

```
Update [超龄贷款审计]
Set [身份证性别识别码] = Left(Right(身份证号码,2),1)
Where Len(身份证号码) = 18;
Update [超龄贷款审计]
Set [身份证性别识别码] = Right(身份证号码,1)
Where Len(身份证号码) = 15;
```

（4）更新性别。通过身份证识别码更新人员性别。

```
Update [超龄贷款审计]
Set [性别] = '女' Where [身份证性别识别码] In('0','2','4','6','8');
Update [超龄贷款审计]  Set [性别] = '男'
Where [身份证性别识别码] In('1','3','5','7','9');
```

步骤三：对超龄贷款情况进行审计分析

（1）对超龄贷款情况进行分析。以贷款开始日期 2010 年 8 月 1 日为分割点，男性在 2010 年 8 月 1 日之前贷款到期年龄为 65 周岁，女性在 2010 年 8 月 1 日之前的贷款到期年龄为 60 周岁；根据政策调整，男性在 2010 年 8 月 1 日后的贷款到期年龄为 60 周岁，女性在 2010 年 8 月 1 日之后的贷款到期年龄为 55 周岁。如图 24 - 19 所示。

```
-- 2010 年 8 月 1 日前,男性最长贷款年龄为 65 周岁
Select [性别],'超过 60 岁' As 到期年龄段,Count(0) As 人数,Sum([贷款金额])
As 贷款金额
```

```
    From [超龄贷款审计]
  Where [性别] ='男' And ([到期年龄] >60  And 开始日期 >'2010 -08 -01')
  And 合同号
  In (Select Distinct 合同号  From [贷款明细账] )
  Group By [性别]
  Union
  - - 2010 年 8 月 1 日后,男性最长贷款年龄为 60 周岁
  Select [性别],'超过 65 岁' As 到期年龄段,Count(0) As 人数,Sum([贷款金额])
As 贷款金额
  From [超龄贷款审计]
  Where [性别] ='男' And ([到期年龄] >65  And 开始日期 <'2010 -08 -01' And
 开始日期 >'2010 -01 -01') And 合同号
  In (Select Distinct 合同号  From [贷款明细账] )
  Group By [性别]
  Union
  - - 2010 年 8 月 1 日前,女性最长贷款年龄为 60 周岁
  Select [性别],'超过 55 岁' As 到期年龄段,Count(0) As 人数,Sum([贷款金额])
As 贷款金额
  From [超龄贷款审计]
  Where [性别] ='女' And ([到期年龄] >55  And 开始日期 >'2010 -08 -01')
  And 合同号
  In (Select Distinct 合同号  From [贷款明细账] )
  Group By [性别]
  Union
  - - 2010 年 8 月 1 日后,女性最长贷款年龄为 55 周岁
  Select [性别],'超过 60 岁' As 到期年龄段,Count(0) As 人数,Sum([贷款金额])
As 贷款金额
  From [超龄贷款审计]
  Where [性别] ='女' And ([到期年龄] >60  And 开始日期 <'2010 -08 -01' And
 开始日期 >'2010 -01 -01') And 合同号
  In (Select Distinct 合同号  From [贷款明细账] )
  Group By [性别];
```

（2）将上述执行结果以自由表方式查看，如图 24 - 20 所示。通过 Excel 公式，在 C 栏中输入“SUM（C1：C4）”，在 D 栏中输入“SUM（D1：D4）”，可以快速得出审

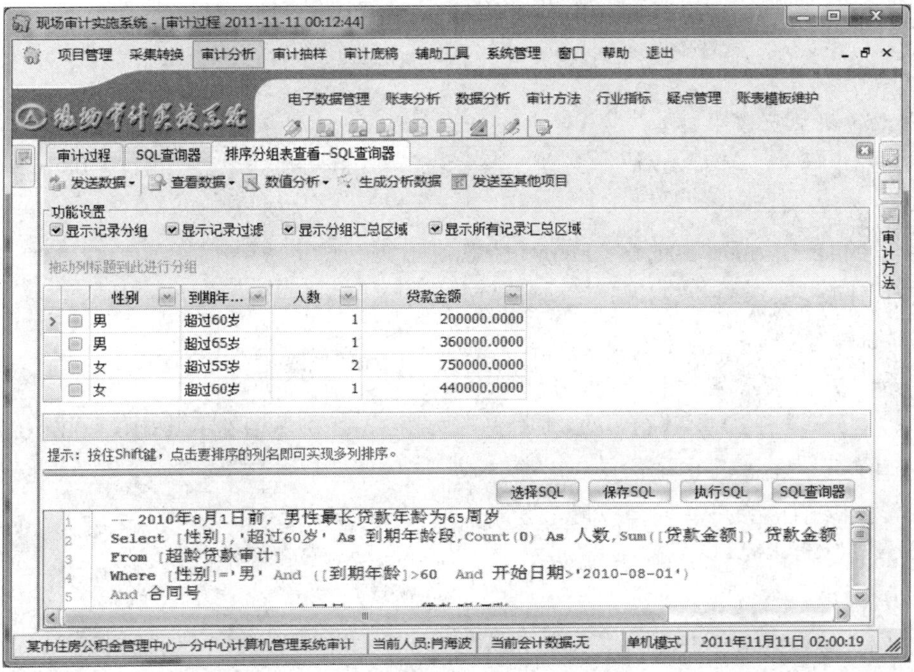

图 24－19

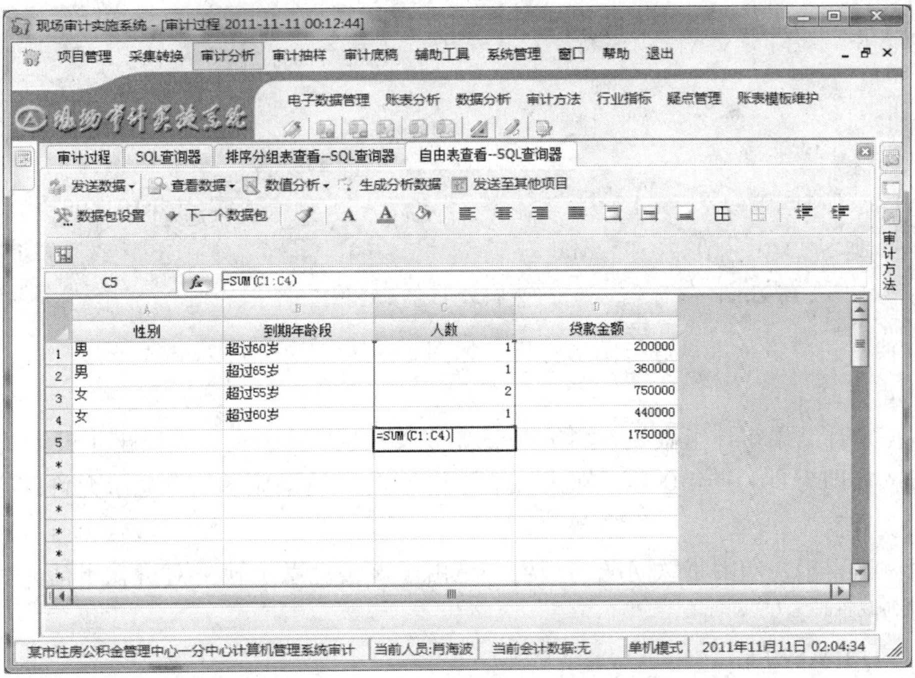

图 24－20

计结果。发放超龄贷款总人数为 4 人，总金额为 1750000 元，将结果发送到审计疑点。

（3）获得超龄贷款人员详细信息。如图 24－21 所示。

```
Select *
From［超龄贷款审计］
Where［性别］='男' And（［到期年龄］>60  And 开始日期>'2010－08－01'）
And 合同号
In（Select Distinct 合同号  From［贷款明细账］）
Union
Select *
From［超龄贷款审计］
Where［性别］='男' And（［到期年龄］>65  And 开始日期<'2010－08－01' And
开始日期>'2010－01－01'）And 合同号
In（Select Distinct 合同号  From［贷款明细账］）
Union
Select *
From［超龄贷款审计］
Where［性别］='女' And（［到期年龄］>55  And 开始日期>'2010－08－01'）
And 合同号
In（Select Distinct 合同号  From［贷款明细账］）
Union
Select *
From［超龄贷款审计］
Where［性别］='女' And（［到期年龄］>60  And 开始日期<'2010－08－01' And
开始日期>'2010－01－01'）And 合同号
In（Select Distinct 合同号  From［贷款明细账］）
```

（4）对超龄贷款人员进行图形分析。如图 24－22 所示。

3. 审计结果

根据审计结果审计组做如下测试：新增一笔男性贷款人员，人员出生日期为 1955 年，贷款日期为 2011 年 10 月，贷款期限为 60 个月，结果显示信息系统允许该人员进行公积金贷款。

由测试得出，超龄贷款问题的产生，是由于该信息系统缺少对贷款申请人到期年龄的有效控制。

4. 应用 AO 功能点

本事项应用了 AO 审计分析/数据分析/SQL 查询器；审计分析/数据分析/排序分组表分析工具；审计分析/数据分析/自由表分析工具；审计分析/数据分析/图表分析工具；审计分析/疑点管理等功能。

现场审计实施系统 - [审计过程 2011-11-11 00:12:44]
项目管理 采集转换 审计分析 审计抽样 审计底稿 辅助工具 系统管理 窗口 帮助 退出
电子数据管理 账表分析 数据分析 审计方法 行业指标 疑点管理 账表模板维护
审计过程 SQL查询器 排序分组表查看--SQL查询器
发送数据 查看数据 数值分析 生成分析数据 发送至其他项目
功能设置
显示记录分组 显示记录过滤 显示分组汇总区域 显示所有记录汇总区域
拖动列标题到此进行分组
合同号 银行账号 单位账号 个人编号 姓名 身份证... ... 摘要
2009100033 45143960... 30083 00020 赖** ****2519... ... 主任科员
2009120004 45143960... 20007 00417 张** ****2519... ...
2010080006 39013400... 20017 00054 张** ****2519... ... 副科长
2011010003 87001099... 30227 00061 卢** ****2419... ... 教师
2011030009 7672677 ... 30089 00026 乐** ****2519... ... 主任科员
提示：按住Shift键，点击要排序的列名即可实现多列排序。
选择SQL 保存SQL 执行SQL SQL查询器
审计方法
某市住房公积金管理中心一分中心计算机管理系统审计 当前人员:肖海波 当前会计数据:无 单机模式 2011年11月11日 02:07:49

图 24－21

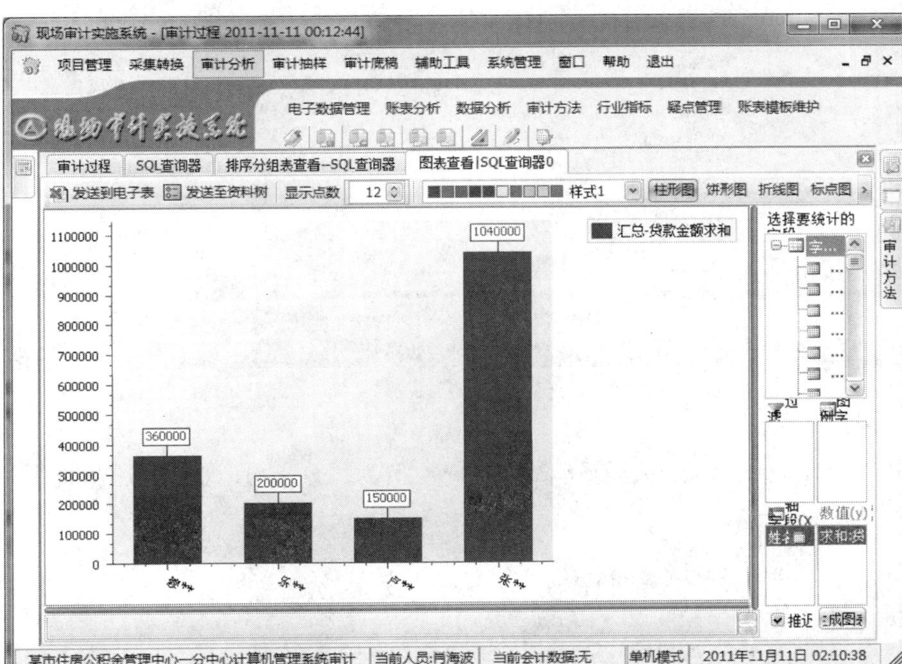
现场审计实施系统 - [审计过程 2011-11-11 00:12:44]
项目管理 采集转换 审计分析 审计抽样 审计底稿 辅助工具 系统管理 窗口 帮助 退出
电子数据管理 账表分析 数据分析 审计方法 行业指标 疑点管理 账表模板维护
审计过程 SQL查询器 排序分组表查看--SQL查询器 图表查看|SQL查询器0
发送到电子表 发送至资料树 显示点数 12 样式1 柱形图 饼形图 折线图 标点图
汇总-贷款金额求和
1100000
1000000
900000
800000
700000
600000
500000
400000
300000
200000
100000
0
360000
200000
150000
1040000
赖**
乐**
卢**
张**
选择要统计的
数值(y)
求和:贷
推近
审计方法
某市住房公积金管理中心一分中心计算机管理系统审计 当前人员:肖海波 当前会计数据:无 单机模式 2011年11月11日 02:10:38

图 24－22

（五）提前还款控制不到位

审计事项：社会保障审计/公积金使用/还款审查。

1. 审计思路

根据该县关于“借款人提前偿还部分贷款的，实行一年一还，每次还款必须万元以上”的规定，审查公积金信息系统中是否存在提前还款控制不到位的问题。

2. 审计步骤

步骤一：查看放贷类型和放贷类型名称。

从【贷款明细账】中查询放贷类型和放贷类型名称，如图 24－23 所示。

```
Select Distinct 放贷类型,放贷类型名称  From [贷款明细账]
```

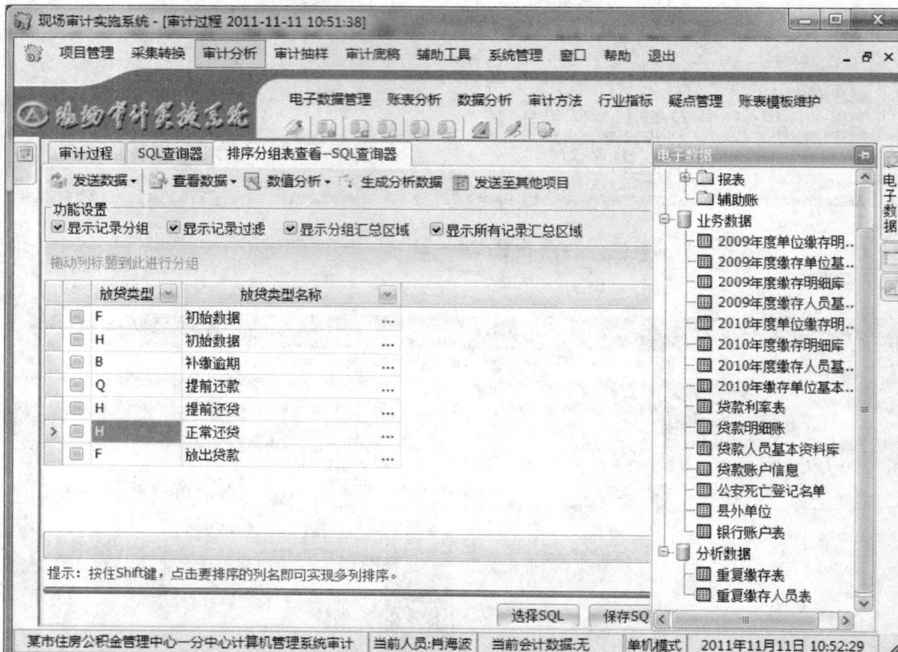

图 24－23

步骤二：从上图可知，提前还款的放贷类型为“Q”，查询提前还款情况，如图 24－24所示。

```
Select * From [贷款明细账]
Where 放贷类型 ='Q'
```

图 24－24

步骤三：将生成的提前还款明细情况，通过数值分层分析来查看是否存在还款本金金额在 10000 元以下的，设置 10000 为间隔，以“本金金额”为分层字段，如图 24－25所示。

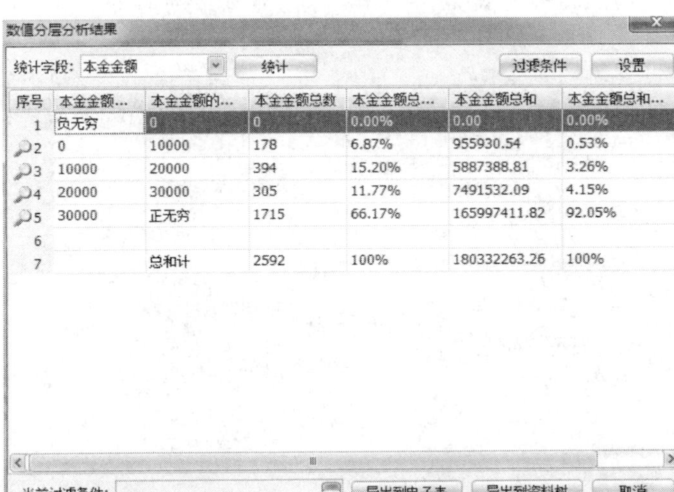

图 24－25

由上图可知，提前还款金额在 10000 元以内的为 178 条记录。

3. 审计结果

根据上述审计结果审计组做如下测试：新增提前还款笔数，设置提前还款金额为6000 元，在将数据导入过程中，信息系统允许该笔数据进行提前还款。

由测试得出，系统中提前还款控制不到位的产生，是由于该信息系统缺少对提前还款的额度进行有效控制。

4. 应用 AO 功能点

本事项应用了 AO 审计分析/数据分析/SQL 查询器；审计分析/数据分析/数值分析等功能。

三、点评

本实例灵活运用 AO 2011 的 SQL 查询器、数值分析、图表查看等功能来检查住房公积金管理的各个环节，比较分析，综合评判后输入新的数据来验证信息系统控制的正确性和有效性，是一种技术水平要求不高，大多审计人员实现容易，值得推广的信息系统审计方式。

（浙江省象山县审计局　肖海波　励　超）

附录 本书实例应用AO功能点一览表

主要功能点	实例编号																							
	1	2	3	4	5	6	7	8	9	10	11	12	13	14	15	16	17	18	19	20	21	22	23	24
采集转换																								
财务数据采集转换						√																		
业务数据采集转换	√					√																		
连接大型数据库	√		√																					
模板管理																								
审计分析																								
电子数据管理																								
账表分析																								
科目明细账审查							√					√								√				
辅助账审查																								
会计科目审查																								
凭证审查																								
未记账凭证审查																								
日记账审查																								
报表审查																								
多套数据审查																								
数据分析																								
SQL 查询器	√	√	√	√	√	√	√		√	√	√	√	√	√	√	√	√	√	√	√	√	√	√	√

续表

主要功能点	实例编号																							
	1	2	3	4	5	6	7	8	9	10	11	12	13	14	15	16	17	18	19	20	21	22	23	24
图形化 SQL 查询分析器	√						√																	
排序分组表分析工具	√	√	√	√	√	√	√		√		√	√	√	√		√			√		√	√	√	√
自由表分析工具				√			√		√				√				√	√			√		√	√
图表分析工具	√	√		√			√					√	√	√						√	√	√		√
数值分析	√						√					√		√							√			√
全部科目余额表/凭证库/未记账凭证库审查																								
审计过程管理																								
审计方法																								
自动审计	√	√				√		√				√			√						√	√		
审计方法管理	√	√				√		√				√			√						√	√		
行业指标																								
疑点管理			√			√			√	√		√	√		√	√	√	√	√					√
账表模板维护																								
审计底稿																								
审计日记																								
审计证据																								
审计底稿																								
审计报告																								
审计台账																								